더 하이 퍼포먼스 마인드

뇌파로 여는 통찰과 치유의 기술

뇌파로 여는 통찰과 치유의 기술

더 하이 퍼포먼스 마인드

THE HIGH PERFORMANCE MIND

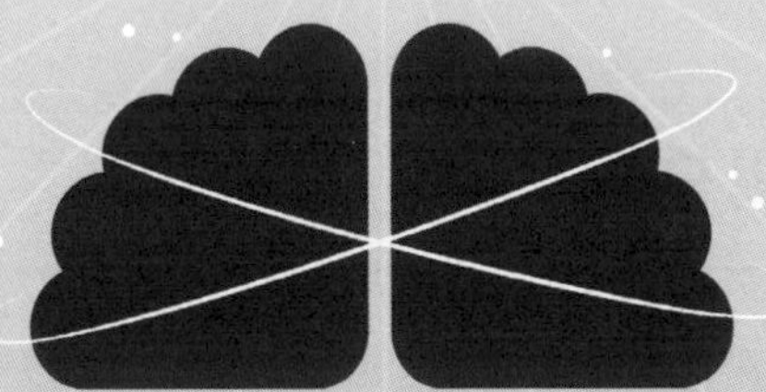

애나 와이즈 지음   오현아 옮김

목차

1장 당신과 당신의 뇌파

2장 몸과의 연결

3장 명상과 더 높은 의식 상태

4장 명상과 마음의 재료

5장 치유

6장 창의력, 학습, 그리고 깨어 있는 마음

7장 관계 속의 뇌파-공감, 직관, 그리고 연결

Jeremy P. Tarcher/Penguin a member of Penguin Group (USA) Inc. 375 Hudson Street New York, NY 10014 www.penguin.com

First Trade Paperback Edition 1997 Copyright © 1995, 2004 by Anna Wise All rights reserved.

Published simultaneously in Canada
LIBRARY OF CONGRESS CATALOGING-IN-PUBLICATION DATA
Wise, Anna.

The high-performance mind : mastering brainwaves for insight, healing, and creativity / Anna Wise, p. cm.
Includes index.
ISBN 0-87477-850-6

1. Biofeedback training. 2. Alpha rhythm. 3. Behavior
modification. 4. Success—Psychological aspects. I. Title.
BF319.5.B5W57 1996 95-9249 CIP 153—dc20

Design by Fritz Metsch
Illustrations by Barbara Walsh
Revised illustrations for paperback edition by Terry M. Hardy
Printed in the United States of America
15 17 19 20 18 16 1

This book is dedicated with enduring love and gratitude to my
parents and especially to my son, John Michael Wise. Thank
you, John, with all my heart for your love, support, help, and
understanding. Your belief in me has often kept me going. You've
celebrated the light and shared the darkness.
I love you "to infinity."

감사의 글

이 책이 세상에 나올 수 있었던 것은 전적으로 고(故) C. 맥스웰 케이드C. Maxwell Cade 덕분입니다. 그분께 깊은 존경과 감사를 보냅니다. 또한 그의 아내이자 함께 가르침을 나눈 이사벨 케이드Isabel Cade, 탁월한 기술적 재능으로 이 작업을 가능하게 한 고(故) 제프리 블런델Geoffrey Blundell, 그리고 소프트웨어 분야의 전문성을 제공해 준 닐 핸콕Neil Hancock에게도 진심으로 감사드립니다.

이 여정 동안 함께해 주고, 30년 넘게 우정과 치유, 그리고 지지를 나누어 준 엘리자베스 세인트존Elizabeth St. John에게 깊이 감사드립니다. 그리고 나의 '중국인 자매' 낸시 린Nancie Lin에게—wo hen gan ji ni. Xiexie. 진심으로 고맙습니다.

몸과 영혼이 하나로 유지될 수 있도록 언제나 나를 붙들어 주신 치유자들과 영적 스승들께 깊은 감사와 경의를 드립니다. 특히 마스터 우Master Wu, 스와미 사티야난다 사라스와티Swami Satyananda Saraswati, 메리 심킨스Mary Simpkins, 도널드 & 셰릴 린 러보Donald and Cheryl Lynne Rubbo, 얏 키 라이 Yat Ki Lai, 캐롤 워른스 박사Dr. Carole Warnes, 마이클 오스본 박사Dr. Michael Osborn, 하워드 콘펠드 박사Dr. Howard Kornfeld, 피터 파비안Peter Fabian, 게일 울방Gale Ulvang, 세실 윌리엄스 목사Reverend Cecil Williams께 깊은 감사를 드립니다.

또한 대만 루캉Lukang의 마쭈 사원Matsu Temple에 깊은 경의와 감사를 표합니다. 마쭈Matsu, 진심으로 감사합니다.

이 외에도 여러 방식으로 귀중한 도움을 주신 밥 고든Bob Gordon, 마크 카슨Mark Carson, 낸시 루니-휠러Nancy Lunney-Wheeler, 롭 케일Rob Kail, 톰 & 테리 콜루라Tom and Terri Collura, 조엘 포티노스Joel Fotinos, 그리고 특히 진정한 비전가 제레미 타처Jeremy Tarcher에게 깊이 감사드립니다. 여러분의 믿음이 이 책을 가능하게 했습니다.

마지막으로, 수년간 나에게 배움을 청하고 함께 성장해 온 모든 학생들과 내담자들께 진심으로 감사를 드립니다. 여러분은 내 작업의 숨결이자 생명력이며, 여러분이 없었다면 이 모든 일은 불가능했을 것입니다.

 ————————————————————————————————————

우리 모두 한 번쯤은 컴퓨터 앞에 앉아, 끝이 보이지 않는 업무에 압도되어 어디서부터 무엇을 시작해야 할지 몰라 멍하니 화면만 바라본 적이 있습니다. 머릿속은 온갖 생각과 걱정으로 가득 차 있고, 그로 인해 편히 쉴 수도, 밤에 잠들 수도 없는 상태 말이지요. 어떤 사람들은 어느 순간 자신이 창의력을 잃어버린 것 같은 느낌을 받기도 합니다. 혹은 마음 깊은 곳 어딘가에서 무언가 창조적인 에너지가 솟구치려 하지만, 그것과 제대로 연결되지 않는 답답함을 느낄 때도 있습니다. 또는 '더 높은 자아Higher self' 혹은 신God과 더 깊이 연결되기를 간절히 바라지만, 그 방법을 알지 못한 채, 삶의 방향과 의미를 잃어버린 듯한 공허함을 느끼고 있을지도 모릅니다.

이 모든 문제가 너무 벅차게 느껴지든, 혹은 단지 짜증 나고 귀찮게만 느껴지든 간에, 『우수성과 마인드The High-Performance Mind』를 통해 그런 일상적인 고민들을 다루는 방법을 배울 수 있습니다. 이 책은 뇌파를 활용해 문제를 해결하는 방법을 안내합니다. 현대인의 삶을 짓누르는 과도한 스트레스와 불안, 창의력의 고갈 같은 문제들을 '의식의 과학'이라는 관점에서 새롭게 바라보게 될 것입니다.

또한 이 책에서는 명상의 과학과 예술을 함께 다루며, 어떤 상황에서도— 그리고 어떤 목적을 위해서든—스스로 명상에 들어갈 수 있는 집중력과 내면의 통제력을 기르는 방법을 알려 줍니다. 그 목적이 자기 치유든, 스트레스 관리, 창의력 향상, 최고 성과Peak performance, 개인적 성장, 혹은 영적 성숙Spirituality이든 말이지요. 이미 명상을 알고 있는 사람이라면, 이 책을 통해 자신의 명상법을 정교하게 다듬고, 더 깊이 자신의 내면으로 들어가는 여정을 경험하게 될 것입니다.

이 책의 궁극적인 목적은 스와미Swami, 요기Yogi, 치유자Healer, 영적 스승 Spiritual Teacher들처럼 깨어난 의식 상태를 지닌 사람들이 공통적으로 보여 주는 '깨어 있는 마음Awakened Mind' 뇌파 패턴을 스스로 습득하고 다스리 는 방법을 배우도록 돕는 것입니다. 이 책에 담긴 가이드 명상과 단계별 훈 련을 따라가다 보면, 당신은 의식Conscious, 잠재의식Subconscious, 무의식 Unconscious 사이의 정보 흐름이 자유롭게 열리는 경험을 하게 될 것입니다. 이 깨어 있는 마음의 특성을 바탕으로, 자신의 삶과 상황에 맞게 이를 적용 하면 당신은 진정한 의미의 '우수성과 마인드High-Performance Mind', 즉 통 찰과 균형, 창조성과 집중이 하나로 통합된 의식 상태에 도달할 수 있습니 다.

지금으로부터 10년 전, 내가 저서를 집필하기 위해 책상 앞에 앉았을 때, 내 목표는 단 하나였습니다. 그동안 내가 연구하고 발전시켜 온 모든 내 용을 체계적으로 정리하여, 사람들이 '우수한 성과를 이끄는 뇌파High-performance brainwaves'를 스스로 만들어 낼 수 있도록 돕는 실질적 훈련법을 제공하고자 했던 것입니다. 그 당시만 해도 나는 전혀 예상하지 못했습니 다. 이 작업이 하나의 새로운 학문적·실천적 분야의 시작점이 될 줄은, 그 리고 시간이 지나면서 이 책이 많은 사람에게 '의식의 확장과 고차원적 상 태 훈련'의 기본서로 인정받게 될 줄은 말입니다.

이 책의 내용은 의식을 더 높은 차원으로 확장하고자 하는 모든 사람에게 적용될 수 있습니다. 『우수성과 마인드The High-Performance Mind』를 통해 좋은 결과를 만들어 낸 독자들은 정말로 다양한 배경을 가지고 있었습니다. 예를 들어, 자신의 영적 무술Spiritual Martial Art의 생리학적 기반을 이해하고자 한 중국 쿵후 마스터, 직관력과 집중력을 단련해 주식시장에서 더 나은 성과를 내고자 한 트레이더, 이 모두가 이 책의 독자였습니다. 책이 세상에 공개된 이후, 나는 이 작업이 내가 상상했던 것보다 훨씬 넓고 다양한 사람들로부터 깊은 공감과 감사를 받고 있다는 사실을 깨달았습니다.
수많은 이메일이 그것을 증명해 주었지요.

아르헨티나 부에노스아이레스의 반사 요법사, 런던의 레스토랑 주인, 인도 푸나의 영적 탐구자, 호주 시드니의 경영 컨설턴트, 타이베이의 유치원 교사, 암스테르담의 피아니스트, 독일 킬의 정신과 의사, 뉴욕의 음반 프로듀서, 포틀랜드의 CEO, 워싱턴 D.C.의 방송사 임원, 캘리포니아 샤스타산의 치유자, 그리고 샌프란시스코의 선(禪) 스승—
이 모두가 내게 연락해 이 책이 그들의 삶에 실제적 변화를 가져왔다고 전해 주었습니다. 그 모든 이야기와 연결 속에서, 나는 한없이 겸허해졌고, 깊은 감사의 마음을 느꼈습니다.

이 책은 중국어, 독일어, 러시아어로 번역되었으며, 나는 남미, 아시아, 유럽, 호주, 북미 등지에서 다양한 대중을 대상으로 강연과 워크숍을 진행해 왔습니다. 예컨대 캐나다 토론토에서 열린 방송 디자인 협회 연례 콘퍼런스나, 독일 뮌헨에서 열린 유럽 PGA 콘퍼런스에서는 1,000명의 골프 프로들에게 명상과 바이오피드백을 통해 경기력을 향상시키는 법을 소개했습니다.

이처럼 이 책의 응용 범위는 마음이 허용하는 한계만큼이나 무한합니다. 능력을 키우고 싶거나, 자신의 기능을 강화하고 싶거나, 삶의 통제력을 더 키우고 싶다면 '우수성과 마인드High-Performance Mind'는 분명 도움이 됩니다.

이 책이 출간된 이후, 나는 여러 국제 학술대회와 전문 콘퍼런스에서 이 연구를 소개할 기회를 가졌습니다. 그중에서도 매년 초대받아 강연을 이어오고 있는 퓨처헬스 윈터 브레인 미팅Futurehealth Winter Brain Meeting 은 특히 뜻깊은 자리입니다. 이 행사는 뇌파 검사 EEGElectroencephalography 분야의 선도적 과학자, 임상가, 연구자들이 한자리에 모이는 세계적 모임으로, 『The High Performance Mind』가 제시한 내용이 이 커뮤니티 안에서 인정받고 존중받고 있음을 상징적으로 보여 줍니다. 또한 퓨처헬스로부터 'EEG 바이오피드백 및 뉴로 피드백 기초 과정'의 강사로 초청받은 것은, 이 연구가 학문적·실천적 기반을 모두 갖춘 분야로 자리 잡았다는 증거이기도 합니다.

수많은 독자가 이 책을 찾는 이유 중 가장 큰 동기는 바로 영적 갈망입니다. 말로 표현할 수 없는 신성함을 이해하고 경험하고자 하는 갈망이 가장 큰 원동력이었습니다. 특정 종교적 전통에 관계없이, 많은 사람이 이 책의 내용에 공감하며 자신이 원하는 고차원적 영적 상태로 나아가는 데 도움을 받고 있습니다.
이 책에서 소개하는 '혼자 하는 명상 실습'만으로도, 독자들은 우주적 지혜, 신성한 에너지, 내면 깊은 곳의 자아에 접근할 수 있다고 말합니다. 이러한 명상은 기존 영적 실천의 보완 수단이 될 수도 있고, 단독 수행법으로도 쓰일 수 있습니다. 꾸준히 연습하다 보면, 누구나 자신의 가장 높은 잠재력에 접근하고 그것을 현실화할 수 있습니다.

가이드 명상을 따라갈 때 가장 중요한 것은, 명상 중 떠오른 이미지의 의미를 스스로 해석하는 것입니다. 다른 누군가가 당신의 체험을 대신 설명하도록 두지 마십시오.

예를 들어, 한 명상 참가자는 명상 도중 온갖 종류의 칼이 가득한 이미지를 보았습니다. 작은 과도부터 큰 식칼, 고기용 칼, 톱니 모양의 칼, 주머니칼, 사냥칼까지 말이지요. 이 장면을 두고 얼마나 다양한 해석이 가능할지는 쉽게 상상할 수 있습니다. 누군가 보기엔 이 이미지가 폭력이나 위협으로 보일 수도 있었겠지만, 그에게 직접 "이 명상에서 무엇을 얻었나요?"라고 묻자, 그는 환하게 웃으며 이렇게 대답했습니다.

"나는 나만의 날카로운 감각Cutting edge을 찾았어요!"

그는 자신이 스스로 발견한 통찰과 창의적 표현에 무척 기뻐했습니다.

뇌파 훈련에서 가장 중요한 단계 중 하나는 베타파를 다루는 법을 배우는 것입니다. 이는 곧 '머릿속에서 꿈틀대는 벌레'를 멈추는 것이라 할 수 있습니다.

이 표현은 기원전 2세기 『Yoga-Sutra(요가수트라)』를 쓴 파탄잘리Patanjali가 '끊임없이 떠드는 마음'을 비유한 말입니다. 요즘 표현으로 하면 'To do 리스트 작성자', '내면 비평가', '판단자', '끊임없이 말 거는 해설자'쯤 되겠지요. 즉, 멈추지 않는 내면의 잡음입니다.

수많은 사람이 나에게 이 단순하지만 깊은 통찰이 명상뿐 아니라 일상에서도 얼마나 큰 변화를 가져왔는지 이야기해 주었습니다. 특히 불안하거나 불필요한 생각을 잠시 멈추고 마음을 맑게 비우고자 할 때, 이 원리를 떠올리는 것만으로도 그들은 정신의 고요함과 중심을 되찾을 수 있었다고 말했습니다.

내 제자 중 한 사람이 들려준 이야기가 있습니다. 그의 친구는 일명 '대수행The Great Retreat'이라 불리는 명상 여정—3년, 3개월, 3주, 3일, 그리고 3시간 동안 이어진 강도 높은 명상 수행—을 마치고 막 돌아온 참이었습니다. 귀가한 지 약 일주일쯤 되었을 때, 그 친구는 그에게 『The High-Performance Mind』(우수성과 마인드)를 건넸습니다.

그리고 책을 읽던 그는 142쪽에서, "혀를 이완시키면 원치 않는 생각을 멈출 수 있다."는 부분을 보자마자 이마를 탁 치며 이렇게 외쳤습니다.

"오, 이런! 누가 이걸 미리 좀 알려 줬더라면, 내가 그 3년을 헛되이 보내지 않았을 텐데!"

그가 농담처럼 한 말이었지만, 그 안에는 진실이 담겨 있었습니다. 몇 가지 단순한 원리만 알아도, '언젠가 일어나길 기다리며 동굴에 앉아 있는 수행자'로 수년을 보내지 않아도 됩니다.
그만큼 의식의 전환은 단순한 깨달음에서 시작됩니다.

이 책에 수록된 '문들의 집The House of Doors' 명상은 세타파를 발달시키기 위한 명상 훈련으로, 우리의 잠재의식 깊은 곳으로 들어가는 여정을 안내합니다. 왜냐하면 바로 그 내면의 깊은 샘을 열어야만 비로소 의식이 깨어나기 시작하기 때문입니다.
이 세타 뇌파 훈련을 통해 많은 사람이 평소에는 닿기 어려웠던, 자신 안의 숨겨진 영역과 연결되는 경험을 하게 됩니다. 이 명상들은 당신을 자신의 잠재의식 속으로 부드럽게 이끌어, 그 안에 숨겨져 있는 것들에 대한 이해를 넓혀 줍니다. 또한 그 과정을 통해 당신은 내면의 지혜와 더 깊이 연결되고, 필요하다면 그 안에서 발견되는 상처나 미해결된 감정을 치유하고 변화시키는 과정을 시작할 수도 있습니다.

어느 젊은 여성은 자기 치유 명상 중(246쪽) 어둡고 정체를 알 수 없는 형체를 보았습니다. 명상 가이드에 따라 그 형체와 대화를 나눈 결과, 그녀는 그것이 자신 안에 있는 질병이라는 메시지를 받았습니다. 최근 산부인과 정기 검진에서는 아무 이상이 없다는 말을 들었지만, 그녀는 그 명상 속에서 '자신이 암에 걸렸다'는 느낌을 강하게 받았고, 불안한 마음에 다시 병원을 찾아갔습니다.

그 후 이어진 명상에서도 그녀의 잠재의식 속에는 여전히 그 검은 덩어리가 나타났습니다. 그것은 다시 한번 그녀에게 "의사의 진료를 받아야 한다"고 강하게 말했습니다. 하지만 반복된 검사 결과는 여전히 '이상 없음'이었습니다. 결국 그녀는 명상의 힘을 이해하고, 자신의 불안을 진지하게 받아들여 간단한 탐색 수술을 제안해 준 의사를 만나게 되었습니다.

수술 결과, 놀랍게도 검사로는 발견되지 않았을 깊숙한 부위에서 실제 암 덩어리가 발견되었습니다. 그녀는 내게 이렇게 말했습니다.

"세타 명상이 제 생명을 구한 것 같아요."

잠재의식의 세계는 한계가 없으며, 그것은 여러 방식으로 우리에게 모습을 드러냅니다.

나는 한 젊은 여성에게 명상 중 본 이미지를 그림으로 그려 보라고 했습니다. 그녀 역시 자신의 자궁 속에서 작고 둥근 어두운 덩어리 같은 이미지를 보았다고 했습니다. 그녀가 그린 그림에는 땅속에 심긴 씨앗 하나가 있었습니다. 그녀는 그것이 자신에게 어떤 의미인지 전혀 몰랐고, 오히려 잠재의식에서 '특별한' 무언가를 발견하지 못했다며 약간 실망스러워했습니다.

"그냥 갈색 씨앗 하나뿐이었어요."

몇 달 후 그녀를 다시 만났을 때, 그녀는 임신으로 인해 얼굴이 환하게 빛나고 있었습니다. 나는 명상을 했던 시점과 임신 시기를 물었고, 그녀는 얼굴을 붉히며 이렇게 말했습니다.

"사실 그 명상을 하기 바로 전날 밤에 아기가 생겼어요."

그녀가 본 그 갈색 씨앗은, 바로 그녀의 잠재의식이 이미 임신 사실을 알고 알려 준 것이었습니다.

이 책에 소개된 수많은 명상은, 독자 한 사람 한 사람만큼이나 다양한 결과를 보여 줍니다.

어느 명상에서는, 20년 동안 엘리베이터를 타는 것이 두려웠던 광장공포증 환자가 자신의 내면 속 '두려워하는 자아'와 마주했습니다. 그녀는 '자기 치유 명상 2'(232쪽)을 실천한 다음 날, 나에게 이렇게 말했습니다.

"그 두려움이 완전히 사라졌어요."

또 다른 예로, 한 포춘 100대 기업의 CEO는 문제 해결을 위해 '나만의 창의성을 깨우는 명상'(284쪽)을 실천한 후, 자신이 다음 날 직면해야 했던 "50명을 해고하지 않아도 되는 방법을 찾았다."라고 말했습니다.

명상은 이렇게, 우리 안의 무의식적인 두려움과 한계를 넘어 새로운 가능성을 열어주는 힘을 지니고 있습니다. 또 다른 예로 한 어머니가 내게 이메일을 보내 이렇게 썼습니다.

"처음에는 저 자신을 위해 이 책을 샀는데, 명상 부분에서 아이들에 대한 내용도 함께 언급되어 있더군요. 그래서 잠들기 전, 일곱 살 딸아이와 함께 '보라색 행성 명상'(304쪽)을 해 보았습니다. 아이가 정말 잘 반응했어요. 딸아이가 보라색 행성에서 본 것들을 묘사하는데, 그 생생함과 구체적인 표현에 깜짝 놀랐습니다." 그 어머니는 덧붙였습니다.

"무엇보다 인상적이었던 건, 아이가 그 명상을 통해 '진짜로 즐긴다는 게 무엇인지'를 배웠다는 점이에요."

한 자살 예방 상담 전화센터에서 일하는 직원이 있었습니다. 그는 매일 아침 '명료함을 여는 명상'(389쪽)을 통해 마음속에 남은 미해결 감정을 정화한다고 말했습니다. 어느 날 그는 상사들의 분노와 불쾌함, 적대적인 태도 때문에 감정적으로 매우 힘든 시간을 보내고 있었습니다. 그때 그는 이 명상을 통해 그 사람들을 마음속에 떠올리고 집중했습니다. 그러자 점차 그 상황에 대한 감정적 집착이 풀리며, 마음이 맑아지고 명료한 상태에 이르렀습니다. 그는 이렇게 이야기했습니다.

"그 명상을 하면서 깨달았어요. 그 사람들이 진짜로 필요한 건 빛과 사랑이라는 걸요."

그리고 덧붙였습니다.

"내가 품고 있던 분노나 원망은 그들을 바꾸지도, 나를 성장시키지도 못하더라고요." 그래서 그는 그들에게 마음속으로 '빛을 보내는 연습'을 시작했습니다. 놀랍게도 얼마 지나지 않아, 상사들이 점점 덜 공격적이고 훨씬 더 너그럽고 따뜻한 태도를 보이기 시작했다고 합니다.

그렇다면 어떻게 이렇게 많은 사람이, 같은 명상을 하면서도 서로 전혀 다른 방향으로 놀라운 경험을 하게 되는 걸까요? 그 답은 단순하지 않습니다.

그리고 그 해답은 이 책에 소개된 명상들을 실제로 해 보면서 스스로 체험하는 과정 속에서 가장 잘 발견될 것입니다. 이 책의 명상들은 각기 정교하게 설계된 요소들—단어, 색채, 감각적 이미지, 그리고 특별한 안내 문장들—을 깊은 이완 상태와 결합시켜, 특정 뇌파 조합을 훈련하고 다룰 수 있도록 도와줍니다. 이러한 뇌파 상태가 만들어지면, 우리는 명상과 고차원 의식의 보편적인 경험에 접근할 수 있게 됩니다. 그리고 그 경험을 자신의 본질과 필요에 맞게 '개인화'하여, 자신의 내면 자원·과거의 기억·감정의 에너지를 깊이 있고 의미 있게 활용할 수 있게 되는 것이지요.

이 일을 향한 부름은 30년도 더 전부터 내 안에서 시작되었고, 지금도 여전히 강하고 영적인 힘으로 나를 이끌고 있습니다. 사람들의 '깨어남'을 돕는 이 일에 참여할 수 있다는 것은 내게 주어진 선물이자 특권이며, 그에 대해 깊이 감사하고 있습니다. 무엇보다 큰 보상은 독자들의 변화에서 찾아옵니다. 한 독자는 『The High-Performance Mind』를 읽고 이렇게 말했습니다. "40년 동안 수많은 영적 길을 찾아 헤맸지만, 이 책을 통해 마침내 내가 찾고 있던 충만함을 경험했습니다."

그 말이야말로 내가 이 일을 계속 이어 갈 이유이자, 내 여정의 가장 큰 축복이었습니다.

1장

당신과 당신의 뇌파

'우수성과 마인드The High-Performance Mind'란 어떤 상황에서도 가장 유익하고 바람직한 의식 상태를 자유자재로 만들어 낼 수 있는 마음을 말합니다. 과거에는 오직 몇몇 헌신적인 사람들만의 열망이었던 정신적, 정서적, 영적 성장이 이제는 서구 사회 전반을 강타하고 있습니다. 20세기 말, 다양한 문화와 신념 체계, 이론적 기반에서 비롯된 수많은 성장 기법이 등장했습니다. 이들은 창의성, 사고의 명료함, 스트레스 관리, 정서적·신체적 건강, 그리고 개인의 영성을 다루고 있습니다. 이 책에서 소개하는 기법들을 통해 마음의 힘을 기르는 방법은 새로운 차원에 도달했으며, 이는 21세기에도 유효하게 작용할 것입니다.

나의 스승이자 이미 고인이 되신 맥스 케이드Max Cade와 나는, 뇌파 측정의 과학과 명상의 도구를 결합하여 가장 이상적인 마음의 상태를 탐구하고 발전시키는 방법을 함께 개발했습니다. 이 책은 바로 그 방법을 토대로, 당신에게 가장 적합한 뇌파 패턴을 직접 경험하고 스스로 조절할 수 있도록 돕기 위해 만들어졌습니다.

많은 이들이 '우수성과 마인드'를 활용하고 싶어 하지만, 의식 상태를 조절하는 것이 거의 불가능하거나 수년간의 명상 훈련 없이는 어렵다고 생각합니다. 그들은 이런 자기 통제력을 일반인은 손에 넣을 수 없는 특별한 능력으로 여깁니다. 하지만 명상과 기술의 결합은 새로운 형태의 마음 훈련법을 만들어 냈습니다. 이는 특정 목적에 맞는 뇌파 발달의 원리를 배우고 실천하는 방식입니다.

이 책에 담긴 이론과 연습, 그리고 다양한 기법들은 독자를 하나의 여정으로 이끕니다. 그 여정은 통제되지 않는 생각을 다스리는 단계에서 시작해, 생생한 감각적 이미지를 즐겁게 탐험하는 경험을 거쳐 의식의 가장 깊은 핵심으로 잠수하는 단계에 이르기까지 이어집니다. 독자들이 자신에게 가장 적합한 최적의 뇌파 패턴을 만들어 내는 기술을 익히고 나면, 뒤이어 나오는 장들에서는 그 마음의 힘을 실제 삶 속에서 어떻게 유익하게 활용할 수 있는지를 보여 줄 것입니다.

'우수성과 마인드'는 최적의 의식 상태를 활용함으로써 놀라운 가능성을 지니고 있습니다. 그 힘은 창의성의 확장, 자기 치유, 건강 증진과 이완, 스트레스 관리, 감정적 문제 해결, 직장에서의 생산성 향상, 관계의 이해와 개선, 자기 인식의 심화, 영적 성장, 그리고 자녀의 내면세계를 길러 주는 것에까지 이릅니다.

이 책을 다 읽고 나면, 독자는 자신의 의식 상태를 이해하고, 그것을 목적에 맞게 의도적으로 변화시키는 방법을 익히게 될 것입니다. 즉, '마음의 상태'를 다루는 법을 배움으로써 삶의 전 영역을 더 건강하고 창조적으로 만들어 갈 수 있게 되는 것입니다.

이 책에 실린 연습과 기법들을 꾸준히 실천하다 보면, 독자는 결국 '깨어 있는 마음Awakened Mind'이라 불리는 뇌파 패턴을 스스로 만들어 낼 수 있게 됩니다. 이 상태의 마음은 평소보다 더 맑고, 예리하며, 빠르고, 유연합니다. 생각은 경직되지 않고 자연스럽게 흘러가며, 감정은 억눌리거나 혼란스럽지 않고 더 잘 인식되고 다루기 쉬워집니다. 의식·잠재의식·무의식 사이의 정보 흐름이 한층 원활해지고, 직관과 통찰력, 공감 능력이 강화되어 일상적인 의식 속에 자연스럽게 통합됩니다.

'깨어 있는 마음' 상태에서는 시각화와 상상력이 훨씬 자유로워지고, 그 상상력을 다양한 창조적 활동에 적용하는 능력도 커집니다. 그 결과, 사람은 삶 속에서 더 큰 선택의 자유, 내적 해방감, 그리고 깊은 영적 자각을 느끼게 됩니다.

뇌파의 언어

이 여정을 시작하려면, 먼저 우리가 다루게 될 기초 구성 요소들을 이해해야 합니다. 우리의 뇌는 언제나 전기적 신호, 즉 뇌파Brainwave를 만들어 내고 있습니다. 이 전기적 흐름은 끊임없이 활동하며, 그 강도와 속도를 기준으로 진폭Amplitude과 주파수Frequency로 측정됩니다. 이처럼 뇌파는 단순한 전기 신호가 아니라, 우리가 생각하고 느끼고 인식하는 모든 의식 상태의 토대가 됩니다.

진폭Amplitude은 뇌에서 발생하는 전기적 자극의 세기를 의미하며, 마이크로볼트(μV) 단위로 측정됩니다. 주파수Frequency는 전기 신호가 진동하는 속도를 말하며, 초당 진동수(Hz, 헤르츠)로 표시됩니다. 이 주파수의 속도가 뇌파의 종류를 결정합니다. 즉, 베타Beta, 알파Alpha, 세타Theta, 델타Delta로 구분되며, 이 네 가지 뇌파의 조합이 바로 지금 이 순간 당신의 의식 상태를 형성하고 있습니다.

우리가 경험하는 모든 의식 상태는 마치 하나의 교향곡과 같습니다. 각각의 뇌파가 자신만의 리듬과 음색으로 조화를 이루며, 그 속에서 피카소의 예술, 마사 그레이엄의 춤, 프랭크 로이드 라이트의 건축, 아인슈타인의 이론이 탄생했습니다.

이처럼 정교하게 얽힌 뇌파들의 관계는 우리의 의식 상태를 섬세하게 결정합니다. 우리는 거의 언제나 여러 종류의 뇌파를 동시에 만들어 내지만, 각 뇌파는 고유한 특성과 역할을 가지고 있습니다.

따라서 마음을 다스리는 법을 배우기 위해서는, 우선 각 뇌파의 성질을 개별적으로 이해하는 것이 중요합니다. 이후 이들이 어떻게 조화를 이루는지 이해하면, 깨어 있는 마음으로 나아가는 길이 한층 명확해질 것입니다. 이제 다음 네 부분에서는 여러분이 익숙하게 느끼는 의식 상태들을 설명하고, 그것이 어떤 뇌파 패턴과 연결되는지를 살펴보겠습니다.

베타 뇌파

"정상적 사고에서 공황 상태까지"
머릿속에서 생각들이 끊임없이 부딪치며 쏟아집니다.
멈추려 해도 멈추어지지 않고, 한 가지 생각에 집중하려 해도 너무 빨라서 잡히지 않습니다.
심장은 두근거리고, 관자놀이가 욱신거리며, 호흡은 가빠지고, 머리는 뒤엉켜 버립니다.
이럴 때는 마치 마음이 완전히 통제 불능 상태가 된 듯 느껴지죠.
이 순간, 당신의 뇌에서는 베타파Beta wave가 폭주하고 있는 것입니다.

우리의 뇌는 깨어 있는 평상시 상태에서 주로 베타파를 만들어 냅니다. 하지만 이 베타파가 과도하게 활성화되면, 심리적 불안과 긴장, 초조함 같은 정신적 불편함을 유발할 수 있습니다. 적절히 작동할 때의 베타파는 논리적 사고, 구체적인 문제 해결, 외부 세계에 대한 집중적 주의와 깊이 관련되어 있습니다. 즉, 베타파는 우리가 세상 속에서 의식적으로 사고하고 행동하도록 돕는 필수적인 뇌파입니다. 그러나 중요한 것은 이 베타파에 휘둘리지 않고 스스로 다스릴 수 있는 능력을 갖추는 일입니다. 그럴 때 우리는 베타파를 삶의 효율을 높이는 도구로 활용할 수 있고, 더 이상 그 에너지의 '포로'가 되지 않게 됩니다.

영국 EEG 연구의 선구자로 불리는 C. 맥스웰 케이드C. Maxwell Cade는 베타파를 이렇게 정의했습니다.
"베타파는 깨어 있는 동안 뇌가 외부 세계에 주의를 집중하거나, 구체적인 문제를 해결할 때 나타나는 활동적 사고와 주의 상태의 정상적인 리듬이다. 이 신호의 강도는 불안이 높아질수록 증가하고, 근육 활동이 활발해질수록 감소한다."

베타파는 혈류량 증가와 대사 활성의 상승과도 관련이 있습니다. 이 상태의 뇌는 인지 처리 능력, 복잡한 사고, 그리고 의사결정력이 높아지는 활동적인 정신 상태에 있습니다. 즉, 베타파는 우리가 세상 속에서 사고하고 판단하며 행동하게 만드는, 깨어 있는 의식의 리듬이라 할 수 있습니다.

알파 뇌파

"나는 자꾸 공상에 빠져든다…"
아마 지금 당신의 눈은 감겨 있을 것입니다.
그런데도 마음속 '화면' 위에서는 초대받지 않은 이미지들이 생생하게 춤추듯 떠오릅니다. 마치 실제로 그 장면 속에 있는 것처럼 현실감이 느껴지죠. 의식은 한 장면에서 다른 장면으로 이리저리 뛰어다니며, 어느 하나에 잠시 몰입하다가도 예고 없이 또 다른 장면으로 옮겨 갑니다. 그 이미지와 감각의 흐름은 논리적이거나 일관될 필요가 없습니다.

바깥세상의 소음과 움직임은 점점 사라지고, 당신은 내면의 몽환적인 세계로 빨려 들어갑니다.

이때 당신의 뇌는 알파파Alpha waves 상태에 들어가 있습니다.

알파파는 우리가 공상에 잠기거나, 상상하거나, 마음속 장면을 그릴 때 나타나는 뇌파입니다.

이 상태에서는 마음이 이완되어 있지만, 동시에 열린 상태에 있으며, 외부 자극보다는 내면의 이미지와 감각에 더 집중하게 됩니다. 알파파는 차분하고 수용적인 의식 상태와 밀접하게 관련되어 있습니다. 다만 어떤 사람들은 이 중간 주파수 대역의 뇌파를 과도하게 많이 만들어, 현실보다는 몽상과 환상 속에 머무는 경향을 보이기도 합니다.

이들은 종종 그 '현실로부터의 달콤한 도피'를 즐기기도 하지요.

알파파와 관련된 가장 흔한 문제는 알파가 다른 뇌파와 균형 있게 존재하지 않을 때 생깁니다.

알파는 의식과 잠재의식(혹은 무의식) 사이를 이어 주는 다리 역할을 합니다. 알파파가 부족하면, 꿈을 꾸고도 깨어난 뒤 그 내용을 기억하지 못하게 됩니다. 꿈이 강렬하고 생생했으며 의미가 있었다는 느낌만 남을 뿐, 구체적인 내용은 사라집니다. 마찬가지로 명상 중 깊은 상태에 이르러 많은 통찰을 얻었더라도, 알파파가 부족하면 그 경험을 의식적으로 회상하지 못합니다. 즉, 알파파가 사라지면 잠재의식과의 연결 고리가 끊어지는 것입니다. 그래서 마음의 깊은 층에서 얻은 통찰이나 상징, 감정의 메시지를 의식으로 끌어올려 이해하고 통합하기 위해서는 반드시 알파파의 다리가 필요합니다.

케이드는 알파파를 두고 이렇게 말했습니다.

"알파파는 다른 뇌파 리듬과 함께 고려되지 않는 한, 그 자체로는 의미를 파악하기 가장 어려운 뇌의 리듬이다."

그럼에도 불구하고 알파파는 인간이 처음으로 인식하고 조절하는 법을 배운 뇌파였습니다.

미국 EEG 연구의 개척자로 불리는 조 카미야Joe Kamiya는 1950년대 후반 시카고대학교에서 진행한 혁신적인 연구를 통해, 사람들에게 자신의 알파파가 존재하는지 여부를 구별하도록 훈련시킬 수 있다는 사실을 발견했습니다. 이후 그는 캘리포니아대학교로 옮겨 연구를 이어 가며, 소리 피드백Aural feedback을 이용해 알파파의 속도를 조절하는 실험을 진행했습니다.

즉, 알파파가 강해질 때는 높은음, 약해질 때는 낮은음을 들려주어, 훈련자가 자신의 뇌파를 자각하고 스스로 빠르게 혹은 느리게 조절하도록 유도한 것입니다.

이 실험은 오늘날 EEG 바이오피드백Biofeedback의 출발점이 되었습니다. 이처럼 단순하지만 결정적인 시도들은, 이후 맥스웰 케이드가 연구한 의식의 고차원적 발달을 위한 뇌파 바이오피드백의 초석이 되었습니다.

카미야의 연구는 1960년대 당시 혁신적이었지만, 이후 대중 사이에서 알파의 중요성이 지나치게 강조되는 분위기가 퍼지면서, 오히려 뇌파 훈련의 진정한 가치와 의식 상태 조절의 잠재력이 가려지게 되었습니다. 알파파는 마치 '모든 것을 해결해 주는 궁극의 뇌파'로 묘사되었고, 알파파만 만들어 낼 수 있으면 곧 명상적이거나 창의적이거나, 혹은 특별한 '변화된 상태'를 성취한 것처럼 오해가 퍼졌습니다.

그러나 많은 신경생리학자, EEG 기술자, 그리고 뇌 연구 관련 임상가들은
이런 사실을 잘 알고 있었습니다. 어떤 사람들은 눈을 감기만 해도, 혹은
TV를 보면서도 쉽게 알파파를 만들어 낼 수 있지만, 또 다른 사람들은 그
렇지 않다는 것이죠.

그래서 그들은 알파파에 대해 회자되던 '놀라운 힘'이나 '특별한 효과'가
사실일 리 없다고 결론 내렸습니다. 그 결과, 의식 상태를 탐구하기 위한
EEG 모니터링과 피드백 연구가 저평가되고 거의 방치되는 안타까운 상황
이 벌어졌습니다. 이후 뇌파가 개인의 의식 상태를 반영하는 중요한 지표
로 다시 인정받기까지는 오랜 시간이 걸렸습니다.
즉, 뇌파는 한때 단순한 생리 신호로만 여겨졌지만, 결국 그것이 '마음의
상태를 비추는 거울'임이 다시 밝혀지게 된 것입니다.

세타 뇌파

"갑자기, 번쩍 떠올랐다!"
머릿속 어딘가 깊은 곳에서 막연하지만 끈질긴 불안감이나 신호가 느껴질
때가 있습니다. 분명 무언가 잘못된 게 있다는 느낌은 드는데, 그것이 정확
히 무엇인지는 알 수 없습니다.
그 감각은 마치 내면 깊숙한 곳에서 무언가가 나에게 말을 걸며, 밖으로 나
오려 애쓰는 듯한 느낌이 들기도 합니다.
때로는 그 감각에 아주 가까이 다가가 강렬한 영적 각성, 갑작스러운 창
의적 통찰, 깊은 내면의 고통, 혹은 자신 안에 숨겨진 가능성에 대한 미묘
한 깨달음을 경험하기도 합니다. 이런 순간, 바로 그때 당신의 세타파Theta
brainwave가 당신에게 무언가 중요한 메시지를 전하려는 중입니다.

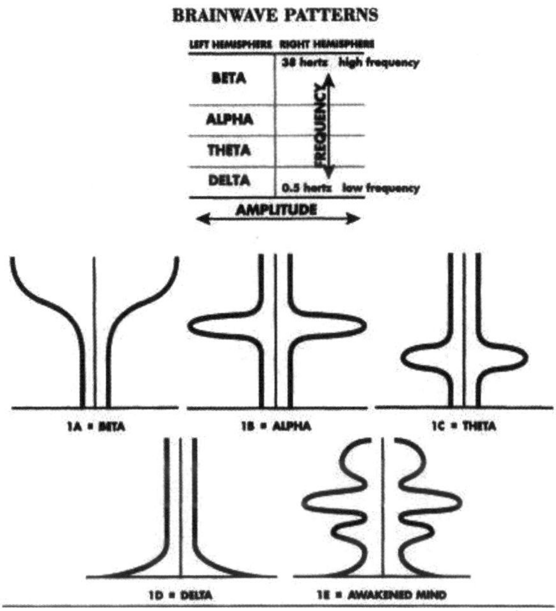

이 그림들은 뇌파의 주파수와 진폭을 시각적으로 표현한 것입니다. 왼쪽 반구(좌뇌)는 그림의 왼쪽에, 오른쪽 반구(우뇌)는 그림의 오른쪽에 표시되어 있습니다.

일반적인 EEG(뇌파도)와 달리, 이 도표에서는 주파수가 세로축에 표시되어 있으며, 가장 높은 주파수는 위쪽, 가장 낮은 주파수는 아래쪽에 위치합니다.

Mind Mirror EEG의 주파수 범위는 초당 38회(38Hz)에서 0.5회(0.5Hz)까지입니다. 진폭Amplitude은 가로축에서 마이크로볼트(μV) 단위로 표시됩니다. 진폭은 중앙에서 0으로 시작하며, 좌측으로 멀어질수록 좌뇌의 해당 주파수 진폭이 커지고, 우측으로 멀어질수록 우뇌의 해당 주파수 진폭이 커집니다.

이를 바탕으로 다음과 같이 해석할 수 있습니다.

책의 나머지 그림들 역시 모두 이 네 가지 기본 주파수 중 하나 이상을 조합하여 그려진 것입니다.

세타파는 의식과 무의식 사이에 놓인 잠재의식Subconscious의 영역이라고 할 수 있습니다. 이 뇌파는 우리의 내면 깊은 곳에 저장된 기억, 감각, 감정을 풍부하게 품고 있습니다. 비록 이런 경험들이 의식적으로는 접근되지 않더라도, 그것들은 여전히 우리의 태도, 기대, 신념, 행동 방식에 영향을 미치고 심지어 그것들을 지배하기도 합니다.

예를 들어, 어린 시절의 학대 경험을 기억하지 못하는 성인이 있다고 가정해 봅시다. 그 사람은 무의식적으로 비슷한 폭력적 관계나 사람들을 반복적으로 끌어들이는 경향을 보이기도 합니다. 그 이유는, 바로 그의 마음속에서 세타파를 만들어 내는 잠재의식이 깊이 묻혀 있던 비밀을 드러내고 치유하려는 강한 욕구를 품고 있기 때문입니다.

세타파는 억눌린 창의력과 영감의 저장소이기도 합니다.

이 뇌파는 꿈을 꾸는 수면 상태나 깊은 명상 상태에서 활발하게 나타나며, 특히 '절정 경험Peak experience', 영적 통찰, 고도의 뇌 기능 상태에서 그 강도가 두드러집니다. 세타파는 창조적 활동과 밀접하게 관련되어 있지만, 그 창의적 에너지를 의식의 영역으로 끌어올리기 위해서는 다른 뇌파들의 협력이 필요합니다. 즉, 세타파의 심오한 잠재력을 온전히 활용하려면 여러 뇌파 주파수가 함께 작동하는 조화로운 상태가 이루어져야 합니다.

델타 뇌파

"마치 사람들의 마음을 읽는 것 같아요.

그들이 입을 열기 전에 무슨 말을 할지 알겠어요."

전화벨이 울리기 직전에 이미 전화가 올 것을 아는 느낌, 친구나 연인, 배우자, 자녀의 감정을 마치 내 감정처럼 느끼는 경험, 때로는 그 감정이 내 것인지, 상대의 것인지 구분조차 어려운 혼란—이런 순간들이 있습니다. 누군가에게 간절히 마음을 전하고 싶지만 두려워 망설이다가, 이상하게도 마음속으로 그 사람을 떠올린 바로 그때, 상대방이 먼저 연락을 해 오는 경험 말입니다.

이럴 때, 바로 당신의 델타파Delta brainwave가 작동하고 있는 것입니다. 델타파는 마치 개인적인 '레이더'처럼, 의식 아래의 깊은 층에서 메시지를 주고받는 통로 역할을 합니다. 델타파는 우리의 무의식Unconscious mind을 구성하는 뇌파입니다.

이 뇌파는 깊은 수면 상태에서 나타나며, 다른 모든 뇌파가 멈출 때도 여전히 작동하고 있습니다. 델타파는 수면 중 회복과 재생이 일어나는 단계, 즉 몸과 마음이 진정으로 치유되고 에너지를 회복하는 과정을 가능하게 합니다. 쉽게 말해, 우리가 자는 동안 몸이 다시 균형을 찾고, 정신이 정화되는 바로 그 순간, 그 배경에는 언제나 델타파가 흐르고 있는 것입니다.

델타파는 깨어 있는 상태에서도 다른 뇌파와 함께 나타날 수 있습니다.

나는 델타파를 '본능적인 수준에서 정보를 탐지하고 받아들이는 레이더'라고 생각합니다. 진폭이 높은 델타파를 가진 사람들은 대체로 직관적이며 감이 뛰어난 편입니다. 그들은 시행착오를 통해 자신의 '육감Sixth sense'을 신뢰하게 되는데, 그 이유는 그 감이 놀라울 정도로 자주 맞기 때문입니다. 높은 진폭의 델타파는 강한 공감 능력을 만들어 냅니다. 그래서 델타파가 풍부한 사람들은 흔히 심리치료사, 치유자Healer, 상담가, 또는 사람을 돕는 직업군에서 많이 발견됩니다.

그들의 뇌는 무의식적으로 타인의 감정과 에너지를 '감지'하며, 그 덕분에 깊은 이해와 치유적 연결을 만들어 내는 것입니다.

델타파에 접근할 수 있는 능력은 얼핏 들으면 축복처럼 보이지만, 이 뇌파가 매우 강한 사람들, 특히 그 이유를 이해하지 못하는 사람들에게는 때로 짐스럽고 혼란스러운 경험이 될 수 있습니다.

나는 종종 이런 사람들을 봅니다. 그들은 타인의 감정, 욕구, 생각을 너무 강하게 받아들여 그 정보의 홍수에 압도되어 버리곤 합니다. 이런 경우, 그들은 무의식적으로 받아들이는 끊임없는 자극을 걸러내는 방법, 즉 '필터'를 배우는 것이 필요합니다. 또한 건강한 심리적 경계를 세우고, 자신의 감정과 타인의 감정을 구분하는 법을 익혀야 합니다. 그때야 비로소, 그들의 타고난 민감함과 공감력은 혼란이 아닌 치유와 통찰의 능력으로 작동하게 됩니다.

뇌파들이 결합해 우리의 경험을 만들어 내는 방식

이제 우리는 베타Beta, 알파Alpha, 세타Theta, 델타Delta라는 네 가지 뇌파 패턴의 구성 요소를 모두 살펴보았습니다. 우리가 어느 순간 어떤 의식 상태에 있든, 그것은 이 네 가지 뇌파 범주의 조합으로 이루어집니다. 이 범주들이 어떻게 상호작용하고 함께 작동하는지 살펴봄으로써, 우리 마음에서 무슨 일이 일어나고 있는지, 그리고 왜 특정한 경험이 발생하는지를 알 수 있습니다.

1970년대에는 '알파파가 더 높은 의식 상태로 가는 열쇠'라고 믿는 견해가 널리 퍼져 있었습니다. 하지만 1990년대에 들어서면서 세타파와 델타파가 주목받기 시작했고, 이른바 뉴에이지New Age 사상의 흐름 속에서 새로운 관심의 대상이 되었습니다.

일부 명상 트렌드나 자기계발법에서는 세타와 델타가 베타나 알파보다 훨씬 더 중요하다, 혹은 그것이야말로 '고차원 의식'의 비밀이라고 주장하기도 합니다. 또 다른 사람들은 뇌파에 '위계 구조'가 있다고 가르칩니다. 즉, 중요도의 순서가 베타→알파→세타→델타라는 식입니다.

반면, 어떤 이들은 델타파는 무의미하거나 측정이 불가능하다며 아예 언급조차 하지 않습니다. 그러나 진실은 그 어느 것도 절대적이지 않다는 데 있습니다. 어떤 뇌파가 다른 뇌파보다 '더 우수한' 것은 없습니다. 네 가지 뇌파는 서로 긴밀히 협력하며, 그 조합과 균형에 따라 다양한 정신적·감정적·영적 상태가 만들어집니다.

베타, 알파, 세타, 델타—이 네 가지 주요 뇌파 범주 안에는 사실 각각 여러 개의 세부 주파수 대역이 존재합니다. 이 주파수의 조합은 사람마다 다르며, 각자는 자신만의 고유한 뇌파 패턴(시그니처)을 가지고 있습니다. 그 패턴은 우리의 의식 상태가 변하고 흘러가더라도 기본적인 형태를 유지합니다. 이 다양한 주파수들은 마치 교향곡 속의 음표들과 같습니다. 때로는 그음들이 부드럽게 조화를 이루며 유려하고 아름다운 선율을 만들어 내지만, 다른 때에는 서로 어긋나 불협화음처럼 들리기도 합니다. 우리의 목표는 이 뇌파들이 풍부하고 강력하며 조화로운 '의식의 교향곡'을 이루도록 만드는 것입니다. 음악에서 한 음을 익히는 것이 중요하듯, 마음을 다스리는 일에서도 각 뇌파의 성질을 이해하고, 그것들을 의미 있는 조합으로 엮어 원하는 의식 상태를 만들어 내는 법을 배우는 것이 핵심입니다.

좌뇌와 우뇌

일반적으로 사람들은 왼쪽 뇌는 논리적·사고 중심, 오른쪽 뇌는 창의적·예술 중심이라고 알고 있으며, 우리는 보통 그 둘 중 하나만 사용한다고 생각합니다. 그러나 실제로 뇌는 하나의 통합된 전체 시스템으로, 두 반구가 항상 함께 작동하고 있습니다. 왼쪽 뇌는 논리적, 순차적, 세부 중심적 사고를 담당하고, 오른쪽 뇌는 공간적, 직관적, 전체적 관점의 사고를 담당하지만, 우리가 세상에서 완전하게 기능하기 위해서는 양쪽 모두의 협력이 필요합니다.

가장 이상적인 상태는 좌우 뇌가 균형 있고 대칭적으로 작동하는 것입니다. 하지만 실제로는 종종 한쪽이 더 우세한 비대칭적 패턴이 나타나며, 명상과 뇌파 훈련은 이런 불균형을 교정하고 양쪽의 조화를 향상시키는 데 도움을 줍니다.

우리는 생각할 때도, 창조할 때도 좌뇌와 우뇌를 동시에 사용합니다. 따라서 더 깊고 풍부한 창의적 상태로 나아간다는 것은 '왼쪽에서 오른쪽으로 이동하는 것'이 아니라, '위에서 아래로 확장되는 과정'이라고 볼 수 있습니다. 즉, 베타파(논리적 사고의 파동)에서 출발해 그 위에 알파, 세타, 델타의 창조적·직관적 요소를 더해 양쪽 뇌가 동시에 활성화될 때, 우리는 비로소 완전한 창조적 의식 상태에 이르게 됩니다.

각성된 마음

"아하! 알겠다. 이제 모든 게 이해돼. 잠깐 동안이지만 완전히, 전적으로 깨달았어. 왜 이런 상태로 항상 지낼 수 없는 걸까?"

마치 짜릿한 전율이 온몸을 감싸며, 모든 차원에서 이해와 깨달음이 확실히 찾아온 순간을 경험합니다. 이 갑작스러운 자각은, 비범한 창의적 생각과 행동으로 이어지기도 합니다. 오래된 문제들이 갑자기 단순하고 쉽게 다뤄질 만큼 직관적 통찰이 솟아오르고, 심지어 대수롭지 않게 느껴질 때도 있습니다.

"왜 이걸 진작 생각 못 했지?"

"이렇게나 명확한 걸, 왜 몰랐을까?"

이런 감탄이 과거에는 답이 없다고 생각했던 질문들을 떠올리며 터져 나옵니다.

또 어떤 이들은 이 경험을 깊은 영적 자각으로 표현합니다. 우주와의 연결이 선명히 느껴지고, 자신이 빛으로 둘러싸여 있는 듯한 평화로운 감각이 밀려오기도 합니다.

이 순간, 당신은 바로 '깨어 있는 마음Awakened Mind'을 경험하고 있는 것입니다.

'깨어 있는 마음'의 뇌파 패턴은 앞서 살펴본 네 가지 뇌파—베타(Beta), 알파Alpha, 세타Theta, 델타Delta—가 동시에 조화를 이루는 상태입니다. 이 네가지 주파수가 적절한 비율과 균형을 이루며 함께 작동할 때, 우리는 다음을 한순간에 경험하게 됩니다.

- 델타파의 직관적 감지력과 공감적 '레이더' 기능
- 세타파의 창조적 영감, 개인적 통찰, 그리고 깊은 영적 자각
- 알파파의 다리 역할—의식과 잠재의식을 연결하는 편안하고 열린 인식
- 베타파의 명확한 사고와 현실적 판단력

이 모든 것이 동시에 작동하는 순간, 당신의 마음은 깨어 있고 확장되어 있으며, 논리·감성·직관·영성이 완벽한 조화를 이루는 의식의 최고 상태, 바로 'Awakened Mind'에 도달하게 됩니다.

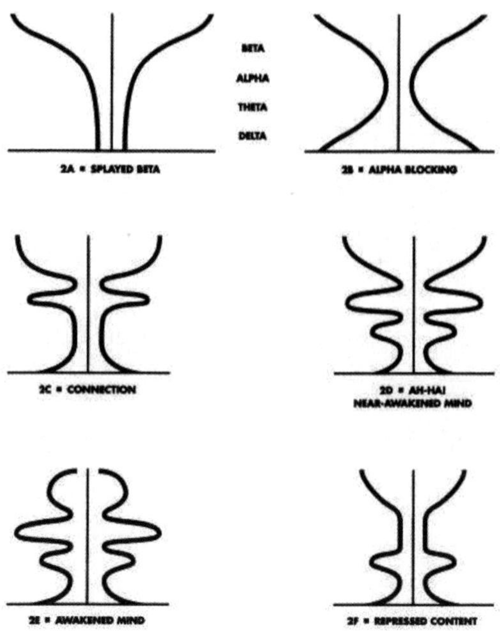

'깨어 있는 마음'의 발견

고(故) C. 맥스웰 케이드C. Maxwell Cade는 영국의 저명한 정신생물학자이자 생물물리학자로, 의학계 외부 인사로서는 드물게 영국왕립의학회Royal Society of Medicine의 회원으로 활동한 인물이었습니다.

그는 어릴 적부터 명상과 선(禪)의 전통 속에서 성장했습니다. 과학자로서의 역량이 발전하면서 그는 한 가지 질문에 깊은 호기심을 품게 되었습니다. "더 높은 의식 상태를 경험하는 사람들의 뇌파를 실제로 측정할 수 있을까?" 만약 그것이 가능하다면, 그들의 마음속에서 어떤 일이 일어나고 있는지 이해할 수 있을 것이고, 또한 그 상태로 더 쉽게 들어가는 방법을 다른 사람들에게 가르칠 수도 있을 것이라 생각했습니다.

당시 케이드는 이미 전기적 피부 저항Biofeedback 장비를 활용해 여러 형태의 명상 기법을 가르치고 있었으며, 사람들의 의식 상태를 과학적으로 탐구하는 일에 몰두하고 있었습니다. 따라서 뇌파를 직접 측정할 수 있는 방법을 찾는 것은 그의 연구에서 자연스럽고 필연적인 다음 단계였습니다.

이 목표를 위해, 케이드는 전자공학 전문가 제프리 블런델Geoffrey Blundell과 함께 특수한 목적의 뇌파 측정기EEG를 개발했습니다. 그들은 이 장치를 마인드 미러Mind Mirror라 이름 붙였습니다. 이 장치는 양쪽 뇌(좌뇌·우뇌)의 11가지 주파수를 동시에 측정할 수 있는 스펙트럼 분석법을 사용하여, 전통적인 EEG와는 구별되었습니다.

맥스 케이드는 자신이 개발한 '마인드 미러'를 가지고 여러 수행자를 찾아다녔습니다. 그가 방문한 이들은 스와미Swami, 요기Yogi, 힐러Healer, 그리고 고급 명상가들로, 많은 사람이 그들의 의식 상태를 동경하며 닮고자 했던 인물들이었습니다.

그들을 측정하던 중, 케이드는 마침내 자신이 오랫동안 찾아 헤매던 공통된 패턴을 발견했습니다. 그것은 좌뇌와 우뇌 양쪽에서 반복적으로 나타나는 뇌파의 독특한 조합이었고, 그는 이를 '깨어 있는 마음Awakened Mind' 패턴이라 명명했습니다. 이후 케이드는 이 명료하고 확장된 의식 상태를 가진 사람들을 계속 연구하면서 그 패턴이 반복적으로 나타난다는 사실을 확인했습니다. 그리고 점차 그가 가르치는 학생들 또한 이 상태를 훈련을 통해 발전시킬 수 있도록 돕는 방법을 터득하게 되었습니다.

나는 런던에서 맥스 케이드Max Cade와 함께 8년 동안 연구하고 훈련한 뒤, 1981년에 미국으로 돌아와 나만의 연구를 본격적으로 시작했습니다. 그 과정에서 나는 매우 흥미로운 사실을 발견했습니다. '깨어 있는 마음'의 뇌파 패턴은 특정한 영적 신념, 종교, 혹은 수행 전통과 무관하게, 창의적 영감이 터지는 바로 그 순간에 공통적으로 나타난다는 것이었습니다. 음악가가 작곡할 때, 안무가가 새로운 춤을 창조할 때, 화가가 몰입하여 그림을 그릴 때—이들은 모두 절정의 창조적 순간에 이 뇌파 조합을 만들어 냅니다. 뿐만 아니라 어려운 수식을 풀어내는 수학자, 실험 중 중요한 통찰을 얻는 과학자, 회의실에서 중요한 결정을 내리는 CEO, 그리고 세심하게 가정을 돌보는 주부까지—그들 모두가 집중과 통찰, 창의성과 조화가 하나로 어우러지는 순간, 바로 이 '깨어 있는 마음' 패턴을 경험하고 있었습니다.

대부분의 사람들에게 '깨어 있는 마음' 상태는 아주 드물게, 순간적인 영감의 불꽃처럼 잠시 스쳐 지나가는 경험으로 나타납니다. 그 지속 시간은 길어야 몇 초, 때로는 단 한 순간일 수도 있습니다. 아마 당신도 인생에서 한두 번쯤은, 모든 것이 또렷하고 명확하게 느껴지는 그 특별한 순간을 경험한 적이 있을 것입니다. 혹은 특정한 활동—예를 들어 음악, 글쓰기, 명상, 혹은 몰입을 유도하는 어떤 일—이 그런 정신 상태를 쉽게 만들어 주는 경우도 있을 것입니다. 반면 어떤 사람들에게 '깨어 있는 마음'은 평생에 몇 번 밖에 찾아오지 않는, 소중하고 희귀한 의식의 정점처럼 느껴지기도 합니다. 하지만 당신이 지금 어떤 의식 상태에 있든, 또 그것을 얼마나 잘 조절할 수 있든 상관없이, 이 순간부터 자신의 뇌파를 다루고, 스스로의 마음을 깨우는 법을 배울 수 있습니다. 이 책에서는 궁극적으로 '깨어 있는 마음'의 뇌파 패턴을 해부하고, 그것이 어떻게 작동하는지, 그리고 그 상태를 훈련하고 확장하는 방법을 다룰 것입니다. 그러나 그 전에, 먼저 다양한 의식의 출발점, 즉 우리가 흔히 경험하는 여러 가지 정신 상태와 그에 대응하는 뇌파 패턴부터 살펴보겠습니다.

일상적인 의식 상태

그림 2A, 2B, 2C는 하루 동안 깨어 있는 상태에서 경험할 수 있는 여러 의식 상태의 뇌파 패턴을 보여 줍니다. 이 패턴들은 우리가 일상적으로 자주 경험하는 기본적인 의식의 형태이기 때문에, 앞으로 더 고차원적인 상태를 학습할 때 출발점이자 토대가 됩니다. 이러한 기본 상태를 이해하고 익히는 것은, 마치 '의식의 언어'를 배우는 것과 같습니다. 이를 통해 당신은 자신이 경험하는 다양한 정신 상태를 보다 명확하게 인식하고 해석할 수 있게 되며, 나아가 의식과 뇌파를 스스로 다루는 능력을 발전시킬 수 있습니다.

깨어 있는 상태에서 대부분의 사람들은 '확산된 베타Splayed Beta'라 부르는 뇌파 패턴(그림 2A)을 만들어 냅니다. '깨어 있는 마음'의 뇌파 패턴(그림 2E)을 참고해 보면, 그곳의 베타파는 훨씬 낮은 주파수 대역에 머물러 있다는 것을 알 수 있습니다.

'확산된 베타Splayed Beta' 상태는 과도한 정신 활동으로 나타납니다. 머릿속에서는 끊임없이 평가하고, 계획하고, 판단하고, 비판하는 생각의 소음이 일어납니다. 어떤 사람들은 이를 '내면의 위원회The committee'라고 부르기도 합니다. 끊임없이 자기 자신과 대화를 나누는 마음속 집단이죠. 또는 '리스트를 만드는 사람The list maker'이라 부르기도 합니다. 끝없이 해야 할 일과 걱정거리를 만들어 내는 내면의 목소리 말입니다. 이런 베타파의 확산은 종종 불안, 걱정, 초조감, 혹은 막연한 긴장감과 불편함으로도 경험됩니다. 즉, 마음이 과열되어 통제가 어려워지는 상태, 그것이 바로 '확산된 베타'입니다.

많은 사람은 세상 속에서 살아가며, 거의 대부분—혹은 심지어 전적으로—이 '확산된 베타' 뇌파 패턴만으로도 기능할 수 있습니다. 하지만 이 상태는 단지 약간 불편한 정신적 긴장 상태일 뿐만 아니라, 놀랍게도 완전히 '의식적인 상태'라고 할 수도 없습니다. 흥미롭게도, 우리가 흔히 '의식적인 사고'라고 부르는 베타파 상태가 실제로는 진정한 의미의 '깨어 있음'이 아니라는 것이지요.

러시아의 영적 사상가 구르지예프G. I. Gurdjieff는 이런 상태를 '깨어 있는 잠Waking sleep'이라 불렀습니다. 순수한 베타 상태에 머물러 있을 때, 우리는 진정한 자기 자신에게 깨어 있지 않습니다. 자신의 내면, 잠재의식, 무의식, 직관, 영성, 그리고 숨겨진 창의력과 가능성에도 닿지 못합니다.

바로 이 점이 '깨어 있는 마음'이 추구하는 핵심입니다. 즉, 단순히 '생각하는 존재'로 머무는 것이 아니라, 의식의 모든 층위에서 완전히 깨어나는 것입니다.

그룹 실험에서 '마인드 미러Mind Mirror'를 시연할 때, 나는 참가자 한 명을 선정해 여러 가지 활동을 시켜 보며 뇌파의 변화를 보여 줍니다. 그중 꼭

하는 과제가 있습니다. 바로 아주 어려운 곱셈 문제를 풀게 하는 것입니다. 문제를 보는 순간, 그 참가자의 뇌파에는 '확산된 베타'가 즉시 나타납니다. 즉, 복잡한 문제를 마주하자마자 베타파가 급격히 확산되는 반응이 생기는 것이죠. 이는 단지 문제의 난이도 때문만이 아니라, 사람들 앞에서 평가받는 상황 자체가 주는 정신적 압박감 때문이기도 합니다. 나는 이 문제를 실제로 끝까지 풀게 하지 않습니다. 대신, 이 순간적인 '베타파의 즉각적 반응'이 얼마나 빠르고 분명하게 나타나는지를 직접 눈으로 보여 주는 시연으로 사용합니다.

많은 사람은 베타파 수준의 사고 활동만으로는 부족하다고 느낍니다. 그들은 자신 안에 더 넓고 깊은 의식 상태가 존재한다는 것을 어렴풋이 알고 있지만, 그곳으로 어떻게 도달해야 하는지 방법을 모르는 경우가 많습니다. 이처럼 다른 종류의 정보나 존재 상태를 향한 '손 내밈'은 종종 무의식 차원에서 일어나며, 그 신호는 델타파의 형태로 나타납니다.

이해하고자 하는 욕구가 강할수록, 무의식의 '레이더'는 바깥세상으로 신호를 확장시키고, 그 결과 그림 2B와 같은 패턴, 즉 '모래시계 모양Hourglass pattern'이 형성됩니다.

이 패턴은 한쪽 끝에는 고주파수 베타파—즉, 의식적 사고와 인지 활동이—다른 쪽 끝에는 저주파수 델타파—즉, 무의식의 레이더—가 자리 잡고 있습니다. 하지만 그 둘을 연결해 주는 알파파가 사라져 있기 때문에, 두 영역은 서로 단절되어 있습니다. 이 현상을 '알파 차단Alpha blocking'이라고 부릅니다. 알파파는 원래 의식의 높은 주파수(논리·사고)와 잠재의식의 낮은 주파수(감정·직관)를 이어 주는 다리 역할을 하지만, 이 다리가 끊기면 사람은 생각과 감정, 이성과 직관이 따로 노는 분리된 의식 상태에 머무르게 됩니다.

이런 알파 차단 패턴을 보이는 사람은, 마음속 깊이 '무엇이 일어나고 있는지 알고 싶다'는 강한 욕구를 가지고 있습니다. 그의 의식Conscious mind도, 무의식Unconscious mind도 각자 나름의 방식으로 정보를 찾고 받아들이려 애쓰고 있지만, 문제는 서로의 존재를 인식하지 못한다는 것입니다. 즉, 의식은 무의식이 하는 일을 모르고, 무의식은 의식이 무엇을 원하고 있는지 모르는 상태입니다. 두 영역이 완전히 단절된 채 각자 따로 작동하고 있는 것이지요. 결국 이런 사람은 '깨어 있고 싶지만 깨어 있지 못한 상태', 즉 지적으로는 갈망하지만 내면적으로는 막혀 있는 상태에 머물게 됩니다.

나는 처음으로 마인드 미러Mind Mirror에 연결된 클라이언트들에게서 이런 알파 차단 패턴을 자주 관찰합니다. '확산된 베타' 다음으로, 이것이 일반적인 깨어 있는 상태에서 가장 흔히 나타나는 두 번째 패턴입니다. 특히 자신의 뇌파가 모니터링되고 있다는 낯선 상황에 놓였을 때 그렇습니다.

처음 장비를 착용한 사람은 보통 "지금 무슨 일이 일어나는 거지?" 하며 머릿속이 복잡해집니다. 그래서 나는 강한 베타파 활동이 나타나리라 예상하고, 만약 그렇지 않다면 오히려 걱정스러울 정도입니다. 그런데 동시에 델타파가 함께 나타나는 것은 그 사람이 이 실험과 경험에 매우 깊은 관심을 가지고 있다는 신호이기도 합니다. 즉, 그의 의식은 이 상황을 분석하려 하고, 그의 무의식은 그 의미를 더 깊은 차원에서 이해하려는 양방향의 탐색 상태에 들어간 것입니다.

클라이언트의 뇌파를 꾸준히 관찰하다 보면, 그녀가 내 이야기에 흥미를 잃기 시작하는 순간을 뇌파로 알아차릴 수 있습니다. 평소에는 강하게 나타나던 델타파가 서서히 약해지기 시작할 때가 바로 그때입니다. 그럴 때 나는 이야기의 에너지나 초점을 바꾸어 다시 그녀의 관심을 끌어올립니다. 그러면 델타파 수준이 다시 높아지며, 그녀의 무의식적 관심이 되살아나는 것을 볼 수 있습니다.

즉, 말로 표현되지 않더라도, 그녀는 여전히 깊은 층위에서 적극적으로 참여하고 반응하고 있는 것입니다. 특히 집중도 높은 치료 세션 중에는 그녀가 무의식의 영역에서 통찰을 찾고자 하는 과정이 활발히 일어나기 때문에 델타파가 매우 강하게 나타나는 경우가 많습니다.

이런 이유로 나는 모든 상담 세션 동안 클라이언트를 마인드 미러에 연결해 둡니다. 그들의 뇌파 패턴이 실시간으로 변화하는 모습을 관찰함으로써, 그들이 의식적으로는 알아차리지 못하는 내면의 변화를 파악할 수 있기 때문입니다. 뇌파의 미묘한 움직임을 보면, 그들의 마음속에서 집중이 깊어지는 순간, 감정이 열리는 순간, 혹은 내적 저항이 일어나는 순간이 고스란히 드러납니다. 이렇게 얻은 정보는 단순한 대화로는 알 수 없는, 그들의 의식과 무의식이 실제로 어떤 상태에 있는지를 보여 주는 귀중한 단서가 됩니다.

당신이 이런 베타와 델타의 결합 패턴을 만들어 내고 있다면, 겉으로는 평소와 다름없는 '생각하는 상태'처럼 느껴질 수 있습니다. 하지만 그 이면에서는 무언가를 더 깊이 알고자 하는 탐색의 에너지, 즉 자신이 지금 경험하고 있는 일의 진정한 의미를 이해하고자 하는 내면의 갈망이 작동하고 있습니다.

델타파는 무의식을 상징합니다. 따라서 이 '탐색'은 의식적으로 인식되지 않는 깊은 층위에서 일어나고 있는 것입니다. 다시 말해, 당신의 무의식이 당신 대신 정보를 찾고, 의미를 해석하려는 상태이지요. 또한, 이런 알파 차단Alpha blocking 현상은 때로 지금 당장 의식적으로 받아들이기엔 너무 버거운 생각이나 감정으로부터 자신을 보호하기 위한 방어 기제로 작동하기도 합니다. 즉, 마음이 스스로를 지키기 위해 일시적으로 다리(알파)를 끊어 두는 것, 그것이 바로 이 패턴의 또 다른 역할입니다.

알파 차단 상태는 항상 고정되어 있는 것은 아닙니다. 때때로 여기에 짧거나 지속적인 알파파의 섬광Flares이 함께 나타나기도 합니다(그림 2C 참조). 이런 알파의 간헐적 출현은 의식과 무의식 사이에 서서히 연결이 형성되기 시작했다는 신호입니다. 이 알파파의 섬광이 더 자주, 더 길게 지속될수록 양쪽 마음의 교류는 점점 더 강해집니다.

이 상태에 들어서면, 사람은 자신의 직관Intuition과 공감Empathy을 더 선명히 느끼게 되고, 내면의 감정과 욕구에도 한층 가까워집니다. 또한 이전보다 훨씬 생생한 이미지와 풍부한 상상력을 경험할 수 있습니다. 하지만 동시에 마음 한편에서는 여전히 무언가가 부족한 느낌, 즉 완전히 연결되지는 않은 의식의 간극을 어렴풋이 감지하게 됩니다.

그림 2D는 흔히 말하는 '아하!Ah-ha 경험', 즉 통찰의 순간을 보여 줍니다. 이 상태에 들어서면, 잠시 동안—혹은 조금 더 길게—그동안 찾지 못했던 퍼즐의 마지막 조각이 맞춰진 듯한 느낌을 받게 됩니다. 무엇을 정확히 이해했는지는 설명하기 어려워도, 몸속 깊은 곳에서 전류가 흐르는 듯한 전율, "지금 알았다!"는 확신의 감각이 분명하게 느껴집니다. 하지만 그 순간은 종종 매우 짧게 스쳐 지나갑니다. 잠시 후면, 방금 그 감각이 사라지고

"방금 내가 뭘 깨달았던 거지?" 하며 그 경험을 되짚어 보게 되지요. 이것이 바로 순간적인 깨달음의 파동, 즉 의식이 잠시 완전한 연결 상태에 닿는 찰나의 경험입니다.

이런 짧은 '거의 깨어 있는 마음' 패턴은 자주 나타나지만, 대부분은 찰나의 번쩍임처럼 아주 짧게 지속되는 통찰의 섬광으로 경험됩니다. 만약 그 섬광이 충분히 강하고 조금 더 오래 지속된다면, 그 순간 동안 의식-잠재의식-무의식 사이의 정보 흐름이 자유롭게 열리게 되어, 그 통찰의 내용이 마음의 모든 층위를 관통합니다. 그 결과, 뇌파의 짧은 섬광이 사라진 후에도 그 깨달음이 의식 속에 기억으로 남게 됩니다.

하지만 대부분의 경우, 베타·알파·세타·델타가 함께 일으키는 이 뇌파의 불꽃은 너무 짧게 스쳐 지나가 버립니다. 그래서 우리는 "분명 뭔가 깨달았는데… 방금 그게 뭐였지?" 하는, 놓쳐 버린 듯한 아쉬움만 남기게 되지요. 이럴 때는 잠시 멈춰서 눈을 감고 호흡을 고르며 내면으로 향해 보세요. 그 통찰의 여운이 아직 마음 어딘가에 남아 있다면, 그 짧은 침묵 속에서 그 내용을 다시 떠올리고 되찾을 수 있습니다.

앞서 그림 2D를 설명하면서 나는 그것을 '거의 깨어 있는 마음'이라고 불렀습니다. 그렇다면 왜 '거의'이지? 왜 '진짜 깨어 있는 마음'이 아닌 걸까요? 그 차이를 보려면 그림 2E를 함께 살펴보면 됩니다.

'깨어 있는 마음' 패턴에서는 베타파가 위쪽에서 안쪽으로 부드럽게 굽어 들어가는 형태를 띱니다. 반면, 그림 2D의 상태에서는 베타파가 확산되어 있어, 통찰의 순간이 오더라도 생각이 과도하게 분산되거나 산만한 느낌이 남습니다. 이런 상태에서는 깨달음과 동시에 집중력 부족, 과도한 흥분, 불안, 분석하려는 시도, 혹은 내적 몰입의 과잉 같은 부수적인 증상이 따라옵니다.

나는 실제로 매우 성공한 경영자나 리더들에게서 이 그림 2D 패턴을 자주 관찰했습니다. 그들은 분명 통찰의 순간을 경험하지만, 불안을 완전히 내려놓지 못해 그 에너지가 흐름을 방해하는 것입니다. 반면, 그림 2E의 '깨어 있는 마음' 상태에서는 그 순간이 짧더라도 초점, 명료함, 그리고 통합된 감각이 분명하게 느껴집니다. 잡념이나 불필요한 생각이 전혀 없고, 의식이 하나로 모여 있는 완전한 조화와 집중의 상태가 되는 것이지요.

그림 2F는 베타, 세타, 델타가 함께 나타나는 뇌파 패턴을 보여 줍니다. 그러나 이 상태에서 가장 주목해야 할 점은, 알파파가 완전히 사라져 있다는 것입니다. 이 상태에 있는 사람은 불편함이나 내적 긴장감을 느낄 수 있습니다. 특히 세타파가 강할 경우 그 감각은 더 뚜렷해집니다. 세타파는 잠재의식의 내용을 담고 있으며, 그 내용이 긍정적일 수도, 부정적일 수도 있습니다. 하지만 어떤 내용이든 간에, 그것은 의식의 아래층에서 위로 밀려 올라오는 압력처럼 느껴집니다.

문제는, 알파파가 사라졌기 때문에 그 아래층(잠재의식)의 메시지가 베타파(의식적 사고)로 전달될 수 있는 다리가 끊어져 있다는 점입니다. 즉, 우리는 "무언가가 내 안에서 작동하고 있다"는 느낌은 받지만, 그게 무엇인지 의식적으로 이해하거나 설명할 수 없는 상태에 머무르게 됩니다. 이처럼 우리는 종종 잠재의식의 알려지지 않은 내용들에 의해 강하게 영향을 받지만, 그 이유를 스스로는 알지 못한 채 행동하거나 반응하곤 합니다.

하지만 알파파가 다시 나타나 이 간극을 메우게 되면, 그때 비로소 우리는 왜 그런 생각이나 감정을 느끼고, 왜 특정한 행동을 반복했는지 이해하게 됩니다. 그 이해는 우리에게 선택의 여지와 주도권을 돌려줍니다. 즉, 무의식에 휘둘리는 삶에서 벗어나 스스로의 마음을 의식적으로 다룰 수 있게 되는 것입니다.

그림 2F에서 나타나는 이 상태는, 잠재의식 속에 억눌려 있는 심리적 내용(억압된 기억이나 감정)이 풀리지 못한 채 깊은 곳에 머물러 있는 사람에게서 흔히 나타납니다. 이런 경우, 그 억눌린 심리적 에너지는 겉으로는 보이지 않는 '내면의 추진력'처럼 작동합니다. 하지만 그 에너지는 방향을 잃은 채, 의식의 표면으로 올라오지 못하고 안에서 계속 밀어 올리는 압력으로 작용합니다.

이 패턴은 종종 강한 좌절감과 함께 나타납니다. 즉, 내면 깊은 곳에서 무언가를 창조하거나 표현하려는 충동이 있지만, 그것이 의식의 영역으로 전달되지 못해 표현되지 못한 창의력이 답답함이나 불안, 심리적 긴장으로 바뀌는 것입니다. 이런 사람에게는 알파파 발달이 절실히 필요합니다. 알파파는 잠재의식과 의식을 이어 주는 다리이자 통로이기 때문에, 그 다리가 세워질 때 비로소 억눌린 에너지와 창의성이 의식 위로 올라와 건강하고 창조적인 방식으로 표현될 수 있습니다.

내가 상담했던 한 남성은 겉보기에는 누가 봐도 건강하고 행복한 사람이었습니다. 직장에서 성공적이었고, 관계도 안정되어 있었으며, 과거의 상처나 감정 문제도 잘 정리된 듯 보였습니다. 그러나 그의 뇌파를 측정했을 때, 나는 베타·세타·델타가 강하지만 알파가 결여된 패턴(그림 2F형)을 발견했습니다.

그 순간 나는 그에게 몇 가지 질문을 던지며, 그의 잠재의식 속에 억눌려 있는 무언가를 찾아보기 시작했습니다. 곧 그는 자신이 오랫동안 신과의 관계에서 행복하지 못했다는 사실을 털어놓았습니다. 그의 내면 깊은 곳에서는 영적 탐구에 대한 갈망이 솟구치고 있었지만, 그는 그것을 어떻게 이해해야 할지, 또 어떻게 다루어야 할지 몰랐던 것입니다.

그는 단지 알 수 없는 내면의 압박감과 불만족으로 힘들어하고 있었습니다. 나는 그의 뇌파 패턴을 보여 주며 그 안에서 무슨 일이 일어나고 있는지 설명해 주었습니다. 그는 큰 안도감을 느꼈고, 나의 도움을 받아 잠재의식의 필요와 감정을 의식의 영역으로 끌어올리는 훈련을 시작했습니다.

비슷한 패턴을 보였던 또 다른 여성 내담자는 어린 시절 학대의 피해자였습니다. 그녀의 기억은 깊이 억눌려 있었고, 그로 인한 정신적 고통은 매우 컸습니다. 하지만 여러 차례의 세션을 거치면서 그녀는 점차 알파파를 유지할 수 있게 되었고, 이를 통해 마침내 억눌린 기억을 마주하고 치유하는 과정을 시작할 수 있었습니다. 즉, 의식과 잠재의식 사이의 다리인 알파파의 회복이 그녀에게는 고통의 봉인을 풀고 자유로이 치유로 나아가는 첫걸음이 되었던 것입니다.

나는 어떻게 변화할 수 있는가?

지금까지 우리는 깨어 있는 의식 상태에서 나타나는 여러 뇌파 패턴과 그에 대응하는 의식의 단계에 대해 살펴보았습니다. 이제 당신은 아마 어떤 뇌파 상태를 스스로 만들어 낼 수 있기를 원하는지, 그리고 지금 자신의 뇌가 주로 어떤 상태에 머물러 있는지에 대해 감이 잡히기 시작했을 것입니다. 그렇다면 질문은 이것입니다.

"어떻게 하면 언제든 원하는 순간에, 의식의 상태를 자유롭게 바꿀 수 있을까?"

이제부터의 과정은 바로 그 기술을 배우는 여정입니다. 즉, 뇌파를 의식적으로 다루는 법, 마음을 깊이 이완시키면서도 또렷한 집중 상태로 전환시키는 법, 그리고 자신이 원할 때마다 '깨어 있는 마음' 상태로 들어가는 훈련을 배우게 될 것입니다.

먼저 내면에서부터 작업을 시작하라

뇌파를 조절하고 발전시키는 훈련은 깊이 이완된 상태에서, 눈을 감고 내면에 집중할 때 훨씬 더 쉽게 이루어집니다. 눈을 감는 순간, 중간 주파수 대역의 알파파와 세타파가 즉시 더 잘 활성화됩니다. 이 두 뇌파는 의식과 잠재의식 사이의 연결, 그리고 창의적·직관적 상태로의 진입을 가능하게 하는 핵심이기 때문입니다. 물론 궁극적인 목표는, 눈을 뜬 채로 세상과 관계를 맺는 순간에도 이 알파와 세타의 균형 잡힌 뇌파를 유지하는 것입니다. 그러나 그 능력을 기르기 위해서는 먼저 내면에서의 조용한 연습, 즉 '안에서부터의 훈련Inside work'이 반드시 필요합니다.

그러기 전에, 우리가 이미 익숙하게 경험하고 있는 내적 상태들부터 살펴봅시다. 혹시 명상Meditation을 실천하는 분이라면, 자신의 내면세계에 이미 익숙할 수도 있습니다. 하지만 명상을 하지 않더라도, 우리 모두는 익숙하게 접하는 내면 상태를 경험합니다.

때때로 우리는 눈을 감고 내면으로 향하지만, 아무 변화도 일어나지 않습니다. 생각이 너무 많고 머릿속이 복잡해서, 눈을 뜨고 있을 때의 '확산된 베타' 상태가 그대로 유지되는 것이죠. 이런 경험은 누구나 해 본 적이 있을 것입니다. "이제 좀 쉬어야지, 마음을 비워야지" 하고 앉았는데, 머릿속에서는 오히려 생각이 더 쏟아지고 멈추질 않는 상태 말입니다. 이럴 때는 아무리 노력해도 정신적 상태가 바뀌지 않는 답답함을 느끼게 됩니다. (이 때의 뇌파는 그림 2A나 2B의 형태와 유사합니다.)

만약 당신의 목표가 마음의 고요, 명료함, 그리고 이완이라면, 이 상태는 꽤 불편하게 느껴질 것입니다. 베타파 속의 생각에 휘말려 있을 때는 잡음이 너무 많고, 정신적 강도와 산만함이 지나치게 높습니다. 게다가 그 생각들이 부정적이거나 걱정스러운 내용이라면 불안감이나 긴장까지 더해집니다. 반대로 긍정적이거나 창의적인 생각이라 하더라도 그것에 몰입된 나머지 머릿속이 쉼 없이 돌아가면 역시 마음은 들떠 있고 불편함이 남습니다. 따라서 우리의 궁극적인 목표는 생각의 내용이 무엇이든 간에, 그 상태 자체를 다스릴 수 있는 능력을 기르는 것입니다. 즉, 부정적인 생각뿐 아니라 긍정적인 생각조차도 조절할 수 있는 힘, 그것이야말로 마음을 진정으로 주도하는 길입니다.

"하지만 저는 명상을 오래 할 시간이 없어요.

짧은 시간 안에 내면 작업을 효과적으로 할 수 없을까요?

이 불안하고 산만한 생각들을 없애고 싶어요."

명상을 하려는 선한 의도는 충분하지만 일, 아이들, 인간관계, 취미나 스포츠, 장보기, 요리, 청소 같은 일상 때문에 항상 무언가가 방해가 되어 버린다면 어떻게 될까요?

그렇다면 우리는 내적 상태를 다스리는 법, 즉 '우수성과 마인드'를 개발하는 꿈을 포기해야 할까요? 정답은 단호하게 '아니요'입니다.

일주일에 단 한 번, 몇 분간만 명상이나 내면으로의 몰입을 실천해도 뇌파에 변화를 일으키고, 삶의 경험을 개선할 수 있습니다. 많은 사람이 하루에 한 시간씩 투자해야만 명상이나 이완의 효과를 얻는다고 생각합니다. 그래서 며칠, 혹은 몇 주간은 시도하지만, 곧 바쁜 일정 때문에 결심이 무너집니다. 혹은 아직 마음속으로 이 활동이 충분히 중요한 우선순위라고 결정하지 못했기 때문에 일정을 재조정하지 않고 포기하게 됩니다.

처음에는 죄책감이 들 수도 있습니다. 몇 번 더 노력하지만, 곧 이 죄책감조차 불편해져서 스스로 "명상은 내 타입이 아니야."라고 결론짓고, 의식 상태를 다루는 훈련을 과거의 시도로 묻어 버립니다. 하지만 이들이 모르는 사실이 있습니다. 잠시라도 내면 성찰이나 사색, 이완을 위해 쓰는 모든 시간은 무조건 유익하다는 점입니다. 조금이라도 이 경험을 해 보면, 그 보상이 느껴지고, 이는 곧 다시 반복하도록 동기를 부여합니다.

감정의 뇌파들

가장 자주 받는 질문 중 하나는 이것입니다.

"사랑, 분노, 증오, 기쁨, 두려움 같은 감정마다 특정한 뇌파가 따로 존재하나요?"

이 질문에 대한 답은 간단하지 않습니다. 왜냐하면 각 개인은 감정마다 고유한 뇌파 패턴을 가지고 있기 때문입니다.

예를 들어, 어떤 사람은 분노를 느낄 때 모든 주파수의 진폭이 함께 커지며, 마치 불길처럼 타오르는 격렬한 감정이 뇌 안에서 막대한 전기적 활동으로 나타납니다. 반면 또 다른 사람은 분노가 치밀면 오히려 모든 주파수의 진폭이 급격히 줄어들며, 감정이 내면으로 움츠러드는 형태로 나타나기도 합니다. 세 번째 사람의 경우, 분노는 특정 주파수 하나에서만 두드러질

수 있습니다. 예를 들어,

즉, 감정의 본질은 같아도 그것이 뇌파로 표현되는 방식은 사람마다 완전히 다릅니다. 또한, 한 사람의 뇌파는 분노의 종류에 따라 서로 다른 방식으로 반응할 수도 있고, 혹은 모든 형태의 분노에 동일한 방식으로 반응할 수도 있습니다.

만약 내가 마인드 미러로 당신의 뇌파 패턴을 여러 번 관찰할 기회가 있다면, 표정을 보지 않고도, 뇌파만 보고 당신이 화난 상태임을 알아차릴 수 있게 될 것입니다. 그만큼 사람마다 고유한 뇌파 패턴이 있기 때문입니다. 다만, 모든 사람에게 동일하게 적용되는 '보편적 감정 뇌파 패턴'은 존재하지 않습니다.

물론, 뇌파를 조절한다고 해서 모든 분노를 완전히 통제할 수 있는 것은 아닙니다. 예컨대, 10년 전부터 해결하지 못한 분노의 원인이 있다면, 그 문제 자체를 여전히 다루어야 할 수도 있습니다. 그러나 뇌파를 바꾸는 것의 장점은 분노를 경험하는 방식, 그 표현 방식, 그리고 대처 방법을 바꿀 수 있다는 점입니다.

그렇다면, 뇌파를 다스리는 능력Brainwave mastery을 어떻게 활용해 분노를 조절할 수 있을까요? 다음번에 화가 날 때, 우선 그 순간 당신의 마음속에서 어떤 일이 일어나는지 '관찰'해 보세요.

생각의 흐름, 몸의 반응, 감정의 속도를 있는 그대로 인식하는 것입니다. 이 책 전반에서 설명한 뇌파의 여러 범주(베타, 알파, 세타, 델타)와 그 조합에 대한 이해를 바탕으로, 그 순간 당신의 뇌가 어떤 뇌파를 만들어 내고 있는지, 그리고 당신만의 분노 패턴이 어떤 형태인지를 알아차리려 해 보세요. 그다음, 지금까지 배워 온 뇌파 조절 기법과 내적 상태의 자기 통제법을 활용해 그 뇌파를 조금씩 바꿔 보는 것입니다.

즉, 분노로 인해 과도하게 흥분한 베타파를 완화하고, 알파와 세타의 부드러운 리듬을 불러와 지금 이 순간 당신이 원하듯 차분하고 명료한 상태로 이끌어 가는 것입니다. 이 과정을 반복하다 보면, 당신은 "지금 내가 원하는 상태에 있지 않다", 혹은 "지금은 마음이 안정되어 있다"는 것을 자연스럽게 감지할 수 있게 됩니다.

물론 원치 않는 상태에서 원하는 상태로 의식적으로 전환하는 능력은 한 번에 완성되지 않습니다.

이것은 점진적이고 진화적인 과정으로, 꾸준한 연습과 자각을 통해 서서히 깊어집니다. 그러나 그 결과는 노력 이상으로 값집니다. 당신은 점점 더 자신의 내면 상태를 의식적으로 선택하고 바꿀 수 있는 사람, 즉 마음의 주도권을 가진 사람으로 성장하게 될 것입니다.

이 장을 마무리하기 전에, 잠시 짧은 명상 연습을 해 보세요. 아래의 안내를 모두 읽은 후, 약 10분 정도 방해받지 않고 편안히 앉을 수 있는 곳을 찾아 실천해 보시기 바랍니다.

① 눈을 감고 모든 생각을 잠시 내려놓습니다. 몇 분 동안 호흡에만 집중하며, 숨이 들어오고 나가는 감각을 느끼면서 마음을 이완하세요.

② 머리부터 발끝까지 천천히 의식을 이동시키며, 몸의 각 부분을 하나씩 이완시킵니다. 얼굴→목→어깨→팔→등→다리→발끝까지, 모든 근육이 부드럽게 풀어지도록 합니다.

③ 이제 몸이 충분히 이완되면, 내면의 고요함과 침묵, 평온함을 느껴 보세요. 그 안에는 생각 이전의 조용한 존재감이 있습니다.

④ 그 평온한 공간 속에서, 지금 당신의 삶의 상태를 상징하는 이미지나 상징Symbol 하나를 떠올려 보세요. 그것은 하나의 색깔, 시각적 이미지, 감각, 소리, 혹은 어떤 내적 확신일 수도 있습니다. 지금 당신이 인생의 여정에서 어디에 서 있는지를 보여 주는 상징입니다.

⑤ 명상이 끝날 때, 그 상징이나 느낌을 의식적으로 기억한 채 천천히 눈을 뜨세요. 그리고 그것을 메모해 두세요.

이 상징은 앞으로 이 책을 읽어 가며 당신의 여정이 어떻게 변화하는지를 보여 주는 내면의 지표가 될 것입니다. 시간이 흐른 뒤, 같은 명상을 다시 해 보며 그 상징이 변했는지, 혹은 더 깊어졌는지 살펴보세요.

'우수성과 마인드High-Performance Mind'를 길러 가는 과정은 하나의 단순한 훈련이 아니라, 다층적인 성장의 여정입니다. 그 보상은 시작부터 이미 크며, 지금 당신은 베타·알파·세타·델타 뇌파를 이해하고 다룰 수 있는 기초 언어를 손에 넣었습니다. 이제 그 네 가지를 하나로 조화시켜, 당신만의 최적의 의식 상태Optimum state of consciousness로 들어가는 여정을 계속 이어 가세요.

2장

몸과의 연결

이제는 '우수성과 마인드High-Performance Mind' 상태를 만들어 가는 데 있어 몸이 어떤 역할을 하는지 살펴볼 때입니다. 바이오피드백Biofeedback은 흔히 사람들로 하여금 자신의 신체 상태를 조절하도록 돕는 데 사용됩니다. 이제 우리는 이 기법이 정신적 상태의 조절에도 어떻게 활용될 수 있는지를 보게 될 것입니다. '바이오피드백'이란 말 그대로 자신의 생리적 반응을 스스로에게 되돌려 주는 것을 뜻합니다.

우리는 의식하지 못하는 것을 바꿀 수 없습니다. 하지만 어떤 신체 기능을 '인지'할 수 있다면, 그것을 '조절'하는 법도 배울 수 있습니다. 즉, 자신의 몸이 보내는 신호를 인식하고 피드백받을 수 있다면, 우리는 마음의 상태까지도 의식적으로 바꾸는 힘을 기를 수 있습니다.

바이오피드백 기기는 신체의 특정 기능을 측정해 우리에게 정보를 제공합니다. 그 정보를 알게 되면, 우리는 그 기능을 어떤 방식으로든 바꿀 수 있는 힘을 얻게 됩니다. 가장 흔한 가정용 바이오피드백 도구는 '거울'입니다. 거울은 우리의 모습을 비춰 줍니다. 그 피드백을 바탕으로 머리를 빗거나 다른 변화를 주어, 거울을 통해 우리가 원하는 모습으로 개선됐는지 확인할 수 있습니다.

또 다른 친숙한 도구는 체중계입니다. 체중계가 흔히 효과적으로 사용되지 않긴 하지만, 매일 아침 체중을 재고 "바늘을 조금씩 내려 보겠다"는 의도를 가지는 것만으로도 체중을 줄이는 데 도움이 될 수 있습니다. 또한, 초침이 있는 시계만으로도 심박수를 올리거나 낮추는 연습을 할 수 있습니다. 맥박을 재면서 15초~30초 단위로 박동 수를 세어 보세요. 이때, 심장 박동을 의도적으로 느리게 혹은 빠르게 조절해 볼 수 있습니다.

바이오피드백은 '생각으로 조정하는 과정'이 아닙니다. 그저 몸 안에서 변화가 자연스럽게 일어나도록 두는 것입니다. 처음에는 베타파(논리적 사고)로 "변화를 일으키겠다"는 결정을 내리지만, 실제 변화를 만들어 내는 것은 알파파와 세타파(보다 낮은 주파수의 뇌파)입니다.

측정 가능한 거의 모든 신체 기능에는 그에 맞는 바이오피드백 장치가 있습니다. 예를 들어, 피부전기저항계ESR 또는 피부전도반응계GSR는 신경계가 얼마나 긴장하거나 이완되어 있는지를 측정해 피드백해 줍니다. 이를 통해 이완 훈련이나 스트레스 관리에 활용할 수 있습니다. 또한 근전도계 EMG는 근육의 긴장을 측정해 되돌려 주는데, 이완 훈련뿐 아니라 손상된 근육을 재활·재훈련하는 데에도 쓰입니다.
물론 뇌파계EEG는 뇌파를 피드백해 주며, 적절한 종류의 EEG 장비를 사용하면 뇌파 훈련도 가능합니다. 심지어 삼킬 수 있는 바이오피드백 장치도 있는데, 이 장치는 위 속의 산도(산성 정도)를 실시간으로 알려 주기도 합니다.

이 책으로 연습할 때 실제 바이오피드백 장치를 사용할 일은 아마 없을 것입니다. 하지만 이 장에서는 몸 자체로부터 직접 피드백을 받는 방법이 있음을 보여 드릴 것입니다. 연습을 하는 동안 내 안에서 어떤 변화가 일어나는지 의식적으로 알아차릴 때마다, 그 감각을 기록하고 기억하세요. 그 감각이 바로 여러분의 바이오피드백이 되어, 지금 자신이 어떤 상태에 있는지를 알려 줍니다.

몸이 보내는 내적 신호의 언어를 이해하게 되면, 그때그때의 경험을 뇌파 상태를 인식하고 더 깊이 들어가는 이정표로 삼을 수 있습니다. 바이오피드백은 자신이 원하는 의식 상태로 언제든 다시 들어가고, 그 상태를 더 오래 유지하도록 돕는 훌륭한 도구 중 하나입니다. 뇌파를 조절해 더 깊은 의식 상태, 즉 우수성과 마인드를 발전시키는 일은 몸과 마음이 이완되어 있을 때 훨씬 수월합니다.

이를 이해하려면 한번 이렇게 해 보세요. 이를 악물고, 턱을 굳게 조이고, 주먹을 꽉 쥔 채로 자신에게 "지금 바로 상상해!" 하고 명령해 보세요. 어떤가요? 쉽지 않죠. 명상Meditation이란 단지 마음만 가라앉히는 것이 아니라, 몸까지 이완시키는 능력을 익히는 과정입니다.

각성Arousal은 이완Relaxation의 반대 상태다

몸은 각성을 일으키는 원인—걱정, 흥분, 공포, 분노, 혹은 열광과 같은—이 무엇이든 구분하지 않습니다. 이런 원인들은 모두 비슷한 신체 반응을 유발합니다. 하지만 보통은 각성 상태와 이완 상태의 신체 감각은 쉽게 구별할 수 있습니다.

예를 들어, 각성 상태에서는 심장 박동이 빨라지고, 호흡이 거칠어지며, 불안, 초조, 공황 같은 느낌을 받을 수 있습니다. 반면, 이완 상태에서는 평온, 고요, 가벼움, 그리고 깊은 안정감을 경험하게 됩니다.

첫 번째 경우, 몸의 교감신경계가 활성화되어 각성 상태로 들어갑니다.
두 번째 경우에는 부교감신경계가 작동해 이완 상태를 만듭니다.

각 연습이 끝난 후, 잠시 멈추고 몸 안에서 어떤 변화가 일어나는지 관찰하세요.

마지막 두 가지(감정 상태를 떠올리는 것)는 신체적인 움직임 없이 정신적으로 유도되는 각성이기 때문에, 어떤 사람들에게는 빠르게 각성 상태로 들어가기 어려울 수 있습니다. 반대로, 강한 신체 활동은 즉각적인 각성을 불러오며, 신체적 원인으로 생긴 각성은 보통 다시 이완 상태로 돌아가기도 더 쉽습니다.

하지만 감정 상태를 상상해 만들어 낸 각성은 그 과정이 오래 걸릴 뿐 아니라, 한 번 유발되면 동반되는 다양한 신체 반응 때문에 쉽게 가라앉지 않는 경우가 많습니다.

이처럼 몸이 각성 상태에 들어가면, 우리는 흔히 '투쟁-도피 반응Fight-or-Flight Response'이라고 불리는 반응을 활성화하게 됩니다. 이는 몸이 위험이나 스트레스를 감지했을 때 자동으로 작동하는 생존 메커니즘입니다. 이때 몸에서는 여러 생리적 변화가 일어납니다. 예를 들어,

- 산소 소비량 증가
- 심박수와 혈압 상승
- 근육 긴장
- 혈중 아드레날린과 코르티손 수치 증가

또한, 혈액 공급이 신체의 말단(손, 발)에서 주요 근육 부위로 이동하게 됩니다. 그래서 겁을 먹거나 큰 사건을 앞두면 발이 차가워지는 이유가 바로 여기에 있습니다. 이 모든 변화는 신체가 행동할 준비를 하는 과정입니다. 그 행동이란 도망치거나, 싸우거나, 혹은 비상 상황에서 비범한 신체 능력을 발휘하는 것일 수 있습니다.

실제로 극도의 압박 상황이나 가족의 생명이 위협받는 순간, 사람이 차를 들어 올리거나 거대한 물체를 옮기는 기적 같은 힘을 발휘한 사례도 있습니다. 달리기나 싸우는 행동을 실제로 하게 되면, 이런 각성 상태는 결국 몸을 원래의 균형으로 되돌리는 데 도움이 됩니다. 하지만 행동으로 해소되지 않을 경우, 빠른 심장 박동, 높은 혈압, 아드레날린, 근육 긴장이 그대로 남아 스트레스 관련 질환에 걸릴 위험이 크게 높아집니다. 결국, 투쟁-도피 반응은 습관으로 굳어지고 나중에는 건강을 위협하는 위험 요인이 될 수 있습니다.

'각성 상태Arousal'가 극단으로 치달으면, 어떤 사람들은 스트레스에 중독된 상태가 되기도 합니다. 이들은 스트레스 상황에서 분비되는 아드레날린Adrenaline과 같은 호르몬의 폭발적인 에너지에 의존해 마감일을 맞추거나 일을 처리합니다. 그 결과, 그 긴장감이 없으면 오히려 집중이 안 되고, 창의적인 에너지도 나오지 않는 상태에 빠지게 됩니다. 이처럼 스트레스를 통해서만 생동감이나 활력을 느끼는 사람에게 스트레스는 일종의 '약물'과도 같은 존재가 됩니다.

고압적인 환경에 놓인 직업군—예를 들어 주식 중개인, 마감 앞둔 작가, 응급실 의료진, 대기업 임원 등—은 이런 경험을 자주 겪습니다. 하지만 굳이 그런 직업이 아니더라도, 우리는 스스로 이런 스트레스 구조를 만들어 냅니다. 예를 들어,

- 일을 마지막 순간까지 미루거나,
- 책임을 위임하지 않고 모든 것을 직접 처리하려 하거나,
- 일정을 과하게 채우거나,
- 자신에게 지나치게 높은 기대를 거는 경우가 그렇습니다.

이렇게 늘 서두르고, 몰아붙이고, 긴장 속에서 살아가는 사람들은 정작 자신이 그렇게 살고 있다는 사실조차 모르는 경우가 많습니다. 아마 이런 사람을 본 적 있을 것입니다.
"조금만 긴장을 풀어요."라고 말했더니, 이를 악문 채 "나 지금 충분히 편안한데?!" 하고 되받아치는 사람 말이지요.

몸 안에 쌓인 스트레스를 해소하는 한 가지 방법은 그것을 의식적으로 반전시키는 행동을 취하는 것입니다. 즉, 긴장된 에너지를 풀어 주는 신체적 움직임을 '의도적으로 만들어 내는' 것이죠. 하지만 현실에서는 그게 늘 가능한 건 아닙니다. 예를 들어, 상사와 언쟁 중일 때 "잠시만요, 한 바퀴 뛰고 오겠습니다." 하고 자리를 뜰 수는 없지요. 그렇다고 정면으로 싸우는 것은 더더욱 바람직하지 않습니다.

또 어떤 사람들은 스트레스를 "움직임으로 해소해야 한다."라며 무조건 바쁘게 일을 벌이거나 활동을 늘리는 식으로 풀려고 하지만, 이 역시 늘 적절한 해결책은 아닙니다. 이미 과도하게 흥분된 신경계를 가진 상태에서 더 많은 활동으로 덮어 버리려 하면, 그건 오히려 긴장을 강화시키는 악순환이 될 수도 있습니다.

해답은 '투쟁-도피 반응Fight-or-flight response'을 의식적으로 비활성화하고, 대신 '이완 반응Relaxation response'을 활성화할 수 있는 능력을 기르는 것입니다.

대부분의 사람들에게는 이렇게 신체가 각성되어 있는 상태, 즉 투쟁-도피 반응이 작동 중인 상태에서 뇌파를 조절하는 것이 매우 어렵습니다. 몸과 마음이 이미 긴장되어 있기 때문에, 의식적으로 다른 상태로 전환하기가 쉽지 않기 때문입니다. 앞서 했던 각성 실험 중과 후에 느꼈던 감정이나 신체 감각은 바로 당신의 바이오피드백입니다.

그 느낌을 기억해 두었다가, 일상 속에서 비슷한 감각이 찾아올 때 알아차릴 수 있다면, 그때 당신이 신체적 각성 상태에 들어가 있음을 인식할 수 있습니다. 이후 이어지는 이완 훈련Relaxation training은 이러한 각성 상태를 스스로 다스리고, 필요할 때 놓아 버리는 방법을 배우도록 도와줄 것입니다.

이제, '이완'이 어떤 느낌인지 직접 체험해 봅시다. (시작하기 전에, 아래 지시문을 먼저 끝까지 읽고 진행하세요.)

눈을 감고, 깊게 숨을 내쉽니다.

어깨의 긴장을 풀고, 툭 하고 내려놓으세요.

머리와 목, 어깨가 편안하게 균형 잡힌 위치를 찾을 때까지 머리를 천천히,
부드럽게 돌려 봅니다.

턱의 긴장을 풀어 아래로 자연스럽게 늘어뜨리세요.

입술과 혀, 목의 힘도 모두 이완합니다.

다시 한번 깊게 숨을 내쉬며, 모든 긴장을 내려놓습니다.

그리고 1~2분 동안 숨을 편안하고, 느리고, 고르게, 그리고 깊게 들이쉬고 내쉽니
다….

멈추세요.

지금 당신의 몸이 어떤 느낌인지 느껴 보세요.

몸속에서 감지되는 모든 감각을 마음속에 기록합니다.

그리고 앞서 했던 각성 연습 때 느꼈던 감각과 지금의 이완 상태의 감각을 비교해 보
세요.

이 감각이 바로 당신의 '바이오피드백'입니다. 이와 같은 이완과 편안함의 감각을 느낄 때마다, 당신의 몸이 이완 반응을 활성화하기 시작했음을 알 수 있습니다. 앞서 각성 상태에서 경험했던 생리적 변화와 달리, 지금은 산소 소비량, 심박수, 혈압, 근육 긴장도가 모두 내려가고 있습니다. 혈중 아드레날린과 코르티손도 줄어들며, 결국 손과 발의 체온이 따뜻해지는 느낌을 받게 될 것입니다. 이 간단한 연습을 여러 번 반복해서 해 보세요. 그러다 보면, 각성과 이완 상태에서 나타나는 생리적 감각의 차이를 즉시, 그리고 쉽게 구별할 수 있게 됩니다.

이런 감각과 인식을 당신만의 바이오피드백 도구로 삼으면, 지금 몸이 어떤 상태에 있는지, 그리고 그 상태가 얼마나 강한지 즉각적으로 알 수 있게 될 것입니다.

어떤 상태가 더 나을까?

'각성'이 '이완'보다 본질적으로 더 좋거나 나쁘다고 말할 수는 없습니다. 두 상태는 각각 필요한 순간이 다르고, 상황에 따라 모두 중요한 역할을 합니다. 가장 이상적인 것은 내가 원하는 만큼의 이완이나 각성 수준을 스스로 선택하고, 의도적으로 그 상태를 만들어 낼 수 있는 능력을 가지는 것입니다. 결국 다시 핵심은 '자기 통제Self-mastery'와 '선택Choice'에 있습니다.

'각성'이나 '긴장', 혹은 외부 자극에 대한 빠른 반응이 나쁜 것이라고 오해하지 마세요. 너무 느긋한 상태가 바람직하지 않은 것처럼, 너무 과도하게 흥분된 상태 역시 문제가 될 수 있습니다.

예를 들어, 번잡한 도로를 천천히 건너는 사람을 떠올려 보세요. 차가 빠르게 다가오고 있는데도 느릿느릿 걸어간다면, 그건 결코 올바른 반응이 아니지요.

또는 이런 사람도 있습니다. 매우 중요한 회의나 비행기에 늦었는데, 자신이 늦었다는 사실을 알면서도 서두르지 못하고, 느릿느릿 행동하다 결국 늦는 사람. 그는 자신의 '활성화 반응Activation response'을 조절하지 못한 채, 필요할 때 몸과 마음의 속도를 높일 수 있다는 사실조차 인식하지 못합니다. 우리에게 필요한 것은,

이 두 극단을 의식적으로 오가며 연습하는 과정은, 정말 필요한 순간에 자신의 상태를 '선택'할 수 있는 힘을 기르는 훌륭한 방법입니다.

이제 이어지는 내용은 깊은 이완 훈련Deep relaxation exercise입니다. 몸을 이완시키는 방법에는 여러 가지가 있지만, 여기 소개하는 방식은 세미나, 개인 뇌파 훈련, 바이오피드백 세션 등에서 매우 효과적임이 입증되었습니다. 이 책에 나오는 모든 명상과 훈련법은 여러분이 원하는 방식으로 응용할 수 있습니다. 이제, 몸과 마음의 완전한 이완으로 들어가는 연습을 시작해 봅시다.

이 책의 연습(명상) 활용 방법

1. 직접 읽고 진행하기

명상이나 연습 지침을 처음부터 끝까지 한 번 읽어 보세요. 명상 중 이루고자 하는 전반적인 목표나 느낌을 마음속에 새깁니다.

단, 목표를 글자 그대로 외우려고 하지 말고, 그 '감각'만 기억하세요. 지침을 충분히 이해하고 내면화하면, 명상 중 굳이 베타파(논리적 사고 상태)를 활성화해 "이제 뭐 하지?"라고 스스로에게 지시할 필요가 없습니다.

필요하다면 지침 중 핵심 이미지나 단계만 기억해 진행 순서를 떠올리는 데 도움을 받으세요. 그런 뒤 책을 덮고, 눈을 감고, 앉거나 누운 편안한 자세를 취한 후, 방금 읽은 내용을 마음속에서 재현해 보세요.

명상 중에는 스스로에게 말을 걸거나 지시하지 말고, 그저 명상이 자연스럽게 흘러가도록 두세요.

2. 녹음해서 듣기

명상 지침을 직접 녹음해, 녹음된 목소리를 들으면서 연습할 수도 있습니다. 배경에서 부드럽게 들려오는 목소리는 명상 중 내면으로 더 깊이 들어갈 수 있는 '안정감'을 줍니다. 녹음할 때는,

- 천천히, 명확하게, 편안한 톤으로 말하기
- 중간중간 긴 침묵(지시 없는 시간)을 충분히 두어, 명상 중 충분히 체험할 시간을 확보하세요.

처음에는 자신의 목소리를 듣는 것이 거슬릴 수 있지만, 몇 번 들으면 자연스러워질 것입니다.

3. 다른 사람에게 읽어 달라고 하기

친구에게 명상 지침을 읽어 달라고 해도 좋습니다. 이때, 편안한 목소리와 충분한 침묵을 유지하도록 요청하세요. 또는 소규모 그룹을 만들어, 한 사람은 지침을 읽고, 나머지는 명상하는 교대 연습을 할 수도 있습니다.

4. 전문 녹음테이프 활용하기

저자는 이 책의 여러 명상을 전문 녹음테이프로 제작해 두었습니다.
원한다면 책 뒤쪽의 안내를 참고해 구입 정보를 확인할 수 있습니다.

어떤 자세로 해야 할까?

이 책의 대부분의 연습은 깊은 신체적 이완 상태를 달성할 수 있는 자세에서 하는 것이 좋습니다. 방법은 다양합니다.

만약 누워 있으면 바로 잠들어 버리는 경우, 앉아서 연습하는 것이 낫습니다. 앉을 때는 편히 기대어 앉을 수 있는 곳을 찾되, 척추는 가능한 한 곧게 유지하세요.

많은 사람이 벽에 살짝 기대어 바닥에 앉는 자세를 선호하지만, 이 자세에서 졸음이 온다면, 벽에 기대지 않고 곧게 앉는 방식으로 바꿔 보세요.

깊은 이완 상태는 알파파와 세타파 같은 낮은 주파수의 뇌파를 더 쉽고 자연스럽게 활성화할 수 있는 정신적 상태로 들어가게 돕습니다. 따라서, 가능하다면 이완 연습은 누워서 진행해 보세요.

단, 침대 위에서 하는 것은 피하는 게 좋습니다.

왜냐하면, 몸은 침대를 '수면 장소'로 기억하고 있어, 깊은 상태에 들어가기 시작하면 곧 잠들기 쉬워지기 때문입니다. 대신, 바닥에 눕는 것은 낯설고 약간 불편한 느낌이 있어, 깊이 들어가면서도 잠들지 않도록 도와줍니다. 허리 부담을 줄이기 위해 무릎 밑에 베개나 말아 둔 수건을 넣어 살짝 올리거나, 머리나 목 밑에 베개를 두어도 도움이 됩니다.

실내 온도도 중요합니다. 가능하다면 약간 따뜻하게 유지하는 것이 좋습니다. 실내가 너무 추우면 이완이 어려워지고, 몸이 긴장하며 추위와 싸우게 되기 때문입니다. 그렇다고 난방을 과도하게 높이는 것도 피하세요. 너무 더우면 오히려 졸음이 오기 쉽습니다. 가벼운 담요를 덮는 것이 몸을 따뜻하게 유지하는 데 좋습니다.

이완에서는 '속도', 즉 타이밍이 매우 중요합니다. 현재 순간에 머물며 의식적인 주의 상태를 유지할 수 있다면, 속도를 늦출수록 그 효과는 더욱 커집니다. 명상 지침을 녹음기에 읽어 담거나, 다른 사람에게 읽어 줄 때는 평소 말하던 속도보다 훨씬 더 천천히 말해야 한다는 점을 곧 느끼게 될 것입니다.

내가 명상이나 이완 유도 세션을 진행할 때도, 내 목소리는 문장 사이뿐만 아니라 문장 중간중간에도 자연스럽게 멈춤을 둡니다. 그 멈춤은 단순한 쉼표가 아니라, 참여자가 내면의 변화를 느끼고 따라갈 수 있는 '호흡의 공간'입니다. 이 책에서는 그런 멈춤의 위치를 특정한 기호Code로 표시해 두었습니다. 이 표시는 언제 잠시 멈춰야 하는지, 즉 에너지를 흡수하고 마음이 여유롭게 따라갈 수 있는 순간을 알려 주는 표시입니다.

- [＊] = 2~5초
- [＊＊] = 5~10초
- [＊＊＊] = 10~30초

연습을 거듭하다 보면, 자신만의 호흡과 속도, 그리고 필요한 멈춤 타이밍을 찾게 될 것입니다.

심층 이완

앞으로의 30분은 오롯이 당신을 위한 시간입니다.

몸과 마음, 영혼을 차분히 가라앉히고, 위로하고, 치유하며, 깊이 이완하는 여정으로 들어갑니다. [＊＊]

먼저 눈을 감으세요.

머릿속의 모든 생각을 비워내고, [＊]

호흡에만 집중합니다. [＊＊]

숨을 편안하게, 깊게 들이쉽니다… [＊]

편안하고, 깊게… [＊]

숨을 들이쉴 때마다 몸에 이완이 스며들고, [＊]

내쉴 때마다 긴장이 빠져나갑니다. [＊＊]

숨을 들이쉴 때마다 마음에 평온이 들어오고, [＊]

내쉴 때마다 잡념이 흘러갑니다. [＊＊]

아주 부드럽게, 자신을 외부 환경에서 거두어들이세요. [＊＊＊]

주변으로부터 물러나고… [＊＊]

남아 있는 모든 생각으로부터 물러나고… [＊＊]

자신의 내면 깊숙이 물러납니다. [＊＊]

당신만의 고요 속으로… [＊＊]

당신만의 평온 속으로… [＊＊]

당신만의 평화 속으로… [＊＊]

그리고, 이완합니다.

[＊＊＊]

얼굴의 근육들을 이완시킵니다… [＊]

이마, [＊] 눈 주위의 근육들, [＊] 눈 뒤의 근육들… [＊]

입술, [✳] 혀, [✳] 목, [✳] 턱의 힘을 풀고… [✳]

모두가 깊이 이완됩니다. [✳✳]

이제 이완을 목으로… [✳] 어깨로 흘려보냅니다. [✳✳]

양팔을 따라, 손끝까지 이완이 번져 갑니다… [✳]

이완을 가슴으로… [✳✳] 등과 척추를 따라 아래로… [✳]

등 근육이 모두 풀어지도록 허용합니다. [✳✳]

이제, 그냥… [✳✳] 그냥… [✳✳] 놓아줍니다.

[✳✳] 놓고… [✳✳] 흘려보내며… 놓습니다…

[✳✳✳]

이완을 몸통 아래로 내려보냅니다. [✳]

그리고 배 깊숙이… [✳]

몸의 중심, [✳] 존재의 중심까지 스며들게 합니다. [✳]

이완이 엉덩이와 골반으로… [✳]

양다리를 따라… [✳] 발끝까지 퍼져 나갑니다. [✳✳]

이제, 내면 깊숙이 상상하고 느낍니다.

당신의 몸 전체가 완전히 이완된 상태임을. [✳✳]

내면 깊이, 마음이 조용하고 고요해짐을 느낍니다… [✳]

아주 고요하게… [✳✳]

내면 깊이, 감정이 차분하고 맑아짐을 느낍니다… [✳✳]

그리고 영혼이 평화로움을 느낍니다. [✳✳]

내면 깊이, 몸, 마음, 감정, 영혼이 조화롭게 어우러진 상태를 상상하고, 느낍니다.

[✳✳✳]

그 이완을 깊이 경험하세요…

(잠시, 몇 분간의 침묵)

이제 아주 부드럽게, 명상을 마무리할 준비를 합니다… [✳✳]

내면에서 충분히 마무리될 때까지, 필요한 시간을 가집니다. [✳✳✳]

지금 느끼는 상태를 표현할 이미지, [✳] 상징, [✳] 단어, [✳]

혹은 문장을 찾아보세요. [✳]

이제 천천히 외부 공간으로 돌아올 준비를 합니다… [✳✳]

의식을 다시 깨어나게 하고, 돌아옵니다… [✳✳]

맑고, 상쾌한 기분으로. [✳]

몇 차례 깊게 숨을 들이쉬고, [✳]

손가락과 발가락부터 천천히 스트레칭합니다. [✳]

온몸을 길게 스트레칭하며, [✳✳✳]

천천히 앉은 자세로 돌아옵니다. [✳✳✳]

활동을 재개하기 전, 조금 시간을 내어 방금 경험을 돌아봅니다.
끝에서 선택한 이미지, 상징, 단어를 기억하세요. 깊은 이완을 느꼈던 감각
을 그 상징이나 단어와 연결해 둡니다.

다음에 이완이 필요할 때 이 단서(이미지나 단어)를 떠올리면, 당신의 몸과
마음은 이완의 기억을 불러내며, 훨씬 쉽고 빠르게 이완 상태로 들어갈 수
있게 됩니다.

명상을 '그라운딩(현실로 연결)'하기

명상을 마친 직후에는, 지금의 경험을 '현실로 연결Grounding'하는 과정이 중요합니다. 즉, 방금의 깊은 내적 체험을 의식적으로 베타파—깨어 있는 일상적 사고의 영역—로 가져와야 합니다. 이를 위해, 명상 중 느꼈던 핵심 포인트나 기준점Landmarks을 즉시 기록하거나 말로 표현하세요. 다음과 같은 방법이 있습니다.

- 명상 일지에 글로 기록하기
- 그림이나 색으로 표현하기
- 녹음기에 자신의 경험을 말하기
- 친구에게 말로 전하기
- 혹은 스스로에게 다시 한번 소리 내어 정리하기

이렇게 하면, 체험이 단순한 감각으로 사라지지 않고 의식의 영역에 명확히 자리 잡게 됩니다. 이때 정리해 둔 키워드와 감각의 이정표들은 다음에 다시 이완 상태로 들어갈 때 그 길을 안내해 주는 바이오피드백이 되어 줍니다. 즉, 이번 경험을 명확히 인식하고 언어화하는 것이, 다음 명상으로의 진입을 훨씬 빠르고 깊게 만들어 주는 열쇠입니다.

주관적 경험 — '기준점Landmarks' 찾기

"바이오피드백 기기 없이, 내가 어느 상태에 있었는지 어떻게 알 수 있을까?"

'주관적 기준점Subjective Landmarks' 표는 명상 중에 경험할 수 있는 내면의 감각과 인식의 변화들, 그리고 그와 함께 나타나는 뇌파와 신체 상태의 관계를 이해하도록 돕기 위한 것입니다.

먼저 표의 중심 열에 나열된 주관적 경험 항목들을 천천히 읽어 보세요. 이들은 수많은 명상가가 실제로 보고한 가장 흔한 감각과 인지의 변화들로, 오랜 기간에 걸친 명상 연구 결과를 토대로 정리된 것입니다. 이 표는,

- 오리건대학교 테리 V. 레쉬Terry V. Lesh의 명상 반응 연구
- 런던의 C. 맥스웰 케이드C. Maxwell Cade와 제자들의 뇌파 측정 연구
- 그리고 저자 자신의 20여 년간의 관찰과 실험적 경험을 종합해 완성된 것입니다.

하지만 이 표가 모든 명상 경험을 포괄하는 것은 아닙니다. 사람마다 체험은 다르기 때문에, 이 자료는 단지 방향을 제시하는 참고 지표로 이해하면 됩니다. 따라서, 각 항목을 세세히 외우기보다는 "명상 중 이런 감각이 느껴진다면 내 의식은 이런 상태에 있구나" 하고 전체적인 흐름과 감각을 파악하는 데 초점을 두세요.

주관적 기준점Subjective Landmarks

	주관적 기준점	ESR	EEG
0	• 마음을 진정시키기 어려움 또는 생각이 제어 불가로 폭주함 • 가려움, 산만함, 집중 안 됨 • '내가 왜 이걸 하지?'라는 느낌. 막 이완되기 시작함 • '안정되어 감'이라는 느낌	25~20	• 지속적인 베타파, 다른 뇌파 혼합 가능성 있음 • 간헐적 알파파 발생 가능
1	• 머리가 멍함, 어지럼증, 마취에 걸린 듯한 감각 • 간헐적 메스꺼움, 일상적 생각으로 가득 찬 마음(내적 고요 회피), 산만한 에너지 느낌, 잠에 빠질 듯하거나 깨어나는 듯한 감각	20~16	• 베타파 다소 감소했으나 여전히 존재 • 간헐적이지만 강한 알파파
2	• 흩어진 에너지가 모이기 시작함, 평온과 이완을 느끼기 시작함, 원치 않는 이미지 플래시백, 어린 시절 기억의 회상 • 과거 이미지가 스쳐 지나감, 집중이 오래 유지되지 않음 • 중간 상태(과도기적 상태) 느낌	16~14	• 베타파 감소 • 강한 알파파(지속적일 수 있음) • 간헐적(저주파) 세타파
3	• 안정감이 큼, 명확히 자리 잡은 상태 • 몸이 뜨는 듯한 가벼움·흔들림·유영감 • 간헐적인 리듬감 있는 움직임, 집중력이 강하고 용이함 • 생생하고 명확한 심상 증가, 유도된 이미지 따라가기 능력 향상	14~11	• 베타파 크게 감소 • 지속적인 알파파 • 빈도 또는 진폭 증가한 세타파 가능

4	• 호흡에 대한 극도로 생생한 인식 • 심장 박동·혈류·기타 신체 감각의 극도로 생생한 인식 • 몸의 경계가 사라지는 느낌, 사지의 감각 소실(저림) • 몸이 공기로 가득 찬 듯한 느낌 • 매우 커지거나 아주 작아지는 듯한 감각, 매우 무겁거나 가벼운 느낌, 외부 인식과 내부 인식이 번갈아 나타나는 감각	11~8	• 베타파 크게 감소 • 지속적인 알파파 • 세타파 증가
5	• 아주 선명한 의식 상태, 깊은 만족감, 강한 각성, 차분함, 초연함, 주변 환경이나 몸에서 벗어나 사라지는 듯한 느낌 • 원할 때 생생한 이미지 경험, 이전 단계와는 다른 변형된 상태(0~4) • 절정의 '아하!' 순간, 직관적 통찰, 고성능 상태	8~5	• 강력한 베타파 조절 능력(생각 없음→창조적 사고까지) • 지속적 알파파 • 지속적 세타파
6	• 새로운 감각의 방식, 더 높은 인식 수준에서 오래된 문제에 대한 직관적 통찰, 상반된 것들의 융합, 빛에 둘러싸인 듯한 감각, 높은 영적 인식, 존재 외에는 아무것도 중요하지 않다는 느낌, 환희 Bliss 경험, 형언할 수 없는 평화 경험 • 우주적 지식이 확장되는 느낌	5~0	• 4가지 가능한 뇌파 패턴: 1) 각성된 마음 (베타, 알파, 세타, 델타) 2) 최적의 명상 (알파, 세타, 델타) 3) 거의 없는 뇌 전기 활동 (두 개의 수직선 형태) 4) 진화된 마음 (순환형: 베타, 알파, 세타, 델타가 막힘 없이 흐름

우선, 각 기준점이 어떤 뇌파와 연결되는지는 생각하지 마세요. 그저 이 목록을 천천히 훑어보며, 명상 중 당신이 실제로 경험한 감각이나 현상에 주목하세요. 어떤 표현이 이해되지 않는다면, 그것은 단순히 그 경험을 아직 하지 않았다는 뜻일 뿐입니다. 억지로 해석하려 하지 말고, 다음 항목으로 자연스럽게 넘어가면 됩니다.

아주 짧게 스쳤던 감각이라도 그것을 의식적으로 인식하고 표시해 두는 것이 중요합니다. 책에 연필로 표시하거나 마음속으로 "아, 이런 느낌이 있었지" 하고 메모하세요. 그렇게 인식하고 인정하는 순간, 그 체험으로 다시 돌아가는 통로가 열립니다.

처음에는 그 통로가 아주 가늘고 희미하게 느껴질 수 있습니다. 하지만 한 번 열리면, 다음에 같은 상태로 돌아갈 때 그 길은 점점 더 쉽고 빠르고, 오래 지속되는 경로로 바뀝니다.

반대로, 자신이 경험한 감각이나 인식을 부정하거나 대수롭지 않게 넘긴다면, 그 경험의 의미를 스스로 약화시키게 됩니다.

"그건 별거 아니야." 혹은 "착각이었을 거야."라고 생각하면, 다음번에 같은 현상이 일어났을 때 무의식적으로 그것을 밀어내거나 부정하는 경향이 생깁니다.

왜 이런 경험들을 환영해야 할까?

이 표는 당신이 걸어가야 할 여정의 구체적인 '지도'가 되어 줍니다. 이미 이 길을 걸어간 사람들의 경험이 경로를 그려 놓았기 때문입니다. 표 속의 각 기준점을 경험할 때마다, 당신은 그 여정에서 더 단단히 발을 딛게 되고, 이 영역에 익숙해질수록, 내면에서 이런 주관적 체험들을 불러내어 원하는 상태로 더 빨리 도달할 수 있게 됩니다. 이 기준점들은 반드시 순서대로 나타나지 않을 수도 있습니다. 서로 다른 범주를 오가며 왔다 갔다 하게 될 가능성이 큽니다. 이제 각 범주를 하나씩 자세히 살펴봅시다.

0단계

이 단계는 막 이완이나 명상을 시작하며 '자리를 잡아 가는' 상태입니다. 많은 사람이 여기서 베타파를 끄지 못하고, 외부 세계의 자극을 계속 처리하거나 내적 불안에 사로잡힌 채 이 상태에서 머물러 버리곤 합니다. 이 단계를 넘어가기 위한 가장 좋은 방법 중 하나는 '지금 이 순간'에 완전히 머무르는 것입니다. 과거로의 집착, 미래를 향한 걱정의 갈고리를 놓고, 오로지 지금 여기의 호흡, 몸의 자세, 체온, 감각에 집중하세요. 또한, 심리적·신체적 이완을 깊이 연습하는 것과 4장에서 다룰 베타파 조절 훈련을 병행하면 이 상태를 쉽게 넘어설 수 있습니다.

1단계

이 단계는 0단계의 연장선입니다. 외부 세계와의 연결이 느슨해지고, 이제 의식 상태가 변화하기 시작하는 느낌을 받을 수 있습니다. 앞서 언급한 '현재에 머무는 연습'과 '깊은 이완'이 이 단계를 지나 더 깊은 단계로 내려가는 데 도움이 됩니다.

그러나 여기서 주의할 점이 있습니다. 이 지점부터 길이 두 갈래로 나뉩니다. 하나는 명상으로 이어지는 길, 다른 하나는 수면으로 빠지는 길입니다. 이 단계가 바로 명상 중 잠들어 버릴 위험이 처음으로 나타나는 구간이며, 실제로 많은 사람이 이곳에서 잠에 빠지곤 합니다. 만약 몸이 나른하거나 졸음으로 끌려가는 느낌이 든다면, 깊고 빠른 호흡을 몇 차례 반복하여 몸을 살짝 깨워 주세요.

그리고 다시 0단계로 올라가서 새로 시작하면 됩니다. 또한, "나는 이번 명상 동안 또렷하게 깨어 있을 것이다."라는 긍정적 확언을 마음속에 새기는 것도 수면으로 떨어지지 않고 명상으로 이어지는 길을 선택하는 데 도움이 됩니다.

2단계

어떤 사람들은 이 단계를 건너뛰거나 쉽게 지나가기도 하지만, 여기서 머무르며 막히는 경우도 있습니다. 2단계에서는 처음으로 '변화된 의식 상태'에 들어가는 느낌을 경험합니다. 이 상태는 다소 혼란스러울 수 있는데, 이 시점의 뇌파가 아직 잘 정리되지 않았기 때문입니다.

- 조금 불협화음 같고, 불안정하거나, 뭔가 기다리는 듯한 느낌을 받을 수 있습니다.
- 최면 이미지Hypnagogic imagery, 즉 화려하고 생생한 색채의 섬광 같은 시각적 환상을 볼 수 있으나, 그 이미지들은 대체로 깊이나 의미가 부족하거나 기억 속 사건과 연관된 이미지일 때가 많습니다.

이 상태는 다음 단계(3단계)에서 경험하는 즐거운 감각과 달리 상대적으로 불편하게 느껴질 수 있습니다. 만약 이 상태에서 진도가 멈춘다면, 신체의 이완을 더 깊게 하는 것이 다음 단계로 내려가기 위한 가장 좋은 방법입니다. 특히, 한 번 크게 내쉬며 호흡을 비우고, 턱·혀·목을 포함한 온몸의 근육을 동시에 풀어 주는 것만으로도 이 '장벽'을 넘어 3단계로 내려갈 수 있습니다.

3단계

만약 2단계에서 오래 머물러 답답했다면, 3단계에 도달하는 것은 큰 안도감을 줍니다.

> • 어떤 사람들은 아무 문제 없이 곧바로 진입하기도 하고,
> • 어떤 사람들은 한동안 머뭇거리다가, 스스로를 놓아주며 이 단계로 들어서게 됩니다.

3단계는 본격적인 '명상 상태'의 첫 단계입니다. 비록 깊은 명상보다는 가벼운 명상에 해당하지만, 명상 상태를 정의하는 생리적 특징들은 모두 갖추고 있습니다. 여기에 도달하면, 명상으로 가는 길을 선택한 것이며, 수면으로 빠지는 길은 벗어나게 됩니다.

이 상태에서도 오랫동안 머무르며 만족스럽고 생산적인 명상을 할 수 있습니다. 신체적·정신적·정서적·영적 보상을 주는 안전한 지점이기도 합니다. 만약 이 상태를 넘어 더 깊은 단계(4~5단계)로 내려가고 싶다면, 핵심은 더 깊은 이완과 세타파 활성화 훈련입니다. 세타파 훈련 방법은 3장에서 자세히 다룹니다.

4단계

3단계와 4단계 사이에는 흔히 '벽'이 존재합니다. 그 이유는 4단계가 다소 불편하게 느껴질 수 있는 상태이기 때문입니다.

많은 사람이 이 상태에 잠시 들어갔다가, 곧 안정감과 익숙함이 느껴지는 3단계로 다시 돌아가려는 경향을 보입니다. 그러나 4단계의 감각과 체험을 '명상의 자연스러운 일부'로 인정하고 받아들이게 되면, 그것을 두려워하기보다 오히려 기대하고, 의도적으로 유도할 수도 있게 됩니다. 이 단계의 체험은 주로 두 가지 유형으로 나뉩니다.

많은 사람이 첫 번째 유형, 즉 '몸의 감각이 너무 선명한 상태'에 들어가면 "이건 명상이 아니야, 집중이 흐트러졌나 봐." 하고 착각합니다. 그래서 곧바로 익숙한 3단계(편안하고 안정된 명상 상태)로 되돌아가려 하지만, 이로 인해 5단계의 훨씬 더 깊고 충만한 명상 단계로 나아가지 못하는 경우가 많습니다.

따라서 4단계의 체험을 명상의 '이정표Signpost'로 인정하고, 그 의미를 신뢰하는 것이 중요합니다. 그 감각이 불편하거나 낯설더라도, 그 속에 완전히 잠겨 들어 몸의 감각을 충분히 느낀 뒤, 한층 더 놓아 버리세요. 그렇게 해야만 이 상태를 통과해, 더 깊은 의식의 차원(5단계)으로 진입할 수 있습니다. 자기 인식을 잃으면, 다시 잠들어 버릴 위험이 있습니다.

5단계

4단계와 5단계 사이의 '벽'을 넘어가면, 이전 단계에서는 경험하지 못한 맑은 자각, 투명한 의식, 깊은 평온이 찾아옵니다. 바로 '깨어 있는 마음 Awakened Mind'의 상태입니다. 이 단계의 뇌파 특징에는 베타파 조절 능력 Beta Mastery이 포함됩니다. 즉, 원할 때 베타파를 만들어 내고, 원할 때 내려놓을 수 있는 상태입니다. 따라서 이 단계는 두 가지 형태로 나타납니다.

이 두 상태의 차이는 명상의 내용에 있습니다.

- 만약 명상 중 어떤 자료를 처리하거나, 무언가를 창작·개발·치유하는 과정이 있다면, 베타파가 필요하며 '깨어 있는 마음' 상태가 됩니다.
- 반대로, 어떤 내용도 없이, 오직 강렬한 주의력·고요·분리된 관조만 있다면, 베타파는 필요 없으며 '깊은 명상 상태'의 뇌파 패턴을 보이게 됩니다.

많은 사람이 이 상태에 들어갔다는 것을 '느낌'으로 압니다. 이전의 얕은 명상 단계들에서는 느껴지지 않던 특유의 안정감과 깊이감이 있기 때문입니다. 일단 이 상태에 들어가면, 명상하는 사람은 대체로 그 자리에 머물게 되며, 앞선 단계들에서 보이던 출렁임이나 흔들림(의식의 오르내림)은 자연스럽게 사라집니다. 그야말로 고요하고 단단한 중심에 정착하는 것이죠. 이 상태를 방해할 수 있는 것은 많지 않습니다. 다만 두 가지 유형의 '방해 요인'이 있습니다.

① 외부로부터의 자극: 예를 들어 전화벨, 초인종, 사람의 소리 같은 물리적 방해
② 내부로부터의 자극: 명상 중 어떤 통찰이 떠오르거나, 작업 중이던 생각의 내용이 갑자기 의식 위로 올라올 때

이 두 경우 모두, 뇌의 베타파가 다시 활성화되어 깊은 명상 상태가 순간적으로 끊길 수 있습니다. 그러나 이런 예외적인 상황을 제외하면, 이 단계는 전반적으로 명상 과정을 매우 안정시키는 단계입니다. 즉, 의식이 흔들리지 않고 조용히 깊이 머무는 상태, 명상 중 가장 균형 잡힌 중심의 지점이라 할 수 있습니다.

6단계

이 단계에 들어가는 것은 이전의 다섯 단계를 통과하는 것보다 훨씬 어렵습니다. 물론 이전 단계들도 결코 쉽지는 않지만, 6단계는 오랜 기간 명상을 꾸준히 실천한 사람들만이 일정 시간 머무를 수 있는 깊은 의식의 영역입니다. 이 상태에서는 몇 가지 뇌파 패턴이 함께 나타날 수 있습니다. (그림 참조)

1) 깨어 있는 마음The awakened mind

5단계의 '깨어 있는 마음'과 6단계의 그것을 구분 짓는 차이는 경험의 깊이와 '내용 중심성'의 감소에 있습니다. 이 단계에서는 더 이상 '무엇을 생각한다'거나 '느낀다'는 식의 명확한 언어가 존재하지 않습니다. 베타파는 진폭과 주파수가 매우 낮고, 개인적인 사고나 감정의 처리는 거의 일어나지 않습니다. 대신, 개인적 차원을 넘어선 '보편적 인식의 흐름' 속에 들어가게 됩니다.

즉, '나'라는 인식의 틀을 넘어, 의식 자체가 우주의 한 부분처럼 느껴지는 상태입니다.

2) 최적 명상 패턴Optimum meditation pattern

이 단계에서 나타나는 '최적의 명상 패턴'은 명상가가 도달할 수 있는 가장 이상적이고 완전한 명상 상태를 의미합니다. 의식은 맑고 확장되어 있으며, 시간·공간의 감각이 희미해지고 존재 자체가 하나의 흐름으로 느껴지는 경지입니다.

3) 극도로 낮은 뇌파 활동

일부 명상가는 이 상태에서 거의 평평한 두 개의 선처럼 보이는 뇌파를 보이기도 합니다. 이는 뇌의 전기적 활동이 거의 멈춘 상태를 뜻하지만, 그렇다고 의식이 사라진 것은 아닙니다. 이 경우, 명상가는 '육체를 벗어난 체험'을 하고 있을 가능성이 있습니다.

이때는 뇌파와 의식의 직접적인 연결이 느슨해지거나 단절되기 때문에, 뇌파만으로는 그 사람의 주관적 의식 상태를 정확히 설명할 수 없습니다. 비슷한 뇌파 패턴은 극도의 공포나 충격 속에서도 잠시 나타날 수 있습니다. 하지만 명상에서는 그것이 완전한 의식의 확장으로 인한 '비움의 상태'로 나타나는 것이지요.

4) 진화된 마음Evolved mind

마지막으로, 깨어 있는 마음 상태에서 더 높은 의식으로 나아가는 수행자(요기나 영적 수행자)가 명상에 들어갈 때 경험하는 단계가 바로 '진화된 마음'입니다. 이 상태는 많은 영적 전통에서 '의식의 최고 단계', 즉 무의식 자체가 의식화된 상태로 설명됩니다. 여기에는 더 이상 의식-잠재의식-무의식의 경계가 존재하지 않습니다. 모든 층위가 하나로 통합되어, 완전한 일체감과 우주적 연결감을 느끼게 됩니다.

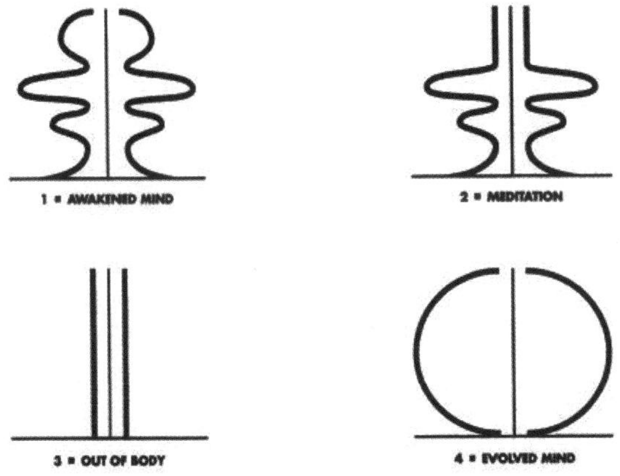

6단계. 가능한 뇌파 패턴Possible Brainwave Patterns

나는 이 상태(6단계, 진화된 마음)에 계속 머물며 사는 사람은 아직 만나지 못했지만, 잠시 동안 이 상태에 도달한 사람들은 여러 번 보았습니다. 또한, 이 상태의 발달 과정 중간 단계로 보이는 패턴이나 유사한 뇌파 패턴을 보여 준 사람들도 있었습니다. 한 워크숍에서, 순수 의식Pure Consciousness에 대한 명상 중 한 학생이 오랜 시간 동안 이 상태에 머문 적이 있었습니다. 그녀는 명상 중 눈물이 흘러내렸고, 한동안 말을 할 수 없었습니다. 명상이 끝난 후 그녀가 말할 수 있었던 단어는 단 하나, '환희Bliss'뿐이었습니다. 이 책에 제시된 주관적 기준점 목록은 단지 참고용 가이드일 뿐입니다.

여기 나열된 경험들은 가장 자주 보고되는 감각이지만, 명상 중 경험할 수 있는 모든 주관적 체험을 포괄하지는 않습니다. 또한, 각 뇌파 카테고리 안에서 표에 있는 모든 감각을 경험해야만 그 뇌파 상태에 있다고 할 수 있는 것은 아닙니다.

- 어떤 카테고리에서는 한두 가지 감각만 경험할 수도 있고,
- 여러 감각이 동시에 나타나거나,
- 무작위 순서로 차례차례 나타날 수도 있습니다.
- 모든 감각에 익숙해질 수도 있고, 일부만 익숙해질 수도 있습니다.

마찬가지로 위에 소개된 여러 뇌파 카테고리들을 내가 제시한 순서대로 경험할 수도 있고, 순서를 건너뛸 수도 있습니다. 뇌파는 끊임없이 움직이고 변화하기 때문입니다. 특정 상태에 한동안 머무를 수도 있지만, 여러 상태를 오가며 이동할 수도 있습니다.

몸과 마음의 관계

그렇다면, 우리 몸의 이완 상태는 우리가 만들어 내는 뇌파 상태와 어떤 관련이 있을까요? 대부분의 사람들에게 있어 뇌파 상태를 의식적으로 조절하는 가장 쉬운 방법은 몸을 이완하는 것입니다. 그러나 이것이 항상 일어나는 것도 아니고, 반드시 필요한 것도 아닙니다.

여기서 핵심적으로 이해해야 할 개념은 '몸과 마음이 어떻게 상호작용하여 우리의 심리적·생리적 상태(정신·신체 상태)를 결정하는가'입니다. 이 과정은 '마음-몸 그래프'에 설명되어 있습니다. 이 그래프에서 가로축은 몸의 상태를 나타냅니다.

- 왼쪽 끝은 가장 이완된 상태의 몸,
- 오른쪽 끝은 가장 각성된(긴장된) 상태의 몸을 의미합니다.

세로축은 마음의 상태, 즉 의식의 연속성(베타에서 델타까지)을 나타냅니다. 단순하게 표현하면,

- 위쪽은 과도하게 각성된 마음,

- 아래쪽은 아주 편안히 이완된 마음입니다.

이렇게 배열했을 때, 그래프는 네 개의 사분면으로 나뉘며 각각 다른 몸-마음 관계를 나타냅니다.

1사분면: 각성된 마음 + 각성된 몸

2사분면: 이완된 마음 + 각성된 몸

3사분면: 이완된 마음 + 이완된 몸

4사분면: 각성된 마음 + 이완된 몸

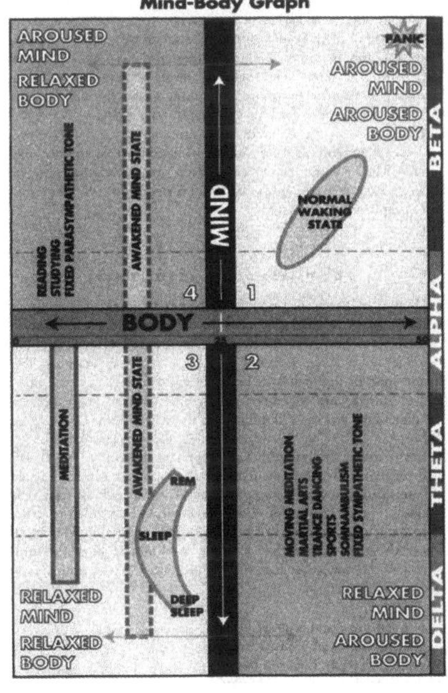

이 그래프의 어떤 지점도 '나쁘다'거나 '잘못됐다'고 볼 수는 없습니다. 중요한 것은 원하는 순간에, 자신이 원하는 상태에 도달할 수 있는 능력을 키

우는 것입니다. 각 사분면(몸-마음 조합)에서 나타나는 경험에 익숙해질수록, 언제든지 원하는 상태로 이동하고 머무르는 능력을 더욱 잘 익히게 됩니다.

1사분면: 각성된 마음 + 각성된 몸

오른쪽 상단 영역, 1사분면은 우리가 흔히 말하는 '일상적인 깨어 있는 상태'를 나타냅니다. 이때의 뇌파는 주로 베타파이며, 신체는 비교적 각성 상태에 있습니다.

하지만 이 각성이 지나치게 높아지면, 도표의 오른쪽 위 끝에 위치한 '공황 Panic' 상태로 치닫게 됩니다. 이때는 마음과 몸이 모두 과도하게 자극을 받아, 생각이 제어되지 않고 폭주하며, 심장은 빠르게 뛰고, 몸과 마음 전체가 한계까지 긴장하게 됩니다. 이런 과도한 각성 상태가 습관화되면, 우리 몸은 끊임없는 스트레스 반응 속에 놓이게 되어 스트레스성 질환이 훨씬 더 쉽게, 더 자주 발생합니다. (사실, 현대인의 질병 중 스트레스와 무관한 것이 얼마나 있을까요?)

대부분의 사람들은 하루의 대부분을 이 오른쪽 상단 사분면, 즉 적당한 각성과 만성적 긴장 상태 사이를 오가며 살아갑니다. 이것이 현대인의 '정상 상태'처럼 여겨지지만, 실상은 신체가 늘 위기 모드에 머무는 불안정한 상태인 셈입니다.

3사분면: 이완된 마음 + 이완된 몸

왼쪽 하단 영역, 우리가 두 번째로 가장 많은 시간을 보내는 영역은 '3사분면'입니다. 이 구역에는 우리가 일반적으로 수면 상태에 있을 때의 위치가 표시되어 있습니다. 이때 뇌는 세로축의 뇌파 스펙트럼을 따라 움직입니다. 즉, 깊은 수면 단계에서는 델타파가 주로 나타나고, 꿈을 꾸는 REMRapid Eye Movement, 빠른 안구 운동 단계에서는 세타파가 나타납니다.

가로축의 신체 이완 정도를 기준으로 보면, 대부분 사람들의 수면은 13~17 정도의 수준에 머물러 있습니다. 이것은 우리가 생각하는 것만큼 완전히 이완된 상태는 아닙니다. 실제로는 신체가 더 깊은 이완 수준(예: 5 이하)으로 내려갈 수도 있습니다. 흥미로운 점은, 심신이 깊이 이완되는 명상이 일반적인 수면보다 몸을 훨씬 더 깊게 회복시키고 편안하게 만든다는 사실입니다.

그래서 아침에 깨어났을 때 "밤새 잔 것 같은데 몸이 개운하지 않다"거나 "잠자는 동안에도 몸이 긴장되어 있었던 것 같다"는 느낌을 받는 사람들이 있습니다. 이는 수면 중에도 신체가 완전히 이완되지 못했다는 뜻입니다.

반면, 명상은 알파파와 세타파가 주로 작용하는 아래쪽 두 사분면 어디서든 일어날 수 있습니다. 그러나 명상의 스트레스 완화 효과를 극대화하려면, 3사분면의 왼쪽으로, 즉 더 깊은 이완 상태로 이동할수록 좋습니다.

2사분면: 이완된 마음 + 각성된 몸

오른쪽 하단 영역, 2사분면은 3사분면과 같은 뇌파 상태—알파, 세타, 델타파, 즉 명상 시 주로 나타나는 뇌파—를 포함합니다. 앞서 언급했듯 몸이 이완된 상태에서 명상을 배우는 것이 일반적으로 더 쉽지만, 반드시 그래야 하는 것은 아닙니다. 실제로 많은 동적 명상 형태들은 의도적으로 몸을 각성시킨 상태에서 이루어집니다.

- 태극권Tai Chi, 기공Chi Kung / Qi Gong, 유도, 가라테, 아이키도와 같은 무술은 몸의 움직임과 긴장을 활용해 명상 상태(집중된 의식)에 들어가도록 돕습니다. 이런 이유로, 이러한 훈련법들은 본질적으로 2사분면에서 수행되어야 합니다.
- 수피Sufi 춤이나 트랜스 댄스도 몸의 움직임을 통해 변화된 의식 상태에 도달하도록 합니다.

또한, 스포츠 활동—예를 들어 스키, 테니스, 자전거 타기 등—도 집중과 리듬, 몸의 에너지 흐름을 통해 자연스럽게 변화된 의식 상태몰입, Flow에 들어가게 만들 수 있습니다.

비록 이러한 활동의 주된 목적이 명상은 아닐지라도, 그 부수적인 효과로서 '의식의 확장'과 '몰입의 쾌감'을 얻을 수 있습니다. 춤 역시 2사분면에 속하며, 오래전부터 의식을 변화시키는 도구로 사용되어 왔습니다. 성적 경험Sexual experience 또한 의식이 확장되고 경계가 사라지는 변형된 상태에 접근하는 또 다른 통로입니다. 이러한 모든 활동은 때로는 1사분면에서도 일어날 수 있습니다. 다만 그 경우에는 명상적 요소가 줄어들거나 사라지고, 단순한 신체 활동이나 쾌감 중심의 경험으로 머물게 됩니다.

4사분면: 각성된 마음 + 이완된 몸

왼쪽 상단 영역, 4사분면은 우리가 책을 읽거나, 공부를 하거나, 혹은 깊이 사고하는 활동을 할 때 주로 머무는 영역입니다. 이때는 신경계의 각성이 거의 일어나지 않으면서도 사고는 활발히 진행되는 상태입니다. 이곳은 일시적으로 머물기에는 매우 편안한 상태지만, 몸이 지나치게 이완되어 있다 보면 의식이 점차 가라앉아 3사분면(수면 상태)으로 떨어지기 쉽습니다.

예를 들어, 강의실에서 학생이 '이번엔 끝까지 깨어서 들어야지' 하고 마음 먹었지만, 몸이 점점 편안해지고, 결국 정신까지 따라 내려가 집중력을 잃는 상황이 그렇습니다.

이때는 몇 번의 깊고 빠른 호흡으로 신체의 각성을 높여 뇌를 다시 베타파로 끌어올리는 것이 가장 효과적입니다. 물론, 당신이 지금 깨어 있는 상태를 유지하고 싶다면 말이지요. 흥미롭게도, 4사분면은 불면증과도 관련이 있습니다. 누워서 몸은 완전히 지쳐 있는데, 머릿속은 걱정이나 흥분으로 불이 켜져 있는 상태—잠들고 싶지만 의식이 멈추지 않는 바로 그 상황이 이 사분면에 해당합니다. 이 상태는 몸과 마음의 불균형을 나타낼 수도 있습니다. 몸은 쉬려고 하지만, 마음은 여전히 과도하게 활성화되어 있는 것이지요.

몸-마음 분리(불균형)

사분면 1과 3은 몸과 마음이 같은 방향으로 움직이며 조화를 이루는 상태를 나타냅니다. 반면, 사분면 2와 4는 몸과 마음이 서로 다른 방향으로 작동할 때 나타날 수 있는 현상을 보여 줍니다. 만약 몸과 마음을 같은 모드로 맞추고 싶은데도 사분면 2나 4에서 벗어날 수 없다면, 이를 '몸-마음 분리Body-Mind Split'라고 부릅니다. 극단적 예 중 하나가 바로 몽유병입니다.

> • 마음(의식)은 잠들어 있는데, 몸은 깨어서 움직이며 활동합니다.

또한 일부 불면증도 여기에 해당합니다.

> • 마음은 지쳐서 잠들고 싶어 하지만, 몸이 긴장돼 이완되지 못해 잠들지 못하는 상태입니다.

"깊은 명상 중, 내 몸이 이완된 줄 알았는데 사실은 그렇지 않을 수도 있나요?
그렇다면, 명상의 신체적 이완 효과를 놓치고 있는 걸까요?"

어떤 사람들은 명상과 이완이 몸에 미치는 효과가 같다고 착각합니다. 하지만 그건 사실이 아닙니다! 바이오피드백 장비로 몸의 반응을 측정하지 않는다면, 당신은 마음 깊은 곳에서 깊은 명상 상태를 경험하고, 뇌에서는 실제로 명상 뇌파 패턴Alpha, Theta 등이 나타나고 있을지라도 몸은 여전히 긴장된 상태로 남아 있을 가능성이 충분히 있습니다.

즉, 마음은 명상의 세계로 들어가 있지만, 몸은 여전히 긴장과 경직 속에 머물러 있는 것이죠.

이런 경우 사람들은 '깊이 이완되어 회복되고 있다.'라고 생각하지만, 실제로는 신체가 거의 영향을 받지 않은 상태, 다시 말해 또 하나의 '몸-마음 분리' 상태에 있는 것입니다.

2사분면에서 명상을 하고 있으면서, 명상에 의도적인 신체 움직임이 포함되어 있지 않다면, 당신은 '고정된 교감신경 긴장 상태Fixed sympathetic tone'

에 들어가게 될 수 있습니다. 이는 교감신경계Sympathetic nervous system—스트레스나 긴급 상황에서 활성화되는 자율신경계의 한 부분—가 계속 '작동 중' 상태로 고정되어 있는 현상입니다. 이 상태에서는 몸이 지속적인 각성 상태에 머무르지만, 마음은 여전히 명상을 유지할 수 있습니다.

즉, 겉으로 보기엔 명상 중이지만, 신체는 여전히 긴장 모드에 놓여 있는 셈입니다. 따라서 이럴 때는 몸이 진짜로 이완되고 있는지 주의 깊게 살펴야 합니다. 예를 들어,

- 가볍게 떠 있는 듯한 느낌
- 흔들리는 듯한 감각
- 몸이 가벼워지고 근육이 풀리는 느낌

등은 몸이 진정으로 이완되고 있다는 긍정적인 신호입니다.

이러한 신체 감각들을 알아차리고 받아들이는 것은 몸의 긴장을 풀어 '교감신경 고착 상태'를 해소하고, 명상과 신체가 조화로운 균형 상태로 돌아가도록 돕습니다.

'고정된 교감신경 긴장 상태'는 다른 방식으로도 경험될 수 있습니다. 때때로 명상 중이던 사람이 3사분면(깊은 이완과 명상의 상태)에서 깨어날 때, 정상적인 1사분면(일상적 깨어 있는 상태)으로 곧바로 돌아오지 못하고, 그 중간 단계인 사분면(몸은 각성되었으나 마음은 여전히 깊은 상태)으로 이동하기도 합니다. 이 상태는 지도나 안내 없이 경험한다면 꽤 낯설고 불안하게 느껴질 수 있습니다.

몸은 깨어나서 심지어 투쟁-도피 반응의 고강도 불안 상태로 치솟는데, 마음은 여전히 깊은 명상 속에 머물러 의식이 완전히 떠오르지 않는 느낌이 들기 때문입니다.

이럴 때는 억지로 마음을 끌어올리려 애쓰지 마세요. 그보다는 몸을 다시 편안히 이완시켜 3사분면으로 돌아가는 것이 먼저입니다. 몸과 마음이 다시 하나로 안정되면, 그다음에 의도적으로 각성 과정을 다시 시작하되, 이번에는 '몸과 마음을 함께' 끌어올리도록 하세요.

4사분면에서는 또 다른 형태의 몸-마음 분리가 일어날 수 있습니다. 이번에는 '고정된 부교감신경 상태'로 나타납니다. 부교감신경Parasympathetic nervous system은 이완 반응을 관장하는 자율신경계의 한 부분으로, 몸이 깊은 안정 상태에 들어갈 때 활성화됩니다.

이 분리는, 예를 들어 깊은 명상 중 무의식 속의 불편한 감정이나 기억이 갑자기 떠올라 의식이 갑작스럽거나 강하게 깨어나는 경우에 발생할 수 있습니다. 이때 마음은 갑자기 깨어나 혼란과 공포를 느끼지만, 몸은 여전히 깊이 이완되어 움직일 수 없는 상태로 남아 있습니다. 즉, 의식은 공황 상태인데, 신체는 마비된 듯 반응하지 않는 매우 독특한 경험이죠.

이럴 때 몸을 억지로 일으켜 세우거나, 4사분면에서 1사분면(일상적 깨어 있음)으로 강제로 끌어올리려 해서는 안 됩니다. 대신 마음을 다시 진정시키고 이완시켜 3사분면(명상적 안정 상태)으로 되돌아가는 것이 가장 안전한 방법입니다. 그곳에서 몸과 마음이 다시 균형을 찾을 수 있습니다. 그 후, 준비가 되었을 때 이번에는 몸과 마음을 함께 깨어나게 하는 의식적인 각성 과정을 천천히 밟으세요. 이렇게 하면 몸은 안정된 상태로 깨어나고, 마음도 부드럽게 현실로 복귀할 수 있습니다.

일상적 깨어 있는 상태에서 명상으로 가는 여정

명상가가 걷는 길은 결코 단순히 깨어 있는 상태에서 명상으로 직선으로 내려가는 여정이 아닙니다. 명상하는 동안, 네 개의 사분면을 이리저리 거닐기도 하고, 한 사분면에 한동안 머물다가, 갑자기 다른 사분면으로 점프하기도 합니다.

명상이 깊어지면, 3사분면(이완된 몸과 마음)에 도달하여 한동안 머물며 쉬었다가 깨어나기도 합니다. 100쪽의 그래프는 명상으로 들어가는 하나의 여정을 시각화한 것입니다. 이 과정은 대략 다음과 같습니다.

① 처음에는 몸과 마음을 약간 함께 이완시킵니다.

② 이후, 마음이 알파파·세타파 영역으로 깊게 잠수합니다.

③ 몸이 서서히 따라오지만, 마음은 잠시 각성합니다.

④ 그다음, 몸과 마음이 다시 함께 이완되면서 짧지만 편안한 명상 상태에 도달합니다.

⑤ 그러나, 명상가가 "오! 내가 지금 명상 중이야!" 하고 자각하는 순간, 명상 상태에서 튕겨 나와 깨어 있는 상태(1사분면)로 돌아가 다시 여정을 시작하게 됩니다.

명상에 들어갈 때마다 경험은 조금씩 달라집니다. 연습이 쌓이면, 명상가는 이 여정을 더 의식적으로 조절할 수 있으며, 1사분면(일상적 각성 상태)에서 3사분면(이완 상태)으로 더 직접적으로 이동할 수 있습니다. 자기 조절 능력이 높아지면, 그래프 어디든 원하는 곳으로 이동할 수 있고, 그때마다 동반되는 신체적·정신적 감각을 인식할 수 있게 됩니다.

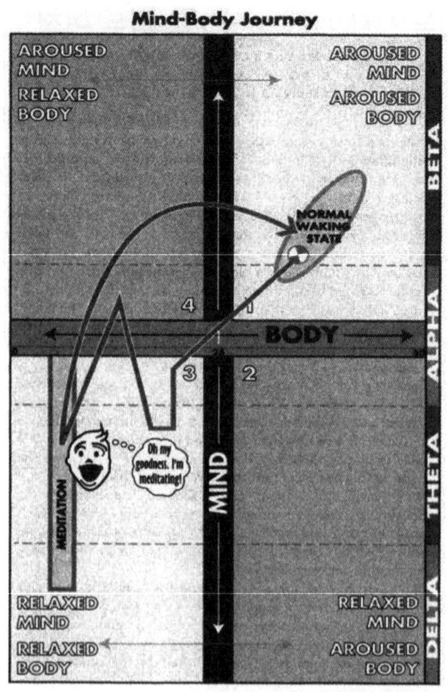

마음-몸의 여정

'깨어 있는 마음 상태'에 도달하면, 그 의식 상태는 베타파부터 델타파까지, 즉 뇌파의 전체 수직 스펙트럼을 모두 포괄하게 됩니다. 이것은 단일한 파동이 아니라, 모든 의식 수준이 조화롭게 통합된 상태를 의미합니다. 깨어 있는 논리적 사고(베타), 직관적 통찰(알파), 창조적 상상과 잠재의식(세타), 그리고 깊은 무의식적 통합(델타)이 동시에 공존하고 연결된 상태인 것이죠. 충분한 훈련과 숙달을 거치면, 이 깨어난 의식 상태를 유지한 채로 몸이 깊이 이완되어 있을 때든, 높은 각성 상태에 있을 때든, 혹은 그 중간 어디쯤을 오가고 있을 때든 자유롭게 유지할 수 있습니다.

이제 '주관적 기준점Subjective Landmarks' 표를 다시 살펴보세요. 표의 가로 행을 따라 네 개의 열을 읽어 보면, 몸과 마음이 함께 이완될 때 각 단계에서 무엇이 일어나고 있는지를 한눈에 이해할 수 있습니다.

100

첫 번째 열: 각 항목의 단계 번호가 표시되어 있습니다.

이 번호는 명상의 깊이나 의식 상태의 단계를 나타냅니다.

두 번째 열: 해당 단계에서 당신이 경험할 수 있는 주관적 체험이 나열되어 있습니다.

예를 들어, 몸이 가볍게 떠오르는 느낌, 시간 감각의 왜곡, 빛이나 색채의 감지, 깊은 평화감 등이 이에 해당합니다.

세 번째 열: 그 체험에 동반되는 신체 이완의 수준을 보여 줍니다.

즉, 몸이 얼마나 이완되어 있는지, 또는 어느 정도 긴장을 유지하고 있는지를 나타내는 지표입니다.

네 번째 열: 각 경험과 가장 자주 연관되는 뇌파 유형을 설명합니다.

예를 들어, 얕은 명상에서는 알파파, 깊은 몰입 상태에서는 세타파, 그리고 깊은 무의식적 통합 상태에서는 델타파가 주로 관찰됩니다.

이 표를 활용하면, 자신이 어느 사분면(어떤 상태)에 있는지, 몸과 마음이 얼마나 이완·각성돼 있는지, 뇌파와 주관적 경험을 연결 지어 인식할 수 있습니다.

손의 온도 역시 몸과 마음의 상태를 알려 주는 중요한 신호가 될 수 있습니다. 우리가 깊이 이완되면 손이 대체로 따뜻해지고, 각성되면 손이 차가워지는 경향이 있습니다. 물론 이 규칙에도 예외는 있습니다. 손 온도 바이오피드백 훈련을 하다 보면, 전혀 명상이나 이완 상태를 경험하지 않고도 손이 매우 따뜻한 사람들을 보게 됩니다. 반대로, 손이 여전히 매우 차가운 상태에서도 '깨어 있는 마음' 상태에 도달하거나 새로운 통찰을 얻거나 절정의 경험을 하는 사람들도 있습니다. 그럼에도 불구하고 신경계를 각성시키는 법과, 특히 이완시키는 법을 익히는 것은 뇌파와 내적 의식 상태를 조절하고 다루는 데 있어 큰 진전이 됩니다. 명상을 시작할 때 의식적으로 몸을 이완시키면, 그 이완이 가져다주는 생리적 혜택을 몸이 함께 누릴 수 있다는 확신을 가질 수 있습니다. 또한 이완은 뇌파의 여러 카테고리(베타, 알파, 세타, 델타 등)를 조화롭게 발달시키는 데 도움이 됩니다. 어떤 뇌파가 지나치게 많거나 부족하더라도, 이완을 통해 우리는 뇌파가 고르게 자랄 수 있는 중립적인 토대를 마련할 수 있습니다. 이제 이러한 이해를 바탕으로, 우리는 명상 상태의 뇌파를 개발하고 다루는 과정으로 나아가 보겠습니다.

3장 ▶

명상과
더 높은 의식 상태

'명상Meditation'은 아마도 우리가 가장 자주 이야기하고, 또 가장 널리 받아들여지는 '변화된 의식 상태'일 것입니다. 하지만 '명상'이라는 단어에는 수없이 많은 정의, 방법, 철학, 교리, 그리고 기술들이 존재합니다. 시대에 따라 명상에 대한 태도나 접근법, 그리고 활용 목적은 달라지지만, 그 모든 다양성과 변화의 흐름 아래에는 한 가지 변하지 않는 핵심 주제가 있습니다. 그것은 바로, 진정한 명상은 올바르게 수행될 때, 우리의 평상시 깨어 있는 의식 상태보다 더 높은 차원의 의식 상태를 제공한다는 것입니다.

즉, 명상은 단순한 휴식이나 마음의 고요를 넘어, 의식의 질을 한 단계 끌어올리는 과정, '생각하는 나'의 차원을 넘어서는 깨어 있는 존재의 경험이라 할 수 있습니다.

'더 높은'이라는 말의 의미는 무엇일까?

'더 높은 의식 상태Higher States of Consciousness'라는 표현에서 '더 높다'라는 말은 사람마다 다르게 받아들여집니다. 어떤 이들에게는 그것이 더 영적인 상태, 즉 '신'과의 일치감이나 더 높은 존재와의 교감에 가까운 의식을 뜻합니다. 또 다른 이들에게는 그것이 창의성과 생산성이 증대된 상태, 곧 상상력, 독창성, 발명적 사고와 기발한 아이디어를 마음껏 활용할 수 있는 능력을 의미합니다. 또 다른 사람들에게는 그것이 정신적·육체적 건강과 행복감이 향상된 상태, 즉 자기 치유력이나 개인적 성장의 힘에 접근할 수 있는 상태를 뜻하기도 합니다.

"이렇게 의견이 다양한데, 명상을 어떻게 정의할 수 있을까?"

명상에 대해 이야기할 때, 서로 다른 정의와 시각을 가진 사람들 사이에서 공통의 언어를 찾는 가장 실용적인 방법은 명상 중에 나타나는 뇌파를 기준으로 이야기하는 것입니다. 흥미로운 점은, 명상에 대한 설명이나 영적 배경, 종교적 믿음, 목적과 방법이 다르더라도, 그 모든 명상에는 공통적으로 나타나는 뇌파 패턴이 있다는 사실입니다. 세부적인 차이는 있지만, 명상 시 주로 나타나는 뇌파는 알파파Alpha와 세타파Theta이며, 명상의 종류에 따라 델타파Delta가 더해질 수도 있습니다.

아래 그림 1A를 보면, 명상 시 뇌파는 좌우 뇌에서 대칭적으로 나타나며, 알파파의 진폭이 세타파보다 더 강하게 나타납니다.

- 세타파Theta는 명상의 깊이를 제공합니다. 이 세타 영역은 창조성이 솟아오르는 잠재의식의 내적 공간이자, 영적 연결이 이루어지고, 몸의 자기 치유가 프로그램되는 영역입니다. 세타는 명상에서 느끼는 심오함과 깊이를 경험하게 해 줍니다.
- 알파파Alpha는 의식과 잠재의식을 연결하는 다리Bridge 역할을 합니다.
- 알파가 있어야 세타에서 일어난 경험을 실제로 기억할 수 있습니다. 알파 없이 세타만을 만들어 내며 명상하면, 명상 중 무슨 일이 있었는지 기억하지 못합니다.

세타파는 잠재의식의 뇌파이며, 일반적으로 의식의 경계 아래에서만 발생합니다. 따라서 그 아래에서 일어나는 모든 경험은 의식으로 연결해주는 뇌파(알파)가 활성화되지 않는 한, 그대로 잠재의식 속에 남아 버리게 됩니다. 알파파가 다리 역할을 할 때, 세타 속 내용을 더 선명하고 또렷한 심상으로 걸러내어 의식이 받아들일 수 있는 형태로 전달합니다.

명상이나 의식의 변화된 상태를 설명할 때, 우리는 여러 가지 용어를 사용합니다. 명상Meditation, 사색Contemplation, 집중Concentration, 기도Prayer, 최면Hypnosis, 안내된 환상Guided Fantasy, 시각화Visualization, 깊은 이완Deep Relaxation 등이 대표적입니다. 이런 다양한 형태의 트랜스 상태들은 이름이나 접근 방식이 다르지만, 뇌파 패턴은 거의 같거나 매우 유사합니다. 실질적인 차이는 '어떻게 유도되느냐'와 '그 상태에서 무엇을 목적으로 하느냐'이지, 상태 자체의 뇌파 패턴은 비슷합니다.

물론 이 규칙에도 예외가 있습니다. 어떤 명상은 단순한 이완이나 몰입을 넘어, 적극적으로 사고나 분석을 동반해야 하는 경우가 있습니다. 이런 경우에는 기존의 알파와 세타 명상 패턴에 베타 뇌파가 추가됩니다. 예를 들어, 문제 해결형 명상에서는

- 먼저 깊이 이완된 명상 상태에 들어간 뒤,
- 특정 시각화 기법을 활용해 사전에 정한 문제나 과제에 대한 해결책을 찾습니다.
- 이 과정에서는 명상가가 기존의 알파와 세타 상태 위에 베타파를 더해 뇌파를 조합합니다. 이때 뇌파 패턴은 놀랍게도 '깨어 있는 마음' 상태와 매우 가까워집니다.

이것이 바로, 활성 명상Active meditation이 알파·세타로 안정된 명상 상태를 구축한 뒤, 베타를 의도적으로 추가해 '깨어 있는 마음 패턴' 훈련에 사용되는 이유입니다. 명상과 기도의 뇌파 패턴은 많은 유사점을 가지지만, 분명한 차이점도 있습니다. 예를 들어, 기도 중인 가톨릭 신부의 뇌파와 참선 중인 선(禪) 수행자의 뇌파는 매우 다릅니다.

동부 해안 출신의 한 가톨릭 신부가 있었습니다. 그는 자신의 기도를 더 깊고 영적으로 만드는 방법을 찾고 싶어 했습니다. 한 달 동안의 수도원 피정을 앞두고, 그 시간을 최대한 효과적으로 활용하기 위해 내게 조언을 구했습니다. 그의 뇌파를 측정해 보니, 확실히 '깨어 있는 마음' 패턴을 가지고

있었지만, 그림 1B에서 볼 수 있듯이 베타파가 지나치게 우세했습니다. 그가 "어떻게 기도해야 할까요?"라고 묻자, 내가 "말을 조금 줄이세요!"라고 조언했을 때 그는 웃으면서 바로 내 뜻을 알아들었습니다.

그는 활발한 세타파로 영적 연결감을 느끼고, 열린 알파파로 기도 중에도 의식적 인식을 유지하고 있었지만, 기도의 대부분을 속으로 단어를 되뇌는 방식으로 하고 있었기 때문에 베타파가 크게 나타난 것이었습니다.

반대로, 잡념 없이 단순 좌선만 하는 선(禪) 수행자의 뇌파(그림 1C)는 전혀 다릅니다.

- 베타파가 전혀 없고, 머릿속에는 어떠한 단어나 생각도 없는 상태입니다.
- 대신, 델타파가 매우 활발합니다. 이는 잠재의식적 인식이 명상에 더해진 상태를 보여 줍니다.
- 선 수행의 본질은 비언어적 경험, 즉 어떤 것이든 있는 그대로 알아차리는 것입니다.
- 따라서 선 수행자는 활동적 언어 기도자보다 베타파가 적고, 델타파가 더 강하게 나타날 가능성이 큽니다.

내가 뇌파를 모니터링한 한 오랜 경력의 선(禪) 스승은 거의 완벽한 '깨어 있는 마음 패턴(그림 2A)'을 가지고 있었지만, 고주파 베타파가 간헐적으로 솟아오르는 모습이 보였습니다. 내가 그에게 "혀를 이완해 보세요."라고 말하자, 즉시 그의 베타파가 부드럽게 안정되며(그림 2B) 균형을 이루었습니다. 이 깨달음은 그에게 매우 신선한 충격이었고, 그는 웃으며 이렇게 말했습니다.

"이건 제 가르침을 완전히 바꿀 겁니다. 제 제자들에게 빨리 알려 주고 싶군요!"

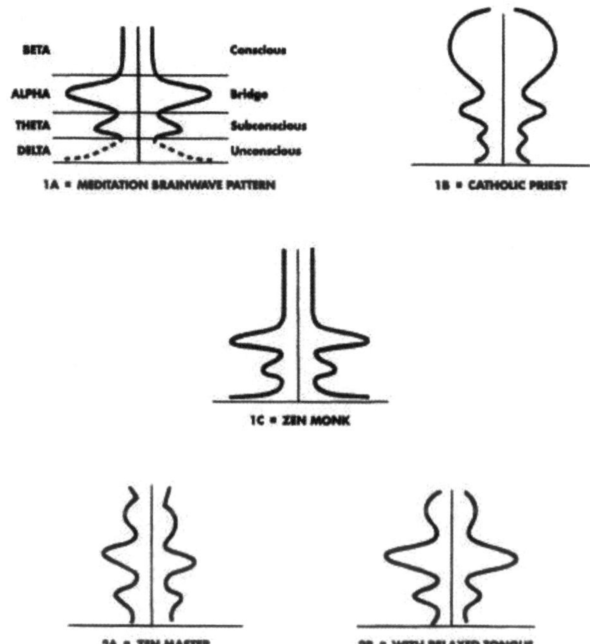

"유도된 이미지 명상도 치유 명상으로 볼 수 있을까?"

만약 유도된 상상을 따라가는 동안 당신의 뇌에서 베타파가 거의 줄어들고 대신 알파파와 세타파가 강하게 나타난다면, 그 대답은 단연코 "그렇다"입니다.

그것은 분명 치유 명상의 한 형태가 됩니다. 하지만, 그 상상 속에서 이미지를 단지 '그대로 경험'하기보다 계속 분석하고 판단하거나, 의식적으로 조작하려 든다면, 그때는 명상 상태가 아니라 사고Thinking의 상태가 됩니다. 그럴 경우 대답은 "아니요"입니다.

사실, 유도된 상상 명상은 대부분의 사람들에게 명상의 세계로 들어가는 아주 훌륭한 입문(입구)이 될 수 있습니다. 물론 일부 전통적인 명상가들은 이렇게 말할 수도 있습니다.

"유도된 상상은 마음을 채우는 것이고, 명상의 목적은 마음을 비우는 것이다."

이 주장은 '내용Content'의 관점에서는 옳습니다. 하지만 '상태State'의 관점에서는 그렇지 않습니다. 명상의 본질은 '마음이 비어 있는가'가 아니라, 어떤 뇌파 상태에 들어가 있는가에 달려 있습니다. 명상 상태란 알파파와 세타파가 함께 작동하고, 베타파가 거의 없는 상태를 말합니다.

따라서 언제든 이 뇌파 조합이 나타난다면, 그것은 곧 명상 상태에 들어가 있는 것입니다. 그리고 흥미롭게도, 유도된 상상은 단순히 앉아서 생각이 사라지기를 기다리는 명상보다 이 알파-세타 뇌파 상태에 훨씬 빠르게 진입할 수 있는 길이 되어 줍니다.

유도된 상상을 명상으로 활용하는 최적의 방법

명상을 위한 '유도된 상상'이 효과적으로 작동하기 위해서는 몇 가지 핵심 요소가 필요합니다.

첫째, 무엇보다 먼저 몸과 마음을 이완시킬 수 있는 단계가 있어야 합니다. 호흡을 천천히 하고 몸의 긴장을 풀어 스트레스 수준을 낮추면, 뇌파는 자연스럽게 깨어 있는 베타파 상태에서 명상의 알파·세타 상태로 이동하기 시작합니다.

둘째, 생생한 이미지가 필요합니다. 상상과 시각화는 알파파를 생성하는 데 매우 효과적입니다. 즉, 상상 속 장면이 단순한 이야기가 아니라, 실제로 명상 상태로 들어가는 '뇌파의 다리Bridge' 역할을 하게 됩니다.

셋째, 잠재의식으로 더 깊이 들어갈 수 있는 제안이 포함되어야 합니다. 좋은 유도 명상은 단순히 이미지를 제시하는 데 그치지 않고, 점차 내면의 더 깊은 차원—잠재의식의 영역(세타파 영역)—으로 안내하는 문장과 흐름을 포함해야 합니다. 이를 통해 의식은 점점 깊어지고, 자기 인식과 치유, 통찰이 일어납니다.

넷째, 충분한 '침묵의 시간'이 필요합니다. 그 깊이에 도달한 후에는, 외부 자극 없이 조용히 머무를 수 있는 충분한 침묵의 시간이 주어져야 합니다. 이 고요한 구간에서 진짜 명상의 체험이 일어납니다. 즉, '가이드의 말'이 아닌, 자신의 내면이 안내자가 되는 순간입니다.

이 네 가지 원칙을 잘 따른다면, 명상자는 처음 시도하는 단계에서도 실제 명상 상태에 들어갈 가능성이 큽니다. 다만, 그 상태를 지속적으로 유지하는 것은 또 다른 과정입니다.

명상 능력은 꾸준히 연습하더라도 처음에는 짧은 섬광Flares처럼 잠깐씩 찾아옵니다. 뇌파는 끊임없이 움직이고, 미세하거나 급격한 변화가 계속 일어나기 때문입니다.

명상을 시작한 초반에는 어떤 방식으로 접근하든, 명상 상태를 여러 번 스쳐 지나가는 경험을 하게 됩니다. 그 상태에서 벗어나게 만드는 요인은 다양하지만, 가장 흔한 방해는 다음과 같습니다.

- 베타파의 개입: 생각이 끼어들어 내면의 고요를 깨뜨림
- 알파파의 상실: 깨어 있지만 의식이 명료하지 않은 상태로 빠짐
- 졸음이나 수면으로의 전환: 의식이 완전히 꺼짐

성공적인 명상을 위해 가장 중요한 것은, 자신이 실제로 명상 상태에 있었던 순간을 '인정하고 받아들이는 것'입니다. 그 순간이 잠깐이었더라도, 그

것은 분명히 명상 상태의 경험입니다.

"그건 그냥 상상한 거야."

"잠깐 스쳤으니까 제대로 한 게 아니야."

이렇게 스스로 부정하지 마세요.

오히려 이렇게 하세요.

"지금의 그 고요함, 그 이미지, 그 깨달음은 명상이 일어난 순간이었다."

그렇게 인정하고 축하할 때, 그 명상의 순간들은 점점 더 자주, 그리고 더 오래 지속되게 됩니다.

기법은 곧 명상이 아니다

누군가가 "나 명상하러 가야 해."라고 말할 때, 실제로는 그들이 배운 특정 호흡법이나 수련법을 연습하러 간다는 의미일 때가 많습니다. 많은 사람이 어떤 특정한 기술이나 단계적인 지침을 수행하고 있다는 이유만으로 자신이 명상하고 있다고 생각합니다. 그러나 실제로는 그냥 앉아서 생각만 하고 있을 뿐, 진짜 명상 상태에 들어가지 못한 경우가 많습니다. 그리고 나서, "왜 명상을 해도 아무런 효과를 못 느끼지?" 하고 의아해합니다. 명상으로 이끈다고 알려진 어떤 기법을 실행한다고 해서 반드시 명상하고 있는 것은 아니라는 점을 기억해야 합니다.

한 남성이 내게 찾아온 적이 있습니다. 그는 12년 동안 하루도 빠짐없이 매일 한 시간씩 명상을 해 왔다고 말했습니다. 그 시간 자체는 즐기고 있었지만, 무언가 중요한 것을 놓치고 있다는 느낌이 들었습니다. 다른 명상가들이 이야기하는 경험들을 들을수록, "나는 뭔가 잘못하고 있나 보다"라는 생각이 들었고, 왜 자신에게는 그런 체험이 없는지 답답해했습니다.

그가 '명상'하는 동안 뇌파를 측정해 보니, 그는 그 12년 동안 단지 '생각'만 하고 있었던 것이었습니다. 알파-세타파로 이어지는 진짜 명상 상태는 그에게 완전히 낯선 경험이었던 것이죠. 단 3회의 세션만에, 나는 그를 깊은 명상 상태로 안내할 수 있었습니다. 그가 처음으로 그 상태에 도달했을 때, 그는 벌떡 몸을 일으키며 환하게 웃으면서 이렇게 외쳤습니다.
"알았다! 이거였구나!"

물론 그의 사례는 극단적인 예이긴 하지만, '기법=명상'이라는 오해는 의외로 많은 사람들이 겪는 문제입니다. 기법에만 집착하고, 명상 상태 그 자체를 놓쳐 버리는 위험이 여기서 생깁니다.

많은 사람은 자신이 제대로 하고 있는지, 혹은 아예 명상을 하고 있긴 한건지에 대한 숨은 불안감을 가지고 있습니다. 그래서 더 '제대로' 명상하려고 애쓰며, 기술을 더 열심히, 더 집요하게 연습합니다. 하지만 이것은 오히려 악순환을 만듭니다. 열심히 애쓸수록, 오히려 명상 상태에 도달하기는 더 어려워집니다. 명상은 '노력'해서 되는 것이 아니라, '허용'해야만 되는 과정입니다.

내가 정말 명상하고 있는지는 몇 가지 방법으로 알 수 있습니다.
명상에 들어가는 길에는 여러 '표지판Signposts'들이 있습니다.
이것들은 당신이 어떤 뇌파를 만들어 내고 있는지, 그리고 알파-세타 명상 상태와 얼마나 가까운지를 이해하도록 도와줍니다. 2장(79쪽)에 있는 주관적 기준표를 살펴보면, 당신이 경험하고 있는 감각과 상태가 어떤 뇌파를 반영하는지 이해할 수 있습니다.
명상의 여정은 늘 같은 순서로 진행되지 않습니다. 당신이 내려가는 의식의 깊이는 그날의 컨디션, 호흡, 집중 상태에 따라 달라질 수 있으며, 다음과 같은 여러 뇌파 상태를 순서대로 혹은 교차적으로 거칠 수 있습니다.

연속적인 베타파, 그리고 간헐적으로 나타나는 다른 주파수들

이런 뇌파 패턴은 명상의 아주 초반부, 혹은 명상 도중 방해나 산만함을 겪은 직후에 자주 나타납니다. 이때 당신이 경험하고 있는 감각은 이전에 살펴본 차트의 '0단계'에 해당할 수 있습니다.

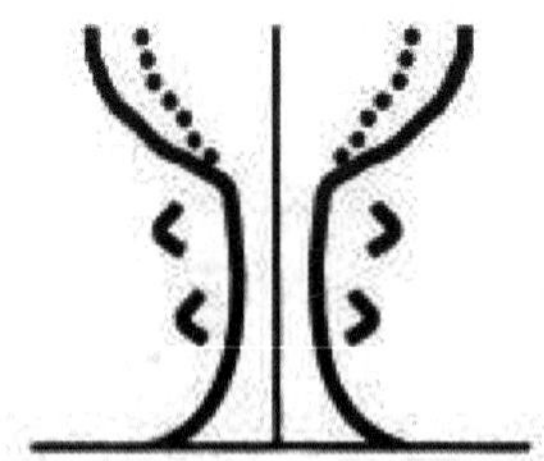

줄어든 베타파와 간헐적이지만 강하게 나타나는 알파파

이 단계에서는 명상으로 내려가는 과정이 막 시작되는 시점일 수 있습니다. 이때 경험하게 되는 감각이나 상태들은 차트의 '1단계'에 해당하는 경우가 많습니다.

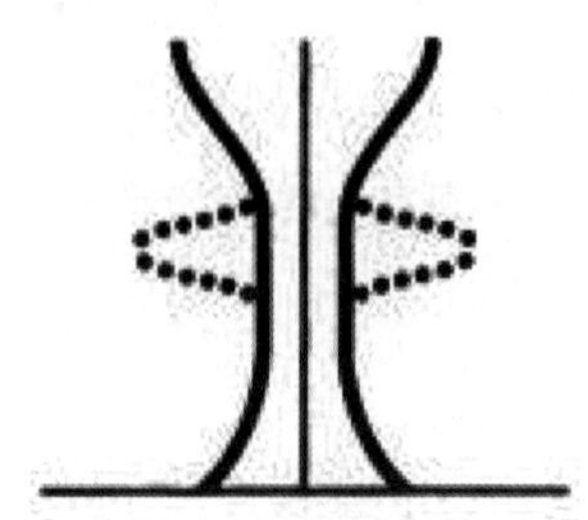

줄어든 베타파, 강한 알파파(지속 가능), 간헐적인 낮은 주파 세타파

이 단계는 명상으로 깊이 들어가는 '과도기적 상태'로 자주 경험됩니다. 이때의 신체적·정신적 감각과 체험은 주로 차트의 '2단계'에서 설명되는 내용과 관련이 있습니다.

베타파가 현저히 줄고, 지속적인 알파파와 점점 더 뚜렷해지는 세타파

이러한 뇌파 조합은 가볍지만 비교적 안정된 명상 상태를 나타냅니다. 주로 차트의 '3단계'에서 묘사되는 체험과 관련된 상태입니다.

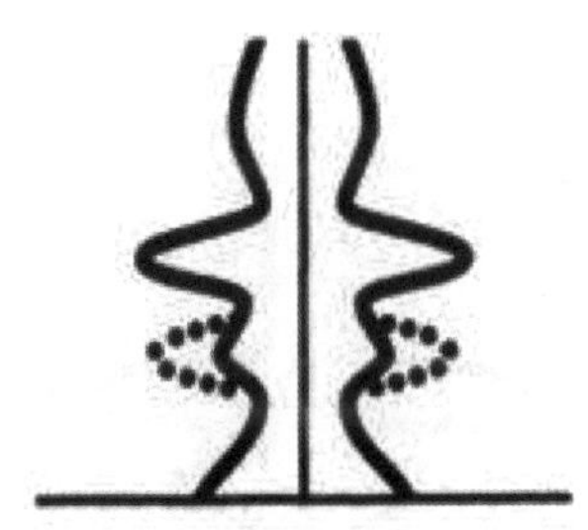

베타파가 크게 줄고, 지속적인 알파파와 강화된 세타파

이 뇌파 패턴은 명상이 점점 더 깊어지고 강화되는 과정을 나타냅니다. 또한 더 깊은 상태로 들어가기 전의 또 다른 과도기적 단계로 경험되기도 합니다. 이때의 감각과 내적 체험은 주로 차트의 '4단계'에서 설명되는 내용과 일치합니다.

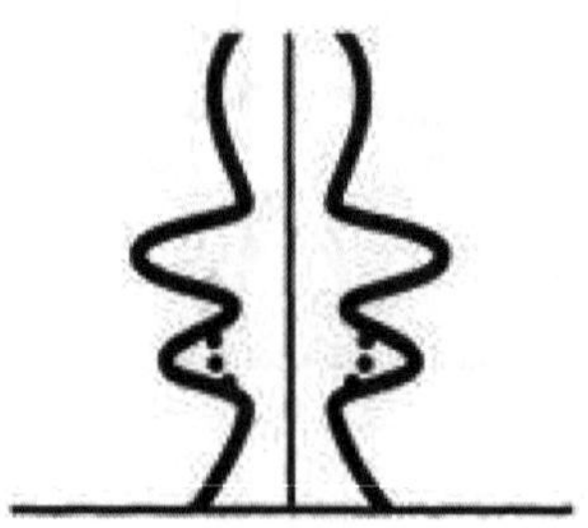

강한 베타 조율력, 지속적인 낮은 주파 알파, 그리고 세타파가 함께 나타나는 상태

이 뇌파 패턴은 깊고 강하며 안정적인 명상 상태를 보여 줍니다. 이 단계에서 경험되는 감각과 내적 체험은 '4단계'와 '5단계'의 특성을 모두 포함할 수 있습니다.

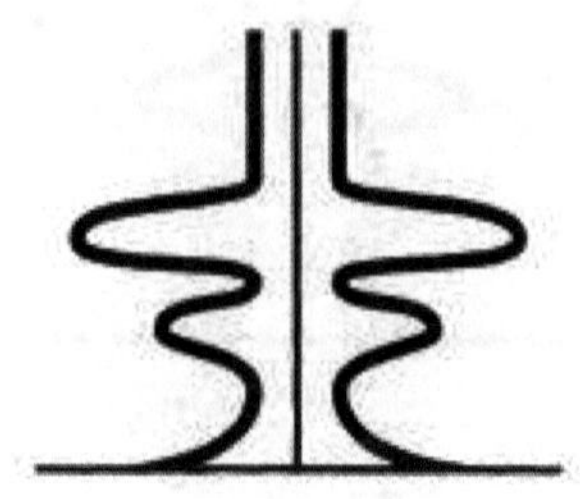

베타파와 알파파는 거의 없고, 강한 세타파와 델타파가 주도하는 상태

이 뇌파 패턴은 흔히 이렇게 표현됩니다. "내가 잠든 건 아니지만, 마치 사라져 있었던 것 같은 상태."

이 상태에서의 경험은 다음과 같은 특징을 가질 수 있습니다.

- 공간이나 육체로부터 떨어져 떠 있는 듯한 느낌, 혹은 완전히 사라진 듯한 체험
- 경험 중의 기억은 거의 없지만, 당시에는 분명히 의식이 있었다는 확신
- 떠오르는 이미지는 꿈결 같고 어둑하고 흐릿하며, 때로는 푸른빛이나 보랏빛이 감돌기도 함
- 무언가 중요한 일이 일어나고 있다는 느낌은 있지만, 무엇인지 알 수 없음
- 내가 어디 있었는지 모르겠지만, 분명 잠든 건 아니었고, 돌아올 때는 아주 먼 곳에서 돌아온 느낌

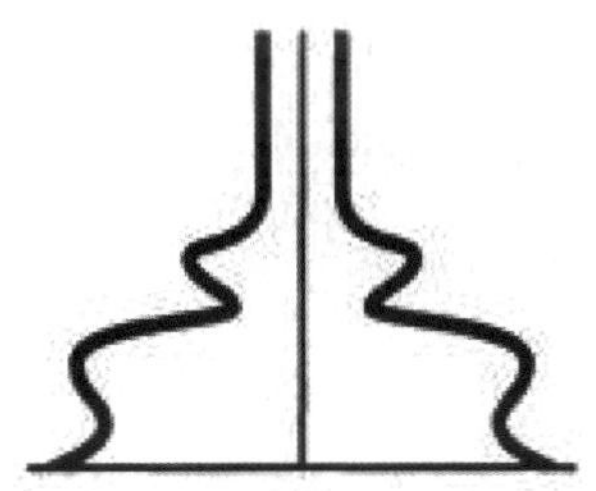

델타 상태

이 상태에 머무르는 동안에는 아무런 기억도 남지 않는 경우가 대부분입니다. 돌아올 때는 깜짝 놀라거나 몸이 휙 움찔하며 갑자기 깨어납니다. 이때는 명상이 아니라, 단순히 잠들어 있었던 상태입니다.

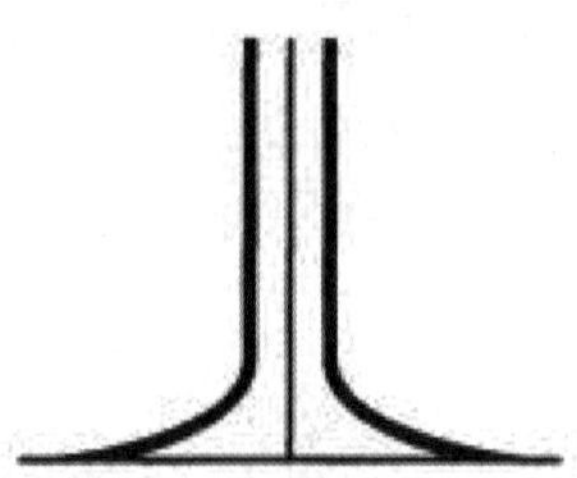

베타, 알파, 세타, 델타가 모두 나타나는 상태 – 깨어 있는 마음 Awakened Mind

이 상태는 명상으로 도달할 수 있는 가장 완전한 의식의 상태, 즉 '깨어 있는 마음Awakened Mind' 상태를 의미합니다. 여기서는 명상의 모든 감각과 경험을 유지하면서도, 동시에 '생각할 수 있는 능력'을 지니게 됩니다. 따라서, 단순히 깊은 이완과 내적 체험만 있는 것이 아니라, 직관적 통찰이 강하게 떠오르거나, '5단계'에서 경험할 수 있는 깊은 명상의 특징들을 모두 느낄 수 있습니다.

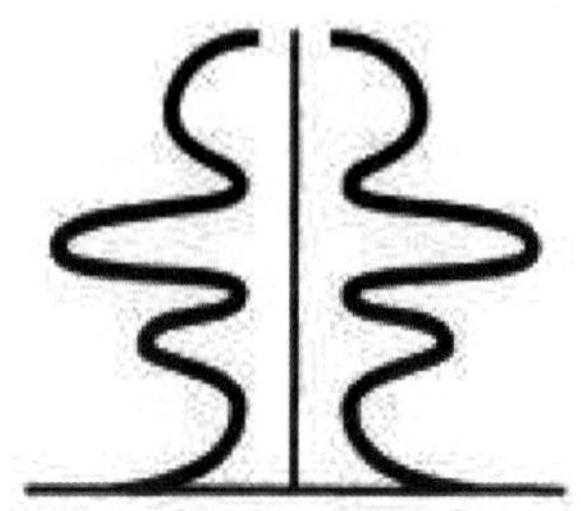

베타, 알파, 세타, 델타가 거의 막힘 없이 흐르는 상태 – 초월적 상태

이 상태는 '초월적Transcendent 상태'로 불립니다. 네 가지 뇌파—베타, 알파, 세타, 델타—가 서로 막힘 없이 조화를 이루며 흐르는 상태로, 매우 깊은 내적 평화와 의식 확장을 동반합니다.

이 단계에서는 주로 '6단계'에서 묘사된 깊은 체험들, 즉 육체와 환경으로부터 분리된 듯한 감각, 시간과 공간의 소멸감, 그리고 잠재의식 깊은 곳에서 오는 미묘한 감각들이 나타납니다.

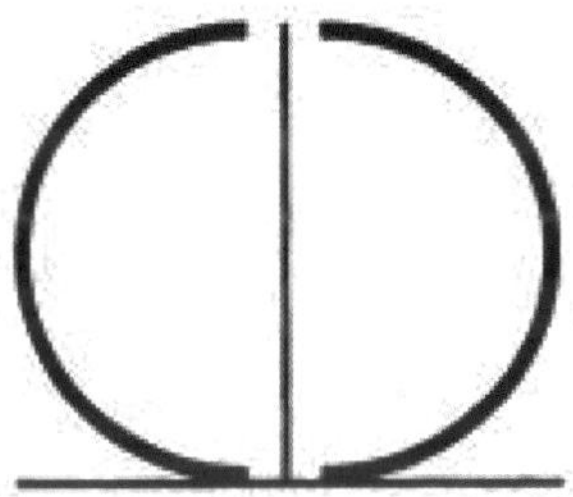

가장 좋은 뇌파 패턴이란 무엇인가?

지금까지 설명한 일련의 뇌파 패턴들을 서열이나 위계로 보아서는 안 됩니다. 누가 감히 "세타파가 베타파보다 더 중요하다"거나 "항상 깨어 있는 마음 상태Awakened Mind로 있어야 한다"고 단정할 수 있을까요? 사실 '깨어 있는 마음' 상태조차도 항상 유지하고 싶은 것은 아닐 수 있습니다. 그것은 깊고 강렬한 인식의 상태이지만, 일상적인 사고나 사회적 상호작용에는 오히려 불편할 수 있기 때문입니다.

그렇다면 가장 좋은 상태란 무엇일까요?
정답은 단 하나입니다.

'필요할 때, 원하는 뇌파 상태를 스스로 만들어 낼 수 있는 능력.'

즉, 상황과 목적에 따라 의식 상태를 의도적으로 전환할 수 있는 힘, 그것이야말로 진정한 '우수성과 마인드High-Performance Mind'이자 우리가 훈련을 통해 나아가야 할 방향입니다.

"나는 명상은 안 하지만, 명상에서 말하는 경험을 하고 있어요!"

앞서 명상을 하고 있다고 생각했지만, 사실은 단순히 '생각'만 하고 있었던 사람에 대한 이야기를 기억하시나요? 이번에는 그와 정반대의 경우입니다. 어느 젊은 여성이 나를 찾아왔습니다. 그녀는 이완 훈련과 스트레스 관리를 위해 왔다고 했지만, 실제로는 어린 시절의 외상 경험으로 인한 고통으로 힘들어하고 있었습니다. 우리는 세타 뇌파를 발달시키는 과정을 함께하며, 그 트라우마를 다루는 데 많은 시간을 할애했습니다. 첫 세션에서 그녀는 이렇게 말했습니다.

"저는 명상을 한 번도 해 본 적 없어요. 사실 명상이 뭔지도 잘 몰라요."

그래서 그녀에게 EEG(뇌파 측정기)를 연결하고 가이드를 안내했습니다. 그러자 거의 즉시, 그녀의 베타파는 급격히 줄어들고, 알파·세타·델타파가 조화를 이루며 아름다운 명상 뇌파 패턴을 그리기 시작했습니다. 이완 세션이 끝난 후 물었습니다.

"이런 경험은 처음인가요?" 그러자 그녀가 이렇게 답했습니다.

"아니요! 저는 꽃밭에 앉아 있을 때마다 항상 이렇게 느껴요."

사실, 명상이라는 개념이나 정의를 전혀 모르는 사람들 중에도, 매일 혹은 자주 깊은 명상 상태에 머무르는 이들이 있습니다. 그들은 자신이 명상을 한다고 생각하지도 않고, 이름조차 중요하게 여기지 않습니다.

그들은 그저 멍하니 상상에 잠기거나, 쉬거나, 앉아 있거나, 음악을 들을 때, 혹은 좀 더 활동적인 경우 정원을 가꾸거나, 출근길을 걷거나, 달리거나, 꽃을 꽂거나, 집 안을 청소하거나, 그림을 그릴 때 자연스레 그 상태에 들어가곤 합니다. 뇌파 관점에서 보면, 알파와 세타가 함께 나타나고, 베타파가 거의 없는 상태는 그 사람이 어떤 활동을 통해 그 상태에 도달했는지와 상관없이 명상 상태라고 할 수 있습니다. 따라서 이 장에서 말하는 '명상'은, 이러한 알파-세타 뇌파를 만들어 내는, 고요한 사색과 이완의 모든 형태를 의미합니다.

세타파에 접근하는 명상

명상과 뇌파 훈련 이론을 더 깊이 다루기 전에, 먼저 세타파를 활성화하기 위한 명상을 해 보길 권합니다. 세타파는 대부분의 사람들에게서 가장 부족한 뇌파이며, 따라서 가장 먼저 집중적으로 훈련해야 할 대상이기도 합니다. 이제부터 소개할 명상법을 먼저 직접 실습해 보세요.

그다음에 이어질 설명에서는 우리가 왜 이런 방식으로 명상하는지, 그리고 이 과정이 어떤 의미와 효과를 가지는지를 자세히 이야기할 것입니다.

개인적으로 워크숍이나 개인 세션에서 느낀 바로는, 먼저 명상을 체험하고, 그 뒤에 이론을 배우는 것이 훨씬 효과적입니다. 이렇게 하면, 명상을 처음 할 때 머릿속이 이론으로 복잡해지지 않고, 순수하게 체험에 몰입할 수 있기 때문입니다.

즐겁게 해 보세요!

멈춤 안내: 명상 지침에서 사용되는 표시[＊]는 침묵의 시간을 의미합니다.

- [＊] : 2~5초 동안 멈춤
- [＊＊] : 5~10초 동안 멈춤
- [＊＊＊] : 10~30초 동안 멈춤
- 이보다 더 긴 시간은 따로 명시됩니다.

이 시간은 지시를 따른 후, 스스로 고요히 머무르고 명상하는 구간으로 활용하면 됩니다. 처음에는 고요함과 침묵의 상태에 머무르는 시간을 자신이 편안하게 느낄 수 있는 정도로만 유지하세요. 만약 마음이 산만해지거나, 지루해지거나, 내적 탐색을 마쳤다고 느끼면, 즉시 다음 단계로 넘어가면 됩니다.

'문들의 집' 명상

먼저, 마음을 비우고 호흡에 집중하세요.

계속하기 전에, 적어도 5~10분 동안 몸과 마음을 이완합니다.

(필요하다면, (68쪽)이완 지침을 참고해 준비해도 좋습니다.)

이제, 깊은 이완과 평화의 상태에서,

머릿속에 하나의 환경을 만들어 보세요. [＊]

당신이 마음속에서 떠올릴 수 있는 야외의 한 장소를 상상해 보세요. [＊]

그곳은 산, 시골, 해변 등 어떤 곳이든 상관없습니다. [＊]

그 장소를 눈앞에 선명하게 그려 보세요. [＊＊]

그리고 마음속으로 그 장소를 걸으며 탐색합니다. [＊]

가능한 한 많은 감각을 사용하여 이 환경을 세심하게 느껴 보세요.

색감, 형태, 질감, 소리, 냄새를 경험합니다. [✶✶]

이제 그곳의 시간대, 분위기, 온도를 마음으로 느껴 보세요. [✶✶]
혹은, 이 공간이 당신에게 더 안전하고 안정감을 주도록 필요한 변화를 주어도 좋습니다.

(1~2분간 조용히 호흡하며 머무르세요.)

이제, 아까 만들어 둔 공간 안에 하나의 집을 놓아 보세요.
아직 들어가지 말고, 집의 외관을 마음속으로 바라봅니다. [✶]
이제 우리는 이 집을 통해 하나의 여정을 떠날 것입니다. [✶]
집의 정문으로 들어가, [✶]
현관 복도를 지나,
당신은 사방이 거울로 둘러싸인 방에 도착합니다. [✶]

주위를 둘러보세요.
거울이 사방을 메우고 있고, 그 속에서 당신의 모습과 반사된 형상을 발견합니다.

[✶✶✶]

거울의 방을 지나 앞으로 나아가면,
당신은 끝이 보이지 않는 듯한 긴 복도에 서 있습니다. [✶]
양옆으로 무수히 많은 문이 줄지어 있는 복도입니다. [✶]

각 문은 서로 다른 색깔을 띠고 있습니다. [✶]
당신은 이 복도를 따라 문을 하나… 또 하나… 계속 지나갑니다. [✶✶]

그러다, 당신은 왼쪽에 있는 한 문 앞에 멈춰 섭니다.

그 문이 가진 색깔을 주의 깊게 살펴보세요.

그리고 문 위에 라벨이나 그림, 혹은 상징적인 표식이 있을 수 있습니다.

만약 그렇다면, 그것을 보고 직관적으로 그 의미를 이해합니다. [✳✳]

이제 마음의 준비가 되면, 그 문을 열고 그 안쪽의 방으로 들어갑니다. [✳]

그 방과 그 안에 담긴 것들을 충분히, 천천히, 세심하게 탐색해 보세요.

(1분간 조용히 머무르며, 이 방 안에서 필요한 시간을 갖습니다.)

지금 이 방 안에는 당신이 원하는 어떤 변화든 만들어 낼 수 있는 힘이 있습니다.

지금 시간을 들여, 원하는 모든 변화를 만들어 보세요.

(1분간 침묵하며 계속 탐구합니다.)

이제 잠시 후, 이 방을 떠나야 할 시간이 다가옵니다. [✳✳✳]

그러니, 이곳에서 하던 일을 마무리할 시간을 충분히 가지세요. [✳✳✳]

기억하세요.

언제든 원하면, 나중에 다시 이 방으로 돌아올 수 있습니다. [✳✳✳]

준비가 되면, 이 방을 나와 복도로 돌아갑니다. [✳✳]

문을 닫되, 잠그지 마세요.

언제든 다시 돌아올 수 있게 열어 둡니다. [✳✳]

그리고 다시, 복도를 따라 걸으며

문을 하나… 또 하나… 지나갑니다. [✳]

이번에는 오른쪽에 있는 한 문 앞에서 멈춥니다. [✳✳✳]

이 문이 가진 색깔을 유심히 살펴보고,

문에 라벨이나 상징이 있다면 그것을 보고 그 의미를 이해합니다. [✳✳]

이제 준비가 되었다면, 이 문을 열고 그 안쪽에 무엇이 있는지 탐색해 보세요. [✳✳]

그 방 안을 천천히, 충분히, 깊이 살피면서 필요한 만큼 시간을 들여 탐험합니다.

(1분간 조용히 머무르며, 이 방 안에서 필요한 변화를 만들어 보세요.)

이 방 안에서는, 당신이 원하는 어떤 변화든 만들어 낼 수 있는 힘이 있습니다.

원하는 변화를 모두 마치고, 마음이 준비되면 지금 하고 있는 일을 서서히 마무리합니다.

[✳✳✳]

기억하세요, 언제든 이 방으로 다시 돌아올 수 있습니다. [✳✳✳]

이제 이 방을 떠나 복도로 나갑니다. [✳✳]

문을 닫되, 잠그지 마세요.

언제든 돌아올 수 있도록 열어 둡니다. [✳✳]

이번에는 왔던 길을 되짚어 복도를 따라 걸어갑니다. [✳]

처음 들어섰던 첫 번째 문을 지나, [✳]

거울의 방을 지나며, [✳]

거울 속에 비친 당신의 모습이나 변화된 반영을 살펴봅니다. [✳✳]

다시 현관 복도를 지나, [✳]

집의 정문을 통해 밖으로 나와, [✳]

아까 만들어 둔 자신의 공간으로 돌아옵니다. [✳✳]

이 환경 속에서, 원한다면 다시 변화를 주어 자신에게 더 안전하고 편안한 공간으로 만듭니다.

그리고 편안하게 앉아, [＊＊]

조용히 방금 '문들의 집'에서 경험한 것과 그 의미를 되새기며 명상합니다. [＊]

(1~2분간 조용히 머무르며 명상합니다.)

준비가 되면, [＊]

명상에서 깨어난 후에도 이 경험을 기억하게 해 줄 '열쇠들'을 마음속에 챙깁니다. [＊]

이 열쇠들은 이미지, 상징, 몸의 감각, 색, 감정, 단어, 문장, 혹은 맛·냄새·소리·질감 일 수도 있습니다.

이 모든 것들이 당신이 명상에서 얻은 경험과 깨달음을 기억하게 도와줄 도구입니다.

[＊＊＊]

이제 자신의 속도에 맞춰 명상을 마무리할 준비를 합니다. [＊＊＊]

준비가 되면, 천천히 외부의 공간으로 돌아올 준비를 하세요. [＊＊]

깨어나며 의식이 또렷하고 상쾌해지는 것을 느낍니다. [＊＊]

깊고 빠른 호흡을 몇 차례 하며, [＊＊]

손가락과 발가락부터 몸을 가볍게 스트레칭합니다. [＊＊]

마지막으로 눈을 뜨고, 현실의 공간으로 완전히 돌아옵니다.

명상 경험을 현실로 정착시키기

이 명상을 마칠 때는, 연필과 종이를 곁에 두는 것이 좋습니다. 명상 동안 당신은 여러 가지 내면의 체험을 했을 것입니다. 그 경험들은 두 가지 면에서 매우 소중합니다.

우선 자신에 대한 통찰을 제공합니다. 당신이 어떤 감정, 기억, 혹은 상징적 이미지를 만났는지는 당신의 현재 마음 상태와 성장의 방향을 보여 줍니다. 또한, 이번 명상에서 느꼈던 의식 상태의 감각—그 고요함, 깊이, 혹은 확장된 인식의 느낌—을 기억하고 재현할 수 있도록 도와줍니다. 이 감각을 기록해 두면, 다음 명상 때 더 쉽게 그 상태로 돌아갈 수 있습니다. 혹시 이번 명상 속 '집(마음의 공간)' 안에서 미처 마무리하지 못한 일이나, 다시 돌아가 보고 싶은 장면이 있었다면 그것을 적어 두세요. 그 기록은 다음 명상에서 자연스럽게 이어 갈 수 있는 연결점이 되어 줄 것입니다.

명상 시 나타나는 알파와 세타 뇌파는 의식의 경계선 근처나 그 아래에 위치하기 때문에, 특히 경험이 적은 초보자일수록, 명상 중 일어난 내용을 쉽게 잊거나 흐려지게 잃어버리기 쉽습니다. 하지만 이 경험의 세부 사항을 기억하고 기록하는 것은, 훗날 다시 명상에 들어갈 때 큰 도움이 됩니다. 이렇게 하면 뇌가 이 뇌파 상태를 익숙한 패턴으로 학습하게 되어, 다시 그 상태로 들어가는 것이 점점 더 수월해집니다.

그렇다면 어떻게 이 경험을 잃지 않고 현실로 가져올 수 있을까요? 만약 당신이 세타파와 알파파의 진짜 명상 뇌파 패턴을 만들어 냈다면, 이미 그 순간에 경험을 의식으로 가져올 수 있는 '다리'를 만들어 둔 것입니다. 하지만 알파파의 주파수가 너무 낮으면, 그 경험이 다리의 중간까지만 올라왔다가, 의식으로 끌어올리는 힘이 부족해 다시 잠재의식으로 미끄러져 내려가 버립니다(그림 3A).

이럴 때 우리는, "분명히 어떤 경험을 했고, 그게 지금 혀끝에서 맴도는 듯한데… 도무지 의식으로 떠오르지 않는다."라는 답답함을 느끼게 됩니다. 이 문제를 해결하려면, 명상에서 나온 직후 그 경험을 의식으로 끌어올려 고정시킬 도구가 필요합니다. 그 방법은 그 경험을 '생각의 형태'로 바꾸는 것(그림 3B)입니다. 가장 효과적인 방법은 언어를 활용하는 것입니다.

명상이 끝나자마자, 경험을 글로 쓰거나 말로 표현해 보세요. 이렇게 하면, 그 내용이 베타파 상태의 의식으로 완전히 끌어올려져 잊히지 않고 분명하게 기억으로 남게 됩니다.

혼자 명상을 연습하는 경우, 명상 직후 바로 글로 기록하는 것이 가장 효과적입니다. 먼저, 명상 중 가져온 '열쇠들Keys'을 적으세요.

- 그 열쇠는 이미지, 색, 감각, 상징, 단어, 감정 등 무엇이든 될 수 있습니다. 그다음, 세부 사항들을 최대한 자세히 채워 넣습니다.
- 기억해 낼 수 있는 작은 관찰과 감각들을 많이 기록할수록, 그 명상 경험이 뚜렷하게 마음에 남아 다시 떠올리기 쉽습니다.

글을 쓰는 대신, 소리 내어 말하거나 녹음기에 녹음하는 방식으로 기록을 남겨도 좋습니다.

만약 친구나 그룹과 함께 명상을 연습한다면, 서로의 경험을 차례대로 나누되, 아직 각자의 경험을 충분히 의식으로 끌어올리기 전에는 의미 분석이나 긴 토론을 피해야 합니다. 왜냐하면,

- 다른 사람의 경험을 분석하거나 토론하는 동안 우리는 베타파(생각과 분석의 뇌파)를 강하게 사용하게 되고,
- 이 과정에서 자신의 잠재의식과 의식 사이의 연결 고리가 쉽게 끊어지기 때문입니다.
- 그 결과, 자신의 명상 경험의 세부 내용이 흐려지거나 잊히기 쉽습니다.

특히 명상 후의 알파와 세타 상태는 그 연결이 매우 섬세하므로, 토론을 시작하는 것만으로도 기억이 희미해질 수 있습니다. 따라서, 모든 사람이 최소한 자신의 '열쇠들'이라도 먼저 공유한 후, 그다음에 자유롭게 토론하고 상호작용을 하는 것이 좋습니다. 이렇게 하면, 자신의 명상 경험을 잃지 않고 유지할 수 있습니다.

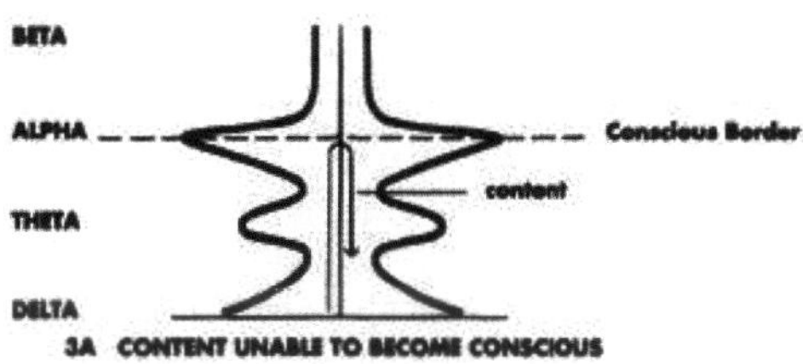

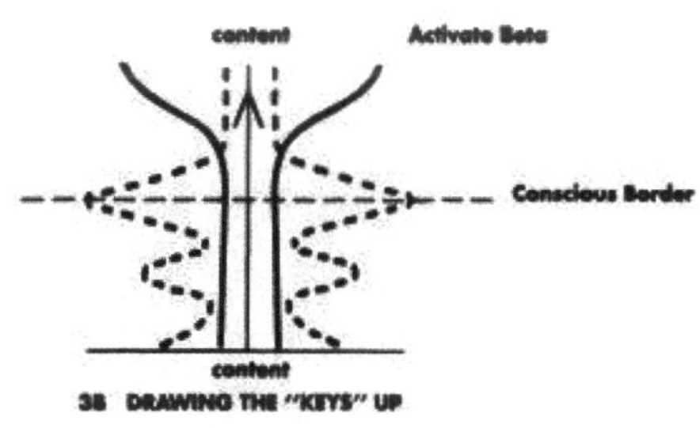

키워드나 이미지로 기록하면 명상 상태로 돌아가기 쉬운 이유

명상은 단순한 생각이 아니라, 여러 차원의 감각이 어우러진 '체감적 경험'입니다. 명상 후, 베타파(의식적 사고의 뇌파)를 사용해 명상 중 경험한 감각, 이미지, 느낌들을 말로 표현하거나 글로 기록하면, 다음과 같은 두 가지 이점을 얻게 됩니다.

- 명상의 구체적 내용(당신이 본 것, 느낀 것, 떠올린 이미지들)을 더 분명하게 기억할 수 있고,
- 명상 상태에서의 체감, 즉 그 고유한 감각적 기억을 더 쉽게 떠올릴 수 있습니다.

다음에 명상을 하고 싶을 때 앉아서 이 체감적 기억을 떠올리면, 그 감각을 따라 잠재의식에서 의식으로 올라왔던 '열쇠들Keys'을 역으로 따라가며, 다시 명상 상태로 쉽게 내려갈 수 있습니다(그림 3C).

이 과정은 마치 잠재의식과 의식을 잇는 '채널'을 열어 둔 것과 같습니다. 그리고 이 채널을 자주 사용하고, 더 깊고 넓게 확장하며, 단단하게 강화할수록, 당신은 원할 때마다 명상 뇌파 상태로 더 쉽게 들어갈 수 있는 능력을 얻게 됩니다.

명상에서 돌아올 때 가져오는 '열쇠들Keys'은 매우 다양하고 개인적일 수 있습니다. 예를 들어, 한 명상가는 이렇게 자신의 경험을 묘사했습니다.

"나는 아래로 내려가고 있어. 어깨가 서서히 내려앉고, 배 속의 매듭이 풀리고 있어. 부드러운 어둠이 나를 감싸고, 깊은 우물로 떨어지는 듯한 감각이 느껴져. 그리고 마침내 평화롭게 떠 있는 느낌이야."

이 경험에서 '열쇠'가 될 만한 단어들은 '내려감Down, 풀림Untwisting, 부드러움Soft, 어둠Dark, 떨어짐Falling, 깊음Deep, 우물Well, 떠 있음Floating, 평화

Peace'입니다.

이 모든 단어를 다 기억하려 하기보다는, 가장 개인적으로 강하게 울림을 주는 3개 정도의 '핵심 키워드'를 선택하는 것이 효과적입니다. 예를 들어, '어둠Dark'을 기억하면, 그에 연관된 '부드러움Soft'이 자연스레 함께 떠오를 수 있습니다.

따라서 이 명상가의 최종 열쇠는 '내려감Down, 어둠Dark, 떠 있음Floating'이 될 수 있습니다.

또 다른 예시로는, "나는 거대한 독수리의 등에 올라타, 빛을 향해 솟구쳐 오르고 있어. 사방에서 천상의 음악 같은 소리가 들리고, 바람이 머리카락 사이로 스쳐 지나가는 것을 느껴." 이 경우, 독수리, 오르는, 천상의 음악, 바람 등 강조된 단어들이 '열쇠' 역할을 합니다. 혹은 짧게,

- "깊고 어두우며 아름다운 연못 바닥으로 가라앉는 느낌."
- "한 송이 꽃이 만개하듯, 내가 활짝 열리는 느낌."
- "내 위로 해가 떠오르고, 피부에 닿는 따뜻한 햇살."
- "끝없이 고요한 무(無)의 공간에 둘러싸인 느낌."

때로는 단순히,

- "파란색"
- "공허한 감각"
- "확장되는 느낌"
- "파도 소리"

같은 요소들이 열쇠가 되기도 합니다.

각자의 명상 경험은 개인적으로 고유한 것이지만, 많은 경우, 이런 경험들은 하나의 원형Archetypal처럼 많은 사람이 공유하는 공통적 이미지이기도 합니다. 중요한 것은, 외부에서 주어진 단어나 이미지가 아니라, 당신이 직접 경험 속에서 스스로 발견한 열쇠를 선택하는 것입니다. 다만, 만약 명상의 체감으로 깊이 들어가는 데 어려움이 있다면, 위에 제시된 단어나 이미지들을 출발점으로 사용해 보는 것이 도움이 될 수 있습니다.

뇌파 훈련의 단계별 과정

지금까지 우리는 명상과 몸의 관계, 그리고 이완의 중요성을 살펴보았습니다. 또한, '문들의 집House of Doors' 명상을 통해 세타파 개발을 직접 체험해 보았습니다. 이후의 장들에서는 뇌파 훈련을 단계적으로 발전시키는 방법을 배우게 됩니다. 구체적으로 다음과 같은 과정을 거치게 됩니다.

① 베타파를 줄이는 법 배우기

② 알파파에 접근하는 법 익히기

③ 세타파에 접근하고 확장하는 법 연습하기

④ 델타파를 안정시키는 법 배우기

⑤ 적절한 양의 베타파를 더해 '깨어 있는 마음Awakened Mind 패턴'을 만들고, 우수성과 마인드High-Performance Mind를 개발하기

이 과정은 어느 단계에서든 시작할 수 있지만, 나의 경험으로는 단계별로 차근차근 발전시키는 방식이 뇌파 패턴을 가장 효과적으로 숙달하는 길이었습니다. 그래서 이 책의 훈련법들도 특정한 순서를 따라 진행됩니다. 하지만, 각 기법을 충분히 이해하고 그 효과와 목적을 알게 된다면, 당신의 개인적 필요와 상황에 맞게 순서를 조정하는 것도 가능합니다. 나의 오랜

실습 경험상, 뇌파 훈련의 초기 단계에서 세타파 개발에 먼저 뛰어드는 것이 특히 유익하다는 것을 알게 되었습니다.

세타파에 접근하기

세타파에 접근하는 핵심은 깊이 자기 안으로—잠재의식 속으로—들어가는 길을 찾는 것입니다. 어떤 이미지든 상관없지만, 뇌파를 깊이 변화시키는 '효과'를 주는 이미지가 중요합니다. 세타파를 잘 불러내는 이미지는 보통 길고 연속적인 '여정Journey'을 담고 있습니다. 내려가고Down, 통과하고 Through, 안으로In 들어가는 이미지일수록 세타파를 더 쉽게 불러낼 수 있습니다.

또한, 과정 속에서 변화가 많을수록, 뇌파는 더 깊이 내려갑니다. 앞서 경험했던 '문들의 집House of Doors' 명상을 떠올려 보세요.

그 명상에서 우리는,

- 야외 환경의 감각적 이미지로 알파파를 자극한 후,
- 정문을 지나, 복도를 거쳐, 거울의 방을 통과하고, 긴 복도를 지나 방으로 들어갔습니다.
- 그리고 복도의 반대편에서도 같은 과정을 반복하며, 뇌파를 더 깊이 세타 상태로 이끌었죠.

세타파를 더 깊게 만드는 데에는 내려가는 이미지뿐 아니라, '아래로, 위로, 둘레로, 안으로' 움직이는 이미지들도 활용할 수 있습니다. 스스로 이런 방향성을 활용한 이미지를 조합해 '세타 접근 명상'을 만들어 볼 수 있습니다. 예를 들어, 다음과 같은 이미지를 활용할 수 있습니다.

- 계단을 내려가기
- 길게 꼬여 내려가는 나선형 계단을 따라 내려가기
- 아치형 문 아래로 지나가기
- 터널 속으로 들어가 땅속 깊이 내려가기
- 좁은 통로를 따라가기
- 철제 대문을 통과하기
- 가파른 비탈을 올라가기
- 커다란 사각형 구조물 안으로 들어가기
- 숨겨진 성소를 막고 있는 벽돌 더미를 넘어가기
- 팔각형 공간의 정중앙으로 들어가기

이 여정을 마쳤다면, 그 자리에서 무엇을 명상할지 '주제나 기대감'을 설정하는 것이 중요합니다. 이렇게 하면 두 가지 효과가 있습니다.

① 명상의 틀과 방향을 제공해, 그 상태에서 머물고 탐구할 수 있는 중심점을 줍니다.
② 잠재의식 속 콘텐츠를 더 많이 경험하게 해, 세타파를 더 풍부하게 만들어 내고, 자기 탐구 과정이 계속 이어지게 합니다.

만약 당신이 명상 여정의 끝에 도달했을 때 그저 멈춰 서기만 하고 아무런 내적 탐구나 체험을 이어 가지 않는다면, 세타파는 잠시 유지되다가 곧 사라질 수도 있습니다. 반대로, 여정의 끝에서 어떤 '내용'—즉 상징, 감정, 이미지, 혹은 메시지—을 경험하고자 하는 의도를 가진다면, 그 '내용'이 세타파가 머물고 자라날 수 있는 초점이 됩니다.

이 초점은 다시 세타파를 자극하고, 그 결과 당신은 자신의 내면 구조를 더 깊이 이해하게 됩니다. 이런 자기 탐색의 과정은 세타파가 다른 뇌파들과의 균형 속에서 지속적으로 생성될 때 비로소 가능해집니다.

명상에서 사용할 주제(콘텐츠) 선택하기

명상에서 다룰 주제(콘텐츠)는 당장 내 삶의 특정한 상황이나 질문과 관련된 것일 수도 있고, 혹은 단순히 포괄적인 주제를 설정할 수도 있습니다. 구체적인 주제로 예를 들면,

- 두 개의 직장 제안 중 어느 것을 선택해야 할지
- 회사에서 설계 문제(디자인 이슈)를 어떻게 해결할지
- 배우자와의 섬세한 대화 문제를 어떻게 다룰지
- 크리스마스 선물 자금을 어디서 마련할지
- 기말고사를 잘 볼 수 있는 방법
- 잡지 기사를 무엇을 쓰고 어떻게 쓸지

이처럼 주제의 가능성은 끝이 없습니다. 하지만, 명상 중 특정 질문이나 문제의 답을 찾으려 할 때 주의할 점이 있습니다. 그것은 바로, 문제를 해결하려고 '베타파(논리적·분석적 사고)'를 과도하게 사용하는 것을 피해야 한다는 점입니다. '깨어 있는 마음 패턴Awakened Mind Pattern'을 개발하려는 훈련일 때는 적절한 베타파가 필요합니다. 그러나 단순히 깊은 명상에 들어가려는 경우, 생각(베타파)의 개입은 오히려 방해가 됩니다.

그렇다면 특정한 주제나 질문을 가지고 명상하려면, 어떻게 해야 베타파를 활성화하지 않고도 할 수 있을까요? 방법은 명상을 미리 '설정'하는 것입니다. 앉아서, 눈을 감고, 명상할 준비를 하세요.

하지만 마음을 완전히 고요히 비우기 전에, 이번 명상에서 집중하고 싶은 주제나 질문을 잠시 떠올리세요. 예를 들어,

이런 구체적인 질문이나 탐구의 주제를 정한 뒤, 그에 대해 명상 속에서 통찰이나 안내를 받겠다는 '의도'를 마음속에 조용히 세웁니다. 그러고 나서—그 의도를 완전히 놓아 버리세요.

기억하려 하지 말고, 분석하지 말고, 그냥 내려놓으세요. 그 순간부터는 명상 자체에 맡기면 됩니다.

의식이 알파와 세타의 깊이로 들어가면, 당신이 세운 의도는 무의식의 층으로 스며들어 필요한 통찰을 자연스럽게 끌어올릴 준비를 하게 됩니다.

명상의 여정을 따라 내려가 고요하고 깊은 명상 상태에 이르렀을 때, 그제야 당신이 찾고 있던 정보나 답이 자연스럽게 떠오르도록 두세요. 그것은 당신의 잠재의식 속 세타파에서 흘러나오는 것입니다. 이때는 분석하거나 이해하려 하지 말고, 그저 경험 그 자체를 허용하세요.

그 모든 해석과 분석은 나중에, 명상을 마치고 현실(베타파 상태)로 돌아온 뒤에 해도 충분합니다.

명상 속의 해답은 언제나 예상치 못한 방식으로 찾아옵니다.

예를 들어, 한 승무원은 "내 삶의 스트레스를 어떻게 줄일 수 있을까?"라는 질문을 품고 명상에 들어갔습니다. 그녀는 곧 잊고, 고요한 내면의 명상실에서 평화로운 시간을 보내고 있었죠. 그런데 갑자기 거대한 747 비행기의 코가 벽을 뚫고 들어오더니 외쳤습니다.

"휴가를 가라Take a vacation!"

그 메시지는 분명하고 유머러스했지만, 동시에 완벽한 해답이었습니다.

또 다른 클라이언트는 회사의 복잡한 경영 문제를 묻고 명상에 들어갔습니다. 그의 명상 장면은 시골의 한 들판이었는데, 갑자기 거대한 독수리가 하늘에서 내려와 옆에 앉더니 이렇게 말했습니다.

"내 등에 올라타라."

그가 놀라면서도 그 제안을 받아들이자, 독수리는 그를 데리고 작은 섬으로 날아가, 그곳에서 문제가 해결된 상징적 장면을 보여 주었습니다. 만약 그가 "이건 내 질문과 상관없어"라며 그 이미지를 거부했다면, 그는 아름다운 여정과 해답 둘 다 잃었을 것입니다.

해답은 꼭 이미지로만 오는 것은 아닙니다. 어떤 사람은 구체적인 상을 보기도 하지만, 다른 경우에는 그저 '무엇을 해야 하는지 아는 느낌'으로 답이 옵니다. 여러 번 사람들은 (나 자신도 포함해서) 명상 후 이렇게 말하곤 합니다.

"사실 그 문제에 대해 명상할 필요도 없었네요. 원래 답을 알고 있었던 것 같아요."

물론 그렇습니다. 하지만 명상을 하기 전에는 그 '앎'을 인식하지 못했을 뿐입니다. 명상은 바로 그 잠재의식 속 지식의 문을 열어, 우리가 이미 알고 있던 답을 의식의 빛으로 끌어올리는 과정입니다.

비특정한 주제로 명상하기

지금 당신은 명상의 깊은 여정 끝에 도달한 상태에 있습니다.

현재 뇌는 알파파와 세타파를 활발히 만들어 내고 있으며, 베타파는 거의 없는 상태죠.

즉, 마음은 깊이 고요하고, 의식은 열려 있으며, 이제 그 상태를 그대로 유지하며 명상을 계속하고 싶을 때입니다. 그런데 이번에는 특정한 주제나 문제 없이, 그저 '명상 자체를 경험하고 싶을 때'라면 어떻게 해야 할까요? 만약 집중할 주제 없이 '명상하라'는 과제만 부여된 상태라면, 다양한 결과가 나올 수 있습니다.

- 깊고 의미 있는 영적 명상 경험을 할 수도 있고,
- 특별한 내용 없이 그저 고요하고 정적인 시간을 보낼 수도 있으며,
- 또는 마음이 이리저리 떠돌며 산만해질 수도 있습니다.

이 경우, 흔히 일어나는 현상들은 머릿속이 작은 벌레가 꿈틀대는 것처럼 주의가 산만해지거나, 지루하기도 하고, 졸리거나, 또는 명상 후 할 일을 계획하며 생각이 다시 활성화될 수도 있습니다.

만약 이런 이유로 명상 상태를 유지하기 힘들다면, 하나의 주제를 정해서 그것에 초점을 맞추는 것이 도움이 됩니다. 이 주제는 단순히 현재의 의식 상태를 유지할 '앵커Anchor, 버팀목' 역할을 하게 됩니다. 다음과 같은 포괄적 주제들을 시도해 볼 수 있습니다.

- 더 높은 존재(신성, 우주적 의식 등)와의 연결
- 자신의 더 높은 자아와의 연결
- 자기 치유
- 타인 치유
- 의식의 확장
- 내면으로의 깊은 회귀
- 에너지 흐름 탐구
- 사랑의 에너지
- 빛의 명상

이외에도 가능한 주제는 무궁무진합니다. 여러 가지 주제를 직접 시도해 보고, 어떤 것이 명상 상태를 더 안정적이고 깊게 유지시켜 주는지 확인하세요. 만약 어떤 특정 초점이 명상 상태를 유지하는 데 특히 효과적이라면, 그것을 계속 사용하면서 점차적으로 완전히 내려놓을 준비를 할 수 있습니다. 이렇게 초점을 가진 명상은 그냥 단순히 이완과 스트레스 완화용으로만 끝나버릴 수 있는 명상을, 더 깊고 의미 있는 내적 경험으로 확장시켜 줍니다.

명상 마무리하기

명상을 끝낼 때는 갑자기 "아, 이제 그만해야지!" 하고 벌떡 일어나지 마세요. 이렇게 하면 명상 중의 경험을 잃어버리기 쉽고, 몸과 마음이 불편한 상태로 깨어날 수 있습니다.

부드럽게 마무리하는 방법House of Doors 명상 지침과 동일은 명상 상태를 떠나기 전, 지금 내가 어디에 있고, 무엇을 경험했는지를 기억하게 해 줄 '열쇠Keys'를 찾습니다. 그 열쇠는 이미지, 상징, 색깔, 감각, 단어일 수 있습니다. 이 열쇠들을 통해 명상 경험을 선명하게 기억할 수 있습니다. 깨어나면서 이 열쇠들을 베타파(깨어 있는 의식)로 가져옵니다. 글로 적거나, 소리 내어 말하거나, 아니면 마음속으로 곱씹어 보세요. 이렇게 하면, 명상에서 얻은 경험이 잠재의식으로 사라지지 않고 의식에 머물게 됩니다.

신체를 천천히 활성화시킵니다. 손가락과 발가락을 살짝 움직이며 몸을 깨우고, 이를 서서히 전신 스트레칭으로 확장합니다. 깊고 빠른 호흡을 여러 번 하며 에너지를 깨웁니다.

깨어나면서 몸과 마음이 어떻게 변하는지 주의 깊게 관찰해 보세요. 이 감각은 명상 상태와 깨어 있는 상태가 어떻게 다른지 알려 주는 생리적 피드백이 됩니다. 이 차이를 더 잘 인식하고 명상에서 깨어나는 과정을 반복적으로 연습하면, 당신은 이 여정을 자유자재로 조절하고 숙달할 수 있는 능력을 키울 수 있습니다.

"나는 이미 명상을 할 줄 안다!"

이미 자신에게 잘 맞는 명상법이 있다면, 물론 그 방법을 계속 사용하면 됩니다. 이 책에서 설명하는 주관적 체험의 묘사들을 참고하면, 당신이 명상 중 어떤 뇌파를 만들어 내고 있는지 더 잘 이해할 수 있습니다. 이 묘사들은 명상에 들어가는 '방법'이나 명상의 '내용'이 아니라, 명상 상태 자체와 그때의 뇌파를 설명하는 것입니다. 혹시 다른 명상법이 당신에게 새로운 관점이나 미묘한 의식의 변화를 줄 수 있을까? 궁금하다면, 기존의 방식을 버리지 말고 가볍게 시도해 보세요. 어떤 사람들은 서로 다른 명상 기법을 번갈아 가며 더 깊은 통찰을 얻기도 합니다. 혹은, 평소 명상에 새로운 접근법을 가끔 섞어 넣는 것만으로도 신선한 깨달음과 영감을 얻을 수 있습니다.

명상의 철학이나 종교적 배경, 그리고 명상의 경험 수준(초보자이든 오랜 수행자이든)에 관계없이, 누구나 명상 중 비슷한 어려움을 겪을 수 있습니다. 이러한 문제들—예를 들어 졸림, 산만함, 조급함, 혹은 무감각 같은 것들—은 단순히 의지력의 문제가 아니라, 대개 뇌파 활동의 작용과 밀접한 관련이 있습니다. 그 원리를 이해하면, 이러한 문제들의 해결책을 보다 쉽게 찾을 수 있습니다.

명상 중 흔히 겪는 문제와 해결책

명상을 하고 있지만 여전히 의식의 한 부분이 바깥세상에 묶여 있는 느낌이 든다면, 어떻게 해야 할까요?

당신은 명상 중이라는 걸 알고 있지만, 한편으로는 여전히 원하지 않게 외부 세계에 신경을 쓰고 있는 자신을 느낍니다. 이런 '갈고리Hook'는 여러 가지 형태로 나타날 수 있습니다. 예를 들어,

- 머릿속으로 할 일 목록을 만들고 있다든가,
- 누군가와의 대화를 상상하며 마음속으로 말하고 있다든가,
- 혹은 해야 할 일, 하고 싶은 일, 하기 싫은 일, 두려운 일, 설레는 일 등을 계속 떠올리며 생각하는 경우입니다.

즉, 명상 속에 있으면서도 그 위에서 또 다른 생각을 하고 있는 상태입니다. 이때는 마음의 일부가 여전히 베타파의 사고 영역에 머물러 있어서, 완전히 이완된 명상 상태(알파·세타)로 내려가지 못하고 있는 것입니다.

이런 경우는 명상에서 꽤 흔하게 일어납니다. 과거나 미래로 향하던 생각을 멈추는 데는 성공했지만, 이번엔 '명상 그 자체를 생각의 대상으로 삼는' 방식으로 베타파가 다시 들어오는 것이죠.

"지금 잘하고 있나?"

"내가 지금 아무 생각 안 하고 있지?"

"혹시 곧 생각이 날 것 같은데…"

이런 식의 자기 점검이 바로 명상 위의 또 다른 생각입니다.

뇌는 멈추는 걸 두려워해서, 놀랍게도 '생각하지 않으려는 생각'이라는 정교한 꼼수를 만들어 내는 것이죠. 바로 베타파의 묘한 비틀림Twists and contortions입니다.

고주파수의 베타파는 어떻게든 깨어 있고 싶어서, 스스로 꼬이고 비틀리며 다양한 방식으로 활동을 이어 가려 합니다. 이런 상황에서, 콘텐츠를 조절하거나 생각을 막으려 애써도 베타파가 계속 스며든다면, 혀Tongue에 주의를 기울여 보세요. 생각보다 놀랍게도, 혀의 긴장이 이 모든 베타파적 활동을 유지시키는 핵심 요인이 될 수 있습니다.

혀를 이완시키는 것이 불필요한 생각을 잠재우는 중요한 열쇠가 될 수 있습니다.

명상을 하는 동안 원하지 않는 생각이나 외부 세계에 대한 감각이 계속 올라와 집중이 흐트러지는 경우가 있습니다. 머릿속으로 할 일을 정리하거나, 마음속으로 혼자 대화를 반복하거나, 해야 할 일이나 하고 싶은 일, 두려운 일이나 기대되는 일을 떠올리며 생각이 꼬리를 물고 이어질 때가 있습니다. 심지어 과거나 미래에 대한 생각을 잠재우는 데 성공했더라도, 이번에는 '내가 지금 명상을 잘하고 있는지', '생각이 다시 올라오지 않을지'와 같은 자기 점검으로 인해 베타파가 계속 작동하며 마음을 붙잡아 두는 경우도 있습니다. 이러한 사고의 흐름 뒤에는 항상 고주파수의 베타파가 작용하고 있습니다.

불필요한 생각이 떠오를 때마다, 그 생각을 없애려 애쓰기보다 먼저 마음속에 '이완의 숨'을 불어넣는다는 느낌으로 천천히 숨을 들이마셔 보세요. 그리고 내쉴 때는 혀에 남아 있는 긴장을 의식적으로 녹여내듯 풀어 줍니다. 혀의 근육이 부드럽게 느껴질 만큼 충분히 느릿하게, 과장해도 괜찮습니다. 숨을 내쉬는 동시에 머릿속의 잡생각들도 함께 흘려보낸다고 상상하세요. 그렇게 하면 마음이 한결 가벼워지고, 생각도 자연스럽게 고요해집니다.

생각보다 더 미묘한 방식으로도 우리는 바깥세상과의 연결고리를 붙잡고 있을 수 있습니다. 낮은 주파수지만 진폭이 큰 베타파들은 실제로는 '생각'이라 부를 수 없는 더 깊은 층에서 작동하며, 마치 머릿속에서 미세한 잡음이 끊임없이 일어나거나, 잔잔한 윙윙거림이 명상 상태로 완전히 들어가는 것을 방해하는 듯한 느낌으로 경험되기도 합니다. 이런 뇌파는 때로는 바깥세상에 대한 불필요한 '의식의 잔상'처럼 느껴지기도 합니다. 방 안의 공기나 주변의 존재감을 완전히 놓아 버리지 못하게 만드는, 그런 미세한 깨어 있음의 감각 말입니다.

이러한 현상들은 언어화나 속삭임 수준보다 더 미세한 영역에서 일어나기 때문에, 단순히 혀를 이완하는 것만으로는 베타파 문제를 완전히 해결하기 어렵습니다. 클라이언트들과 함께한 경험에서 가장 효과적이었던 방법은 아주 깊은 이완 상태로 들어가는 것입니다. 깊은 세타파 상태에 도달하면 이런 '잔존 베타파'들이 자연스럽게 사라집니다.

또 한 가지 중요한 점은 명상 공간의 안전감입니다. 방해받지 않고, 누가 들어올 걱정 없이 완전히 안심할 수 있는 환경을 만드는 것이 필요합니다. 우리가 혹시라도 명상 중에 방해를 받을 수 있다는 불안감이나 경계심을 느낀다면, 그때 작동하는 본능적 생존 메커니즘이 바로 이런 저주파 베타파를 만들어 내는 원인일 수 있습니다.

고양이는 꼭 밖으로 내보내세요. 농담이 아닙니다. 깊은 명상 상태에서 갑자기 무거운 것이 몸 위로 뛰어오르는 충격은, 아무리 숙련된 명상가라도 다시 베타파의 고리에 묶이게 만들 만큼 강력합니다. 그런 일이 한 번이라도 일어날 가능성이 있다면 말이지요.

전화기의 벨소리를 꺼 두고, 자동응답기의 소리도 차단하세요. 함께 사는 사람들에게 방해하지 말아 달라고 미리 알려 두고, 필요하다면 문을 잠그고 '명상 중'이라고 표시까지 해 두세요. 외부 세계와의 연결이 자꾸 끊기지 않는다면, 이런 사소한 대비가 큰 도움이 됩니다.

그렇다고 해서 언제나 이렇게 극단적으로 대비해야 한다는 뜻은 아닙니다. 궁극적으로는 뉴욕의 타임스퀘어 한가운데서도 집에서만큼 깊은 명상에 들어갈 수 있는 상태, 그것이 우리가 목표로 해야 할 이상적인 수준입니다. 다만, 그 경지에 이르기까지는 훈련이 필요할 뿐이지요.

'베타를 없애기 위해 알파를 희생하기'

베타의 고리를 끊는 확실한 방법 중 하나는, 의식이 거의 사라질 만큼 깊은 트랜스(최면) 상태로 들어가 버리는 것입니다. 많은 사람에게는 이 초기 단계에서 거의 의식이 끊어지는 경험이 필요합니다. 왜냐하면 베타파 없이 '자신을 경험하는 법'을 배워야 하기 때문이지요.

처음에는 명상을 누워서 해 보세요. 명상 내용을 기억하려 하지 말고, 음악이나 적절한 가이드 명상 음성을 활용해 몸을 완전히 맡기세요. '깨어 있으려는 노력'이나 '무엇을 기억하려는 의식'은 잠시 내려놓고, 가능한 한 깊이 들어가 보세요.

한 번 베타를 완전히 놓는 법을 익히고 나면, 그다음에는 다시 알파파를 불러오며 의식적인 명상 상태로 돌아올 수 있게 됩니다. 그렇게 조금씩, 깊이와 의식을 함께 다루는 균형 잡힌 명상으로 발전해 갈 수 있습니다.

소음이 명상을 방해할 때는 어떻게 해야 합니까?

명상을 하는 동안 외부에서 들려오는 소음이 집중을 방해한다면, 그 소리를 활용하는 방법이 있습니다. 원하지 않는 소리가 들릴 때마다, 그 소리를 자신을 더 깊은 내면으로 이끌어 주는 도구로 삼을 수 있습니다. 소리가 들릴 때마다 그 소리로부터 멀어지듯 스스로를 안으로 더 깊이 가라앉히며, 명상 상태를 유지하고 더 깊게 들어갑니다.

실제로 어떤 사람들은 전화벨과 같은 방해되는 소리가 들리면, 그것을 오히려 환영하게 되는 단계까지 도달하기도 합니다. 왜냐하면 그 순간이 자신을 더 깊은 명상으로 이끌 기회가 되기 때문입니다. 이런 식으로 마음속으로 이렇게 구분할 수 있습니다.

"소리는 바깥, 저기에 있고, 나는 내 안, 여기에 있다."

잠재의식을 활성화하면서도 의식을 유지하려면 어떻게 해야 합니까?

뇌파 관점에서 답을 찾으면, 세타파(잠재의식)를 개발하는 동안 알파파는 유지하고, 베타파는 억제해야 합니다. 실제로 이 방법을 적용하는 한 가지 예는 '문들의 집House of Doors' 명상에서 볼 수 있습니다. 이 과정에서 이미지(시각화)를 활용하여 알파파를 활성화하고, 그 이미지를 유지한 채로 더 깊은 세타 상태로 내려갑니다. 예를 들어,

> • 마음을 비우고 이완한 후, 치유의 공간을 상상합니다. (예: 명상실, 안식처와 같은 장소)

이렇게 명상 속에 또 다른 '준비 명상'을 삽입하면, 깊은 명상 단계로 들어가기 전에 알파파를 충분히 활성화할 수 있어, 잠재의식(세타)과 의식 사이를 잇는 다리를 안정적으로 유지할 수 있습니다.

명상 내용을 기억하려면 어떻게 해야 합니까?

앞서 설명한 경험을 현실로 정착시키는 과정이 매우 중요합니다.

즉, 명상 중 떠올린 '기억의 열쇠들'을 찾고, 그 열쇠들을 베타파(깨어 있는 의식)로 가져와, 글이나 말로 표현해 언어화하는 것이 핵심입니다. 그러나 이 과정을 제대로 수행하려면, 알파파가 '잠재의식과 의식을 잇는 다리'로 유지되고 있어야 합니다. 이를 위해 명상을 마치기 전 '전환의 시간'을 의도적으로 갖는 것이 도움이 됩니다. 이 단계는 명상의 내용에서 벗어났지만, 명상이 완전히 끝나기 전의 짧은 구간입니다.

이 전환 과정을 거치면, 알파파가 활성화되어 잠재의식의 내용이 의식으로 부드럽게 연결되고, 명상에서 얻은 인사이트와 체험을 더 쉽게 기억하고 언어로 표현할 수 있게 됩니다.

명상 중 잠들지 않으려면 어떻게 해야 합니까?

명상을 할 때는 순수한 델타파 상태, 즉 잠에 빠지는 상태로 들어가지 않는 것이 중요합니다.

명상 중 쉽게 잠드는 사람이라면, 깊은 명상 상태를 잠시 포기하더라도 깨어 있는 가벼운 명상 상태를 유지하는 것이 더 나을 수 있습니다. 그리고 점차적으로 깊이를 늘려 가는 연습을 할 수 있습니다.

어떤 사람들은 눈을 감자마자 거의 바로 잠드는 경우가 있습니다. 만약 당신이 그렇다면, 눈을 감지 말고 명상하는 방법을 시도해 보십시오.

- 시선을 부드럽게 풀어,
- 특정 사물에 초점을 맞추지 않은 채로 시야에 살짝 머무르게 하며 명상할 수 있습니다.
- 처음에는 알파파 생성이 다소 어려울 수 있지만, 잠드는 것을 막는 데 도움이 된다면 충분히 시도할 가치가 있습니다.

또한, 등받이나 벽에 기대지 않고 허리를 곧게 세워 앉는 것만으로도 대부분의 경우 잠드는 것을 방지할 수 있습니다. 이제 중요한 것은 똑바로 앉은 상태에서도 깊은 명상으로 들어가는 법을 배우는 것입니다.

이를 위해서는 수면에 의존하지 않고도 세타파를 생성하고 유지하는 능력을 더 집중적으로 훈련해야 합니다.

코를 곤다면, 내가 잠든 것일까요?

반드시 그렇지는 않습니다.

워크숍에서 명상 중 두세 명이 아주 크게 코를 골 때가 있습니다. 명상이 끝난 후, 누군가가 "자, 아까 누가 잠든 거야?"라고 묻지만, 아무도 대답하지 않습니다. 그 누구도 자신이 잠들었다고 느끼지 못했기 때문입니다. 코를 곤 사람들이 지목되면, 그들은 놀란 표정을 짓거나, 소리를 내고 있었다는 사실은 알았지만 너무 깊은 명상 상태라 그걸 멈출 의지가 없었다고 말하기도 합니다.

코골이는 숨이 코와 입을 통과하는 방식에서 비롯되는 현상입니다. 몸이 완전히 이완되고, 호흡 통로를 약간 좁히는 자세를 취하면, 코를 골 가능성이 매우 높아집니다. 이는 어떤 뇌파를 생성하고 있는가와는 직접적 관련이 없습니다.

대부분의 사람은 베타파나 알파파를 주로 생성하는 상태에서 코골이를 자각하게 되면 불편함을 느끼고, 자세를 바꾸어 소리를 막으려 합니다. 그러나 알파파 없이 순수한 세타파를 강하게 생성하는 상태에서는 자신이 코를 골고 있다는 사실조차 인식하지 못합니다. 이런 깊은 세타파 상태에서는 주변에 대한 의식 자체가 거의 사라지기 때문입니다.

반면, 강한 세타파와 약간의 알파파가 함께 존재한다면, 자신이 코를 골고 있다는 사실을 어느 정도 인식할 수 있습니다. 하지만 대부분 너무 깊은 명상 상태에 머물러 있어서, 이 상태를 깨고 싶지 않아 소리를 멈추려 하지 않게 됩니다. 코골이는 다른 사람에게 방해되지 않고 스스로 불편하지 않다면, 명상 상태를 해치지 않습니다. 오히려 내가 매우 깊은 명상 상태에 있다는 신호(생체 피드백)로 받아들일 수 있습니다.

만약 명상 중 자신이 코를 골고 있음을 들었다면, 다음과 같이 스스로를 점검해 보십시오.

필요하다면, 현재 상태를 살짝 조정하여 내가 원하는 수준으로 의식을 유지하거나 깊이를 조절할 수 있습니다.

알파파를 빠르게 활성화하려면 어떻게 해야 합니까?

알파파는 눈의 움직임과 밀접하게 연결되어 있습니다. 눈을 감으면 눈을 뜨고 있을 때 보다 훨씬 빠르고 강하게 알파파가 생성됩니다. 그리고 눈을 머릿속에서 위쪽, 즉 미간 쪽으로 살짝 굴리면 알파파가 더 잘 만들어집니다. 다음의 간단한 연습을 시도해 보세요.

방법 1

① 눈을 감고 숨을 들이마시며, 시선을 부드럽게 미간(이마 중앙)을 향해 올립니다.

② 숨을 내쉴 때, 시선을 다시 아래로 내립니다.

③ 이 과정을 몇 번 반복합니다. (주의: 눈에 힘을 주지 마세요. 조금이라도 불편하면 즉시 멈추세요.)

방법 2

① 눈을 감은 채로 숨을 내쉴 때, 시선을 미간 쪽으로 올립니다.

② 숨을 들이마실 때, 시선을 아래로 내립니다.

대부분의 사람들은 첫 번째 방법이 더 자연스럽고 효과적이라고 느낍니다. 하지만 어떤 사람들은 두 번째 방식이 더 편하고 확실히 효과가 있다고 말하기도 합니다. 두 가지를 모두 시도해 보고 자신에게 맞는 방법을 찾아 보세요.

이 연습은 너무 오래 하지 않는 것이 좋습니다. 몇 분이 지나면 알파파를 유도하는 효과가 줄어들 뿐 아니라, 눈 근육이 피로해질 수 있습니다. 명상 시작 시 5~10번 정도 호흡하며 가볍게 시도하는 것이 가장 효과적입니다.

오래된 길로 가는 새로운 관문

명상 상태 자체는 결코 새로운 것이 아닙니다. 새로운 것은 단지, 이 상태를 설명하고 측정할 수 있는 방식이 생겼다는 점입니다. 현대 기술의 발전으로 우리는 이전과는 비교할 수 없을 만큼 정밀하게 명상 상태를 측정하고 관찰할 수 있는 도구를 가지게 되었습니다. 서구 사회에서는 종종 EEG(뇌파 측정기) 같은 장비를 이용해 명상가들이 실제로 자신이 주장하는 상태에 도달했는지 확인하려는 경향이 있습니다. 흥미로운 것은, 내가 동양 여러 나라를 여행하면서 이런 서구적 사고방식과는 정반대의 시각을 갖게 되었다는 점입니다.

대만의 한 도교 사원에서 기공(氣功) 수련자들에게 나의 연구를 가르친 적이 있습니다. 그날 앞에 앉아 있던 수많은 얼굴들은 믿기지 않는다는 듯 냉담했고, 심지어 약간의 적대감마저 느껴졌습니다. 언어 장벽 때문에 통역이 계속 필요했기에 의사소통도 쉽지 않았습니다. 거기에다 나는 그들의 신성한 수행 공간에 '기계'를 들고 들어온 사람이었지요! 게다가 여성이었습니다.

나는 뇌파 이론을 설명하며, '깨어 있는 마음Awakened Mind' 패턴을 포함한 뇌파 그림을 칠판에 그려 보여 주었습니다. 그리고 청중에게 "이 Mind Mirror 장비를 시연할 자원자가 있습니까?"라고 물었습니다. 하지만 아무도 앞으로 나서지 않았습니다. 그때, 기공 마스터가 조용히 손을 들어 자원했습니다.

학생들은 걱정과 경외가 섞인 눈빛으로 그를 바라보았습니다. 솔직히 말해, 긴장하지 않을 수 없었습니다. 이 강의를 잘 마치고 싶었지만, 마스터의 뇌파가 정말 '깨어 있는 마음' 패턴을 보일지 장담할 수 없었기 때문입니다. 하지만 그를 장비에 연결하고 확인한 순간, 나는 안도의 한숨을 내쉴 수 있었습니다.

스크린에는 완벽한 '깨어 있는 마음' 패턴이 선명히 나타나 있었고, 나는 칠판에 그려 둔 그림과 화면 속 패턴을 나란히 가리키며 두 그림이 정확히 일치한다는 것을 보여 주었습니다.

그러자, 처음에는 냉담하고 경계하던 학생들의 얼굴에 미소와 웃음이 번졌습니다. 그들은 마치 한 몸처럼 앞으로 몰려와 기계를 만지고, 살펴보고, 직접 체험하려고 했습니다. 이제는 모두가 "다음 차례는 내 차례"라며 시연을 원했습니다.

이때 흥미로운 점은 그들이 '기술을 증명하기 위해 마스터를 이용'했다는 사실입니다. 서구에서처럼 기술이 명상가를 검증한 것이 아니라, 마스터의 완벽한 뇌파 패턴을 보고서야 Mind Mirror가 '진짜 작동한다'는 확신을 가진 것이었습니다.

4장

명상과 마음의 재료

의식을 바라보는 방식에는 두 가지 관점이 있습니다. 하나는 의식의 상태 State of consciousness이고, 다른 하나는 의식의 내용Content of consciousness입니다.

지금까지 우리는 주로 뇌파의 주파수로 구분되는 '의식의 상태'에 초점을 맞춰 살펴보았습니다. 하지만 이제 질문은 이렇게 바뀝니다. 그렇다면 의식의 내용이란 무엇일까요?

우리 마음을 구성하는 '실제 재료'는 무엇이며, 그것을 어떻게 다루고, 이해하고, 방향을 잡을 수 있을까요? 그리고 그것을 어떻게 활용할 수 있을까요?

마음의 재료는 뇌파 상태에 따라 서로 다른 형태로 나타납니다. 예를 들어, 우리의 사고 과정(생각)은 베타파 상태에서 이루어집니다. 생각을 가라앉혀 마음의 재료를 잠시 비워내면, 알파와 세타파가 일어날 수 있는 맑고 비어 있는 공간이 생깁니다. 이 상태에서 떠오르는 내용은 다음과 같습니다.

- 감각적 이미지
- 몽상(공상)
- 억압된 기억과 감정
- 단순한 '있는 그대로'의 자각
- 영감 어린 통찰

여기에 적절하고 유용한 베타파를 다시 알파-세타 명상 패턴에 더하면, 깨어 있는 마음Awakened Mind 뇌파 패턴이 형성됩니다. 이 패턴은 창의성, 문제 해결, 자기 치유 같은 풍부한 내용이 피어날 수 있는 비옥한 토양이 됩니다. 이렇게 가치 있고 건설적인 내용과 함께 깨어 있는 마음의 뇌파 패턴을 유지할 때, 우리는 우수성과 마인드High-Performance Mind를 얻게 됩니다.

마음의 재료는 우리에게 도움이 되기도 하고, 방해가 되기도 합니다.

이제 앞으로의 몇 페이지에서는 그중에서도 방해가 되는 마음의 내용—즉, 더 깊은 의식 상태로 들어가는 것을 가로막는 베타파의 잡음—을 어떻게 다룰 수 있는지 살펴보려 합니다.

그다음에는 의식과 무의식의 경계에서 나타나는 알파파 상태 속의 정신적 내용들을 탐구하고, 마지막으로 무의식의 깊은 층에서 세타파와 함께 드러나는 마음의 본질적 물질을 살펴볼 것입니다.

베타파의 잡음을 줄이기

우리의 일반적인 깨어 있는 상태는 종종 진폭이 큰 베타파, 즉 앞서 말했던 확산된Splayed 베타파가 지나치게 많습니다. 뇌파를 다스리는 능력을 배우는 데 있어 가장 중요한 요소 중 하나는, 이렇게 제멋대로 요동치는 생각의 파형들을 조절하는 법을 익히는 것입니다.

이제 소개할 연습들은 두 가지 이점을 줍니다.

첫째, 베타파를 줄여 마음을 안정시키는 효과가 있고, 둘째, 아주 짧게 실천할 수 있다는 점입니다.

단 1분간의 명상만으로도 긴장이 눈에 띄게 줄고, 마음이 중심을 되찾는 것을 느낄 수 있을 것입니다.

이 연습들은 언제든 할 수 있지만, 특히 잡생각이 머릿속을 가득 채워 마음을 산란하게 할 때 시도하면 가장 큰 효과를 볼 수 있습니다.

1분 명상

잠시 멈추고, 1분 동안 그대로 앉아 보세요. 생각을 억지로 바꾸려 하거나, 마음을 통제하려 하지 마세요. 원한다면 시계나 타이머로 시간을 재도 좋습니다.

이제 그 1분 동안, 당신의 마음속에서 어떤 일이 일어났는지 떠올려 보세요.

- 그 시간 동안 몇 가지 생각이 떠올랐나요?
- 그 생각들은 어디에서 온 것 같나요?
- 그 생각들의 내용이나 주제는 무엇이었나요?
- 생각의 주제가 몇 번이나 바뀌었나요?
- 생각이 일어날 때마다 그 내용을 완전히 의식하고 있었나요?
- 아니면 마음 한쪽에서 마치 해설자처럼 중얼거리는 내면의 목소리를 켜고 끌 수 있었나요?

이제 잠시 상상해 보세요.

방금 그 1분을, 아무런 생각도 없이 고요한 마음으로 보냈다면 그 경험은 어떤 느낌이었을까요?

혀를 이완하기

다시 1분 동안 앉아 보세요. 눈을 감은 상태에서 하는 것이 좋습니다.

타이머를 사용하거나, 스스로 1분이 지났다고 느낄 때까지 시간을 재도 됩니다. 처음 해 보면 실제 시간 감각이 얼마나 다른지 놀랄 수도 있습니다.

이제 혀를 이완하세요.

혀를 이완하는 것에만 집중하세요. 다른 건 신경 쓰지 마세요. 혀가 짧아지고 두꺼워지는 느낌이 들 수도 있습니다.

혀가 입 안에서 떠 있는 것처럼 상상해 보세요.

혀를 과장되게 더 느슨하게 풀어 주세요.

턱을 살짝 아래로 내리고, 턱관절을 풀고, 입을 약간 벌려 보세요.

숨을 내쉴 때마다, 혀와 입 주변 전체가 점점 더 이완되도록 하세요.

이 상태로 1분간 유지합니다.

타이머를 사용하지 않았다면, 다시 시계나 손목시계를 한 번 보세요.

실제로 얼마나 시간이 흘렀나요?

그리고 그 1분 동안, 당신의 마음에는 어떤 일이 일어났나요?

- 이번에는 그 1분이 처음보다 길게 혹은 짧게 느껴졌나요?
- 이번에는 몇 가지 생각이 떠올랐나요?
- 그 생각들의 내용은 무엇이었나요?
- 생각의 주제는 몇 번이나 바뀌었나요?
- 그리고 그 시간 동안 당신의 베타파에는 어떤 변화가 있었을까요?

이제 혀의 긴장을 풀어 보세요. 혀를 이완시키는 것만으로도 사고 활동이 줄어들고, 불필요한 생각이 자연스럽게 흘러가게 됩니다.

10~15초 정도 혀를 편안히 둔 뒤, 일부러 생각을 해 보세요.

그때 어떤 변화가 일어나는지 관찰해 보세요.

- 혀가 다시 긴장되나요?
- 생각하려 할 때 혀가 미세하게 당겨지는 느낌이 드나요?
- 혀를 계속 이완한 채로 생각하기가 어려워지나요?

이 간단한 명상 실험을 여러 방식으로 시도해 보면, 혀의 이완이 마음을 고요하게 하는 강력한 열쇠임을 깨닫게 됩니다. 이 간단한 기술은 베타 뇌파를 급격히 줄이고, 즉각적으로 마음을 고요하게 만드는 데 도움을 줍니다. 혀의 긴장을 완전히 푸는 순간, 내면의 '자기 독백'—머릿속의 끊임없는 말하기—이 멈춥니다. 그리고 그 순간, 생각 또한 자연스럽게 잦아듭니다. 우리가 생각할 때는 무의식적으로 스스로에게 말을 걸기 마련입니다. 비록 그것을 자각하지 못하더라도, 생각이 활발할 때 혀는 미세하게 긴장하며 '말할 준비'를 하고 있습니다. 하지만 혀를 완전히 풀면, 그 내적 대화가 불가능해지고, 따라서 생각 자체가 잦아드는 것입니다.

이제, 마음을 고요하게 하고 베타파를 잠재우는 또 다른 방법을 살펴보겠습니다.
그 한 가지 방법은 베타파가 '집중할 대상'을 하나 정해 주는 것입니다.
이렇게 하면 마음이 한 점에 머무는 집중Concentration의 힘을 스스로 길러낼 수 있습니다.

당신은 1분에 몇 번 숨 쉬나요?

가장 간단하면서도 강력한 집중의 초점 중 하나는 바로 자신의 '호흡'입니다. 다음의 실험을 해 보세요.

- 시계나 타이머를 켜고 1분 동안 숨을 세어 봅니다. 들이쉬고 내쉬는 한 사이클을 '1회'로 계산합니다.
- 단, 숨을 일부러 조절하려 하지 말고 평소의 자연스러운 호흡 속도를 그대로 유지하세요.

보통 사람의 평균 호흡수는 분당 12회에서 18회 정도입니다.

당신의 평소 호흡은 몇 회인가요?

이제 호흡에 집중하면서 그 속도를 조금 느리게 해 보세요. 그 순간, 베타파의 활동이 즉시 줄어들며, 마음이 고요해지고 중심이 잡히는 것을 느낄 수 있을 것입니다.

호흡을 느리게 하기

손바닥을 아래로 향하게 하여, 허벅지 위에 가볍게 올려놓으세요. 숨을 들이쉴 때, 손을 천천히 위로 올립니다. 숨을 내쉴 때, 손을 다시 천천히 아래로 내립니다.

이렇게 손을 레버처럼 사용해 부드럽게 호흡을 조절합니다. 여기서 중요한 점은,

- 억지로 호흡을 느리게 하려고 하지 마세요.
- 숨을 멈추거나 산소를 억지로 제한하지 마세요.
- 단지, 호흡을 조금 더 느리게 하겠다는 '의도'만 가지세요.
- 들숨과 날숨이 끝나는 지점에서, 잠깐 머무르는 느낌을 가질 수는 있지만, 절대 무리하거나 긴장하지 않아야 합니다.

이제 다시 1분 동안 시간을 재며, 이번에는 위의 방법대로 의도적으로 호흡을 느리게 하면서 1분 동안의 호흡 횟수를 세어 보세요. 끝난 뒤, 첫 번째 실험(자연 호흡)과 두 번째 실험(느린 호흡)의 차이를 느껴 보세요.

- 이번에는 몇 번 숨을 쉬었나요?
- 처음보다 숨의 횟수가 줄었나요?

- 1분이 더 길게, 혹은 더 짧게 느껴졌나요?

- 이번 1분 동안의 생각의 흐름은 이전과 어떻게 달랐나요?

- 혀의 이완을 계속 유지했나요?

- 지금 몸과 마음이 어떤 상태인지 관찰해 보세요.

단 1분간 호흡을 느리게 한 것만으로도, 스트레스와 긴장이 얼마나 달라졌는지 스스로 확인할 수 있을 것입니다.

집중 훈련

하나의 대상에 의식을 집중한 채로 마음이 이리저리 흩어지지 않도록 훈련하는 것은 베타파를 크게 줄이는 데 도움이 됩니다. 이러한 집중력은 단지 뇌파를 안정시키는 데 그치지 않고, 의식의 폭을 넓히며, 명상 상태에 훨씬 더 쉽고 자연스럽게 들어가도록 만들어 줍니다.

1. 준비 자세

- 눈을 뜬 채로 편안히 앉습니다.

- 시선은 눈높이보다 약간 낮고, 1~2미터 앞의 한 지점에 둡니다.

- 앞에 꽃, 만다라 같은 무늬, 작은 상징물을 두어도 좋지만, 전체를 바라보는 것이 아니라 특정 '한 지점'만 응시하세요.

- 특별한 물체가 없어도 됩니다. 카펫 위의 한 점을 골라도 됩니다.

2. 연습 시간

- 원하면 1분 타이머를 사용하거나, 그냥 약 1분 정도 집중합니다.

- 때로는, 1분이 훨씬 길게 느껴질 수도 있습니다.

3. 집중 방법

- 허리를 곧게 세우고 편안히 앉아, 의식을 선택한 지점으로 보내세요.
- 오직 그 지점만을 인식하고, 당신과 그 지점을 직선으로 연결된 듯한 느낌을 유지하세요.
- 눈을 긴장시키지 말고, 시야를 풀어 흐릿하게 유지합니다.
- 지점이나 주변이 부옇게 보이더라도 괜찮습니다.
- 확실한 형태나 사물이 아니라, 그저 공간상의 '위치'에만 집중하세요.
- 생각이나 이미지가 떠오르면, 모두 비워내며 오직 지점에만 집중하세요.

4. 끝난 뒤 스스로 물어보기

- 이 1분 동안 몇 가지 생각이 떠올랐나요?
- 시간이 얼마나 길거나 짧게 느껴졌나요?
- 집중을 유지할 수 있었나요?

어떤 사람들은 외부의 대상보다 자신의 내면에 집중하는 방식을 더 편안하게 느낍니다. 이 방법이 더 잘 맞는다면, 마음을 집중할 내부의 한 지점을 선택해 보세요. 내가 함께 일했던 사람들은 주로

- 심장 부위Heart area,
- 배꼽 주변Navel,
- 코의 윗부분(콧등),
- 이마 중앙(미간),
- 혹은 정수리Crown of the head 등에 집중하는 경우가 많았습니다.

하지만 꼭 이 부위일 필요는 없습니다. 당신에게 가장 편안하게 느껴지는 몸속의 어느 한 지점, 심지어 왼쪽 엄지발가락이라도 괜찮습니다.

이 연습은 눈을 감은 채로 해 보세요. 그리고 이 연습의 마지막 단계에서는 내부와 외부의 초점을 동시에 유지하는 법을 익히게 될 것입니다.

레나타의 체험

다음은 한 학생이 집중 훈련을 통해 경험한 사례입니다.
이 체험은 캘리포니아 빅서Big Sur에서 열린 그룹 수업 중에 일어났습니다.

"처음에는 벽난로 옆의 바위에 집중했습니다. 집중이 점점 강해질수록, 제 주변 시야(주변부)가 마치 사진 네거티브처럼 보이기 시작했습니다. 그러다 갑자기, 바위 근처에 있던 사람을 둘러싼 붉은색 아우라가 보였습니다.
다음으로, 몸 안쪽에 집중하는 연습은 조금 더 어려웠지만, 불가능하지는 않았습니다. 제가 선택한 지점은 배(위장 부위)였는데, 그제야 '내가 그동안 이 부위를 얼마나 무시하고 살았는지' 깨달았습니다. 그전까지는 제 배가 존재하지도 않았던 것처럼 느껴졌습니다.
마지막으로, 안쪽과 바깥을 동시에 집중하는 연습은 정말 놀라운 경험이었습니다. 순간적으로 바위와 제가 하나로 융합되는 느낌이 들었고, 경계와 분리감이 모두 사라지며 오직 일체감과 사랑만이 느껴졌습니다. 이 감각에 매료되어, 나는 사람들과 상호작용하면서도 하루 종일 이 연습을 계속했습니다."

레나타의 체험은 명상이 꼭 복잡하거나 긴 시간 동안 수행되어야만 긍정적인 변화를 주는 것은 아니라는 것을 보여 줍니다. 이 간단한 집중 훈련만으로도 그녀는 타인과의 관계에 대한 인식이 근본적으로 변화했다고 말합니다.

"이 도구를 발견하고 나서 제 인식이 완전히 바뀌었습니다. 안쪽에 집중하면서 동시에 바깥, 즉 상대방에게 집중할 때, 저는 오직 사랑만을 느낍니다. 모든 피상적 판단이 사라졌습니다."

이러한 훈련에 대한 반응은 사람마다 다양합니다. 특정한 결과를 기대하지 말고, 열린 마음으로 경험을 받아들이세요.

이미지를 활용해 베타파 다스리기

우리 마음속에는 종종 불필요한 생각들이 가득 차 있습니다. 이들은 단순히 하찮은 생각일 수도 있고, 깊은 스트레스와 관련된 생각일 수도 있습니다. 이런 원치 않는 베타파 기반의 생각들을 다스리기 위해, 다양한 이미지 명상 기법을 사용할 수 있습니다. 아래는 대표적인 방법들입니다.

1. 회색 구름 날리기

- 떠오르는 생각을 푸른 하늘 위의 회색 구름으로 상상하세요.
- 맑은 하늘에 회색 구름이 피어오르듯, 마음에 드는 모든 생각을 '구름 한 조각'으로 인식합니다.
- 숨을 내쉴 때마다, 구름을 부드럽게 불어 날려 보세요.
- 하늘이 완전히 파랗고 깨끗해질 때까지 계속합니다.

2. 불태우기

- 강한 감정이 실린 생각이 떠올라 완전히 없애고 싶을 때, 그 생각을 종이에 적는다고 상상해 보세요.
- 그리고 그 종이를 불 속에 던져 태우는 장면을 그립니다.
- 생각이 불에 타 사라질 때, 마음속에서 어떤 느낌이 드는지 살펴보세요.

- 가끔은 명상 중에도 창의적인 아이디어나 중요한 생각이 떠올라 계속 방해할 수 있습니다.
- 이런 생각은 놓치고 싶지 않으므로 계속 붙잡게 되는 경우가 많습니다.
- 이럴 때는 그 생각을 종이에 적어서, 서류 가방이나 파일 캐비닛에 보관한다고 상상하세요.
- 이렇게 하면 필요할 때 언제든 꺼내 볼 수 있다는 안전감 속에서, 생각을 마음에서 내려놓을 수 있습니다.

이처럼 마음을 비우기 위한 이미지 활용법은 다양합니다. 여기에 나온 예시 외에도, 스스로 새로운 이미지 기법을 만들어 자신만의 방식으로 베타파를 다스릴 수 있습니다.

생각으로부터 물러나기

명상은 불필요한 생각들을 조용히 놓아주는 과정이기도 합니다. 몸을 편안히 하고, 눈을 천천히 감은 뒤, 몇 번 깊고 부드럽게 숨을 쉬며 마음이 자연스럽게 가라앉도록 해 보세요.

그렇게 자신 안쪽으로 한 걸음 물러나면, 머릿속을 어지럽히던 생각들이 서서히 잦아들고 오직 고요함만이 남게 될 것입니다.

이제 의식의 초점을 자신이 있는 건물 밖으로 넓혀 봅니다. 거리의 소리와 에너지를 느껴 보세요. 자동차가 다니거나 사람들이 움직이는 기운이 느껴질 수도 있습니다. 그 소리나 진동을 판단하거나 이름 붙이려 하지 말고, 단지 '존재하는 그대로' 알아차리기만 하세요.

이제 천천히 외부 세계로부터 자신을 거두어 건물 안으로 들어옵니다. 건물 전체를 하나의 공간으로 느껴 보세요. 그 안에 있는 소리, 에너지, 움직임을 있는 그대로 인식합니다.

이제 건물 전체에서 한 걸음 더 안으로 들어와, 당신이 있는 방으로 의식을 옮깁니다. 방 안의 공기, 소리, 분위기, 에너지의 흐름을 느껴 보세요.

그다음엔 방에서 한층 더 안쪽으로 들어와, 당신 자신의 몸 안으로 들어갑니다. 몸속의 미세한 소리, 감각, 움직임, 에너지를 느껴 보세요.

이제 마지막으로, 몸의 감각마저 내려놓고 당신의 '중심'—내면의 고요한 자리—으로 들어갑니다. 그곳에는 고요와 침묵, 그리고 평화가 존재합니다. 그곳을 찾아가 그 평온함 속에 잠시 머물러 보세요.

명상 중에 어떤 생각이 스쳐 지나간다면, 이 장에서 배운 방법 중 하나를 사용해 그것을 부드럽게 흘려보내고, 다시 고요한 내면의 중심으로 돌아옵니다.

이제 서서히 외부로 돌아갈 준비를 합니다. 몸의 이완된 느낌과 마음의 상태를 인식하면서, 그 안에 여전히 남아 있는 평화와 고요함을 느껴 보세요. 이때 이 평온한 상태를 나중에도 쉽게 되찾을 수 있도록 '단서'를 만들어 두는 것이 좋습니다. 그것은 몸의 감각일 수도 있고, 색깔이나 단어, 이미지, 혹은 소리일 수도 있습니다.

명상을 마친 뒤에는 깊고 천천히 몇 번 숨을 들이마시고 내쉬며, 몸을 기지개 켜듯 부드럽게 움직여 완전히 깨어나세요. 상쾌하고 맑은 의식으로 돌아왔는지 확인한 후 일상으로 복귀합니다.

이 명상은 당신을 의식의 아주 깊은 곳까지 데려갈 수 있으므로, 완전히 깨어나기 전에는 운전이나 집중력이 필요한 일을 하지 않도록 주의하세요.

알파파의 세계 – 알파파에 접근하기

베타파를 조절할 수 있게 되었다면, 그다음 단계는 알파파에 들어가는 법을 배우는 것입니다. 많은 사람은 눈을 감기만 해도 자연스럽게 어느 정도의 알파파를 만들어 냅니다. 눈을 감았을 때가 눈을 뜨고 있을 때보다 훨씬 쉽게 알파 상태에 들어갈 수 있는 것은 당연한 일입니다.

다만, 예외가 있습니다. 시각 예술가들처럼 눈을 사용해 창작 활동을 하는 사람들은 작품을 만들며 몰입할 때 눈을 뜬 상태에서도 알파파를 만들어 내는 능력이 더 뛰어난 경우가 있습니다. 화가, 조각가, 작가, 안무가, 사진작가 등이 여기에 해당합니다. 하지만 그들의 경우에도, 눈을 뜬 상태보다는 눈을 감았을 때 알파파가 훨씬 더 강하게 나타나는 것이 일반적입니다.

지금 단계에서 우리의 목표는 단순합니다. 가능한 한 많은 알파파를 만들어 내는 연습을 하는 것이죠. 그러니 아래의 명상 연습을 할 때는 눈을 감고 시작해 보세요. 알파파 상태에 접근할 때는 시각화와 다양한 형태의 이미지화(심상)가 큰 도움이 됩니다. 여기서 중요한 점은 '이미지화'라는 것이 단순히 눈으로 그려 보는 시각적인 것에만 국한되지 않는다는 사실입니다. 청각, 촉각, 후각, 미각 등 가능한 많은 감각을 활용해 상상을 확장하는 것이 알파파를 활성화하는 핵심입니다. 또한, 편안하고 한 발 물러선 듯한 인식 상태, 그리고 깊은 이완 상태에 도달하는 것 역시 알파파에 접속하는 데 중요한 역할을 합니다.

알파파 상태는 그 자체로 정신적인 이완과 가벼운 몽상을 의미합니다. 이 상태는 다양한 감각적 이미지 자극을 통해 쉽게 유도됩니다. 알파 상태는 깨어 있음과 잠듦 사이, 그 경계에 머무는 듯한 상태로, 생생하면서도 때로는 의미를 알 수 없는 이미지들이 의식 속으로 불쑥 떠오르곤 합니다. 또, 과거나 미래, 혹은 상상의 세계를 떠돌며 멍하니 생각에 잠기는 백일몽 Daydreaming 상태도 바로 이 알파 상태에서 일어납니다. 알파는 또한 명상으로 들어가는 관문이기도 합니다. 이곳에서 장면이 세팅되고, 기반이 마련되며, 더 깊은 무의식의 세계와 연결되는 다리가 놓입니다. 뇌파 패턴에 알파를 더하면 기억력이 향상되고, 창의적 통찰이 더 오래 유지되며, 깊은 잠재의식 자원에 대한 인식이 훨씬 더 뚜렷해집니다.

알파파의 '내용'을 경험하는 방식은 크게 두 가지입니다.

첫 번째는, 거의 내용이 없는 상태입니다. 그저 있는 그대로의 현상을 편안하고 한 발 물러난 듯한 인식으로 바라보는 상태죠. 예를 들어, 방 안에서 시계 초침 소리가 크게 들리고 창문을 통해 시원한 바람이 들어온다면, 의식 속에는 그저 '시계 소리'와 '시원한 바람'이라는 감각만 존재할 뿐입니다. 하지만 대체로 알파 상태에서는 어떤 형태로든 이미지(심상)가 수반됩니다. 알파파는 우리가 가장 선명하고 또렷하며 강렬한 시각화를 경험할 수 있도록 돕는 뇌파입니다.

시각화

최근 몇 년 사이 '시각화'라는 개념은 매우 대중적으로 알려졌습니다. "원하는 것을 마음속에 그리면, 결국 현실이 된다."라는 말은 여기저기서 귀에 못이 박이도록 들었을 겁니다. 물론 이 말에는 어느 정도 진실이 담겨 있습니다. 하지만 진정으로 그 효과를 누리려면, 단순히 마음속으로 원하는 장면을 떠올리는 것을 넘어 훨씬 더 복잡하고 깊이 있는 과정이 필요합니다.

"하지만 난 시각화가 안 돼요!"

많은 사람이 '시각화'라는 것이 무엇인지, 어떻게 해야 하는지, 그리고 자신이 제대로 하고 있는지에 대해 고정관념을 갖고 있습니다. 일부는 "나는 아예 시각화가 안 된다."라는 생각에 너무 좌절해, 시도조차 포기해 버립니다. 그러다 보니 "시각화는 나와 맞지 않는다."라고 믿게 되죠. 또 어떤 사람들은 시각화를 하긴 하지만, 마음속으로 "내가 이상하게 하고 있는 건 아닐까?" 하고 의심하거나, "이 정도만 해야 정상이지 않을까?" 하며 경험을 제한하려고 합니다.

또 다른 이들은 이미지가 떠오르긴 해도 "그냥 상상일 뿐, 아무 의미도 없어"라며 그 가치를 스스로 깎아내립니다. 사실 이런 두려움이나 혼란의 상당 부분은 '시각화'라는 개념을 지나치게 좁고 잘못 이해하고 있기 때문입니다.

다음 내용에서는 시각화를 더 넓은 관점에서 바라보며, 이 기술이 사실은 누구나 접근할 수 있는 것임을 보여 줄 겁니다. 그러니 다음 단락을 읽고, 이어지는 지침을 따라 해 보세요.

시각화 연습

눈을 감고 상상해 보세요.

지금 무언가를 마시려고 합니다. 그 음료는 컵에 담겨 있나요, 아니면 유리잔에 담겨 있나요?

그 용기의 색깔은 어떤가요? 아니면 투명해서 안이 보이나요?

안에 담긴 액체의 색깔은 어떤지 떠올려 보세요.

이제 용기를 손으로 만져 봅니다.

뜨겁나요, 차갑나요? 그 용기는 얼마나 가득 차 있나요?

손에 들어 올려 무게를 느껴 보세요.

그리고 탁자 위에 꽝 하고 내려놓습니다.

소리가 들리나요? 이제 그 음료의 향을 맡아 보세요.

마지막으로, 맛을 보세요.

혹시 뜨겁다면 조심하면서, 원하는 만큼 마셔 보세요.

다 마셨다면, 눈을 뜨고 현재로 돌아옵니다.

방금 어떤 일이 일어났나요?

무엇을 마셨나요? 그 맛과 향을 느낄 수 있었나요?

눈으로 그 모습이 보였나요?

컵이나 잔을 손으로 느끼거나, 내려놓는 소리를 들을 수 있었나요?

이 중 하나라도 '예'라고 대답할 수 있다면, 시각적으로 선명하게 '화면처럼' 보이지 않았다 해도 당신은 이미 시각화를 할 수 있는 사람입니다. 사실 '시각화Visualization'라는 단어는 우리 마음속의 이미지화 과정을 오히려 왜곡시켜 왔습니다.

대부분의 사람들은 시각화를 한다는 것이, 마치 머릿속 스크린에 영화를 재생하듯 선명한 장면을 볼 수 있는 능력이 있어야 가능한 것이라고 믿습니다. 그래서 자신이 그렇게 볼 수 없으면 "난 시각화를 못 한다."라고 생각하죠.

하지만 우리가 간과하고 있는 사실이 있습니다. 우리는 시각 외에도 다섯 가지 감각(청각, 촉각, 움직임, 후각, 미각)으로 충분히 '시각화'를 할 수 있다는 것입니다. 오히려 여기서는 'Visualization(시각화)' 대신 'Sensualization(감각화)'라는 단어를 쓰는 것이 더 적절할지도 모릅니다. 사람마다 가장 먼저 떠올리는 '주 감각'이 있습니다. 어떤 사람은 청각으로, 어떤 사람은 촉각이나 후각으로, 또 어떤 사람은 시각으로 시작합니다. 그리고 이 주 감각을 시작점으로 삼아, 다른 감각들을 더해 가면, 우리가 그리려는 장면이나 상황을 훨씬 더 생생하고 입체적으로 느낄 수 있게 됩니다.

결국, 시각화에 대한 기존의 고정관념을 내려놓고 '감각화'라는 접근법을 활용하면, 머릿속 이미지 작업이 훨씬 풍부해지고 자연스러워집니다.

알파파 상태를 더 깊고 생생하게 경험하려면, 감각화 연습을 통해 이미지의 선명도와 몰입감을 높이는 것이 큰 도움이 됩니다. 감각화는 단순히 상상 능력을 키워 줄 뿐 아니라, 알파파의 발생과 강도를 높여 주는 효과도 있습니다. 곧 이어질 연습들은 정신적 유연성을 기르는 데 도움을 줍니다. 가능한 많은 감각을 활용해 더 강하고 또렷한 이미지를 떠올릴수록, 어떤 목적이든 그 결과가 더 만족스럽고 효과적으로 나타날 것입니다. 연습을 할 때는 편안히 앉거나 누운 자세를 취하는 것이 좋습니다. 눈을 감은 채로 집중할 수 있도록, 필요하다면 지시문을 녹음해서 들으며 따라 하거나, 아니면 한 줄씩 읽고 눈을 감아 상상한 뒤, 장면이 충분히 완성되거나 마음이 산만해질 때마다 다시 눈을 떠 다음 지시문으로 넘어가면 됩니다.

감각화 연습 – '보기SEE'

눈을 감고, 다음 이미지를 하나씩 떠올리며 느껴 보세요. 각 장면마다 색감, 깊이, 움직임을 가능한 한 생생하게 그려 보는 것이 중요합니다.

① 수많은 색깔을 떠올립니다. 빨강, 노랑, 파랑 같은 기본 색뿐 아니라 주황, 초록, 보라 등 보조 색, 그리고 다양한 조합과 명암, 톤, 농도까지—연한 하늘색, 청록, 갈색, 분홍, 진홍, 금색, 복숭아빛, 라일락빛… 마지막으로 검은색과 흰색까지 더해 보세요.

② 바람 부는 하늘을 유유히 지나가는 구름을 지켜봅니다. 구름의 형태와 움직임, 바람의 기운을 함께 느껴 보세요.

③ 여름밤, 하늘 가득 수천 개의 별이 반짝이는 장면을 떠올립니다. 그 끝없는 광활함을 느껴 보세요.

④ 어두운 방 안에서 성냥불을 켜는 순간을 상상합니다. 불꽃이 만들어 내는 빛과 그림자의 대비를 느껴 보세요.

⑤ 높은 산 정상에 서서, 끝없이 펼쳐진 아름다운 풍경을 내려다봅니다. 멀리 이어진 숲과 들판, 산맥과 하늘까지, 시야 가득 담아 보세요.

⑥ 당신을 향해 미소 짓는 친구의 얼굴을 떠올립니다. 표정과 시선, 온기를 함께 느껴 보세요.

⑦ 집이 있는 거리를 상상하며, 차를 타고 각 집들을 빠르게 지나쳐 당신의 집 문 앞에 도착하는 모습을 그립니다.

⑧ 착륙을 앞둔 비행기 창가에 앉아, 아래 펼쳐진 도시를 내려다봅니다. 건물들, 도로, 자동차, 공항, 그리고 점점 가까워지는 활주로까지—천천히 시선을 따라가 보세요.

감각화 연습 – '촉각TOUCH'

눈을 감고, 손끝과 피부로 느낄 수 있는 감각들을 하나씩 떠올려 보세요. 각 장면을 상상하며 질감, 온도, 감촉의 디테일을 생생하게 느껴 봅니다.

① 손가락 아래 느껴지는 부드러운 털의 감촉을 떠올립니다. 그 부드러움이 손끝을 간질이는 느낌까지 느껴 보세요.

② 공원을 거닐며 나무껍질을 쓸어내는 손길을 상상합니다. 거친 표면의 결과 울퉁불퉁한 질감을 느껴 봅니다.

③ 아기의 피부를 살며시 어루만지는 순간을 떠올립니다. 그 부드럽고 매끈한 촉감이 손끝으로 전해집니다.

④ 냉동고에서 꺼낸 얼음 조각을 손에 쥐어 봅니다. 차가움이 스며들고, 서서히 녹으며 물방울이 번지는 느낌을 느껴 보세요.

⑤ 따뜻한 물과 비누 거품으로 손을 씻는 감각을 상상합니다. 부드러운 거품의 질감과 따뜻한 물의 온기가 어우러진 느낌을 느껴 봅니다.

⑥ 해변에서 다리에 묻은 모래를 털어내는 거친 감촉을 떠올립니다. 피부에 닿는 모래 알갱이의 서걱거림을 느껴 보세요.

⑦ 머리를 빗거나 브러시로 빗질할 때 두피에서 느껴지는 자극을 상상합니다. 가볍게 스치는 느낌과 함께 두피의 반응을 느껴 봅니다.

⑧ 뜨거운 목욕을 마치고 난 뒤, 증기가 오르는 몸 위로 스며드는 시원한 공기를 느껴 봅니다. 열기와 서늘함이 교차하는 감각을 음미해 보세요.

⑨ 거칠게 깎인 나무판자를 손으로 만집니다. 거친 결을 따라가며, 혹시 가시가 박히지 않도록 조심하면서 그 촉감을 탐색합니다.

감각화 연습 – '듣기HEAR'

눈을 감고, 다양한 소리를 하나씩 떠올리며 그 울림과 분위기를 생생하게 느껴 보세요. 소리의 크기, 멀고 가까움, 공간의 울림까지 상상해 보며 몰입합니다.

① 이륙하는 제트기의 굉음을 들어 봅니다. 점점 멀어지며 하늘을 가르는 소리를 따라가 보세요.

② 테니스 라켓에 부딪히는 공의 '퍽' 소리를 상상합니다. 라켓 줄에 닿을 때의 짧고 경쾌한 진동까지 느껴 보세요.

③ 놀이터에서 들려오는 아이들의 웃음소리를 떠올립니다. 밝고 활기찬 에너지가 공간을 가득 채웁니다.

④ 치과에서 들려오는 고속 드릴 소리를 상상합니다. 날카롭게 윙윙거리는 소리를 떠올리며 그 감각을 느껴 보세요.

⑤ 모닥불 위에서 타오르는 장작의 경쾌한 '타닥타닥' 소리를 들어 봅니다. 불꽃이 튀고, 나무가 타는 소리의 따뜻한 울림을 느껴 보세요.

⑥ 멀리서 메아리치는 안개 낀 바다의 뱃고동 소리(포그혼)를 떠올립니다. 깊고 느린 울림이 안갯속으로 퍼져 나갑니다.

⑦ 도시 한복판에서 울리는 경찰차 사이렌 소리를 상상합니다. 점점 가까워졌다 멀어지는 소리의 파동을 느껴 보세요.

⑧ 이른 새벽, 새들이 합창하듯 지저귀며 당신을 깨우는 소리를 들어 봅니다. 새벽 공기와 함께 퍼져 나가는 생동감을 느껴 보세요.

⑨ 파티에서 들려오는 사람들의 웃음소리, 부딪히는 컵, 잔이 부딪치는 맑은 소리를 상상합니다. 활기찬 분위기와 소리의 조화를 느껴 보세요.

감각화 연습 – '냄새SMELL'

눈을 감고, 다음 장면들을 하나씩 떠올리며 향과 공기의 느낌을 생생하게 느껴 보세요. 각 냄새가 주는 분위기와 감정, 공간의 감각까지 함께 상상해 봅니다.

① 트럭 뒤를 따라 운전할 때 느껴지는 강한 배기가스 냄새를 떠올립니다. 코끝을 자극하는 강렬한 냄새와 함께 공기의 무게감까지 느껴 보세요.

② 프라이팬 위에서 지글지글 구워지는 베이컨 냄새를 상상합니다. 기름이 튀는 소리와 함께 퍼져 나가는 고소하고 진한 향을 느껴 보세요.

③ 백화점의 비누와 로션 코너에서 풍기는 다양한 향기를 떠올립니다. 달콤하고 부드러운 향들이 공기 중에 섞이며 퍼지는 느낌을 느껴 보세요.

④ 해산물 시장 특유의 비릿한 바다 냄새를 떠올립니다. 신선한 생선 냄새와 함께 축축한 공기의 감각을 느껴 보세요.

⑤ 그을린 토스트 냄새를 상상합니다. 살짝 탄 빵의 향과 함께 느껴지는 따뜻함과 쌉싸래한 냄새를 느껴 보세요.

⑥ 당신이 가장 좋아하는 향수나 애프터셰이브 향을 떠올립니다. 그 향이 떠오르게 하는 기억이나 기분까지 함께 느껴 보세요.

⑦ 빵집에서 갓 구워져 나오는 빵 냄새를 상상합니다. 고소하고 따뜻한 향이 공기 중을 가득 채우는 순간을 느껴 보세요.

⑧ 막 내려진 신선한 커피 향을 떠올립니다. 풍부하고 진한 향이 코끝을 스치며 몸을 깨우는 느낌을 느껴 보세요.

⑨ 구두약으로 신발을 닦을 때 퍼지는 특유의 냄새를 떠올립니다. 반짝이며 윤이 나는 신발과 함께 그 냄새의 농도를 느껴 보세요.

감각화 연습 – '맛TASTE'

눈을 감고, 하나씩 떠올리며 맛이 입안에 퍼지는 느낌과 감각을 생생히 느껴 보세요. 맛의 강도, 질감, 온도, 감정적 반응까지 함께 상상합니다.

① 순수한 레몬즙의 강렬한 신맛을 느껴 봅니다. 혀끝이 찌릿하고 침샘이 반응하는 감각까지 떠올려 보세요.

② 카푸치노 위에 올라간 부드러운 우유 거품을 맛봅니다. 따뜻하고 부드러운 질감이 입안을 감싸는 느낌을 느껴 보세요.

③ 멘톨 기침 사탕을 입안에 넣고, 시원하고 청량한 맛이 퍼지는 것을 느껴 봅니다. 목 깊숙이 퍼지는 상쾌함까지 상상하세요.

④ 감자칩 위에 묻은 소금의 짭조름한 맛을 느껴 봅니다. 바삭거리는 소리와 함께 소금의 자극적인 풍미를 떠올려 보세요.

⑤ 진한 풍미의 치즈 한 입을 맛봅니다. 입안에 퍼지는 고소하고 살짝 톡 쏘는 강한 맛을 느껴 보세요.

⑥ 갓 딴 아삭하고 신선한 사과를 한입 베어 물어 보세요. 바삭한 소리와 달콤한 과즙이 퍼지는 감각을 떠올립니다.

⑦ 입안에서 천천히 녹아내리는 차가운 바닐라 아이스크림을 느껴 봅니다. 차가움과 달콤함이 동시에 스며드는 감각을 음미하세요.

⑧ 크고 잘 익은 딸기 한 입을 맛봅니다. 과즙이 터지며 입안 가득 퍼지는 달콤함과 산뜻함을 느껴 보세요.

⑨ 치약의 상쾌한 민트 맛을 떠올립니다. 입안이 개운해지며 시원하게 정화되는 느낌을 상상하세요.

감각화 연습 – '움직임과 몸의 감각_{KINESTHESIA}'

눈을 감고, 다음 장면들을 하나씩 떠올리며 몸이 실제로 움직이거나 감각을 느끼는 듯한 체험을 해 보세요. 움직임의 균형, 무게, 긴장, 해방감까지 세밀히 상상합니다.

① 어두운 계단을 내려가며 벽을 더듬어 불을 찾는 감각을 느껴 봅니다. 발을 내디딜 때마다 조심스러운 균형과 손끝의 촉감을 상상하세요.

② 눈에 보이지 않는 높은 선반 위의 용기를 잡으려고 팔을 뻗는 동작을 떠올립니다. 몸이 위로 늘어나며 근육이 땅겨지는 느낌을 느껴 보세요.

③ 자갈이 깔린 해변을 맨발로 걸을 때 발바닥에 전해지는 감각을 느껴 봅니다. 자갈의 크기와 차가움, 울퉁불퉁한 압박을 세밀하게 상상하세요.

④ 테니스, 야구, 배구 혹은 당신이 좋아하는 스포츠를 하는 순간을 떠올립니다. 몸이 움직이며 힘이 실리고, 호흡이 빨라지는 감각을 느껴 보세요.

⑤ 춤을 추며 몸이 음악에 따라 흐르는 움직임을 상상합니다. 가볍게 회전하고, 스텝을 밟으며 생기는 리듬과 유연함을 느껴 보세요.

⑥ 안전 뚜껑이 있는 약병을 열려고 힘을 주며 애쓰는 감각을 떠올립니다. 손가락과 손목에 들어가는 힘, 그리고 약간의 긴장감을 느껴 보세요.

⑦ 햇볕 아래에서 선탠하거나, 사람 없는 조용한 해변에 누워 몸을 쉬게 하는 감각을 상상합니다. 피부 위로 내려앉는 햇살의 온기와 몸의 무게가 바닥에 완전히 맡겨지는 편안함을 느껴 보세요.

⑧ 오랜만에 만난 친구에게 따뜻한 포옹을 받는 순간을 떠올립니다. 팔의 압박감, 체온, 그리고 마음속의 따뜻한 안정감을 느껴 보세요.

어떤 감각이 가장 생생하게 느껴졌나요? 또, 어떤 감각이 가장 희미하거나 약하게 느껴졌나요?

이제 각 감각별(시각, 촉각, 청각, 후각, 미각, 신체 감각)로 당신의 경험이 얼마나 선명했는지 평가할 수 있는 간단한 척도가 이어집니다. 이 척도를 활용하면 자신이 어떤 감각을 가장 잘 활용하는지, 어떤 감각을 더 훈련해야 할지 알 수 있습니다.

감각화 척도

① 실제 경험만큼이나 생생하고 현실감 있는 이미지, 거의 실제와 구분이 안 될 정도로 뚜렷함

② 꽤 선명하고 명확한 이미지로, 실제 경험을 잘 떠올리지만 완전히 같지는 않음

③ 중간 정도의 선명도로, 여전히 현실적인 이미지를 느낄 수 있음

④ 흐릿하고 불분명한 이미지로, 실제 경험과의 연결이 약간만 느껴짐

⑤ 형태 없는 희미한 이미지, 구분하기 어려운 모호한 상태

⑥ 이미지 자체는 없고, 그저 경험을 생각만 하는 상태

가장 강렬했던 이미지는 특정한 한 두 감각에서만 주로 나타났나요? 아니면 여러 감각에 고르게 퍼져서 느껴졌나요? 또, 그 강렬한 이미지들은 짧게 번쩍 나타났다 사라졌나요? 아니면 일정 시간 동안 생생함을 유지할 수 있었나요?

설령 아주 짧은 순간 번쩍 떠오른 이미지라 해도 절대 무시하지 마세요. 많은 사람이 이런 짧은 '통찰의 순간'을 스스로 인정하지 않거나, '나는 선명한 이미지를 오래 유지할 수 없으니 시각화를 잘 못해.'라고 생각하곤 합니다. 하지만 순간적으로라도 그 선명함을 인식할 수 있다면, 그 감각을 점점 더 길게 유지하는 연습을 훨씬 쉽게 할 수 있습니다.

또, 항상 가장 먼저 떠오르는 감각이 있었나요? 다른 감각들이 따라오기 전에 먼저 등장하는 그 감각이 바로 당신의 '주 감각'입니다. 우리는 종종 의식하지 못한 채, 이 주 감각을 통해 다른 감각들을 활성화시키며 이미지화를 이어 갑니다. 예를 들어, 어떤 사람은 제트기를 '먼저 눈으로 본 후'에야 엔진 소리를 듣기도 하고, 또 어떤 사람은 성냥을 '먼저 손끝으로 켠 후'에야 불빛을 보거나, 기침 사탕을 '먼저 냄새 맡은 후'에야 맛을 느끼기도 합니다.

사람들은 종종 한 가지 감각에만 갇혀 버리곤 합니다. 대부분은 시각적 이미지에만 집중하는 경우가 많죠. 예를 들어, 종이 울리는 소리를 들으려고 했을 때, 대신 종이 흔들리는 장면이 떠올랐나요? 혹은 빵 냄새를 맡으려 했는데, 그 대신 빵 덩어리의 모습만 보였나요?

이처럼 한 감각이 다른 감각을 압도할 때는, 그 감각을 억누르려고 하지 말고 '기반으로 삼아 다른 감각을 확장'하세요. 즉, 거기서 멈추지 말고 그 감각을 디딤돌로 삼아 다른 감각을 불러오는 방식으로 감각화를 확장하는 겁니다. 연습을 다시 해 보세요. 이번에는 가장 강한 감각을 사용해, 약한 감각을 불러오는 방법을 시도해 보세요. 예를 들어,

- 시각이 가장 강하고 청각이 가장 약하다면, 종을 먼저 '보면서' 그다음에 소리가 울리도록 상상하세요. 단, 보이는 것에서 멈추지 말고 소리를 끝까지 이어 가야 합니다.
- 신체 감각(움직임)이 가장 강하고 시각이 약하다면, 성냥을 켜는 동작을 '몸으로 느낀 후' 불꽃이 피어오르는 장면을 떠올려 보세요.
- 청각이 가장 강하고 촉각이 약하다면, 해변에서 파도 소리를 먼저 듣고, 그다음 다리에서 모래를 털어내는 감각을 느껴 보세요.

이렇게 감각과 이미지를 조합해 가며 훈련하면, 당신의 내적 이미지와 감각화 능력의 질이 훨씬 깊어집니다. 결국, 더 많은 감각을 결합해 생생한 내적 경험을 만들어 낼수록, 당신의 감각화는 훨씬 생산적이고 의미 있는 결과를 만들어 냅니다. 그리고 이 감각화 능력을 개발하는 과정은 곧 알파파 생성 능력도 함께 향상시킵니다. 이는 잠재의식과 연결되는 '다리'를 강화하는 것을 의미합니다.

연습을 거듭할수록, 세타파 상태에서 떠오르는 내용(꿈, 깊은 명상 경험, 기억)에 접근하고 회상하는 능력이 훨씬 더 좋아질 것입니다.

'시각화'에 대해 알고 싶었지만 물어보기 망설였던 모든 것

아래 내용은 많은 사람이 시각화에 대해 자주 갖는 질문과 오해들을 정리한 것입니다.

"시각적 이미지(심상)는 어디서 경험되나요?"

대부분의 사람들은 눈앞 어딘가, 마치 영화 스크린에 비치듯 또는 주변에서 실제로 펼쳐지는 장면처럼 시각적 이미지를 경험합니다. 하지만 모든 사람이 이렇게 보지는 않습니다. 이미지가 나타나는 위치는 사람마다 다양합니다.

- 눈 뒤쪽, 머리 중앙 깊은 곳
- 머리 뒤쪽
- 몸 바깥, 등 뒤나 양옆 공간
- 머리가 아닌 몸속—심장, 명치, 혹은 위(배) 부근

또한 어떤 사람들은 두 군데 이상의 '시각적 장Field'을 동시에 경험하기도
합니다.

각각 다른 이미지 시나리오가 동시에 서로 다른 위치에서 펼쳐지는 경우도
있죠. 예를 들어, 나의 클라이언트 중 한 명은 '예'를 나타내는 시각 장과
'아니요'를 나타내는 시각 장을 따로 가지고 있습니다. 그리고 각 태도의
강도에 따라 시각 장의 크기가 달라지며 변합니다.

**"알파 상태를 베타 기능에 활용할 수 있나요? 예를 들어, 시각화를 이용
해 수학 문제를 풀 수 있나요?"**

어느 날 수업에서 마인드 미러Mind Mirror 시연을 하던 중이었습니다. 수업
에 참여한 한 남성에게 머릿속으로 수학 문제를 풀어 보라고 부탁했죠. 나
는 당연히, 이 과정에서 문제 해결과 논리적 사고를 담당하는 '베타파'가
두드러질 것이라 예상했습니다. 그런데 의외로, 그는 베타파는 거의 없고,
알파파가 풍부하게 나타나는 결과를 보여 주었습니다.

놀란 나는 그에게 "어떻게 계산했나요?"라고 물었죠. 그는 조금 쑥스러운
듯 얼굴을 붉히며 이렇게 답했습니다.

"음… 사실, 제 머릿속에서는 모든 숫자에 색깔이 있어요. 오렌지색과 초록
색을 더하면 답이 나오는 식이죠."

또 다른 사람은 알파 상태에서 수학을 풀 때 '공간적 배치'로 생각한다고
설명했습니다. 그의 방식은 어떤 숫자는 오른쪽, 어떤 숫자는 왼쪽, 또 어
떤 숫자는 멀리, 어떤 숫자는 가까이 배치해야 하는 식이었죠. 이렇게 아주
복잡한 시각적 공식(비주얼 포뮬러)을 사용해 계산을 수행했습니다.

아마 많은 사람이 머릿속 '칠판'에 숫자를 써 보거나, 머릿속 종이에 적어
보는 방식으로 시각화하며 계산하는 경험을 해 봤을 겁니다.

가장 흥미롭고 독특했던 사례는 수학 문제를 풀면서 강력한 세타파를 보였던 한 젊은 여성이었습니다. 그녀에게 "어떻게 계산했나요?"라고 묻자, 이렇게 설명했습니다.

"어릴 적 학교에서 수학을 배울 때, 사실 안경이 필요했지만 아무도 몰랐어요. 그래서 칠판 글씨를 읽을 수 없었죠. 결국, 저는 선생님이 머릿속으로 생각하는 걸 읽으면서 수학을 배웠어요!"

"감각화를 할 때, 나는 이미지 바깥에서 바라보는 건가요, 아니면 이미지 안에 들어가서 그 안에서 보고 느끼는 건가요?"

둘 다 가능합니다. 사람마다 감각화를 경험하는 방식은 조금씩 다릅니다. 어떤 사람들은 자신의 몸 안에 있는 듯, 실제 감각을 통해 직접 경험합니다. 시각적 이미지가 떠오르면, 마치 자기 눈으로 세상을 바라보듯 이미지를 보고, 촉각적 이미지가 떠오르면 실제로 손을 뻗어 물건을 만지는 듯 느낍니다. 반대로, 주로 시각 중심으로 감각화를 하는 사람들은 자신이 어떤 활동을 하고 있는 장면을, 바깥에서 제삼자 시점으로 지켜보듯 경험합니다.

예를 들어, 가이드 명상에서 '시골길을 걷는 상상'을 하라고 안내받았을 때, 이들은 자신이 길을 걷고 있는 모습을 밖에서 지켜보는 형태로 상상합니다.

그렇다면, 어떤 방식이 더 좋은 걸까요?

정답은 없습니다. 상황과 목적에 따라 둘 다 필요할 때가 있습니다.

이미지 속에 들어가기 어렵거나 두렵다면? 일부 클라이언트들은 너무 고통스럽거나 위험하게 느껴지는 장면을 직접 경험하지 않기 위해, 마치 투명한 플렉시 글라스(방탄 유리) 벽을 이미지와 자신 사이에 세워 두듯 상상합니다. 이렇게 하면, 이미지 안이나 바로 옆에 있을 때는 느낄 수 없는 안전감을 확보할 수 있죠. 그 덕분에 두려움이나 고통 때문에 감각화를 중단하지 않고, 끝까지 과정에 머물러 경험을 완성할 수 있습니다.

가장 이상적인 방법은 사실, 이미지 안에서도, 이미지 밖에서도 동시에 경험하는 것입니다. 모순적으로 들릴 수도 있지만, 실제로 많은 사람이 자연스럽게 할 수 있는 능력이기도 합니다.

이 능력을 기르기 위해서는 각각의 스타일을 따로 연습한 뒤, 두 가지를 결합하는 훈련을 해 보는 것이 좋습니다.

① 첫 번째 연습 – 이미지 안에서 경험하기

• 시골길을 걷는 장면을 떠올리세요.

• 길 양옆의 식물들을 보고, 색감과 형태를 관찰합니다.

• 손끝으로 잎사귀나 나무껍질을 만져 보고, 시간대, 날씨, 온도, 주변의 냄새와 소리
  까지 느껴 봅니다.

• 마치 당신의 몸 안에서, 자신의 눈으로 세상을 바라보는 듯 경험해 보세요.

② 두 번째 연습 – 이미지 밖에서 바라보기

• 같은 시골길 걷기 장면을 다시 떠올립니다.

• 이번에는 당신이 길을 걷는 모습을, 제삼자의 시선으로 멀리서 지켜봅니다.

• 그림 속 인물이 된 자신을 외부 시점에서 관찰해 보세요.

③ 세 번째 연습 – 두 방식을 결합하기

• 처음에는 이미지 안과 밖을 번갈아 오가며 경험합니다.

• 점점 전환 속도를 높여, 두 시점을 자연스럽게 빠르게 오가도록 연습합니다.

• 마지막에는 안과 밖의 시각을 동시에 유지하며 장면을 경험해 보세요.

이렇게 이미지 속을 자유롭게 움직이며 안팎을 넘나드는 유연성을 기르면, 감각화를 활용해 원하는 목적을 달성할 때 훨씬 강력하고 효과적인 결과를 얻을 수 있습니다.

"알파파로 만들어지는 이미지와 세타파로 만들어지는 이미지는 어떻게 다른가요?"

알파파가 만들어 내는 이미지는

- 더 선명하고, 또렷하며, 생생합니다.
- 색감이 강하고 다양하며, 윤곽이 깨끗합니다.
- 하지만 이런 이미지들은 깊은 의미나 내적 메시지와는 거리가 멀고, 위에서 연습했
  던 것처럼 원할 때 쉽게 만들어 낼 수 있는 '표면적 이미지'인 경우가 많습니다.

반면, 세타파가 만들어 내는 이미지는

- 더 어둡고, 흐릿하며, 경계가 불분명합니다.
- 대신, 개인적으로 매우 깊은 의미를 지니거나, 마치 어떤 '더 높은 힘'으로부터 내
  려온 영감 같은 느낌을 주기도 합니다.
- 어떤 때는 빛으로 둘러싸인 듯한 이미지로 나타나기도 하며, 그와 함께 '이것이 진
  실이다, 이 길이 맞다, 중요한 무언가에 닿았다'는 확신이 따라옵니다.

하지만, 세타파라고 해서 항상 깨달음과 통찰을 주는 것은 아닙니다. 때때로, 세타 상태는 안개 낀 늪처럼 혼란스럽고 알 수 없는 잠재의식의 영역을 헤매는 느낌을 주기도 합니다. 또한, 세타 이미지가 나타나기 전이나 함께, 푸른빛이나 보랏빛이 번져 오는 듯한 시각적 현상이 동반되기도 합니다. 이것은 세타파의 강한 파동을 나타내는 신호입니다. 혹시 "갑자기 번뜩 떠올랐다"라는 표현을 들어 본 적 있나요? 이 말은 바로 이런 세타 상태에서의 통찰과 연관된 표현으로 여겨집니다.

"이미지화(시각화) 능력을 어떻게 더 향상시킬 수 있나요?"

연습, 연습, 또 연습!
앞에서 제시된 감각화 연습을 활용해, 특히 자신이 약한 감각들을 집중적으로 훈련하세요. 하루 중 눈을 감고 감각화를 연습할 수 있는 순간들을 찾아보세요.

예를 들어, 아침 샤워를 하면서 눈을 감고 물이 얼굴을 스치는 감각을 느끼며, 그날 하루를 모든 감각으로 상상해 보는 것도 좋은 방법입니다. 그날 어떤 일이 일어나길 바라는지, 어떤 결과를 얻고 싶은지, 시각, 청각, 촉각, 후각, 미각을 모두 활용해 생생히 그려 보세요.

또한, 해결해야 할 문제나 답을 찾아야 하는 질문이 있다면, 머릿속으로 단어를 떠올리거나 스스로에게 말을 거는 대신, 이미지가 그 해답을 전달하도록 맡겨 보세요. 말로 설명하지 않고, 이미지로만 소통하게 하는 겁니다.

가장 중요한 건, "나는 시각화를 못 한다"라는 부정적 자기 암시를 버리는 것입니다. 이런 생각은 이미지화 과정을 방해하고 능력을 위축시킵니다. 떠오르는 모든 이미지를 하나하나 인정하고 받아들이세요. 비록 아주 짧은 순간의 선명한 이미지라 하더라도, 그 순간을 인식하고 감사히 받아들이면, 점차 그 선명함이 더 자주, 더 오래 지속되게 됩니다.

"이 이미지가 정말 내 안에서 나온 걸까요, 아니면 그냥 내가 꾸며낸 걸까요?"

많은 사람이 자주 묻고, 또 크게 혼란스러워하는 질문입니다. 그런데 이 질문의 답은 아이러니하게도 '둘 다 맞다'입니다. 당신이 '만들어 낸' 것이라 하더라도, 그것은 여전히 당신 안에서 나온 것입니다. 단지, 어떤 이미지는 잠재의식(무의식)에서 자발적으로 떠오른 것이고, 또 어떤 이미지는 의식적으로 생성된 것일 뿐, 발생하는 뇌의 층위가 다를 뿐입니다. 앞에서 설명한 알파와 세타 이미지의 특징들을 참고해, 당신의 이미지가 어떤 출처에서 비롯된 것인지 가늠해 보세요.

무엇보다 중요한 것은, 당신의 이미지를 믿는 것입니다. 개인 상담에서 경험한 바로는 많은 사람이 세타파에서 생성된 이미지를 통해 자신이 겪고 있는 어려움의 이유를 알려 주는 깊은 내적 메시지를 받곤 합니다.

예를 들어, 한 클라이언트는 어린 시절 어머니에게 학대받으며 느꼈던 아픔과 혼란을 세타 이미지로 떠올렸습니다. 그녀는 늘 '완벽한 어린 시절을 보냈다'고 들어 왔기 때문에, 이런 잠재의식적 이미지를 부정하려는 방어 기제를 갖고 있었죠. 그리고 나에게 이렇게 물었습니다.

"이게 진짜로 있었던 일인가요, 아니면 그냥 제 상상이 만든 건가요?"

내가 설명한 건 이렇습니다.

"만약 그것이 세타파에서 떠오른 이미지라면, 그 경험은 '당신 안에서' 진짜입니다."

어린 시절의 기억이 일부는 압축되고 일부는 사라졌을지라도, 그녀가 재경험하는 '핵심 감정과 상처'는 실제로 존재하며, 치유가 필요한 부분입니다. 이것이 반드시 기억 그대로의 '사실'을 의미하지는 않습니다. 어머니가 정확히 그렇게 행동했는지는 알 수 없지만, 그녀 안에서 '학대당한 경험'으로 자리 잡은 감정이 있다는 것은 부정할 수 없습니다.

설령 그녀가 의도적으로 어떤 장면을 만들어 낸다 해도, 그 소재 자체는 모두 그녀의 마음속 어딘가에서 기인한 것입니다. 따라서, 그녀가 감각화하는 모든 경험은 그녀 자신이 다루고 치유해야 할 가치 있는 경험으로 접근해야 합니다.

세타파의 세계

명상이나 깊은 내적 작업을 통해 의식 상태를 변화·확장시키다 보면, 강렬한 감정이나 오래 묻혀 있던 기억들이 떠오를 수 있습니다. 잠재의식에서 불쑥 올라오는 이런 내용들은 사람마다 긍정적이거나 부정적인 반응을 유발할 수 있습니다. 그리고 그것을 어떻게 다루느냐는 각 개인의 욕구, 경험, 심리적 특성에 따라 달라집니다.

만약 숨겨진 트라우마와 마주했을 때, 감당하기 힘들 정도로 깊이 빠져드는 느낌이 든다면, 숙련된 정신건강 전문가의 도움을 받기를 권합니다. 고통스러운 잠재의식의 내용을 정리·해소하는 과정이 효과적이고, 오래 지속되며, 안전하게 이루어지려면 적절한 지원이 필요할 수 있기 때문입니다. 세타파와 잠재의식에 대해 스스로 이해하고, 그동안 감춰져 있거나 쉽게 닿을 수 없었던 내용들에 능동적으로 접근하려는 노력을 기울이는 것이, 이런 경험을 다루는 가장 직접적이고 효과적인 방법입니다.

세타파의 내용에 접근하고 다루는 데 도움이 되는 가이드라인들이 있습니다. 하지만 그에 앞서, 먼저 사람들이 잠재의식의 내용을 접한 실제 사례들을 살펴보겠습니다. 이때 3장에서 다루었던 '문들의 집House of Doors' 명상법을 예시로 사용하겠습니다.

문을 열고 그 안에 무엇이 있는지 확인하는 순간, 세타파가 자극되며 잠재의식의 내용이 풀려나오기 시작합니다. 이 과정에서 경험할 수 있는 가능성은 무궁무진하며, 열 수 있는 '세타의 문' 또한 무한합니다. 아래는 클라이언트들과 진행한 세션 중 실제로 있었던 몇 가지 사례들입니다.

- 내용: 문 너머에는 오랫동안 열리지 않고 햇빛조차 닿지 않았던 방이 있었습니다. 방 안은 칙칙하고 어두웠으며, 두꺼운 먼지와 거미줄, 낡고 망가진 가구들로 가득 차 있었습니다. 숨쉬기조차 힘들 정도로 답답한 공간이었죠.
- 명상가가 한 일: 이 방은 그녀에게 오랫동안 들여다보지 않았던 자신의 잠재의식 전체를 상징했습니다. 그녀는 창문을 활짝 열고, 원래 없던 새 창문을 더 만들어 빛과 공기를 들여보냈습니다. 방을 철저히 청소하고, 가구들을 새롭게 배치해, 편안히 머물 수 있는 공간으로 바꾸었습니다. 이제 그녀는 잠재의식에 빠르게 접속하고 싶을 때, 이 '정화된 방'을 마음속 명상 공간으로 활용합니다.

사례 2

- 내용: 낡은 갈색 앤티크 문을 열자, 한 남성은 병실 침대에 누워 죽어 가는 아버지를 발견했습니다.
- 명상가가 한 일: 아버지는 이미 수년 전에 세상을 떠났지만, 그는 아버지와의 관계에서 느꼈던 미해결 감정과 상실의 고통을 여전히 잠재의식 깊은 곳에 묻어 두고 있었음을 깨달았습니다. 명상 중 그는 아버지와 함께 울었고, 자신이 저질렀던 잘못을 용서해 달라고 부탁했으며, 동시에 아버지를 용서한다는 마음을 전했습니다. 또한, 생전에 하지 못했던 '죽음의 순간에 아버지를 안아 주는 경험'을 이 명상 속에서 이루며, 마음속의 미완의 상처를 치유할 수 있었습니다.

사례 3

- 내용: 한 여성이 초록색 문을 열자, 방이 아니라 넓고 탁 트인 아름다운 전원 풍경이 펼쳐졌습니다.
- 명상가의 깨달음: 이 명상을 통해 그녀는 자연이 자신 안의 중요한 부분임에도 그동안 부정하며 살아왔다는 사실을 깨달았습니다. 도시에 살며 하루 대부분을 사무실에서 보내던 그녀는 자연 속에서 시간을 보내야 할 필요성을 인식하게 되었습니다.

사례 4

- 내용: 문을 열었지만 앞은 새까만 어둠뿐이었고, 아무리 애를 써도 아무것도 볼 수 없었던 클라이언트는 결국 낙담하며 돌아섰습니다.
- 명상가의 조치: 나는 그녀에게 다시 돌아가 "전등 스위치를 찾아보라"고 했습니다. 단순히 불을 켜자, 그곳은 어린 시절의 고통스러운 기억이 담긴 방이었음을 알게 되었고, 그녀는 그제야 그 기억들을 건강하고 의식적으로 다루는 과정을 시작할 수 있었습니다.

사례 5

- 내용: 문 위에 '잠김'이라고 적혀 있었고, 명상가는 온 힘을 다해 보았지만 그 문을 열 수 없었습니다.
- 어떻게 할까?: 이런 경우, 잠재의식이 그 안의 내용을 보호하려는 것입니다. 나는 그에게 그 문은 당분간 그대로 두고, 복도에서 '열쇠'라고 적힌 문을 찾아 들어가, 왜 그 문이 잠겨 있는지에 대한 단서를 찾아보라고 조언했습니다.

사례 6

- 내용: 왼쪽 문에는 '죽음', 오른쪽 문에는 '삶'이라고 적혀 있고, 각 문 뒤의 이미지도 그 이름과 일치했습니다.
- 의미: 잠재의식의 문들은 종종 이렇게 '대조되는 쌍(어둠과 빛, 기쁨과 슬픔)'으로 나타납니다. 이럴 때는 각각의 방을 탐색하며, 자신 안의 잠재의식을 더 깊이 이해하면 됩니다.

- 내용: 빨간 문을 열자, 안에는 거대한 불길, 벽처럼 치솟는 화염이 타오르고 있었습니다.
- 명상가의 깨달음: 그녀가 그 불길 속으로 발을 들여놓자, 이것이 오랫동안 마음속에 억눌러 숨겨 두었던 '분노'라는 것을 깨달았습니다. 이 명상을 통해 그녀는 자신의 분노를 직면하고, 이를 건강하게 표현하는 법을 배워야 한다는 필요성을 알게 되었습니다. 이후 이 '불의 방'은 그녀가 자신의 깊은 감정에 접촉하기 위해 자주 찾는 공간이 되었습니다.

- 내용: 문을 열자, 안에는 아름답게 꾸며진 명상 전용 공간이 있었습니다. 그곳은 고요하고 평화로우며, 아무런 변화도 필요 없는 상태였습니다.
- 명상가의 깨달음: 그녀는 자신 안에 평온히 머물 수 있는 내적 공간을 발견했고, 그곳을 명상과 내적 안정의 피난처로 삼을 수 있게 되었습니다.

회의론자의 이야기

나의 수업을 들었던 한 학생, 여기서는 J.T.라고 부르겠습니다. 그는 처음부터 명상 과정 자체에 회의적이었습니다. 워크숍 참여에도 소극적이었고, "낯선 사람들 앞에서 EEG(뇌파 측정기)에 연결된 채 앉아 있으면서, 과연 내 안에서 무슨 일이 일어나긴 할까?"라며 의심을 표했습니다. 그러나 '문들의 집House of Doors' 명상을 시도하면서, 그는 자신이 틀렸음을 기쁘게 깨닫게 되었습니다.

이 경험은 명상에서 떠오르는 내용과 그 의미의 해석이 얼마나 개인적이고 독특할 수 있는지 잘 보여 줍니다. J.T.가 본 '집'은 작은 예배당이었고, 거울이 가득한 공간에서는 길고 흰 로브를 입은 자기 자신의 모습을 보았습니다.

첫 번째 문은 육각형의 작은 예배당으로 이어졌습니다. 두 번째 문을 열자, 중세 고문실처럼 보이는 공간이 나타났습니다. 그 안에는 팔다리를 늘이는 고문대가 있었지만, 이내 그것은 '죽음의 침대'로 변했습니다. 이 침대는 그에게 영적 여정에서의 게으름과 동기 부족을 상징적으로 보여 주었고, 그가 받은 메시지는 명확했습니다.
"고난과 죽음을 더 이상 두려워할 필요가 없다."
J.T.는 명상이 끝난 후, 이 메시지에 담긴 사랑과 감동에 깊이 울컥했으며, 잠재의식에서 전해진 메시지의 힘에 크게 감명을 받았습니다. 또한, 이 모든 과정에서 EEG 장비가 전혀 방해되지 않았다는 사실에도 놀랐습니다.

세타파의 내용 다루기 – 원칙과 가이드라인

1. 내용을 두려워하지 말 것

- 어떤 이미지나 감정이 나타나든, 그것은 당신의 일부입니다.
- 불편하거나 낯설더라도 존중하고, 심지어 사랑할 가치가 있는 내면의 조각으로 받아들이세요.
- 이 이미지들과 그들이 상징하는 내적 상태는 고정된 것이 아니며, 언제든 변화시킬 수 있습니다.
- 그 내용을 바탕으로, 삶에 변화를 적용할 수 있습니다.

2. 모든 것을 한 번에 해결하려 하지 말 것

- 이해, 치유, 변화, 통합의 과정은 시간이 걸릴 수 있습니다.
- 단계를 나누어, 조금씩 작업을 이어 가는 것이 더 효과적입니다.

3. 언제든 다시 돌아올 수 있음

- 한 번 찾은 이미지는 다시 접속할 수 있습니다.
- 표식Marker이나 표지Signpost를 마음속에 남겨, 나중에 같은 의식 상태로 쉽게 돌아올 수 있도록 하세요.

4. 너무 벅차거나 아픈 내용도 결국 치유 가능

- 치유하려는 의지와 인내는 잠재의식에 놀라운 변화를 일으킵니다.
- 아무리 깊은 상처라도 결국 회복될 수 있음을 기억하세요.

5. 깊거나 특별한 경험이 없다고 해서 걱정하지 말 것

- 어떤 사람들은 깊은 통찰, 창조적 영감, 어려운 감정이 없으면 "나는 진짜 세타 상태가 아니구나"라고 생각합니다.
- 하지만, 세타는 그저 조용히 사색하고 쉬는 공간이 될 수도 있습니다.
- 반드시 '극적인 경험'이 있어야 하는 건 아닙니다.

6. 영적 연결을 키우기

- 자신이 믿는 신성한 존재나 더 높은 힘과의 의식적 연결을 만들거나 강화하세요.
- 이는 세타 상태에서 치유, 성장, 안정감을 위한 무한한 자원이 됩니다.

특정한 잠재의식의 내용을 의도적으로 탐색하기

3장에서 우리는 세타파에 접근하는 몇 가지 기본 가이드라인을 살펴봤습니다. 하지만 '문들의 집House of Doors' 명상은 어디까지나 '일반적인 세타 상태'에 접근하기 위한 도구일 뿐입니다. 그 안의 방에서 무슨 일이 일어날지는 어떤 특정 주제나 문제를 겨냥하지 않기 때문에 예측할 수 없습니다. 그렇다면, 특정한 잠재의식의 주제나 이슈를 탐색하고 싶다면 어떻게 해야 할까요?

잠재의식에 들어가는 방법은 여러 가지가 있지만, 그중에서도 이미지(시각화)를 활용하는 방법이 가장 직접적이고 효과적입니다. 이미지를 사용하면 알파파를 '다리Bridge'로 활성화하며 더 깊은 의식으로 내려갈 수 있고, 이를 통해 잠재의식의 내용을 즉각적이고 선명하게 인식할 수 있게 됩니다.

'문들의 집' 명상은 조금만 응용하면 특정 이슈에 집중할 수 있는 방식으로 변형할 수 있습니다. 방법은 다음과 같습니다.

1. 탐색하고 싶은 주제를 먼저 결정합니다.

- 그 주제를 한 단어나 이미지로 단순화하세요.
- 예를 들어, "나는 왜 담배를 끊기 힘든 걸까?"라는 질문 대신, '연기 나는 담배' 이미지나 '흡연'이라는 단어를 마음속에 떠올립니다.
- 연인 관계를 탐색하고 싶다면, "제인과의 관계를 어떻게 개선할 수 있을까?"라는 질문 대신, '제인', '관계', 혹은 단순히 '하트Heart' 이미지로 표현할 수 있습니다.
- 문제의 본질이 '소통', '만족감'과 관련 있다면, 그 단어들을 그대로 사용합니다.

2. 마음속에 그 단어나 심볼을 확실히 자리 잡게 한 뒤, '문들의 집' 명상으로 돌아갑니다.

- 복도를 걸으며 문들을 지나칠 때, 그 단어나 심볼이 붙은 문을 찾아 엽니다.
- 그리고 그 문 너머에서 펼쳐지는 것을 탐색하세요.

3. 방 안에서 나온 이미지와 상황을 있는 그대로 경험하며, 단계적으로 탐구합니다.

- 문을 열었을 때 자신을 본다면, 그 이미지에게 "이 문제를 해결하기 위해 무엇이 필요하니?"라고 물어볼 수 있습니다.
- 반대로 문 너머에 병실이나 죽음의 사신 같은 이미지가 나타난다면, 그 이미지가 보여 주는 흐름을 따라가며 더 깊은 이해를 얻으세요.

핵심은 잠재의식이 주는 정보를 '통제하려 하지 않고', 흐름을 따르는 것입니다.

물론 앞에서 살펴본 내면을 변화시키는 원칙(방 정리, 치유, 변형하기)을 적용할 수 있습니다. 그러나 그 전에, 내부에서 '무엇이 일어나고 있는지'를 알아야만 그 변화를 제대로 이끌어 낼 수 있습니다.

사람들이 세타파를 거의 만들어 내지 못하는 경우도 종종 있습니다. 이는 과거의 고통스러운 사건이나 기억이 잠재의식 깊숙이 묻혀 있고, 의식이 그것을 인지하지 못하도록 '잠가 버리기'로 선택했기 때문입니다. 이런 사람들의 뇌파를 관찰하면, 잠재의식의 내용이 의식에 드러나지 않도록 움직이는 모습을 EEG 모니터에서 실제로 볼 수 있습니다.

예를 들어, 그림 1A에서는 알파파가 강하게 형성되어 잠재의식과 의식(베타파) 사이를 이어 주는 다리 역할을 하는 모습이 나타납니다. 이 알파의 '다리' 덕분에 잠재의식의 내용이 의식으로 전해질 준비는 되어 있지만, 문제는 세타파가 전혀 없어서 전달할 실질적인 '내용'이 없다는 것입니다. 이런 경우, 나는 클라이언트가 세타파에 접근할 수 있도록 돕는 것을 다음 단계로 삼습니다.

이 방법은 아주 효과적입니다. 그러나 그림 1B와 같은 패턴이 나타나는 경우도 있습니다. 이 경우, 세타파가 막 나타나려는 순간, 그 직전까지 강하게 유지되던 알파파가 갑자기 사라져 버립니다.

내용은 존재하지만, 그 내용을 올려줄 '다리'가 사라지는 셈입니다. 세션 중에는 이 두 가지 패턴이 계속 번갈아 나타나는 사람들도 종종 있습니다. 한동안 알파를 활성화했다가, 세타가 나타나면 알파가 사라지고, 이렇게 반복되면서도 잠재의식의 내용에 안정적으로 접근하기 위해 필요한 '알파-세타의 조합'은 끝내 유지하지 못하는 경우죠.

이 문제를 해결하기 위해 나는 '상태State'와 '내용Content'을 동시에 다루는 두 갈래 접근법을 사용합니다. 즉, 의식 상태의 조정과 무의식 내용의 탐색을 병행하여 그 차단된 벽을 돌파하는 방식입니다.

이처럼 손에 잡히지 않고 억눌려 있는 잠재의식의 내용과 마주할 때, 나와 클라이언트는 이 경험을 끝까지 끌어내는 것이 과연 현명한지를 먼저 결정해야 합니다. 왜냐하면, 이 과정이 매우 충격적이거나 트라우마로 이어질 가능성이 있기 때문입니다.

예를 들어, S.P.라는 클라이언트가 있었습니다. 그녀는 여러 세션 동안 같은 패턴을 반복적으로 보였습니다. 스스로도 과거의 어떤 사건이 자신을 막고 있어, 잠재의식 깊은 곳으로 완전히 내려가고 기억을 회상하는 것을 방해하고 있다는 사실을 알고 있었죠.

충분한 대화를 나눈 후, S.P.는 "무슨 일이 있었든, 그 모든 것을 완전히 의식으로 되살리고 싶어요."라는 결심을 했습니다. 하지만 그녀의 기억은 아주 간헐적으로만 돌아왔고, 그마저도 시각이나 청각이 아닌 '신체 감각(움직임)'과 '맛'의 이미지로만 나타났습니다.

S.P.가 되살려 낸 기억들은 끔찍했지만, 조각조각 불완전한 이야기로 나타났습니다. 나는 그녀에게 "안전하다고 느낄 때만 이미지를 찾도록 천천히 진행하자"고 권유했습니다.

또한, 어린 시절의 사건을 세세하게 전부 알지 않아도 치유는 가능하다는 점을 분명히 설명했습니다. 그녀는 스스로, 그리고 나와 함께 1년 넘게 이 과정을 이어 갔고, 마침내 추가적인 세부 정보를 알 필요 없이 충분히 치유와 해소에 도달할 만큼의 퍼즐 조각을 맞출 수 있었습니다. 결국 S.P.는 그동안 붙잡혀 있던 문제들을 정리하고, 삶을 앞으로 나아갈 수 있게 되었습니다.

S.P.의 뇌파 패턴은 그녀가 그 영역을 다루는 동안에도 여전히 작지만 불안정한 세타파를 보였습니다. 그러나 그녀는 그 모든 것을 더 붙잡지 않고 놓아주기로 선택했고, 이제는 세타파를 영적 성장에 초점을 맞춰 강화하는 명상을 이어 갈 준비가 되었다고 느꼈습니다. 그녀의 이후 명상 연습은 더 높은 힘과의 연결과 자신의 인생 여정에서 올바른 길을 찾는 것에 집중하게 되었습니다.

잠재의식의 내용에 얼마나 깊이 파고들지, 언제 놓아줄지는 매우 개인적인
선택입니다. 나는 클라이언트에게 억눌린 기억을 억지로 들여다보라고 강
요하지 않습니다. 하지만,

그들이 만족스러운 해소와 해결점에 도달할 수 있도록 끝까지 돕습니다.
그리고 그 '만족스러운 지점'은 사람마다 모두 다릅니다. 만약 스스로 잠재
의식의 내용을 다루기 벅차게 느껴진다면, 나는 반드시 전문가의 도움을
받으라고 권합니다. 특히 다음과 같은 위험 신호가 나타난다면, 혼자서 진
행하지 말고 즉시 지원을 받는 것이 안전합니다.

하지만 대부분의 사람들은 명상과 뇌파 훈련을 통해 억눌린 내용(잠재의식)
을 안전하고 자신 있게 탐색할 수 있습니다. 이 과정을 건강하게 이어 갈
수 있는 다양한 방법도 존재합니다.

'상태State'를 활용해 '내용Content'에 접근하기

이럴 때 직접적인 바이오피드백이 매우 유용합니다. 예를 들어, 뇌파 패턴
이 알파는 강하지만 세타는 없는 상태일 경우, 나는 가이드 명상을 통해 그

사람을 세타파 상태로 천천히 내려가게 합니다. 그 과정에서 알파파가 사라지기 시작하면 즉시 피드백을 주며 알파를 다시 활성화하도록 유도합니다. 연습을 거듭하면, 대부분의 사람들은 세타 상태로 내려가면서도 알파를 유지하는 법을 배울 수 있습니다. 그러나 일부 사람들에게는 세타파가 알파와 함께 유지되는 것을 극도로 거부하는 패턴이 나타납니다. 대개 이런 경우, 세타파는 혼자서도 매우 강력하게 나타나며, 이는 잠재의식에 억눌린 내용이 상당히 많다는 신호이기도 합니다. 이럴 때 나는 역방향 접근법을 사용합니다.

- 먼저 알파는 신경 쓰지 않고,
- 깊고 강한 세타 상태로 충분히 내려가게 한 뒤,
- 거기서 조심스럽게 알파를 조금씩 불러옵니다.

이때, 한 번에 많은 이미지가 쏟아지지 않도록, 조금씩 천천히 잠재의식의 내용들을 '배출'해 나갑니다. 이렇게 세타를 유지하면서 알파를 개발하는 방법이 억눌린 기억을 회수하고 다루는 데 더 효과적일 때가 많습니다. 다만, 전문가의 지도 없이 혼자서 이 과정을 시도하기는 쉽지 않습니다.

"혼자서도 이 과정을 할 수 있나요?"

억눌린 잠재의식의 내용 때문에 생긴 내적 차단을 풀기 위해, 혼자서 시도할 수 있는 단계들이 있습니다. 아래에 소개할 방법은 명상과 내적 대화를 활용하여, 이 차단을 통과하고 잠재의식의 깊은 층위에 접근하도록 돕는 과정입니다.

이 명상을 시작하기 전에, 다음 사항을 준비하세요.

- 충분한 시간과 방해받지 않는 공간을 확보하세요.

- 시작 전에 전체 지시문을 먼저 한 번 읽고, 각 단계를 익혀 두세요.

- 명상에 앞서 몸과 마음을 이완하되, 의식이 흐려질 만큼 깊게 잠들지 않도록 주의하세요.

- 원한다면, 아주 잔잔하고 방해되지 않는 명상 음악을 배경에 깔아도 좋습니다. (음악은 거의 들리지 않을 정도로 낮게 틀어야 합니다.)

우리 안의 수많은 '부분들'

이후에 이어질 연습들을 하기 전에 꼭 기억해야 할 하나의 기본 원리가 있습니다. 우리는 누구나 여러 개의 '나'—다양한 내면의 부분들—로 이루어진 존재입니다. 이 각기 다른 측면들은 때로는 협력하고, 때로는 따로 작용하면서 지금의 '나'라는 복합적인 인간을 만들어 냅니다.

이 내면의 시스템 안에는 일종의 '자기 생태'가 존재합니다. 즉, 우리 안의 모든 부분은 궁극적으로 나를 지키고 돕기 위해 존재한다는 것입니다.

겉보기에는 어떤 내면의 부분이 나에게 해로운 것처럼 느껴질 수도 있습니다. 하지만 그 부분이 원래 맡았던 '의도'나 '목적' 자체는 언제나 긍정적입니다.

다만 삶의 어느 시점에서, 그 부분이 잘못된 방향으로 오해받거나 왜곡된 방식으로 작동하게 되어서 지금은 스스로를 방해하거나 상처 주는 형태로 나타날 수 있지만, 그 뿌리를 더듬어 보면, 그 부분은 '나를 보호하고 살아남게 하려는 선한 의도'에서 출발한 것입니다. 결국, 우리 내면의 모든 부분은 각자 나름의 방식으로 '나의 전체를 지키려는 노력의 일부'인 셈입니다.

내면의 '차단' 탐색하기

1단계 – 시작 전 준비

명상을 시작하기 전에, 이번에 무엇을 탐색할지 먼저 마음속으로 정해 보세요. 이 명상에서는 차단 그 자체에 집중합니다. 즉, 차단 너머에 무엇이 있는지는 아직 탐색하지 않고, 먼저 차단을 인식하고 이해하는 것에만 집중합니다. (차단 뒤의 내용은 이후 단계에서 다루게 됩니다.)

[＊＊＊]

2단계 – 마음과 몸을 가라앉히기

마음을 고요히 하고, 몸의 긴장을 풀어 줍니다. 어떤 결과나 해답을 기대하는 마음, 미리 떠올린 선입견을 모두 내려놓으세요.

[＊＊＊]

3단계 – 알파파를 열기 위한 이미지 프레임 만들기

명상 안에서 머물 수 있는 이미지의 틀을 스스로 만들어 보세요. 이 프레임은 알파 상태로 들어가도록 돕는 역할을 합니다.

(＊＊＊-이 단계는 충분한 시간이 필요하면 길게 이어 가도 좋습니다.)

4단계 – 더 깊이 내려가 세타파에 도달하기

이제 명상을 한층 더 깊이 가져가, 자신의 내면 깊숙한 곳으로 내려가 세타 상태를 만듭니다.

(＊＊＊-이 과정도 충분한 시간을 들여, 깊이 몰입할 수 있도록 합니다.)

5단계 – '차단'을 만든 내면의 부분과 접촉하기

이제 당신 안에서 이 차단을 만든 '부분'과 천천히 접촉하기 시작합니다. 이 단계에서 그 부분을 완전히 선명하게 시각화할 필요는 없습니다. 그저 그 '부분'이 존재한다는 느낌과 감각만 연결되면 충분합니다. 물론, 더 선명히 떠올릴수록 이후의 대화와 작업이 쉬워지므로, 가능한 만큼만 노력해 보세요.

[＊＊＊]

6단계 – 이 '부분'을 나타낼 표현 찾기

차단을 만든 이 부분과 연결될 수 있는 방법을 찾아보세요.

- 상징Symbol
- 이미지나 색깔
- 몸의 감각
- 그 외의 감각적 표현 등

어떤 형태든 좋습니다. 이 '부분'이 인식 가능한 형태로 나타나도록 해 보세요.

[＊＊＊]

7단계 – 내적 대화 시작하기

이제 이 '부분'과 마음속으로 대화를 시작합니다.

- 먼저 대화를 할 의지가 있는지 물어보세요.
- "예"라는 반응이 오면, 그대로 대화를 이어 가면 됩니다.
- "아니요"라면, "어떻게 하면 내가 너와 대화할 수 있겠니?"라고 물어보세요.

- 아무 반응이 없더라도, "예"라고 가정하고 대화를 이어 가세요.

이 대화에서 답을 얻는 방식은 다양할 수 있습니다.

- 말로 들을 수도 있고,
- 이미지나 몸의 감각으로 느낄 수도 있으며,
- 그냥 '알아차리는 느낌'으로 전해질 수도 있습니다.

어떤 방식이든 지금 떠오르는 것을 신뢰하세요.

[＊＊＊]

8단계 - '차단을 만든 부분'과 깊은 대화 나누기

이제 이 '부분'과 조금 더 깊이 있는 대화를 이어 갑니다.

- 먼저 이렇게 물어보세요. "지금 어떤 기분이니?" 이 부분이 스스로 표현할 수 있는 방식으로 답하게 해 주세요.
- 이어서 질문할 수 있습니다. "얼마나 오래 이곳에 있었니?", "너에게 필요한 것은 무엇이니?" (잠시 30초~1분 정도 침묵하며, 그 부분이 답할 시간을 줍니다.)

계속해서 대화를 이어 가며, 이 부분이 왜 이런 행동을 하는지 이해해보세요. 질문할 수 있는 예시는 다음과 같습니다.

- "넌 내 삶에서 어떤 역할을 하고 있니?"
- "나를 위해 어떤 긍정적인 목적을 지니고 있니?"
- "넌 나를 어떤 방식으로 돕고 있니?"

또, 떠오르는 자신만의 질문들을 해도 좋습니다.

(이 탐색은 최소 2분 이상 시간을 들여 충분히 이어 가세요.)

9단계 – 이 '부분'에 '감사의 마음' 전하기

이 부분이 당신을 위해, 나름의 이유로 일해 왔음을 인정하고 그 노력에 대해 감사의 마음을 표현하세요. 비록 그 방식이 지금은 당신에게 해를 끼쳤을지라도, 본래는 자기 보호나 생존을 위한 의도였다는 점을 이해하려고 해 보세요.

[＊＊＊]

이 단계는 많은 사람이 어려워하는 부분입니다.

- 어떤 사람들은 자신의 성장을 막아 온 이 부분에 대해 분노와 원망이 너무 커서 감사하기 어렵다고 느끼기도 합니다.
- 그러나 잠재의식은 때로는 길을 잘못 들었더라도, 궁극적으로는 당신을 지키려는 의도를 갖고 있음을 믿으세요.
- 감사의 마음을 표현한다는 것이 이 부분의 '잘못된 방식'을 계속 허용한다는 뜻은 아닙니다.
- 그저 그 의도 자체를 인정하고 존중한다는 의미입니다.

[＊＊]

10단계 – 이 '부분'에게 '내 마음과 상황'을 설명하기

이제 당신의 감정과 입장을 이 부분에게 솔직하게 설명하세요.

- 의식적으로는 이 부분이 당신을 막아 왔고, 해로웠다는 사실을 충분히 알고 있더라도, 잠재의식의 이 부분은 그 사실을 이해하지 못할 수 있습니다. 그러니 신중하게 설명해 주어야 합니다.

- 비난하지 말고, 마치 다른 사람과 소통할 때 사용하는 모든 '건강한 대화 기술'을 활용하세요.
- 이 '차단' 때문에 당신이 어떤 어려움을 겪었는지, 이로 인해 삶에서 어떤 의미와 문제들이 생겼는지 구체적으로 이야기해 주세요.

[＊＊＊]

11단계 – 앞으로 원하는 방향을 정리하기

이제 이 차단이 처음 만들어진 이유를 돌아봅니다.

- 이 차단이 당시에는 필요했을 수도 있지만, 지금도 여전히 필요할까요?
- 아니면 그 필요성이 사라졌거나 변했을까요?
- 이제 당신은 잠재의식에게 무엇을 원하나요?
    - 이 '부분'이 더 이상 차단을 유지하지 않도록 할 것인지,
    - 아니면 그 에너지를 새로운 방식으로 재조정하도록 할 것인지,
    - 혹은 새로운 역할을 맡게 할 것인지를 결정하세요.

[＊＊＊]

12단계 – 잠재의식에게 '원하는 것'을 직접 전달하기

이제 당신이 잠재의식에게 바라는 바를 명확히 전하세요.

- "지금 내가 나 자신을 위해 필요한 것을 얻을 수 있도록 도와줘."라고 부탁합니다.
- 필요하다면, 이렇게 상기시켜 주세요. "너는 원래 나를 돕기 위해 존재하는 거야. 그런데 네가 과거에 해 온 방식은 이제 더 이상 나에게 도움이 되지 않아."

[＊＊＊]

13단계 – 잠재의식과 협상하기

이제 실제로 이 '부분'과 협상합니다.

- 질문을 사용하며 대화를 이어 가세요.
- 만약 이 '부분'이 여전히 보호나 생존 같은 이유로 계속 작동해야 한다면, 그 역할을 부정적인 부작용 없이 수행할 다른 방법이 있는지 물어보세요.
- 반대로, 이제 그 역할 자체가 필요 없게 되었다면, "이제 그 일을 그만둘 수 있겠니?"라고 부탁합니다.

도움이 될 수 있는 질문들:

- "네가 나를 막지 않으려면 무엇이 필요할까?"
- "더 나은 변화를 만들기 위해 어떤 일이 일어나야 할까?"

[＊＊＊]

14단계 – 잠재의식과 합의하기

이제 잠재의식의 '부분'과 명확한 합의를 만드세요.

- 필요하다면 시간적 조건이나 생활 속 맥락을 설정할 수 있습니다.
- 예: "내가 이것을 하면… 너는 이 차단을 사라지게 해 줄 거지?"

[＊＊＊]

15단계 – 협조에 대한 감사 표현하기

이 '부분'이 협력하려는 의지를 보여 준 것에 대해 감사의 마음을 전하세요.

[＊＊]

16단계 – 마무리 준비

명상을 마무리하기 전에,

- 잠재의식의 이 '부분'에게 지금 하고 싶은 말이 더 있는지 물어보세요.

- 당신 또한 이 '부분'에게 전하고 싶은 마지막 말을 해 주세요.

- 필요하다면, 앞으로 특정한 시점에 다시 이 잠재의식의 내용을 확인하기로 약속할 수도 있습니다. (새로운 '재프로그래밍'이 잘 작동하고 있는지, 혹은 새로운 문제가 생겼는지 확인하기 위해.)

[＊＊＊]

17단계 – 명상 종료 및 깨어나기

- 명상을 마무리하며, 깊고 빠른 숨을 여러 차례 들이쉬고 내쉬며,

- 온몸을 스트레칭하며 서서히 깨어납니다.

[＊＊＊]

18단계 – 경험을 '현실로 정착'시키기

- 이번 명상에서의 경험을 말이나 글로 정리하세요.

- 노트에 적거나, 믿을 수 있는 사람과 이야기로 나누며, 이 경험을 삶 속에 고정시킵니다.

(필요한 만큼의 시간을 갖기)

내면의 특정 '부분'이 하는 역할에서 처음에는 도무지 긍정적인 목적을 찾지 못할 수도 있습니다. 그럴 때는 계속 질문을 던지고, 그 부분의 뿌리를 추적해야 합니다. 처음엔 납득이 되지 않더라도, 계속 파고들다 보면 원래의 '긍정적 의도'에 닿게 됩니다.

예시: 한 여성이 자신에게 강렬한 감정적 고통을 만들어 내는 내면의 부분을 마주하게 되었습니다. 그녀는 이 '고통'에게 묻습니다.

> • "네가 내 삶에서 맡고 있는 역할은 뭐니? 어떤 긍정적인 목적을 갖고 있니?"
> • '고통'은 이렇게 답합니다. "널 벌주는 거야."

이게 긍정적인 의도로 보이지 않으니, 그녀는 멈추지 않고 다시 묻습니다.

> • "벌주는 것의 긍정적 목적은 뭐야? 그게 어떻게 나를 돕는 거니?"
> • '고통'은 답합니다. "네가 스스로를 나쁘게 느끼도록 하기 위해서."

여전히 긍정적이지 않죠. 그녀는 계속 추적합니다.

> • "내가 스스로 나쁘게 느끼는 게 나에게 어떤 도움이 되니?"
> • '고통'은 답합니다. "네가 선을 지키게 하려고."

이제 조금씩 실마리가 풀리기 시작합니다. 하지만 여전히 충분히 긍정적이라고 느끼지 못하니, 그녀는 계속 묻습니다.

> • "내가 선을 지키게 하는 것이 나에게 어떤 도움이 되니?"
> • '고통'이 답합니다. "네가 실수하지 않도록 막아 주는 거야."

그래도 충분하지 않다고 느낀 그녀는 마지막으로 묻습니다.

> • "내가 실수를 하지 않도록 막아 주는 것이 나에게 어떤 도움이 되니?"

마침내, '고통'이 진짜 핵심을 드러냅니다.

"너를 위험으로부터 지켜 주기 위해서야."

여기까지 추적하고 나서, 그녀는 지금까지 느껴 왔던 감정적 고통이 사실은 '실수를 통해 위험에 노출되지 않도록 보호하기 위해' 잠재의식이 만든 메커니즘임을 깨닫습니다.

물론, 이 시스템은 현재의 삶에서는 비논리적이고 비효율적인 방식일 수 있습니다. 하지만 처음 이 메커니즘이 만들어질 당시에는 그녀를 지키기 위한 절박한 해결책이었을 가능성이 큽니다. 대화를 이어 가면서, 그녀는 이 '고통'이 사실 어릴 적 다소 학대적이었던 어머니로부터 자신을 보호하기 위해 만들어졌다는 사실을 알게 됩니다.

어머니는 그녀가 실수를 할 때마다 위협하거나 벌을 주었고, 그녀의 어린 마음은 '실수하지 않거나, 최대한 적게 해야만 살아남을 수 있다'는 신념을 갖게 된 것이죠.

그래서 잠재의식이 '고통'이라는 시스템을 만들어,

- 충분히 아프고 괴로워지면 '선을 지켜야 한다'는 사실을 기억하게 하고,
- 실수를 줄여, 어머니의 분노와 학대에서 벗어나도록 스스로를 보호하려 했던 것입니다.

우리의 잠재의식은 '보호'와 '생존'을 위해서라면, 때때로 매우 극단적이고 기묘한 방식으로 우리를 지키려는 전략을 세웁니다.

불(火) – 잠재의식 속에 묻힌 기억

한 중년의 건설 노동자가 나를 찾아왔습니다. 그는 "시각화를 전혀 할 수 없고, 꿈도 한 번도 기억한 적이 없다"고 호소했습니다. 그의 뇌파 프로필을 확인해 보니, '억눌린 내용'이 있는 전형적인 패턴이 나타났습니다. 단 한 번의 세션 만에, 그는 어린 시절 겪었던 심각한 화재 사고의 기억을 떠올렸습니다. 그때 그가 본 장면들은 너무도 끔찍하고 충격적이어서, 그는 '다시는 스스로 시각화하지 않겠다'는 결정을 잠재의식 속에서 내려 버린 것이었습니다.

그 화재의 기억은 깊이 세타파 영역 속에 묻혀 있었고, 그의 뇌파 패턴은 그 기억과, 그에 수반된 공포와 참혹한 이미지들이 떠오를 수 있는 의식 상태로는 결코 들어가지 않도록 스스로를 차단해 왔던 것입니다.

하지만, 몇 차례 세션을 거치며 그 기억들이 안전하게 드러나고 표현될 수 있도록 작업하자, 그는 서서히 다시 꿈을 기억할 수 있게 되었고, 명상 중에도 시각화가 가능해졌습니다.

그러나 차단 뒤에 숨겨진 내용이 의식으로 드러나는 과정이 항상 이렇게 쉽지는 않습니다. 때로는 차단이 훨씬 복잡하고, 그 기억을 떠올리는 대가(정서적 부담)가 매우 크기 때문입니다. 따라서, 의도적으로 깊이 묻어 둔 잠재의식의 내용에 접근할 때는 항상 천천히, 존중하는 태도로 접근해야 합니다. 만약 그 내용을 의식으로 떠올렸을 때 감당하기 힘든 정서적 반응이 예상된다면, 잠재의식의 작동 원리를 이해하는 상담사나 치료사의 도움을 받는 것이 바람직합니다.

벽 뒤에서

한 여성이 극심한 고통과 두려움을 안고 나를 찾아왔습니다. 그녀는 11살 이후로 샤워를 하지 못했으며, 샤워 커튼을 닫으려고 하면 극도의 공포에 휩싸였고, 이 시기 전후로 몇 년 동안의 기억 공백도 있었습니다.

나는 앞서 설명한 내적 대화 기법을 활용해, 그녀가 이 '차단'과 접촉하도록 이끌었습니다.

그녀의 마음속에서 이 차단은 높고 두꺼운 회색 벽의 이미지로 나타났습니다. 그녀는 그 벽을 돌아서거나 넘을 수도 없었습니다. 몇 차례의 섬세한 세션을 거쳐, 그녀는 마침내 벽이 '안쪽을 들여다보는 것'을 허락하도록 설득할 수 있었습니다. 우리는 이제 드디어 기억 차단 뒤의 진실에 닿을 거라 생각했죠. 하지만, 벽을 지나 도달한 곳에는 산이 하나 서 있을 뿐이었습니다. 즉, 또 다른 차단물이 있었던 겁니다.

그 뒤로도 더 많은 작업을 거쳐, 서서히 조금씩 기억의 조각들이 흘러나오기 시작했습니다. 결국 그녀는 샤워할 때마다 오빠들에게 학대받았던 기억을 떠올리게 되었습니다. 이처럼, 내적 대화 기법은 거의 모든 종류의 잠재의식적 내용 탐색에 응용할 수 있습니다.

예를 들어, 게으름이나 무질서함을 겪고 있다면, 그 상태를 만들어 내는 내면의 부분을 상징하는 이미지나 심벌을 찾아, 그것이 어떤 '긍정적 목적'을 위해 존재하는지 탐색할 수 있습니다.

절차와 질문은 앞서의 18단계와 동일하며, 다만 중심 주제(게으름, 두려움, 불안 등)만 바뀌는 것입니다.

이 방식은 성공에 대한 두려움, 자기 파괴, 혹은 절망, 불안, 죄책감, 분노, 공황과 같은 감정에도 그대로 적용할 수 있습니다. 즉, 이해되지 않는 감정, 욕구, 태도, 행동, 또는 내적 갈등이 있을 때마다, 잠재의식에게 그 원인을 묻고, 정보를 얻고, 해법을 찾아낼 수 있는 방법입니다. 이를 통해 잠재의식의 '배선Wiring'을 다시 설정함으로써, 더 건강하고, 행복하며, 균형 잡힌 안정된 마음 상태를 가질 수 있게 됩니다.

초월의 경험

C.R.이라고 부르겠습니다. 그녀는 32세의 치료사로, 오랜 시간 동안 개인의 성장 작업을 해 왔고 명상과 치유 상태에도 익숙한 사람이었습니다.

초기 뇌파 프로필을 확인했을 때, 그녀는 명상 중 '깨어 있는 마음 패턴 Awakened Mind Pattern'을 강하게 보이면서도, 세타파와 델타파가 과도하게 많고, 이를 의식과 이어 주는 '알파 브리지'가 불안정해 차단된 상태였습니다. 그녀의 목표는 '잠재의식을 꺼내서, 그 자체로 강하게 만들고 싶다'는 것이었습니다.

두 번째와 세 번째 세션 동안 우리는 알파를 안정시키고, 그녀가 잠재의식의 내용을 접하면서도 알파를 유지할 수 있도록 돕는 작업을 진행했습니다. 그 과정에서 그녀가 발견한 차단물은 '벽돌로 된 벽'이었습니다. 이 벽은 그녀를 학대와 영성이 뒤엉킨 덩어리로부터 보호하고 있었습니다. 그녀는 어린 시절 학대 경험을 영성과 얽혀서 받아들였고, 그 결과 성인이 된후에도 '학대당하는 것이 영적 의미나 필연성이 있다'는 감각을 품게 되었습니다.

이 시점에서 우리는 깨달았습니다. 그녀가 치유되기 위해서는 그녀의 강력한 영적 본질이 더 온전히 드러나도록 허용해야 한다는 것을.

C.R.은 네 번째 세션에 두 가지 주요 이슈를 안고 왔습니다.

첫째, 치료 과정에서 그녀는 열 살 때의 자기 모습을 떠올리게 되었습니다. 그 이미지는 빛나는 긴 금발 머리의 소녀였고, 그 소녀는 이렇게 말했습니다. "간섭하지 마. 넌 항상 나를 믿지 않잖아. 그냥 내버려 둬. 내 과정을 믿어 줘. 더 이상 통제하려고 하지 마."
C.R.은 이 소녀가 오랫동안 자신이 찾아 헤매던 어떤 중요한 열쇠라고 느꼈습니다.

둘째, 그녀는 자신의 인간관계, 특히 우정과 관련된 문제도 탐구하고 싶어 했습니다.
C.R.은 자주 외로움과 고통을 느꼈는데, 그 이유는 친구들이 자신이 원하는 만큼 곁에 있어 주지 않는다고 느꼈기 때문입니다. 그녀는 왜 다른 사람에게 '연결되고, 이해받고, 받아들여지는 느낌'을 받는 것이 자신의 행복감에 그렇게 필수적인지를 살펴보고 싶어 했습니다. 그리고 타인에게 너무 많은 요구를 하거나, 그로 인해 거절당해 상처받지 않으면서도 이 욕구를 충족할 수 있는 더 나은 방법을 찾고자 했습니다.
명상으로 그녀를 이끌자, C.R.은 강력한 잠재의식·무의식과 함께 '깨어 있는 마음 패턴Awakened Mind Pattern'으로 빠르게 진입했습니다. 그녀는 다시 열 살의 소녀와 접촉했고, 그 소녀는 변화의 과정을 시작했습니다. C.R.이 묘사한 그 경험은 이렇습니다.
"그 소녀는 어떤 신성한 존재로 변하고 있어요. 힘과 빛을 뿜어내는… 강렬하고, 강력하면서도, 아름답고, 부드러운 존재예요. 이 모습을 보면서 깊이 감동되고, 마음 깊숙이 닫혀 있던 무언가가 열리는 걸 느껴요."

나는 C.R.에게 물었습니다. "이 신성한 존재가 그동안 친구들에게서 얻지 못했던 '지지와 연결감'을 줄 수 있을까?"

C.R.은 부끄러움, 부정, 두려움을 잠시 느낀 뒤, 마침내 그 빛나는 존재가 전한 말을 털어놓았습니다. "나는 본질이다. 나는 빛이다. 나는 영원하다. 네가 인식하든 하지 않든, 나는 언제나 여기 있다."

그녀는 이 순간, '행동이나 생각이 필요 없는 존재감의 상태'와 깊은 평화, 그리고 모든 것을 아는 듯한 감각에 둘러싸이는 느낌을 받았다고 말했습니다.

이때 C.R.은 스스로에게 의문을 품었습니다. "왜 나는 그동안 이 상태를 경험하지 못했을까?"

혹시 이 감각을 의식적으로 받아들이면, 친구 관계나 인간적 연결을 필요로 하지 않게 될까 봐 두려웠던 걸까? 결국 그녀는 깨달았습니다. 자신 안의 초월적인 부분과 연결되면, 은둔자가 될지도 모른다는 막연한 두려움 때문에 그동안 이 감각을 피하고 있었다는 사실을. 그리고 그 결과, 자신이 사실은 밖에서 찾을 수 없는 상태를 친구들과의 관계에서 억지로 기대하고, 거절당하며 상처받아 왔음을 이해하게 되었습니다.

이 세션 이후 C.R.의 삶은 외적으로도, 내적으로도 큰 변화를 겪게 되었습니다. 그녀는 연인을 떠나보내고, 몇 달간 여행을 다니며 스스로를 재정비했습니다. 그리고 이렇게 기록을 남겼습니다.

"내가 생각하는 방식, 세상을 바라보는 시각, 다른 사람들과의 관계가 많이 재구성되었습니다. 이 경험에서 비롯된 내적 변화는 아직 연약하기 때문에, 많은 이에게 이 세션을 이야기하지 않았습니다. 말로는 그 깊이를 전할 수도 없고, 지금 내 안에서 자라고 있는 것을 보호하고 싶기 때문입니다. 이 세션에서 가장 중요한 깨달음 중 하나는 어린 시절 내가 겪었던 학대가 내 본질을 파괴하지 못했다는 사실, 즉 내 핵심은 온전하다는 것이었습니다. 오랫동안 곪아 있던 상처가 이제 비로소 치유되기 시작할 수 있겠지요.… 나는 이제, 평생 찾아 헤매던 내적 안식을 드디어 느낄 수 있을까요?"

마음의 재료

'우수성과 마인드High-Performance Mind'는 '의식의 상태'와 '의식의 내용'이 결합될 때 형성됩니다. 앞서 살펴본 것처럼, 이를 이루는 최적의 의식 상태는 베타, 알파, 세타, 델타가 조화를 이루는 '깨어 있는 마음Awakened Mind' 뇌파 패턴입니다. 이 뇌파들이 담고 있는 내적 콘텐츠를 현명하게 활용하면, 우리가 추구하는 자기 이해와 통찰을 얻을 수 있습니다. 이 장에서는 명상을 통해 '마음의 재료'를 발전시키고 다루는 과정을 살펴보았습니다. 다음 장들에서는 이 우수성과 마인드를 '치유'와 '창조성'의 영역에서 어떻게 활용할 수 있는지를 탐구하게 될 것입니다.

5장

치유

치유란 '전체성을 회복하는 것', '건강하게 만드는 것', '균형 잡힌 상태로 되돌리는 것'을 의미합니다.

치유는 두 가지 측면에서 바라볼 수 있는데, 바로 자기 치유와 타인 치유입니다. 자기 치유란 신체적, 정서적, 정신적, 그리고 영적인 차원에서 자신을 온전히 회복시키기 위해 사용할 수 있는 모든 자원을 적극적으로 활용하는 것입니다.

반면 타인 치유는 우리가 자기 치유에 활용했던 자원을 포함해, 다양한 자원과 역량을 바탕으로 다른 사람들도 온전함을 되찾도록 돕는 과정을 말합니다.

자기 치유 Self-Healing

'자기 치유'란 혼자서 모든 것을 해결해야 한다는 뜻이 아닙니다. 자기 치유의 핵심은 자신의 건강에 대해 스스로 책임을 지고 주도권을 갖는 것입니다. 다른 사람에게 모든 선택과 권한을 넘기는 것이 아니라, 자신의 몸과 마음에 관한 결정권을 자신이 가진다는 태도가 자기 치유의 출발점입니다. 자기 치유는 때로는 각종 치료법과 약물에 대해 스스로 조사하고, 다양한 출처로부터 정보를 수집하며, 각 방법의 효과와 결과를 신중하게 따져 보고 선택하는 것일 수 있습니다. 당신에게 가장 효과적인 치유 방법은 수술일 수도 있고, 그렇다면 국내 최고의 전문의를 찾아가는 일이 포함될 수도 있습니다. 반대로 수술을 미루거나 피하고, 약초 요법, 에너지 치유, 영적 치유, 명상 등 다양한 대체적 접근을 조합하는 길을 선택할 수도 있습니다. 상황에 따라 이러한 방법에 서양 의학 약물을 보완적으로 활용할 수도 있습니다. 핵심은 이 모든 결정을 스스로 내리고, 치료의 과정을 끊임없이 점검하며, 필요에 따라 선택을 유연하게 조정해 나가는 것입니다.

그렇다면 우리는 어떻게 이런 선택을 해 나갈 수 있을까요?

그 답은 다음과 같습니다.

학습과 연구, 명상, 그리고 자신을 넘어선 더 큰 지혜의 인도에 대한 믿음입니다. 이러한 책임 있는 결정을 내리기 위해서는 정신적으로 가장 안정적이고 균형 잡힌 상태, 즉 최적의 뇌파 상태를 갖추는 것이 매우 중요합니다. 우리가 어떤 생리적 기능을 스스로 조절할 수 있는 능력을 키워 나갈수록, 다른 기능들도 점차 자율적으로 다룰 수 있는 힘이 생깁니다.

예를 들어, 심박수나 혈압을 낮추고, 체온을 높이며, 혈류를 조절하고, 소화 기능을 개선하는 것 등도 스스로 통제할 수 있게 되는 것입니다. 그리고 이러한 자기 통제 능력을 익히는 동안 우리가 머무는 의식의 상태가 치유의 과정에 결정적인 영향을 미칩니다.

자기 치유에 가장 적합한 뇌파 상태는 이미 익숙한 '깨어 있는 마음Awakened mind 패턴', 즉 베타, 알파, 세타, 델타 뇌파가 조화롭게 어우러진 상태입니다. 이 깨어 있는 마음 상태에서 우리는 의식의 모든 수준과 측면을 건강을 위한 자원으로 활용할 수 있습니다.

특히 상상력이나 심상(心像)을 활용하는 자기 치유 명상에서 이 상태는 더욱 효과적입니다.

> • 세타 뇌파는 개인의 무의식 깊은 곳에서 이미지가 자연스럽게 떠오르고, 다시 그 깊은 내면으로 돌아가도록 해 줍니다. 이렇게 생성된 심상은 무의식 안에서 계속해서 치유의 메시지를 효과적으로 전달하는 역할을 합니다.
> • 알파 뇌파는 무의식과 의식을 연결해 주는 다리 역할을 합니다. 이 다리를 통해 감각적 이미지와 치유에 필요한 정보들이 자연스럽게 흐르며, 의식 속에서도 유지될 수 있습니다.

이와 동시에, 개인은 자신 안에 잠재되어 있던 깊은 감정, 욕구, 과거의 체험들을 의식적으로 이해하고 받아들일 수 있게 됩니다.

심신 이완을 통한 자기 치유

비록 자기 치유에 최적인 뇌파 상태가 보통 '깨어 있는 마음Awakened mind' 패턴이라고는 하지만, 정신적·신체적으로 깊이 이완된 상태 역시 매우 유용한 치유 방식입니다. 이런 형태의 명상은 명상하는 동안 내내 의식적 주의와 깨어 있는 상태를 유지할 필요가 없습니다.

즉, 알파파를 활용해 무의식과 의식을 연결하는 대신 가능한 한 깊숙이 내면으로 잠수하듯이 내려가는 방식입니다. 이 상태를 91쪽에 나오는 그래프 상에 위치시킨다면, 맨 왼쪽 아래 모서리, 가장 낮은 지점에 해당한다고 볼 수 있습니다.

이 명상 중 델타파만이 관찰된다 하더라도, 이는 단순한 수면보다 훨씬 더 깊은 수준의 이완 상태를 의미합니다. 즉, 명상자는 일반적인 수면 상태를 넘어선 깊은 트랜스 상태에 들어가 있는 것입니다. 이처럼 신체와 정신이 매우 깊이 이완된 상태에서는 몸과 마음이 자연적으로 회복되고 재생되는 상태로 들어갑니다. 이는 일종의 아주 깊은 휴식이며, 1시간만 경험해도 수면 몇 시간에 맞먹는 효과를 가져올 수 있습니다. 만약 이런 회복성 명상을 하루에 두 시간씩 꾸준히 실천하고 밤에는 6~8시간의 일반 수면까지 취한다면, 당신의 몸은 회복과 치유를 위한 훨씬 더 많은 시간을 가질 수 있게 되는 것입니다.

이러한 형태의 자기 치유 명상은 특히 심각한 전신성 질환(예: 암 등)으로 인해 몸이 깊은 휴식을 필요로 할 때 매우 유용합니다.

맥스 케이드Max Cade는 그의 제자 중 한 명이 매일 장시간 동안 깊은 심신 이완 상태에 들어가도록 유도함으로써 스스로 암을 치유할 수 있도록 도왔습니다. 그 결과, 그 여성은 몸의 전반적인 이완 수준과 그 상태를 유지한 시간이 누적되며 병세가 호전되었습니다.

만약 당신이 병이 없고 특별한 휴식이 필요하지 않은 상태에서 이 명상을 연습한다면, 밤에 잠을 덜 자도 개운함을 느끼게 될 수 있습니다. 실제로 잠을 자지 않고도 버텨야 할 때 이 명상을 활용하는 경우도 있습니다.

내가 알던 또 다른 여성―역시 케이드의 제자였던 한 대학생―은 시험 준비를 위해 많은 시간을 공부에 쏟아야 했습니다. 그녀는 매일 아침 8시와 저녁 8시에 한 시간씩 깊은 심신 이완 명상을 하며 수 주간 잠을 자지 않고 공부를 계속했습니다. 결국 그녀는 시험에 합격했지만, 솔직히 말해 그 이후 그녀의 건강 상태가 어땠는지는 확신할 수 없습니다. 나는 이러한 방식은 추천하지 않습니다. 몸에는 '단순한 이완' 이상의 '정지된 시간', 즉 수면이 필요하다고 믿기 때문입니다.

이러한 깊은 심신 이완 명상은 다른 형태의 자기 치유 명상과 병행할 때 더욱 효과적입니다. 하지만 이 두 가지 방식은 필요로 하는 뇌파 상태가 매우 다르기 때문에 한 번의 명상 안에서 동시에 실행하기는 어렵습니다. 대신 필요에 따라 번갈아 가며 사용하는 것은 좋은 접근입니다.

한편, 훨씬 더 일반적인 자기 치유 명상의 형태는 감각적 이미지를 활용하는 능동적 참여 방식입니다. 이 방식에는 크게 두 가지 핵심 접근이 있습니다.

이 두 방법에 대해서는 아래에서 더 자세히 다룰 것입니다.

자기 치유 심상Imagery과 뇌파 패턴

만약 당신이 '깨어 있는 마음Awakened mind' 뇌파 패턴을 개발하고자 한다면, 특정한 유형의 자기 치유 명상을 실천하는 것은 매우 훌륭한 뇌파 훈련 방법이 됩니다. 반대로, 당신의 목표가 가장 효과적인 자기 치유 명상을 실천하는 것이라면, 이미 깨어 있는 마음 상태에서 명상을 시작하는 것이 가장 높은 효과를 낳습니다. 이는 '내용이 상태를 돕고, 상태가 내용을 돕는' 상호작용의 대표적인 사례입니다.

자기 치유 명상은 일반적으로 알파, 세타, 그리고 가능하다면 델타 상태의 전통적인 명상 뇌파 속에서 실행됩니다. 여기에 더해 베타파도 반드시 포함되어야 합니다. 왜냐하면 의식적인 치유의 이미지와 의도를 명상에 담기 위해서는 베타파가 필요하기 때문입니다. 이 명상은 단순한 휴식이 아닌, 적극적으로 작업하는 '작업 명상Working meditation'입니다.

이전 장에서 알파파를 강화하기 위해 수행했던 감각화 훈련이 여기서 중요한 실전 응용 단계로 이어집니다. 그리고 무엇보다 중요한 것은, 세타파의 깊이입니다. 바로 이 세타파 상태에서 치유를 위한 이미지와 암시가 무의식에 깊이 심어지며, 그곳에서 즉각적이고 효과적인 변화가 시작될 수 있기 때문입니다.

질병에서 건강으로의 전환을 이미지지화하기

칼Carl과 스테파니 시몬튼Stephanie Simonton은 암 환자들과의 심상화 치유 작업을 통해 자기 치유 시각화 기법을 대중적으로 알린 인물들입니다.

그들의 대표 저서인 『Getting Well Again(다시 건강해지기)』(1978)에서 그들은 마음속 이미지가 어떻게 치유를 이끌 수 있는지를 소개했습니다. 이 책에 등장하는 이미지 중 하나는 다음과 같습니다.

"암세포를 날고기처럼 상상하고, 백혈구는 커다란 하얀 개들이 되어 그 고기를 마구 먹어 치우는 모습을 떠올리세요."

이러한 시각화 기법은 자기 치유의 개념뿐만 아니라, 의료진과 환자들이 치유에 접근하는 태도 자체에 커다란 변화를 일으켰습니다. 다만 시몬튼 부부의 설명에서 알 수 있듯, 이 방식은 여전히 '보는 것', '그리는 것', 즉 시각 중심의 이미지화에 초점을 두고 있었습니다.

실제로 이 시각적 심상화 기법은 암 외에도 다양한 질병 치유에 효과적으로 적용될 수 있었으며, 마음속에 이미지를 떠올릴 수 있는 사람이라면 누구나 사용할 수 있는 접근이었습니다.

그러나 앞서 언급했듯이, 시각이 '주요 감각'이 아닌 사람들이나 머릿속으로 이미지를 그릴 수 없는 사람들은 이 방법을 쓰기 어렵다고 느낄 수 있습니다.

하지만 그렇지 않습니다. 청각, 미각, 촉각, 후각, 운동감각 등 다른 감각들을 활용한 이미지화도 충분히 가능합니다. 예를 들면,

- 질병은 혼란스럽고 불쾌한 소음으로 들리고, 치유는 부드러운 바이올린 선율처럼 들릴 수 있습니다.
- 암세포는 시고 불쾌한 맛, 치유는 달콤한 과즙의 맛으로 느껴질 수 있습니다.
- 병든 상태는 거칠고 거슬리는 질감, 치유의 상태는 부드럽고 벨벳 같은 촉감으로 느껴질 수 있습니다.
- 병은 썩고 역겨운 냄새, 치유는 꽃향기나 향수의 향기일 수 있습니다.
- 또는 질병 상태는 딱딱하고 끊기는 듯한 움직임, 치유는 유연하고 매끄러운 흐름 같은 움직임으로 표현될 수 있습니다.

가장 이상적인 자기 치유 심상은 시각, 청각, 후각, 미각, 촉각, 운동감각을 통합하여 전체적인 감각 체험으로 구성된 이미지입니다. 이런 이유로, 이전에 알파파를 강화하기 위해 사용했던 감각화 훈련은 이제 더 중요한 역할을 하게 됩니다. 단지 뇌파 훈련을 넘어서, 치유의 긍정적인 이미지를 의식, 잠재의식, 무의식 전체에 강력하게 심어 주는 도구로 작용하기 때문입니다.

이미 건강한 자신을 이미지화하기

질병에서 건강으로 전환되는 과정을 이미지화하는 방식에 대해 자주 제기되는 우려가 있습니다. 바로 다음과 같은 질문들입니다.

- 건강해지고자 하는 의지가 충분히 강하지 않다면 어떻게 될까?
- 질병에 대한 두려움이나 질병 자체의 영향력이 명상자에게 압도적으로 작용한다면?
- 질병에 대한 이미지가 너무 생생하고 강력해서, 치유의 이미지보다 더 깊이 각인된다면?

이러한 경우, 의도와는 반대로 명상자가 병 자체에 더 많은 에너지와 집중을 쏟음으로써 오히려 병의 상태를 강화할 위험이 생깁니다. 즉, 치유를 위해 사용하려는 심상화의 메커니즘이 역효과를 낼 수 있는 것입니다.

그래서 두 번째 형태의 자기 치유 명상 방식이 등장합니다. 바로 '이미 건강해진 자신의 모습을 감각화하는 것'입니다. 이 방법에서는 치유의 과정이나 질병에 대한 이미지 없이, 이미 완전히 회복된 자신의 상태를 상상하고 그 감각을 온전히 느끼는 것이 핵심입니다.

지금 이 순간 당신이 건강하고 활기찬 상태라면 어떤 모습일지, 어떤 기분일지를 떠올려 보세요. 그 이미지를 가능한 한 생생하게, 시각, 청각, 촉각, 미각, 후각, 운동감각 등 모든 감각을 총동원해 그려내는 것입니다.

이 두 가지 방식 모두 실제로 많은 사람에게 효과가 있었습니다. 나는 집단 명상 세션에서 이 두 가지 방법을 모두 사용할 것을 권장합니다. 예를 들어, 첫 번째 방식(질병→건강으로의 변화)을 먼저 사용한 경우, 반드시 두 번째 방식(이미 건강한 나 자신)으로 마무리할 것을 추천합니다. 왜냐하면 첫 번째 방식에서 치유 이미지를 충분히 감각화하지 못했거나 혹은 질병 이미지에 너무 많은 에너지를 실어버리는 위험이 있었을 경우, 두 번째 방식이 일종의 '안전장치' 역할을 해 주기 때문입니다. 그러므로 당신이 자기 치유 명상을 할 때는 '질병이 완전히 사라진 이후의 나의 모습'을 생생하게 감각화하며 마무리하시길 권합니다. 이것이 긍정적 에너지와 뇌파 상태를 끝까지 유지하고 강화하는 데 매우 효과적입니다.

명상을 위한 준비

신체 이미지 명상은 당신의 몸이 실제로 변하고 있는 듯한 감각 전환 경험을 키우는 데 큰 도움이 됩니다. 4장에서 했던 감각화 훈련처럼, 이 연습도 같은 방식으로 시도해 보세요. 먼저 몸과 마음을 완전히 이완시키고, 명상 상태로 부드럽게 들어갑니다.

① 두 손이 뜨거워지는 것을 상상해 보세요. 자신이 설거지를 하고 있다고 상상할 수도 있고, 거센 불길이 타오르는 벽난로 앞에서 손을 내밀고 있다고 떠올릴 수도 있습니다. 손이 타지 않도록 조심하면서, 정말로 손이 따뜻해지고 있는 느낌을 느껴 보세요. 손가락 끝으로 혈류가 몰려들고 있는 듯한 욱신욱신한 감각이 느껴질 수도 있습니다. 손과 손가락이 점점 더 따뜻해지며, 실제로 부풀어 오르는 느낌까지도 생길 수 있습니다.

② 이제 이마가 점점 차가워지는 느낌을 느껴 보세요. 추운 겨울날 눈 오는 거리에서 모자를 쓰지 않은 채 걷고 있는 모습을 상상할 수 있습니다. 축축한 눈송이가 이마에 닿으며 서서히 차가워지는 느낌을 떠올려 보세요. 혹은 얼음 조각을 이마에 살짝 대는 느낌을 상상해도 좋습니다. 단, 이 과정에서도 손의 따뜻함을 잃지 않도록 주의하세요.

③ 이제 도전해 봅니다. 동시에 '뜨거운 손'과 '차가운 이마'를 느껴 보세요. 손이 뜨거워지고, 손가락 끝이 혈액으로 인해 부풀고 뛰는 듯한 감각을 유지한 채, 이마 한가운데는 서늘하고 시원한 지점이 존재하는 것을 떠올려 보는 것입니다.

④ 그런 다음, 위의 모든 심상과 감각을 서서히 흐려지게 하세요. 천천히 당신의 전체 몸으로 주의와 감각을 확장해 나갑니다.

⑤ 이제, 몸 전체가 무거워지는 느낌을 느껴 보세요. 점점 더 무거워지고, 무게가 두 배, 세 배로 늘어나, 팔을 들려고 해도 들 수 없고, 눈꺼풀조차 들어 올릴 수 없을 정도로 무거워지는 감각을 느껴 보세요. 무겁고, 깊고, 단단해지는 느낌을 충분히 경험하세요.

⑥ 이제 다시 몸이 가벼워지는 느낌을 느껴 보세요. 점점 더 가벼워지고, 마치 떠오를 것 같은 느낌이 들 정도로 가볍게—지금은 오직 당신을 자리에 붙잡아 두는 것은 옷의 무게뿐이라고 느껴질 만큼. 가볍고, 자유롭고, 떠오를 듯한 감각을 음미하세요.

⑦ 서서히 원래의 익숙한 체중 감각으로 돌아옵니다. 평소 느끼던 몸의 무게로 부드럽게 복귀하세요.

⑧ 이제 몸이 점점 줄어들기 시작합니다. 점점 더 작아지고, 절반, 다시 4분의 1 크기로 줄어듭니다. 아주 아주 작아져서, 이제는 성냥갑 안에 들어갈 수 있을 정도의 크기가 됩니다. 실제로 성냥갑을 상상해 보세요. 안에 성냥 몇 개만 남아 있는 그 안으로 당신이 스스로 몸을 끌어올려 기어 들어갑니다. 성냥 사이를 넘어 기어가는 느낌은 어떤가요? 작고, 가볍고, 독특한 체험입니다.

⑨ 이제 다시 몸이 커지기 시작합니다. 원래 크기를 지나, 점점 더 커져서—8피트, 10피트, 그 이상까지. 두 배, 세 배 크기가 되어, 공원 벤치에 앉아 머리가 나무 꼭대기보다 높이 솟아 있는 상상을 해 보세요. 나무 아래, 집과 사람들이 작게 내려다 보이는 그 시점에서 세상을 바라보세요.

⑩ 그리고 다시 몸이 줄어들기 시작합니다. 점점 작아져서 다시 익숙한 당신의 몸 크기로 돌아옵니다. 이제 다시 한번 당신의 전신 전체를 인식하세요. 전체 몸이 여기 있고, 지금 이 자리에 있다는 것을 느끼세요.

⑪ 마지막으로, 당신의 '명상하는 자아'를 경험해 보세요. 당신이 가장 깊은 명상, 트랜스, 또는 완전한 이완 상태에 있을 때의 느낌은 어떤가요? 그 깊은 명상 상태에서의 몸의 감각, 마음속에서 일어나는 모든 체험을 되살리며, 그 상태로 자연스럽게 들어가 보세요.

자기 치유 명상 1: 이미지화로 변화를 이끄는 명상

이 명상은 감각화를 통해 내면의 이미지를 활용하고, 이를 통해 치유와 변화를 유도하는 구조로 되어 있습니다. 언제나 그렇듯, 자신에게 가장 강력한 감각화 방식을 사용하며, 가능한 많은 감각(시각, 청각, 촉각, 미각, 후각, 운동감각)을 동원해 이미지를 생생히 체험하는 것이 핵심입니다.

① 치유하고자 하는 문제를 떠올리되, 그 생각을 마음 한쪽에 살짝 내려놓습니다.

② 몸을 이완시키고 마음을 가라앉혀 깊은 명상 상태로 들어갑니다. 단, 알파파 상태는 유지하여 지금 경험하고 있는 것을 자각하고 인식할 수 있도록 합니다.

③ 이제 당신이 치유하고자 하는 문제에 대해 다시 떠올리고, 그 문제를 상징하거나 표현할 수 있는 이미지를 하나 만듭니다. 이 이미지는 그림, 소리, 냄새, 질감, 맛, 감각, 또는 그들의 조합일 수 있습니다. 실제적인 이미지이든, 상징적인 이미지이든 상관없습니다.

④ 이 문제를 치유해 줄 이미지를 찾아 떠올립니다. 여기서부터는 능동적인 상상 과정입니다. 치유의 이미지가 당신의 인식에 등장하여, 문제를 상징하는 이미지에 작용하면서 그것을 변화시키고 치유해 나가는 장면을 상상합니다.

⑤ 이 치유 장면이 실제로 작동하는 것을 감각화합니다. 그 변화와 전환이 실제로 일어나는 듯이 몇 분간 몰입하여 생생하게 체험해 보세요.

⑥ 만약 그 이미지가 충분히 작동되었다고 느낀다면, 이번에는 같은 문제에 대한 또 다른 이미지와 새로운 치유 이미지를 시도해 볼 수도 있습니다.

⑦ 치유 과정이 계속되도록 설정해 둡니다. 명상이 끝나더라도 내면 깊은 곳에서는 치유가 지속되도록 작동하는 '내적 장치'를 만들어 놓는 것입니다. 이렇게 하면 명상 후에도 하루 종일 또는 일주일 동안 치유가 계속될 수 있습니다.

⑧ 이미 치유된 당신의 모습을 상상합니다. 문제나 질병이 존재하지 않는 상태의 자신을 떠올리고, 모든 감각을 활용해 그 상태를 생생하게 경험합니다.

⑨ 미래를 내다보며, 이전 같았으면 문제로 인해 제약을 받았을 상황 두세 가지를 떠올립니다. 그런 상황에서도 완전히 건강하고 자유롭게 기능하는 당신 자신을 체험해 보세요.

⑩ 이 이미지가 내면에 고정되도록 '앵커링Anchoring' 합니다. 명상이 끝나고 나서도 이 이미지를 유지할 수 있도록 자신만의 방식으로 깊이 새겨 두세요.

⑪ 명상의 마무리 단계에 들어갑니다. 혹시 미처 다 정리되지 않은 생각이나 감정이 있다면 마무리하고, 편안하고 휴식된 느낌으로, 하지만 동시에 깨어 있고 생기 있는 상태로 돌아옵니다. 몇 차례 깊고 강한 숨을 들이쉬고 내쉬며, 온몸을 쭉 스트레칭한 뒤 눈을 뜨세요.

⑫ 마지막으로, 이 명상을 기록하거나, 이야기로 나누거나, 그림으로 표현하여 '땅에 단단히 뿌리내리게' 하세요. 글쓰기, 말하기, 그림 그리기 모두 효과적인 정착 방법입니다.

이차적 이득Secondary Gain

다음 유형의 자기 치유 명상으로 넘어가기 전에, 치유 과정에서 매우 중요한 요소 하나를 짚고 넘어갈 필요가 있습니다. 당신의 치유 여정에서도 이 요소가 작용하고 있을 가능성이 있기 때문입니다. 만약 질병이 겉으로는 고통스럽지만, 무의식적으로는 어떤 이득이나 긍정적인 효과를 가져다주고 있다면, 그것을 이차적 이득Secondary Gain이라고 부릅니다.

자신에게 이렇게 물어보세요.

"이 질병은 나에게 어떤 방식으로 도움을 주고 있는가?"

이 질문에 대한 대답에서 예상치 못한 심리적 이득이 숨어 있을 수 있습니다. 예를 들어,

- 학창 시절, 중요한 시험 당일 아프게 되어 시험을 보지 않게 되는 경우 이득은 '시험을 피하는 것'입니다.
- 암에 걸린 후에야 배우자에게서 처음으로 사랑과 관심을 받게 되는 경우 이득은 '사랑과 돌봄'입니다.

이처럼 이차적 이득은 의외로 흔하게 나타나며, 그 본질은 '질병이 어떤 방식으로든 나를 보호하거나 보상해 준다는 점'입니다. 하지만 이차적 이득은 더 복잡하고 미묘한 형태로도 나타날 수 있습니다.

내가 만났던 한 내담자는 심한 알레르기 증상을 갖고 있었습니다. 우리는 세타파를 활용한 내면 작업을 통해, 그녀가 사실은 알레르기 유발 물질이 아닌 '남성'에게 알레르기 반응을 보이고 있다는 사실을 발견하게 되었습니다. 그녀는 남성과 가까워지는 것이 무서워, 알레르기라는 방식으로 무의식적으로 남성과의 관계를 피하고 있었던 것입니다. 즉, 그녀의 이차적 이득은 '관계에 대한 두려움으로부터 자신을 보호하는 것'이었습니다.

결국 우리는 알레르기 자체를 고치려 하지 않았습니다. 대신, 그녀가 남성과 맺는 관계에 대한 두려움과 내면의 상처를 치유하는 데 집중했습니다. 그 내면 작업이 마무리되자, 그녀의 알레르기 증상은 놀라울 정도로 빠르게 사라졌습니다.

뉴에이지 딜레마

여기서 우리는 '자기 책임'이라는 개념에 너무 깊이 빠져버리지 않도록 주의할 필요가 있습니다.

'뉴에이지 자기 치유 커뮤니티'에서 자주 나오는 질문 중 하나는 다음과 같습니다.

"내가 왜 그런 병을 불러왔지?"

"내가 왜 이 질병이 필요했을까?"

이런 질문은 한편으로는 성장의 기회를 줄 수도 있지만, 다른 한편으로는 매우 위험한 경계선을 넘나들 수 있습니다. 물론 어떤 의미에서는 우리 삶에서 일어나는 모든 일은 어떤 식으로든 우리 책임이라고 볼 수도 있습니다. 예를 들어 "내가 왜 이런 부모를 선택했지?"와 같은 질문도 여기에 포함됩니다. 그러나 우리의 건강과 삶에서 일어나는 모든 사건에 과도하게 의미를 부여하거나, 모든 책임을 자신에게 돌리려는 태도는 위험한 지점으로 이어질 수 있습니다.

예를 들어, 나는 세균 이론Germ theory을 믿습니다. 어떤 병은 단지 바로 옆에 있던 사람이 병균을 옮겼기 때문에 걸릴 수 있는 것입니다. 하지만 이와 동시에, 매우 헌신적인 사람은 이렇게도 질문할 수 있겠죠. "하필 왜 그 타이밍에 내가 그 병균을 받아들였을까?"

그에 대한 대답 중 하나는 이럴 수 있습니다. "내가 요즘 너무 무리해서 면역력이 떨어졌고, 평소 같았으면 안 걸렸을 병에 취약해진 상태였지."

또는 이런 식의 자문도 가능하죠.

"나는 혹시 이 병을 핑계 삼아 며칠 쉬고 싶었던 건 아닐까? 그렇다면 굳이 병이 나기 전에 그냥 미리 며칠 쉬는 것도 가능하지 않을까?"

만약 우리가 어떤 질병의 숨은 목적이나 긍정적인 의도를 찾아내고, 그 문제를 질병 없이도 해결할 다른 방법을 찾을 수 있다면, 그 질병은 처음부터 일어나지 않을 수도 있었을 것입니다.

이와 같은 맥락에서 문제의 근본 원인을 살피지 않고 단순히 증상만 치유하려 한다면, 그 효과는 일시적일 뿐입니다. 곧이어 같은 뿌리에서 나온 또 다른 건강 문제가 다시 나타나게 됩니다.
예를 들어, 담배를 끊었더니 대신 폭식증이 생기는 경우, 혹은 메스꺼움은 사라졌지만 그 자리에 위궤양이 생기는 경우처럼 말이죠. 그런 경우, 우리는 결국 자신에게 이렇게 물어야 합니다.
"나는 내 인생에서 무엇을 '소화해 낼 수 없다'고 느끼고 있는 걸까?"

나는 생태학적 원리에 기반해 치유 작업을 진행합니다. 즉, 인간 존재의 모든 부분은 궁극적으로 전체를 위한 '선한 의도'를 지니고 있다고 믿습니다. 비록 그 방식이 잘못되었거나 왜곡되어 있더라도 말이죠.
문제의 '근본 원인'은 처음에는 매우 부정적으로 보일 수 있습니다. 예를 들어 스스로에 대한 벌, 자기 처벌처럼 느껴질 수도 있죠. 하지만 이 작업을 제대로 해내기 위해서는, 겉으로 부정적으로 보이는 증상 뒤에 숨어 있는 원래의 긍정적 의도를 끝까지 추적해야 합니다. 아래의 사례들을 통해 그 과정을 좀 더 깊이 이해해 보겠습니다.

한 남성이 심각한 습진을 겪고 있습니다. 그는 깊은 명상 상태로 들어가, 이 피부 질환을 유발하는 내면의 한 부분과 접촉합니다. 그는 꿈속처럼 추하고 비늘 같은 얼굴의 이미지를 봅니다.

그리고 이렇게 묻습니다.

"이 습진의 목적이 무엇인가요?" 그 내면의 목소리가 답합니다.

"널 못생기게 만들기 위해서야." 하지만 여기서 멈추어서는 안 됩니다.

이건 아직 긍정적 목적이 아닙니다. 그래서 그는 계속 묻습니다.

"내가 못생겨야 할 긍정적 목적은 뭔가요?"

"여자들과 어울리지 못하게 하기 위해서야."

"그럼 여자들과 어울리지 말아야 하는 긍정적 이유는?"

"결혼하지 못하게 하려는 거야."

"그럼 결혼하지 못해야 하는 긍정적인 목적은 뭔가요?"

"널 보호하려고!"

드디어! 긍정적 목적에 도달한 것입니다.

그는 이제 자신이 정말로 이 보호가 여전히 필요한지를 결정할 수 있습니다. 그의 부모는 고통스럽게 파탄 난 결혼 생활을 했고, 그의 무의식은 단지 그 고통을 피하게 해 주려는 최선의 방법으로 '못생겨 보이게 하는 병'을 만들어 냈던 것입니다.

그는 이 감정들을 정리하면서, 이제는 결혼에 대한 두려움이 더 이상 필요 없다는 것을 깨달을 수 있습니다. 혹은 여전히 결혼할 생각은 없더라도, 이제는 그 이유를 의식적으로 이해하고, 더 건강한 방식으로 독신을 선택할 수 있게 된 것입니다.

더 이상 습진이라는 병의 보호막이 필요 없어진 것이죠.

가장 극단적인 예 중 하나는 자살 충동을 느끼는 경우입니다.

한 여성이 자살 직전의 상태에 있습니다. 그녀 안에는 자신을 죽이고 싶어 하는 강력한 내면의 한 부분이 있습니다. 어떻게 이런 경우에서도 긍정적 목적을 찾을 수 있을까요? 우리는 그 충동을 따라 점진적으로 역추적해 봅니다.

"죽음의 긍정적 목적은 무엇인가요?"

"탈출이요."

"탈출의 긍정적 목적은?"

"고통으로부터 벗어나는 것."

이제 우리는 이 자살 충동이 단지 그녀를 극심한 고통에서 해방시켜 주려는 의도라는 것을 이해하게 됩니다.

이제 다음으로는 그 고통을 만들어 내는 또 다른 내면의 부분을 추적해 가야 합니다. 그 역시 어떤 방식으로든 나름의 긍정적 목적을 지니고 있을 가능성이 큽니다. 이 과정은 시간이 오래 걸릴 수도 있고 복잡할 수도 있지만, 정말 깊은 심리적 해방과 무의식의 정리, 오랜 신념 체계와 삶의 태도까지도 변화시킬 수 있는 강력한 도구입니다.

이 작업은 반드시 세타파 상태에서 진행해야 합니다. 지속적이고 깊은 치유는 '무의식' 차원에서 일어나야만 실제로 변화가 뿌리내리고 지속될 수 있습니다.

단순히 베타파 상태에서 문제에 대해 '생각하고 말하는 것'만으로는 진정한 치유가 일어나지 않습니다. 다음에 소개될 명상은 이러한 '이차적 이득' 문제를 다루기 위한 구조로 설계되어 있습니다.

자기 치유 명상 2: 변화가 필요한 이슈나 문제를 인식하세요

당신이 치유하고자 하는 문제나 주제가 무엇인지 조용히 떠올려 보세요. 그것이 어떤 신체적 증상이든, 정서적 상처든, 삶의 패턴이든 좋습니다. 그 문제를 마음의 전면이 아닌, 한쪽에 살짝 내려 두는 느낌으로 두세요. 그리고 생각으로부터 마음을 비우고, 의식을 맑고 고요한 상태로 이끌어 갑니다.

마음을 고요히 하고, 몸을 이완하세요

당신이 명상 상태에 있을 때의 그 느낌을 떠올려 보세요. 그리고 그 익숙한 상태로 천천히 되돌아갑니다.

호흡에 집중하세요. 편안하고 깊게 호흡하도록 스스로 이끌어 주세요. 원한다면, 한 손을 가볍게 배에 얹고 그 움직임을 이용해 호흡을 더욱 천천히 조절해 보세요. 1~2분 동안 그렇게 해도 좋습니다.

이제 혀를 완전히 이완시킵니다.

혹시 혀 뒷부분에 힘이 들어가 있거나 긴장이 느껴진다면, 당신이 속으로 자신과 말을 하고 있다는 신호입니다. 혀를 완전히 이완하면 내면의 독백이 멈추고, 생각이 훨씬 덜 떠오르게 됩니다. 혹시 원하지 않는 생각이 떠오를 때마다, 숨을 내쉴 때 혀를 이완시키며 그 생각을 함께 날려 보내세요. 숨을 들이쉴 때는 고요함과 이완을 마음에 불어넣고, 숨을 내쉴 때는 생각과 긴장을 날려 보냅니다.

이제 몸 전체를 이완시켜 봅니다.

당신의 몸 구석구석을 스캔하면서, 어딘가 긴장을 쥐고 있는 부분이 있는지 확인하세요. 상상 속에서 몸 전체에 빛을 비춰 봅니다. 어딘가 어둡게 느껴지는 부위가 있다면, 그곳에 숨을 들이쉴 때 이완의 기운을 보내고, 숨을 내쉴 때는 그 긴장을 내보냅니다. 당신의 몸 전체가 부드러운 빛으로 가득 찰 때까지 천천히, 그리고 깊이 이완을 계속하세요.

치유의 공간을 창조하세요

당신의 마음속에, 당신에게 치유를 가져다줄 공간을 하나 만들어 보세요. 그곳은 실내일 수도 있고, 자연 속의 야외 공간일 수도 있습니다. 그 공간 안을 천천히 걸어 다니듯 탐험해 보세요.

눈앞에 펼쳐지는 풍경의 색감, 형태, 구조들을 세심하게 관찰합니다. 촉감, 분위기, 온도, 소리, 냄새, 심지어 맛까지—당신이 가지고 있는 모든 감각을 총동원해 이 공간을 체험해 보세요.

필요하다면, 치유와 웰빙을 위한 어떤 요소든 자유롭게 더해 보세요. 어떤 색, 물건, 자연 요소든 괜찮습니다. 당신에게 힘과 평온을 주는 것이라면 무엇이든 추가해도 좋습니다. 이 공간은 완전히 안전하고, 평화롭고, 안정감 있는 장소가 되어야 합니다.

이제 이곳이 당신만의 치유 성역이라는 것을 느껴 보세요. 이 공간은 앞으로도 당신이 언제든 돌아와 회복할 수 있는 내면의 쉼터가 될 것입니다.

명상으로 들어가기

지금 당신이 만들어 낸 이 치유의 공간 안에서, 가장 편안하게 느껴지는 자리를 하나 찾아 그곳에 조용히 앉아 보세요. 그리고 아주 깊은 명상 상태로 서서히 들어갑니다. 마치 안으로, 더 안으로, 계속 안으로 깊이, 부드럽게 떨어져 들어가는 듯한 느낌을 경험해 보세요.

이완 속으로, 따뜻함 속으로, 그리고 당신 자신 깊은 내면 속으로… 천천히 가라앉는 듯한 이 감각에 몸과 마음을 맡기세요.

치유가 필요한 내면의 부분과 만나는 시간

이제, 당신 내면 깊은 곳의 고요한 자리에서 치유·변화·전환이 필요한 당신의 일부분과 접촉해 봅니다. 그것은 명상을 시작하기 전에 처음 떠올렸던 문제일 수도 있고, 혹은 그보다 더 깊고, 더 본질적인 이슈가 이제 스스로 모습을 드러내며, 치유를 준비하고 있을 수도 있습니다. 당신의 몸과 마음, 감정, 믿음, 혹은 삶의 패턴 중 '이제는 변화되어야 할 때'라고 느껴지는 그 부분이 자연스럽게 떠오르도록 허용해 주세요. 저항하지 말고, 판단하지도 말고, 그저 그 부분이 의식의 표면으로 부드럽게 떠오르도록 따뜻하게 초대해 주세요.

그 부분이 모습을 드러내도록 하세요

이제, 당신 안에서 치유가 필요한 그 부분이 어떤 형태로든 드러나도록 허용해 주세요. 그 표현 방식은 다양할 수 있습니다.

- 하나의 상징일 수도 있고,
- 어떤 이미지나 신체 감각,
- 감정, 소리, 또는 머릿속에서 들리는 목소리일 수도 있습니다.
- 혹은 아주 단순하게, "그 부분이 지금 여기 있다"는 깊은 직감이나 느낌으로 나타날 수도 있습니다.

어떤 방식이든 괜찮습니다. 판단하지 말고, 그저 그 존재가 자연스럽게 자신을 드러내도록 편안히 허락해 주세요.

내면의 그 부분과 대화를 시작하세요

이제 그 부분이 당신과 대화할 준비가 되어 있는지 물어보세요. 만약 아직 망설이거나 주저하는 느낌이 든다면, 이렇게 물어보세요.

"내가 어떻게 하면 너와 더 편안하게 소통할 수 있을까?"

"무엇이 바뀌면 너는 나와 대화할 준비가 될 수 있을까?"

이제부터 소개하는 것은 그 '부분'에게 던져 볼 수 있는 질문들입니다. 하지만 기억하세요. 모든 명상과 치유 경험은 사람마다 다르므로, 이 질문들은 참고용 가이드일 뿐입니다. 필요에 따라 질문을 더 해도 좋고, 생략하거나 자신에게 맞게 바꿔 가며 진행하셔도 됩니다.

- "지금 어떤 감정을 느끼고 있니?" 만약 그 부분이 이 대화 자체에 위협을 느끼는 것 같다면, 이렇게 안심시켜 주세요. "나는 지금 너를 치유하고, 도와주기 위해 이 과정을 하고 있어. 절대 너를 해치기 위해서가 아니야."

- "너는 얼마나 오랫동안 내 안에 있었니?" 이게 최근의 이슈인지, 아주 오래된 감정인지 확인해 보세요. 그다음 이렇게 이어 갈 수 있습니다. "너는 어떻게 내 안에 자리 잡게 된 거야?"

- "지금 너는 나에게 무엇을 원하고 필요로 하니?"

- "너는 내 삶에서 어떤 역할을 하고 있어?" "너의 긍정적인 목적은 무엇이니?" 만약 그 목적이 부정적이거나 잘 이해되지 않는다면, 그것이 어떻게든 나를 지켜주거나 도와주려는 의도였음을 끝까지 따라가 보세요.

- "지금 이 역할은 내 삶에 여전히 필요한 역할일까?" 만약 그렇다면, "이 역할을 더 건강하고 긍정적인 방식으로 수행할 방법은 없을까?"

- 만약 지금은 그 역할이 더 이상 필요 없다면, "이제 너는 그 역할을 내려놓아도 괜찮아. 내가 지금은 그때와는 다른 사람이 되었으니까."

- "지금 이 부분이 건강하고 유익한 방식으로 작동하려면 무엇이 필요할까?"

- "이 변화에 너는 동의할 수 있겠니?" 만약 그렇지 않다면 이렇게 물어보세요. "그 변화를 받아들이려면 어떤 것이 필요할까?" 다시 한번 다정하게 상기시켜 주세요. "지금 이 변화는 나 전체의 건강과 행복을 위한 거야. 너의 역할이 만들어졌던 시절과는 지금 상황이 많이 달라졌어."

감각화하세요. 이 변화가 실제로 일어나고 있는 모습을 시각, 청각, 촉각 등 가능한 모든 감각을 동원해 생생하게 상상해 보세요.

감사를 표현하세요. 이제 그 부분에게 진심 어린 감사를 전하세요. "네가 해 온 모든 노력, 나를 지키기 위해 했던 모든 일을 고맙게 생각해. 지금은 방향이 달라졌지만, 너는 나를 돕기 위해 있었던 거니까." 설령 지금 그 방식이 당신에게 더 이상 도움이 되지 않더라도, 그 부분은 한때 나름대로 최선을 다해 역할을 수행해 왔다는 점을 인정해 주세요.

응답을 허용하세요. 그 부분이 마지막으로 당신에게 전하고 싶은 말이 있는지 물어보세요. "혹시 지금 나에게 해 주고 싶은 말이 있니?" 그 목소리, 감각, 혹은 상징을 조용히, 열린 마음으로 받아들여 주세요.

다른 내면의 반응도 살펴보세요

이번 변화 과정이 당신 안의 또 다른 부분들에 어떤 영향을 주었는지 확인 해 보세요. 혹시 지금 당신과 이야기하고 싶어 하는 또 다른 내면의 목소리 가 있나요? 이번 명상을 통해 어떤 내면은 기뻐하고, 어떤 내면은 슬퍼하거 나, 두려워하거나, 혼란스러워하거나, 혹은 조용히 안도하고 있을 수도 있 습니다. 이러한 다양한 반응들을 그대로 인정하고, 표현할 기회를 주세요. 만약 새로운 부분이 대화를 원한다면, 처음 했던 방식처럼 차분히 대화를 시작해 보세요. 그리고 그 과정이 마무리될 때까지 천천히 따라가세요.

236

마무리

이제 명상을 마칠 준비가 되었다면, 마무리 단계에 들어가기 전에 당신의 내면에서 몇 분간 조용히 정리하는 시간을 가지세요. 이번 치유 과정에 기꺼이 참여해 준 당신 안의 내면의 '부분'들에게 진심 어린 감사를 전하세요. 그리고 다음과 같은 내면의 약속을 스스로에게 해 보는 것도 좋습니다.

"다음에 다시 이 과정에 돌아와 내면을 들여다보겠다."
"조만간 다시 명상의 시간을 갖겠다."

기억하세요. '마무리'는 반드시 끝을 의미하지는 않습니다. 이것은 당신의 내면 여정에서 잠시 쉬어 가는 하나의 구간일 뿐입니다. 이 치유의 문은 언제든 다시 열 수 있고, 당신은 언제든 돌아올 수 있습니다.

베타 상태로 돌아오기

이제 명상에서의 경험을 일상 의식으로 가져오는 단계입니다. 당신이 방금 경험한 내용을 몇 가지 핵심 이미지, 단어, 혹은 문장으로 응축해 보세요. 그 응축된 표현들을 당신과 함께 명상 밖으로 데리고 나옵니다. 그 경험이 무의식 속으로 다시 가라앉지 않고 의식 속에 또렷이 자리 잡도록 하기 위해서는, 다음 중 한 가지 이상의 방법으로 기록하거나 말로 표현해 보세요.

- 글로 써 보기
- 녹음기에 말해 보기
- 누군가에게 이야기해 보기

이러한 표현의 행위는 당신의 체험을 일상 의식 속에 명확히 고정시키는 도구가 되어 줍니다.

명상에서 나올 준비가 되었다면, 깊게 호흡하고, 온몸을 쭉 스트레칭하며, 천천히 깨어나세요. 몸과 마음이 충분히 깨어날 수 있도록 시간을 주세요. 이 명상은 자기 안에서 하나의 '치유 프로세스'를 시작하는 계기가 될 수 있습니다. 그렇기 때문에, 그 과정을 지속적으로 살피고 돌보는 자세가 중요합니다. 자기 치유는 한 번의 시도로 끝나는 일이 아닙니다. 꾸준함, 인내심, 그리고 자신 안에 내재된 회복 능력에 대한 믿음이 필요합니다.

이 명상을 다음과 같이 실천해 볼 수 있습니다.

> • 매일 한 번씩 2주간 반복 실천
> • 하루하루, 그리고 주마다 내면의 변화와 흐름을 관찰

특히 명상 중 연약하거나 처음 등장한 내면의 부분과 접촉했다면, 그 부분은 자주 관심과 격려를 받아야 제대로 성장하고 진정한 웰빙의 상태로 발달할 수 있습니다.

개인적인 내담자나 학생들과 이런 내면 작업을 할 때마다, 그들이 떠올리는 이미지의 다양함과 정교함은 언제나 나에게 깊은 흥미를 불러일으킵니다.

그 과정 속에서 일어나는 '해결'들은 아주 개인적이고, 그 사람의 과거와 현재가 얽힌 수많은 요인을 포함하기 때문에 내가 미리 예측하거나 판단하는 것은 거의 불가능합니다.

사람들이 명상 중 경험한 내용을 내게 이야기할 때면, 마치 이상한 나라의 앨리스가 토끼굴 속으로 들어가는 것처럼 그들의 내면세계 속으로 함께 여행하는 기분이 들곤 합니다. 이것은 나의 일이 주는 가장 매혹적인 부분 중 하나입니다.

무엇보다 내가 해야 할 일은, 그들의 내면 여정 속에 온전히 '함께 존재'하는 것, 그리고 그들이 스스로 답을 찾기 전에 어떤 해결책도 미리 투사하지 않는 것입니다. 다만, 누군가가 중간에 막혀 더 이상 나아가지 못할 때만 조심스럽게 몇 가지 제안을 던집니다.

결국 나의 역할은 '답을 주는 사람'이 아니라, 끊임없이 질문을 던짐으로써 그들의 내면 치유 과정이 스스로 모습을 드러내도록 돕는 안내자인 셈입니다.

간 치유 – E.G.의 명상 사례

내가 이끌었던 명상 그룹 세션 중, 에살렌 연구소Esalen Institute에서 한 학생이 경험한 치유 명상의 기록입니다. 그가 떠올린 이미지는 특히나 생생하고 구체적입니다. 물론, 꼭 이렇게 선명한 이미지를 떠올려야 치유가 효과적인 것은 아닙니다. 하지만 이미지가 더 또렷할수록, 설령 그 내용이 단순하거나 추상적일지라도 치유 효과는 더욱 깊고 강력해집니다.

내가 처음 명상에서 다루려고 했던 주제는 도무지 안정된 형태로 떠오르지 않았다. 오히려, 내 모든 시도는 모호하게 뭉쳐진 내장 기관들의 이미지에 가로막혔다. 그중에서 가장 또렷했던 것은 '간'이었다.

나는 특별히 간에 문제가 있다는 의학적 진단을 받은 적도 없고, 다른 장기에 대한 자각 증상도 없다. 하지만 나는 평소 식습관, 특히 정크푸드와 음주에 대해 걱정하고 있었던 참이었다.

그렇게 생각하자, 간의 이미지는 형태 없이 어두운 덩어리처럼 보이던 것이 점차 또 렷해지며 커졌고, 다른 내장 이미지를 모두 밀어냈다. '아, 이게 오늘의 주제구나' 싶 었다.

간을 향해 다가가자, 그것은 점차 울창한 덤불 같은 숲으로 바뀌었다. 자세히 보니 잎은 먼지와 그을음으로 어둡게 덮여 있었고, 가지 위와 땅바닥에는 쓰레기들이 흩 어져 있었다.

처음 떠오른 생각은 공업용 스팀 청소기로 싹 씻어 버리는 것이었다. 나는 거대한 스 팀 호스를 만들어 가장 더러운 구역을 강하게 쏘아 대기 시작했다. 그러나 그렇게 하 자, 잎과 나무껍질이 먼지와 함께 벗겨져 뼈만 남은 하얀 가지들만 드러났다.
'이건 아니다.' 다음엔 세제와 화학 용제를 뿌려 씻어 보았다. 하지만 냄새가 역하고, 잎들이 오히려 시들기 시작했다. 흙먼지만 닦아내면 잎 자체는 건강해 보였는데, 방 법이 잘못된 것이다.

그다음엔 양동이에 물을 담아 뿌려 보았다. 어느 정도 효과가 있었지만, 작업량이 너 무 커서 압도당하는 느낌이었다.
그러다 문득 영감이 떠올랐다. 짙은 구름을 불러 비를 내리게 한 것이다. 나는 조용 히 서서 숲에 비가 내리는 광경을 바라보았다. 일부 먼지는 씻겨 나갔지만, 대부분은 여전히 끈질기게 남아 있어 좌절감을 느꼈다.

그런데 얼마 지나지 않아 어두운 잎 사이사이에서 새로운 초록색 새싹들이 돋아나기 시작했다. 비에 젖은 흙 사이로 양치식물과 다른 작은 식물들이 올라오는 것이었다. 고치려 하기보다는 재생하도록 두는 것, 그게 올바른 길처럼 느껴졌다.

나는 명상의 남은 시간 동안 비 내리는 숲속을 천천히 걸으며, 새로운 생명들이 자라 나도록 격려하고, 흙이 풍성하고 촉촉하도록 돌보고, 맥주 캔 같은 쓰레기들을 하나 씩 치워 나갔다.

이제는 언제든 이 숲으로 다시 돌아와 모든 것이 제대로 자라고 있는지, 비는 계속 내리고 있는지 살펴볼 수 있다는 것을 알게 되었다.

E.G.는 자신의 무의식이 '간이 치유가 필요하다'는 메시지를 보낸 것을 수용했고, 감각화를 통해 그에 맞는 치유의 이미지를 스스로 찾아낸 것입니다. 그는 그 과정에서 여러 번의 시행착오를 겪었고, 결국 가장 효과적인 이미지와 방식을 발견했습니다.

이 사례는 다음과 같은 사실을 잘 보여 줍니다. 치유 이미지는 의식(베타파)으로 '정해진 대로' 만들어 내는 것이 아니라, 무의식이 스스로 만들어 내도록 허용하는 것이 훨씬 더 깊고 효과적이라는 것을.

자기 치유 사례: 제왕절개 수술 중의 명상 활용

제자이자 동료인 수잔Suzanne은 제왕절개 수술 중, 심각한 위기를 겪었습니다. 수술이 진행되는 중간, 그녀는 혼란과 공포를 느끼기 시작했고, 마취가 제대로 듣지 않아 고통이 밀려오자 점점 쇼크 상태로 빠져들고 있음을 느꼈습니다. 의사들은 이것을 '마취의 틈'이라고 불렀고, 마취과 의사는 그녀의 고통을 줄이기 위해 계속해서 마취량을 증가시켰습니다.

하지만 마취는 그녀의 가슴까지 무감각하게 만들었고, 그녀는 숨조차 쉴 수 없다는 공포에 휩싸였습니다. 희미하게 들리는 의사들의 대화 속에서 "폐가 멈추면 인공호흡기를 써야겠군요."라는 말을 들었습니다. 수잔은 아기의 탄생 순간을 의식 있는 상태로 꼭 함께하고 싶었지만, 의식이 점점 멀어지는 자신을 느끼고 있었습니다.

바로 그때, 그녀는 문득 자신이 이 상황의 '희생자'일 필요는 없다는 사실을 떠올렸습니다. 그녀는 명상 훈련 중 배운 내용을 기억해 냈습니다. "요가수행자들은 분당 한 번만 숨 쉬고도 멀쩡히 살아간다고 들었지." 그녀는 스스로에게 말했습니다. "그들이 할 수 있다면, 나도 할 수 있어."

그 순간부터 그녀는 숨을 헐떡이며 싸우기를 멈추고, 의식적으로 호흡을 천천히 조절하기 시작했습니다. 폐 기능이 약해진 상태에서도 최소한의 산소로 의식을 유지할 수 있도록 마음을 집중하고, 통증 자체를 다르게 바라보기 시작했습니다.

그녀가 떠올린 이미지 속에서 그녀는 통증을 뚫고 지나가고 있었고, 그 통증은 점차 분산되고 사라지는 흐름이 되었습니다. "나는 고통 속에 둘러싸여 있지만, 그 중심에 너무나 고요히 서 있어서 고통의 입자들 사이를 미끄러지듯 통과할 수 있어. 그 고통들이 나를 만지지도 못하게." 그녀는 점차 고통과 분리된 상태, 평화롭고 중심 잡힌 의식 속에 들어갔고, 그저 아기가 나오는 순간을 조용히 기다리는 존재가 되었습니다. 수잔은 자랑스럽게 말합니다. "내 아들이 첫 숨을 들이쉬고, 첫울음을 터뜨리고, 내 품에 안길 때, 나는 의식이 또렷하고 깨어 있었으며, 그 순간에 완전히 함께 있었어요."

그녀는 이 경험을 전적으로 명상 기법을 기억해 낸 능력, 그리고 자신이 '약물에 지배당하는 존재가 아니라는 자각' 덕분으로 돌립니다.

실명에서의 회복 — 나의 치유 이야기

자기 치유 명상이 얼마나 강력한 효과를 가질 수 있는지, 그 가장 좋은 예는 아마도 나 자신의 삶에서 일어난 치유 경험일 것입니다. 나는 실명을 경험하고 회복하는 과정을 겪는 행운을 누렸습니다. 치유자이자 교사로서의 길은 종종 스스로 치유를 찾아 나선 여정에서 비롯되곤 합니다. 나의 개인적인 여정은 이 작업에 대한 이해와 더 높은 의식 상태를 경험하고자 하는 내적 동기에 깊은 영향을 주었습니다.

시작: 설명되지 않는 증상

1975년, 런던에 살고 있던 나는 왼쪽 눈 중심부(황반)에 시야 왜곡과 맹점 Blind Spot이 생기기 시작했습니다. 안과 전문의는 이를 단순히 "망막에 난 여드름 같은 것"이라며 별다른 조치를 하지 않았고, 나 역시 심각하거나 진행성 질환일 것이라는 경고가 없었기에 크게 걱정하지 않았습니다.

이 증상은 몇 차례 생겼다가 사라지기를 반복했지만, 1976년 여름, 그 증상은 사라지지 않고 계속 남아 있었습니다. 그리스로 휴가를 떠났을 때, 나는 왼쪽 눈의 중심 시야를 점점 가려 버리는 맹점을 직접 목격했고, 미국으로 돌아가는 비행기 안에서 결국 망막 출혈이 발생했습니다. 그 순간, 상황이 매우 심각하다는 사실을 직감했습니다.

진단과 절망

영국에서는 이 질환이 너무 희귀해 진단을 받지 못했지만, 미국 콜로라도에서는 바로 '안구 히스토플라스마증', 즉 망막이 퇴행하는 희귀 질환으로 진단받았습니다. 그리고 이 질환은 "곧 오른쪽 눈에도 발생할 가능성이 크다."라는 경고와 함께, 점점 시력을 잃게 될 수 있음을 통보받았습니다. 다시 영국으로 돌아가 당시 최고의 망막 전문의를 찾았지만, 그 역시 같은 진단을 내리며 이렇게 말했습니다.

"지금부터 점자를 배우는 게 좋겠군요."
왼쪽 눈의 시력이 계속해서 악화되자, 감정적 혼란과 공포에 휩싸였습니다.

의학이 아닌 내면의 길로

당시 이 질환에는 어떠한 의학적 치료법도 존재하지 않았습니다. (망막 중심부에 너무 가까워 레이저 치료조차 불가능했기 때문입니다.) 그래서 결국 스스로의 자원에 의지해 치유의 길을 찾아야 했습니다. 과거에 맥스 케이드Max Cade에게 배운 자기 치유 명상 기법이 있었지만, 그동안은 진짜 필요성을 느끼지 못해 제대로 써 본 적이 없었습니다. 그러나 이제는 달랐습니다. 매일 약 3시간씩 명상에 몰입하기 시작했습니다.

앞서 소개한 명상법들을 활용해 눈 속의 출혈을 멈추기 위한 집중 훈련을 시도했습니다. 그와 동시에, 다양한 힐러들을 찾아다니며 누가 이 질환에 도움을 줄 수 있을지 깊이 조사하고 탐색했습니다. 그 과정에서 나는 영국 이스트본Eastbourne의 메리 심킨스Mary Simpkins라는 눈 전문 힐러를 만나게 되었습니다.

빛과 파동으로의 치유

메리는 자신이 가시광선 치료Visible-ray therapy라고 부르는 방식과 직접 손을 통한 영적 치유를 병행하고 있었습니다. 그녀는 환자의 개별적인 필요에 따라 색상과 파동 속도를 조절할 수 있는 장치를 개발했는데, 그 장치는 빛의 파장이 망막 세포의 분자 구조에 영향을 주어, 퇴행된 부위의 재생을 촉진할 수 있다는 원리였습니다. 치료는 마치 양쪽에 망원경처럼 생긴 기구를 들여다보며, 그 끝에서 부드럽게 맥동하는 색색의 빛을 오랜 시간 응시하는 것과 비슷했습니다.

그렇습니다. 메리 심킨스는 분명 나를 도울 수 있는 분이었습니다. 하지만 안타깝게도 그녀는 이미 7개월 치 예약 대기자 명단을 가지고 있었습니다. 나는 이미 결심하고 있었습니다.

"이번 생에서 나는 실명이라는 길을 걷지 않겠습니다."

그래서 메리와 치료를 시작하기 전까지는 지금 남아 있는 시력을 최대한 유지하는 데 집중하기로 하였습니다. 여러 형태의 심상(이미지화)을 활용하였습니다. 예를 들면,

> - 하얀빛의 광선이 망막의 출혈 부위를 봉합하듯 막아 주는 장면
> - 작은 스펀지들이 피를 흡수하고 정리하는 모습
> - 부드러운 사포가 흉터를 조심스럽게 문질러 없애는 이미지 등입니다.

나는 매일 이미지화 연습을 약 1시간, 그리고 심신 이완 명상을 약 2시간씩 실천하였습니다.

회복의 여정은 험난했지만, 새로운 길이 열렸습니다. 치유의 여정은 오랜 시간과 노력이 필요한 과정이었습니다. 하지만 그와 동시에, 나에게 수많은 새로운 가능성의 문이 열리는 계기가 되었습니다. 책의 부록에서 언급한 쿤달리니 체험도 바로 이러한 집중 명상 과정 속에서 시작되었다고 생각합니다. 물론 나는 그 체험을 목표로 명상을 한 것은 아니었습니다. 치유를 위한 탐색은 나를 영국의 최고 수준의 힐러들과 연결해 주었고, 그 여정 속에서 마음과 영혼은 이전과는 전혀 다른 방식으로 열리게 되었습니다.

마침내 메리와 본격적인 작업을 시작하였습니다. 메리가 나를 받을 수 있게 되었을 때, 나는 해마다 한 달씩 집중적으로 그녀와 작업을 하였습니다.

그녀는 나에게 신뢰할 수 있는 힐러이자 가까운 친구가 되었습니다. 시간이 흐르면서 나는 망막의 흉터가 점점 옅어지고 밝아지는 것을 직접 눈으로 보았습니다. 눈 차트에서 가장 위쪽 글자가 서서히 또렷이 나타나는 순간을 지금도 생생히 기억하고 있습니다.

1981년, 이번에는 오른쪽 눈에서 출혈이 발생하였습니다. 하지만 이번에는 준비가 되어 있었습니다. 양쪽 눈이 모두 기능을 잃은 시기는 단 몇 주에 불과했습니다. 그 후 왼쪽 눈이 기능을 회복하였고, 다시 시력을 되찾았습니다. 현재 나의 왼쪽 눈은 교정 시 시력이 20/20(정상 시력)이며(처음 진단 당시에는 절대 시력이 돌아오지 않을 것이라고 들었습니다), 오른쪽 눈도 계속해서 회복을 위한 작업을 진행하고 있습니다. 상태는 안정적이며, 수년 동안 추가 출혈은 발생하지 않았습니다.

이런 경험에서 나에게 자기 치유Self-Healing란 다음과 같았습니다.

암의 내면을 들여다보다 — S.P.의 사례

S.P.는 29세의 재활 치료사로, 15명의 참가자와 함께 5일간의 워크숍에 참여했습니다. 그녀는 이전에 단 한 번 명상을 시도해 본 적이 있었지만, 그때도 별로 진지하게 받아들이지 않았습니다. 그녀에게 명상은 그저 '가만히 앉아서 아무 말도 하지 않는 이상한 일' 정도로 느껴졌던 것입니다.

그녀는 첫 번째 세타 명상에서 느낀 경험을 이렇게 이야기했습니다.

"아무런 기대도 하지 않았기 때문에, 갑자기 어머니가 떠올랐을 때 정말 놀랐어요. 엄마가 아기를 안고 있는 장면이 보였는데, 사실 그때 저는 제 아이를 갖는 일에 대해 생각하고 있었거든요."

S.P.는 자신의 어머니가 아버지에게 버림받았다고 느꼈다는 사실을 알고 있었습니다. 그래서 어머니는 세 달이나 일찍 태어난 S.P.와 정서적으로 연결되기 어려워했지요. 이 이야기에 대해 S.P.가 아는 것은 많지 않았습니다. 그저 자신이 인큐베이터 안에 있던 사진을 본 기억이 전부였습니다. 그녀는 명상 중 경험을 이렇게 이어서 말합니다.

그 명상 중에 이야기가 어머니의 시각에서 아주 선명하게 보이기 시작했어요. 그리고 저는 어머니의 모든 감정을 그대로 느꼈습니다. 그러다 장면이 제 시점으로 바뀌었는데, 제 팔이 아주 길게 뻗어 있는 거예요. 저는 어머니를 꼭 안아 보려고 팔을 뻗었지만, 아무리 해도 어머니에게, 그리고 그 누구에게도 닿을 수가 없었습니다. 저는 제 피부가 아닌, 다른 어떤 것으로 손을 뻗고 있었어요. 단순히 육체적인 접촉이 아니라, 무언가 더 깊은 차원에서—감정이나 에너지 같은 것으로—어머니에게 닿으려 애쓰고 있었던 거예요.

그때 저는 눈으로라도 닿아 보려고 애썼던 기억이 납니다. 하지만 아무리 집중해도 또렷하게 보이지 않았고, 모든 것이 안개처럼 흐릿했어요. 명상 중에 저는 제 안에서 어떤 확장이 일어나는 것을 느꼈습니다. 지금은 그것을 제 '에너지 몸Energy body'이라고 부릅니다. 그 에너지 몸이 주변 사람들에게 닿으려는 듯 뻗어 나갔지만, 실제로는 제 피부도, 눈도, 팔도 쓸 수 없었어요. 인큐베이터 속의 모든 것이 두꺼운 막에 싸인 듯, 소리도 감각도 모두 차단되어 있었기 때문입니다.

진짜 슬픔은, 제가 그 아기에게 손을 내밀고 안아 주고 싶었을 때 밀려왔어요. 내가 저 자신을 안아 주고 싶었던 순간이었죠. 바로 그때 '그럼블리 Grumbly'가 나타났습니다."

그럼블리는 S.P.의 배꼽 아래에 자리한, 끈적이고 검은 타르 같은 존재였습니다. 그 존재는 끊임없이 움직이는 손과 발을 가지고 있었고, 마치 만화 속 태즈메이니아 데블처럼 날카로운 발톱으로 무엇이든 붙잡아 삼켜 버릴 수 있는 존재였습니다.

과거에 S.P.는 가족, 사랑, 혹은 자녀 계획에 대해 생각할 때마다 극심한 불안감이 밀려와 공황 발작처럼 느껴지는 수준까지 올라가곤 했습니다. 그런데 이번 명상에서 그럼블리의 존재를 자각했을 때, 그녀의 내면에서 어떤 음성이 들려왔습니다.

"안 돼. 너는 아이를 가질 수 없을 거야. 지금처럼은 아이를 가질 수 없어. 변화가 필요해."

S.P.는 자신이 바뀌어야 한다는 그 '변화'가 구체적으로 무엇을 의미하는지 잘 알지 못했습니다. 명상이 끝난 뒤, 마음을 안정시키고 경험을 나누는 단계에서 그녀는 이렇게 이야기했습니다.

아마도 자신 안의 '내면 아이Inner child'와 더 깊이 연결되고, 진심으로 '놀이하는 법'을 다시 배워야 비로소 아이를 가질 준비가 될 수 있을지도 모르겠다고요. 즉, 어른으로서의 책임감이나 불안보다, 순수한 즐거움과 생명력으로 자신을 다시 회복하는 일이 먼저라는 통찰이 그녀에게 찾아온 것이었습니다.

"저는 항상 가족을 갖고 싶다는 바람을 가지고 있었어요. 그걸 필요로 한다는 사실이 부끄러웠지만, 그것을 이해하고 받아 주는 사람들 앞에서 말할 수 있다는 것이 너무나 자유로웠어요."

이후 진행된 자기 치유 명상에서, S.P.는 그럼블리 속에 담긴 고통과 감정의 근원과 대화를 시도했습니다. 그녀는 이렇게 묘사합니다.

"저는 어둡고 끈적한 진흙 속으로 미끄러져 들어갔어요. 그러다 저는 여덟 살쯤 된 저 자신으로 변했어요. 마치 동굴 속에 살아온 아이처럼, 온몸은 더럽고, 겁에 질려 있었고, 조용했으며, 몸을 움츠린 채 작은 틈에서 기어 나왔습니다."
이 장면을 본 순간, S.P.는 자신이 이 내면의 아이를 치유해야 한다는 것을 직감했습니다.

"저는 아이를 갖고 싶다는 그 감정에 계속 머물러 있었어요. 리트릿 센터 주변을 걸으며 그 마음을 곱씹을수록, '건강 검진을 받아야겠다'는 생각이 점점 강해졌어요. 왠지 모르게, 아이를 갖고 가정을 이루는 그 행복한 일에 무언가가 방해가 될 것 같다는 느낌이 들었거든요. 그리고 제 머릿속에는 계속해서 '암(Cancer)'이라는 단어가 아주 선명하게 떠올랐어요."

사실 S.P.는 이 워크숍에 참가하기 전에 이미 자궁 경부 세포 검사를 받은 적이 있었는데, 그 결과는 정상이었습니다.

"하지만 명상 속에서 떠오른 이야기들이 너무 강하게 다가와서, 저는 결과를 믿을 수가 없었어요. 결국 몇 주 사이에 다른 병원 여러 곳에서 세포 검사를 반복했습니다."

검진마다 의사들은 이렇게 말했습니다. "자궁 경부가 약간 비정상적으로 보이긴 하는데, 검사 결과는 모두 정상이니 걱정 마세요."

하지만 S.P.는 여전히 그 검사들을 신뢰할 수 없었습니다. 그녀는 워크숍에서 배운 명상들을 집에서 꾸준히 실천했습니다.

"제 몸이… 뭐라고 불러야 할까요. 명상할 때 우리가 만나게 되는 그 '내면의 목소리', 혹은 '깊은 지혜' 같은 존재가 있었어요. 그 부분이 저를 그냥 넘어가게 두지 않았습니다. 그래서 저는 여자 산부인과 의사를 찾아가, 명상 중에 있었던 일과 그때 느꼈던 직감에 대해 솔직히 이야기했어요. 의사는 처음엔 그냥 제 말을 맞장구치듯 들었지만, 그래도 꼼꼼하게 자궁 경부 세포 검사를 해 주었습니다. 검사 결과가 나왔을 때, 자궁 경부에서 암세포와 암으로 진행될 가능성이 있는 병변이 동시에 발견되었습니다. 그 암을 제거하고 자궁 경부를 완전히 회복시키기 위해 세 번의 수술이 필요했어요."

그녀는 이어서 말했습니다.

"정말 제 직감을 따르길 잘했다고 생각해요. 만약 그때 그냥 넘겼다면 암이 자궁으로 번졌을 거예요. 아마 자궁 적출술 같은 큰 수술을 받아야 했을지도 모르죠. 이번 명상과 선생님이 이끈 대화 덕분에 제 몸의 언어에 집중하고, 그 신호를 충분히 들을 수 있었어요. 그 덕분에 마지막으로 한 번 더 검사를 받아야겠다고 결심할 수 있었죠. 만약 그 검사를 하지 않았다면, 암은 이미 다른 장기로 퍼졌을지도 몰라요."

지금, 그 일로부터 거의 1년이 지난 지금 S.P.는 여전히 명상을 통해 자신이 누구인지, 인생에서 진정으로 원하는 것이 무엇인지, 그리고 스스로를 치유하는 방법을 배워 가고 있습니다.

타인을 치유하는 것

이제 우리는 치유의 또 다른 측면으로 넘어가 보려 합니다. 이 부분은 자가 치유만큼 흔한 것은 아니지만, 점차 미국 내에서도 인정받고 있는 영역입니다. 바로 타인을 치유하는 것입니다. 이는 손을 얹는 행위Laying on of hands, 에너지 균형 조절Energy balancing, 촉각을 활용한 치유Touch healing, 혹은 단지 존재만으로도 영향을 주는 방식으로 이루어질 수 있습니다.

내가 영국에서 수년간 머무는 동안, 치유 분야에서 뛰어난 성과를 거둔 많은 전문가를 운 좋게도 만날 수 있었습니다. 이들 중 일부를 대상으로 치유를 수행할 때의 뇌파를 측정하는 연구가 진행되었습니다. 또한 치유를 받는 사람의 뇌파 역시 자주 함께 측정되었습니다.

런던에서 이와 관련된 연구 대부분은 맥스 케이드Max Cade가 주도하였습니다. 그는 영국 치유 협회 연합British Alliance of Healing Associations과 국립 힐러 연맹National Federation of Healers에 소속된 여러 힐러들의 뇌파를 조사하였고, 1970년대 당시 영국에서 가장 유명하고 성공적인 힐러였던 로즈 글래든Rose Gladden과 브루스 맥매너웨이Bruce MacManaway와도 심도 있는 연구를 진행했습니다. 그의 연구 결과는 저서 『The Awakened Mind』에 잘 정리되어 있습니다. 맥스 케이드는 이렇게 설명합니다.

"치유가 성공적으로 이루어진 뒤에는 환자가 한층 더 깊이 이완되면서도 동시에 놀라울 만큼 또렷하고 깨어 있는 상태가 됩니다. 그리고 그런 상태에서는 긴급한 상황에도 훨씬 더 잘 반응할 수 있게 되죠. 이러한 생리적 변화는 치유자가 환자 안에서 두 가지 반응 중 하나, 혹은 둘 다를 유도했기 때문으로 보입니다. 하나는 심리적·생리적으로 깊은 이완 상태이고, 다른 하나는 '제5의 의식 상태Fifth-state consciousness', 즉 베타·알파·세타·델타파가 조화롭게 결합된 '깨어있는 마음Awakened Mind'의 뇌파 패턴입니다."

미국으로 돌아온 이후 지난 14년 동안의 연구는 내게 치유자와 치유받는 사람 간의 관계 속에서 뇌파가 어떻게 상호작용하는지를 관찰할 많은 기회를 주었습니다.
펠덴크라이스Feldenkrais 요법, 트래거Trager 접근법, 폴라리티 테라피Polarity Therapy, 최면Hypnosis 등 다양한 분야에서 치유자와 내담자(혹은 환자)의 관계를 뇌파 측정을 통해 살펴보았습니다. 그 결과, 치유자의 뇌파가 내담자의 뇌파에 극적으로 영향을 미친다는 사실을 여러 차례 직접 확인할 수 있었습니다.

즉, 단순한 신체적 접촉이나 기술적 접근을 넘어, 에너지 수준과 의식의 상태가 실제로 뇌파를 통해 전달되고 변화될 수 있음을 보여 주는 것이었습니다.

나는 직접적으로 '치유Healing' 그 자체를 가르치는 것은 아니지만, 에너지를 스스로 조절하고 활용하는 방법을 다루는 다양한 수업들을 진행해 왔습니다. 이 수업의 참가자들은 대부분 이미 '깨어 있는 마음Awakened Mind' 상태를 위한 뇌파 훈련을 어느 정도 마친 사람들입니다.
그래서 완전히는 아니더라도 초기 단계의 깨어 있는 의식 상태에 접근할 수 있고, 자신의 뇌파를 어떻게 다루는지에 대해서도 기본적인 이해를 갖추고 있지요.

이제 소개할 내용은 바로 그런 치유 관련 수업 중 하나에서 사용했던 '명상 가이드'입니다. 이 명상은 자신의 에너지를 인식하고 다루며, 이를 통해 치유적 변화를 일으키는 연습으로 설계되었습니다.

치유 에너지를 모아 다른 이에게 전하기

눈을 감고, 그동안 했던 명상들을 하나하나 떠올려 보세요. [＊＊]

그때 느꼈던 깊은 몰입의 순간을 기억해 보십시오.

이제 그 명상의 깊이를 지금 이 순간, 당신 안으로 불러오세요. [＊]

의식의 여러 층을 거슬러 내려가듯, 내려가고(잠시), 다시 올라오고,

또 내려가고, 다시 올라오고, [＊＊]

내려가고… 그리고… 다시 올라옵니다.

(잠시 1분 정도 휴식)

명상이 깊어질수록 몸 안에 있던 긴장들이 하나씩 풀려 나감을 느낄 수 있습니다. [＊＊]

파도처럼 온몸을 스쳐 가는 이완과 해방의 흐름, 놓아 버림의 감각이 이어집니다. [＊＊＊]

떠오르는 생각이나 이미지, 혹은 외부의 소음과 방해들은 이제 아무런 의미가 없습니다. [＊]

당신은 그 모든 것을 뒤로한 채, 내면 깊숙한 곳으로 들어가고 있습니다. [＊]

그곳에서 빛을 발견할 수도 있고, 색채를 볼 수도 있습니다. [＊]

이것들은 당신의 여정을 안내하는 표지와 같아, 더 멀리, 더 깊이 나아갈 수 있도록 이끌어 줍니다. [＊＊]

그리고 마침내 당신 안에 열리는 공간—자유의 공간—에 도달합니다. [＊]

이곳은 경계도, 한계도 없는 곳입니다. [＊]

오직 당신 스스로가 정한 제한만이 있을 뿐입니다. [＊]

이제 이 자리에서, 우주에 가득한 치유의 에너지와 접촉할 수 있습니다.

(잠시 30초에서 1분간 멈춤)

그 에너지는 진동일 수도 있고, 빛이나 소리일 수도 있습니다. [＊]
어쩌면 목소리나 환영, 감각일 수도 있고, 혹은 단순히 그것이 있다는 알 수 없는 확신으로 다가올 수도 있습니다. [＊]

그 치유의 에너지를 받아들입니다. [＊ ＊]
그것이 몸을 흐르고, [＊ ＊]
영혼을 감싸며, [＊ ＊]
존재의 중심까지 흘러드는 것을 느껴 보세요.

(잠시 30초에서 1분간 멈춤)

만약 치유가 필요한 곳이 있다면, [＊]
그 부위에 치유의 에너지를 모아 주세요. [＊ ＊ ＊]

그곳에서 에너지가 스며드는 변화를 느껴 봅니다. [＊ ＊]
치유의 에너지가 당신을 감싸고, [＊]
빛의 샤워처럼 몸과 마음을 관통합니다. [＊ ＊]

그 황홀한 감각이 [＊]
당신의 마음에, [＊]
당신의 지혜에 스며듭니다. [＊ ＊]

그리고 원한다면, [＊]
그 순간 하나의 비전을 떠올려도 좋습니다.

(잠시 1~2분간 멈춤)

다시 치유의 에너지를 불러오세요. [＊ ＊ ＊]

그 근원이 어디인지 알 수도 있고, 알지 못할 수도 있습니다. [＊]

상관없습니다. 중요한 것은 받아들이는 것입니다. [＊]

머리 위에서부터 에너지를 받아들이세요. [＊ ＊]

가슴을 지나 척추 끝까지 내려보내며, [＊ ＊]

당신의 생명력을 충전합니다. [＊ ＊ ＊]

이제 그 에너지를 팔로 흘려보내 보세요. [＊ ＊]

팔을 따라 흐르며 손끝까지 전달되는 것을 느껴 봅니다. [＊ ＊]

손이 활기를 띠고, 팔이 통로가 되어 [＊ ＊]

머리에서 들어온 에너지가 팔을 지나 [＊ ＊]

손바닥으로 흘러 나갑니다. [＊ ＊]

그것을 따끔거림으로 느낄 수도 있고, [＊ ＊]

손바닥에서 빛이 퍼져 나가는 모습으로 볼 수도 있습니다. [＊ ＊]

그 감각을 마음속에 간직하세요. [＊ ＊ ＊]

앞으로 언제든 이 통로를 [＊ ＊]

더 쉽게, 더 깊게 열 수 있도록 말입니다.

(잠시 최대 1분간 멈춤)

이제 당신의 속도와 방식에 맞게, [＊]

받아들인 것에 대한 감사와 고마움을 마음속으로 전해 보세요. [＊ ＊ ＊]

그러면서도 치유의 에너지의 근원과의 연결은 닫지 않은 채, [＊ ＊]

천천히 이 명상을 마무리합니다.

(잠시 30초에서 1분간 멈춤)

이것은 치유 에너지에 집중하는 수많은 방법 가운데 하나에 불과합니다. 나는 학생들이 다른 사람에게 도움을 주기 전에(혹은, 꼭 그렇게 하지 않더라도), 먼저 자기 안에서 에너지의 흐름을 직접 경험하고, 자기 치유를 연습하며, 몸 안에서 에너지를 다루고 조절하는 법을 익히는 것을 더 중요하게 생각합니다.

다음 단계로는 학생들을 둘씩 짝지어, 간단히 손을 얹는 연습을 하게 합니다. 이때 학생들에게 손이 자연스럽게 끌리는 부위가 어디인지 찾도록 권합니다. 그리고 손에서 느껴지는 감각들에 집중해 보라고 합니다.

그 감각은 극단적인 온도 변화일 수도 있고, 따끔거림이나 간지러움, 욱신거림, 맥동 같은 느낌일 수도 있습니다.

손을 얹는 연습을 할 때는 손이 원하는 대로 자유롭게 두는 것이 중요합니다. 특정 부위에 머무르거나 자석처럼 끌리는 느낌이 든다면, 손이 충분히 끝났다고 느낄 때까지 그 자리에 머무르세요.

당신의 생각으로는 이미 움직일 때가 되었다고 여겨지더라도, 손이 여전히 그 자리에 있고 싶다면 그대로 두는 것입니다.

때때로 직감적으로 "아직 끝나지 않았다"라는 느낌이 들 수 있습니다. 그럴 때는 반드시 자신의 직관을 따르세요.

나는 학생들에게 손을 얹는 과정에서 이미지, 그림, 혹은 다른 감각적 단서들이 떠오를 수 있다는 점을 열어 두라고, 오히려 그것을 찾아보라고 권합니다. 그리고 그것이 적절하다면, 파트너와 대화를 나눌 수 있도록 안내합니다. 에너지를 받는 사람에게는 자신이 어떤 경험을 하고 있는지 가능한 한 의식적으로 지켜보라고 부탁합니다.

예를 들어, 파트너의 손에서 열기가 느껴진다면, 그것을 알려 주는 피드백은 치유 훈련을 받는 사람에게 큰 도움이 됩니다. 또한, 에너지를 받는 쪽도 자기 몸과 마음, 감정, 에너지 체계 안에서 일어나는 변화를 의식적으로 관찰하고 그것을 공유하면, 치유하는 사람에게 매우 유익합니다. 떠오르는 이미지나 감각들을 나누는 것도 큰 도움이 될 수 있습니다.

나는 실제로 클라이언트와 에너지 밸런싱 작업을 할 때는, 이와 더불어 자기 내면과 대화하도록 유도하기도 합니다. 예컨대 내 손이 특히 불편한 부위 위에 놓여 있을 때, 클라이언트에게 그 부위 안으로 들어가서 떠오르는 이미지나 감각을 찾아보라고 합니다. 그 안에서 무엇이 문제인지 확인하고, 그것과 대화를 나누는 것이지요.

이때 나는 이전 답변에서 실마리를 찾아 다음 질문을 던집니다. 이러한 과정을 통해 클라이언트가 해당 부위에 있는 에너지적 막힘의 원인을 찾아내고, 그것을 서서히 풀어낼 수 있도록 돕습니다.

치유의 원 Healing Circle

이제 이 장의 마지막 명상으로, 치유의 원 속으로 들어가 보겠습니다.
몸과 마음을 충분히 이완시키고, 생각을 고요히 가라앉혀 보세요.

당신은 서서히 뒤로 물러나는 듯한 느낌을 받습니다. [＊]

부드러움 속으로, 따뜻함 속으로, 더 깊이 스며들며… [＊]

점점 빠르게, 더 깊은 곳으로 떨어져 들어갑니다. [＊]

내려갈수록, 마음과 몸은 더욱 편안해집니다. [＊＊＊]

떨어지며 여러 층의 의식을 지나갑니다. [＊＊]

그 과정에서 이미지가 보일 수도 있고, [＊]

소리나 목소리가 들릴 수도 있으며, [＊]

몸의 감각이나 감정, 혹은 향기와 맛이 느껴질 수도 있습니다. [＊＊]

하지만 당신은 그것들을 모두 지나쳐, 더 깊이 내려갑니다. [＊＊＊]

이제 속도가 점차 느려집니다. [＊]

마치 공중에 가볍게 떠 있는 듯, [＊]

천천히, 부드럽게 흘러내리듯 내려갑니다. [＊]

그리고 저 멀리, 아주 깊은 곳에 하나의 원이 보입니다. [＊＊]

그 중심을 향해, 당신은 자연스레 이끌리듯 다가갑니다. [＊＊]

그것은 치유의 원입니다. [＊＊]

가까워질수록 속도는 더 느려지고, [＊]

이제 원의 중심 위에 부드럽게 머물러 있습니다. [＊＊]

그리고 마침내, 다정하고 고요하게, [＊＊]

당신은 치유의 원 한가운데에 다다릅니다. [＊＊]

그 중심에 편안히 몸을 내려놓으며, [＊]

주변을 가득 채운 원의 기운을 또렷이 느낄 수 있습니다. [＊＊]

그리고 치유가 시작됩니다. [＊＊＊]

그 치유는 다양한 모습으로 다가올 수 있습니다. [＊＊]

낯설면서도 기분 좋은 감각이 몸을 감싸거나, [＊＊]

당신의 길을 비추는 작은 메시지로 전해질 수도 있습니다. [＊＊＊]

이제 아주 자연스럽게,

당신은 육체를 벗어나 영혼의 몸, 더 높은 자아로 올라갑니다. [＊＊]

그곳에서 치유는 한층 더 강렬해지고, [＊＊]

당신의 영혼은 온전함과 충만함으로 채워집니다.

(잠시 1분 정도 멈춤)

그리고 충분히 채워졌음을 느낄 때, [＊]

다시 서서히 내려옵니다. [＊＊]

감정의 몸과 정신의 몸을 지나며 [＊＊]

그곳을 정화하고 깨끗이 씻어내고, [＊＊]

다시 육체로 돌아옵니다. [＊＊＊]

이제 당신은 영혼이 받은 모든 치유를 [＊]

육체 안에 온전히 받아들입니다. [＊＊]

그 에너지가 몸과 마음 곳곳에 스며들어, [＊＊]

당신은 온전히 조화롭고, 하나 된 상태로 자리합니다. [＊＊＊]

그리고… 깊은 평화 속에 머뭅니다.

6장

창의력, 학습, 그리고 깨어 있는 마음

창의성은 여러 형태로 나타납니다.

때로는 전혀 새로운 아이디어, 개념, 혹은 사물을 스스로 고안해 세상에 내놓는 것이 될 수도 있습니다. 또 때로는 이미 존재하는 것을 다듬고, 세밀하게 조정하거나 개선하여 한층 나아지게 만드는 것이 될 수도 있습니다.

창의성은 삶의 어떤 영역에서도 발현될 수 있습니다.

예를 들어 집안일을 새로운 방식으로 해내는 것, 관계를 더욱 만족스럽게 가꾸는 것, 직장에서의 프로젝트를 발전시키는 것, 혹은 그림을 그리는 것일 수도 있습니다.

창의성은 단순히 무언가를 만드는 행위에 국한되지 않습니다.

세상을 바라보는 방식, 주변 환경에 반응하는 태도, 자신의 생각과 감정을 다루는 방법, 그리고 영적인 성장을 일구어 나가는 과정 속에서도 드러납니다.

창의적인 상태와 깊은 명상 상태의 뇌파는 거의 비슷하지만, 단 하나의 중요한 차이가 있습니다. 바로 창의적인 상태에서는 '생각'이 필요하다는 점입니다. 최고의 성과를 내는 뇌파 패턴은 명상에서 나타나는 뇌파에 의식적인 사고를 담당하는 베타파가 더해진 형태라고 할 수 있습니다. 반면 저주파 영역의 뇌파들은 크게 달라지지 않습니다.

즉, 창의성의 패턴은 깨어 있는 마음Awakened mind 패턴이 나타나는 여러 모습 가운데 하나일 뿐입니다. 구체적인 예시는 그림 1에서 볼 수 있으며, 이는 개인의 고유한 뇌파 특성과 활동의 종류에 따라 조금씩 다르게 나타납니다.

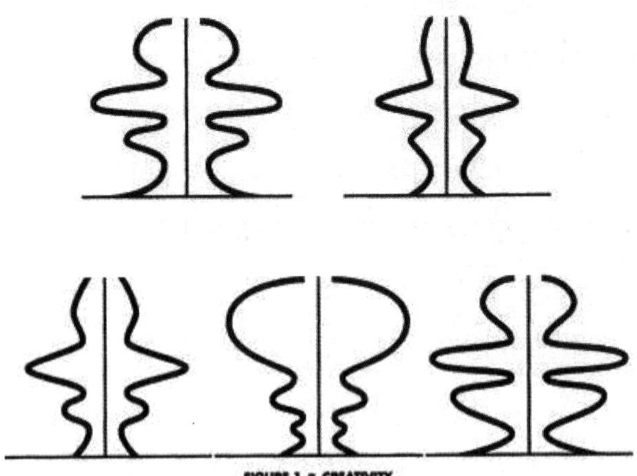

창의적인 상태를 이루기 위해 필요한 만큼의 베타파를 만들어 내는 일은 생각만큼 단순하지 않습니다. 원하는 목적에 맞게 올바른 주파수와 적절한 양의 베타파가 더해져야 합니다. 진폭이 크고 불규칙하게 퍼져 있는 베타파는 중간 영역에서 부드럽게 정점에 이르는 베타파만큼 최적의 창의적 상태를 만들어 내지 못합니다.

바로 이런 이유 때문에, 창의성을 위한 뇌파 훈련은 세 단계로 나누어 진행하는 것이 가장 효과적입니다.

먼저, 스트레스를 받을 때 흔히 나타나는 불필요한 고주파를 정리하기 위해 베타파 전반을 줄이는 연습을 해야 합니다. 그다음에는 알파파와 세타파 같은 핵심적인 요소에 접근할 수 있도록 돕는 명상을 꾸준히 실천합니다. 마지막 단계에서는 다시 베타파를 명상 패턴 속에 더해, 창의적 활동에 필요한 의식적인 내용을 만들어 낼 수 있습니다.

지금까지 이 책에서 살펴본 것처럼, 어떤 형태의 깨어 있는 마음Awakened mind 패턴이든 그 핵심 원리는 동일합니다. 창의성을 위한 깨어 있는 마음

262

패턴은 자기 치유를 위한 패턴과 겉으로는 비슷하거나 거의 동일해 보일 수 있습니다. 다만 차이를 만드는 것은 '내용'입니다. 또, 창의적 과정의 단계에 따라 생성되는 베타파의 양이 달라질 수도 있습니다.

예를 들어, 잠시 멈춰 곱씹거나, 사색하거나, 무의식으로부터 창의적 아이디어가 자연스럽게 떠오르도록 하는 상태는 그림 2A와 비슷하게 나타납니다. 이때는 의식이 참여할 만큼의 베타파가 적당히 유지되고, 무의식으로 향하는 알파파의 다리가 튼튼하게 놓이며, 고주파 세타파가 무의식 세계를 활짝 열어 줍니다.

또한 그림 2B와 같은 더 깊은 상태에서 창의적인 사색을 이어 갈 수도 있습니다. 이 상태에서는 무의식의 세타파가 더 깊고 강하게 나타나며, 알파파가 의식과 무의식 사이를 이어 주는 다리 역할을 충분히 해 줍니다. 베타파는 의식이 깨어 있음을 허용할 정도로만 활동하지만, 사고를 의도적으로 이끌어 갈 만큼은 아닙니다. 이는 아침에 막 깨어났을 때, 아직 무의식 속의 내용에 닿을 수 있는 상태와 매우 비슷합니다.

가벼운 사색은 종종 의식이 깨어 있는 상태에서 시작됩니다. 베타파 위에 알파, 세타, 델타파가 더해지면서 점차 깊은 창의적 성찰의 상태로 내려가는 것이지요. 반대로 그림 2B에서 보듯이 명상 상태에서 출발해 베타파를 더해 가며 마음을 깨워 창의적으로 사색할 수도 있고, 더 깊은 사색은 무의식 상태(즉, 잠)에서 시작되기도 합니다.

예를 들어, 잠에서 서서히 깨어나며 특정 문제를 곱씹는 자신을 발견할 수 있습니다. 마치 잠자는 동안 계속 그 문제를 고민해 온 듯한 느낌이 드는 것이지요. 이때 의식은 아주 부드럽고 느리게 스며들며, 이미 진행 중인 대화를 옆에서 조금씩 엿듣는 것 같은 경험을 하게 됩니다. 만약 이 깊은 사색의 상태를 유지할 수 있다면, 무의식과 길고 의미 있는 대화를 나눌 수 있습니다.

창의성이 깨어나는 아침의 순간

아침의 창의적인 시간을 활용하기 위해 굳이 전날 밤에 주제를 미리 정해 둘 필요는 없습니다. 무의식 속에 그것이 충분히 자리 잡고 있다면, 잠자는 동안 이미 처리 과정이 일어나기 때문입니다. 아침에 눈을 뜨는 순간, 우리의 뇌파는 활짝 열려 있습니다. 먼저 세타파, 이어서 알파파, 그리고 베타파가 차례로 깨어나지요. 이때는 마음 깊은 곳을 천천히 훑어보며, 무의식 속에 있던 내용을 의식 위로 불러올 수 있습니다.

크리스마스 카드

나의 오랜 친구 제니퍼가 들려준 크리스마스 카드 이야기입니다. 몇 주 동안이나 그녀는 카드 쓰는 생각조차 미루고 있었습니다. 마음 깊은 곳에서는 오랜 벗들과 다시 소통하고 싶었고, 멀어진 관계를 회복할 수 있는 좋은 기회라는 것도 알고 있었습니다. 하지만 어디서부터 시작해야 할지 몰라 부담감에 짓눌렸고, 결국 아무 행동도 하지 못한 채 문제를 외면했습니다. 그러다 보니 이 일이 점점 마음의 가시처럼 걸려서, 즐거워야 할 연말 분위기마저 흐려지기 시작했습니다. 가게에서 카드를 몇 번이나 들여다봤지만, 마음에 드는 것은 끝내 찾지 못했습니다.

그러던 어느 날 아침, 아직 반쯤 잠에서 깨어난 상태에서 그녀의 마음이 완전히 열리고 편안해졌을 때, 문득 자신이 카드를 쓰고 있는 모습을 떠올렸다고 합니다. 그 순간 누구에게 어떤 말을 써야 할지가 명확히 떠올랐습니다. 이어서 몇 년째 쓰지 않고 묵혀 두었던 카드들이 어디에 있는지도 곧바로 기억났습니다. (제니퍼는 사실 매년 카드를 사 놓고 쓰지 못하는 버릇이 있었다고 고백했습니다.)

그날 그녀는 거짓말처럼 가볍게 마음을 열고, 과거의 친구들 십여 명에게 정성 어린 카드를 써 내려갔습니다. 글 한 줄 한 줄에 진심을 담으면서, 다시 이어지는 관계의 기쁨을 만끽했습니다.
감사 인사를 전하려고 전화를 걸었을 때, 그녀는 아침의 그 경험을 이야기하며 이렇게 외쳤습니다.
"이제 크리스마스 카드에 대한 막막함은 완전히 사라진 것 같아요!"

아침의 몽상을 활용하는 법

아침의 몽상을 잘 활용하면, 무의식 속에 숨어 있던 생각을 끌어올리거나 전혀 예상치 못한 영감과 새로운 아이디어를 떠올릴 수 있습니다.

만약 스스로에게 목표를 세우거나 어떤 프로젝트에 집중하고 있다면, 이른 아침의 상태를 최대한 창의적으로 쓰도록 마음을 '프로그래밍'할 수도 있습니다.

이 상태를 가장 잘 활용하려면, 깨어날 때 나타나는 낮은 진폭의 베타파를 억지로 키우지 않는 것이 좋습니다. 단지 자신이 원하는 창의적 대상이나 주제를 마음속에 분명히 새겨 두고, 그다음에는 '생각하지 않는 것'이 핵심입니다. 다시 말해, 베타파는 의식적으로 사색의 맥락을 잡아 주는 데만 쓰고, 나머지는 무의식의 흐름에 맡기는 것이지요.

만약 지금 가장 중요한 주제나, 어떻게 시작해야 할지 막막한 마음의 벽을 이 아침의 상태 속에 조용히 가져온다면, 곧바로 답이나 영감을 받을 수 있습니다. 다만 한 가지 기억해야 할 점은, 이 통로는 오래 열려 있지 않다는 것입니다. 의식의 문이 닫히기 전에 그 순간을 붙잡아야 합니다.

이러한 창의적 탐구에서 또 하나 중요한 요소는 시간입니다. 알람이 울리기 직전의 압박 속에서는 이런 사색을 제대로 이어 가기 어렵습니다. 세타파가 품고 있는 풍부한 내용이 천천히 수면 위로 떠오를 수 있도록, 여유가 필요하기 때문입니다.

처음 이 연습을 시작할 때는 기상 시각에 구애받지 않는 날, 예를 들어 주말을 택하는 것이 좋습니다. 일단 아침의 이런 상태를 활용하는 데 익숙해지면, 스스로에게 알람이 울리기 30분 전에 일어나도록 암시할 수도 있습니다. 그렇게 하면 매일 아침 이 소중한 시간을 누릴 수 있습니다.

이른 아침의 창의적 상태에서 마지막으로 중요한 요소는 떠오른 생각과 영감을 어떻게 간직하느냐입니다. 이때 주의할 점은 베타파를 지나치게 활성화시키지 않는 것입니다. 베타파가 과도하게 깨어나는 순간 세타파가 급격히 줄어들어, 그 순간의 과정이 곧바로 끊겨 버리기 때문입니다.

방법은 이전에 다룬 몇몇 명상과 마찬가지로 '열쇠'를 찾는 것입니다. 상징, 단어, 개념, 이미지—당신이 받은 메시지를 대표할 수 있는 어떤 것 하나를 간단히 정해 두는 것이지요. 세부 내용을 곧바로 붙잡으려 하기보다, 그것을 상징하는 열쇠만 기억해 두면 됩니다.

그리고 명상에서 깨어날 때와 마찬가지로, 아침의 몽상에서 눈을 뜨는 순간 그 열쇠를 의식 속 베타파에 가져오십시오. 이렇게 하면 완전히 깨어난 후에도 그 경험의 기억에 다시 닿을 수 있습니다.

깊은 내적 사색의 상태를 가장 잘 활용하려면 약간의 연습이 필요할 수 있습니다. 하지만 그 가치는 충분합니다. 사실, 여기서 중요한 것은 노력이라기보다 노력을 내려놓는 것입니다. 억지로 애쓰려는 태도는 오히려 이런 경험을 방해하기 때문입니다. 아침의 몽상은 결코 강제로 만들어 낼 수 없습니다.

오히려 매일 아침을 맞으며 마음속으로 '깊고 숨겨진 창의성에 닿아 보겠다'는 의도를 품을수록, 이 과정은 점점 더 자연스럽게 흘러가게 됩니다. 반대로 이런 상태를 원하면서도 시계에만 매여 살고, 언제나 더 급한 일이 있다는 이유로 자신을 잠시도 머물게 하지 못한다면, 자기 자신과 창의적으로 만날 수 있는 소중한 기회와 그로부터 얻을 수 있는 혜택을 놓치고 있는 것입니다.

마지막으로 꼭 기억해야 할 점이 있습니다. 무의식 깊은 곳에서 이런 방식으로 창의적인 영감을 받았다면, 반드시 행동으로 옮기십시오. 그래야 이 상태에서 얻는 긍정적인 효과가 강화되고, 이는 다시 당신의 심리에 '이 경험은 소중하다'는 신호를 보내어 앞으로도 계속 이런 혜택을 재창조하도록 도와줍니다.

반대로 떠오른 영감을 계속 외면한다면, 무의식에 '이 정보는 중요하지 않다, 실행할 가치가 없다'는 부정적 피드백을 주게 됩니다. 그렇게 되면 점차 무뎌져서, 결국은 이런 영감 자체가 잘 찾아오지 않게 될 수도 있습니다. 세타파가 가져다주는 창의적 메시지를 소중히 받아들이고 실제로 활용할 때, 그 흐름은 더욱 부드럽고 빈번하게 이어지게 될 것입니다.

나 역시 이른 아침의 창의적인 시간을 활용해 이 책을 집필해 왔습니다. 의도하지 않았는데도, 어떤 장이나 단락이 머릿속에 남은 채 잠자리에 드는 경우가 종종 있었습니다. 그러면 한밤중이나 아주 이른 새벽에 깨어, 마치 그 부분이 저절로 써 내려가지는 것처럼 '들리는' 경험을 하곤 했습니다. 그럴 때면 황급히 연필을 집어 들고 받아 적었습니다.

곧 깨달은 사실은, 무의식 속에서 쏟아져 나오는 세부적인 정보를 놓치지 않으려면 빨리 쓰면서도 반쯤 몽환적인 상태를 유지해야 한다는 것이었습니다. 불을 켜고 똑바로 앉아 또박또박 쓰려고 하면, 오히려 방금 들은 내용을 잃어버릴 위험이 컸습니다.

몇 번이나 소중한 통찰을 놓치고, 혹은 원하는 정확한 표현을 붙잡지 못한 후로, 나는 매일 밤 침대 곁에 종이와 연필을 준비해 두기 시작했습니다. 지금도 여전히 그렇게 합니다. 어떤 영감이 밤의 사색 속에서 찾아올지 모르기 때문입니다. 다만 아침에 눈을 뜨고 나면, 알아보기 힘든 글씨를 해독

하는 일이 가끔은 어려울 뿐이지요.

때로는 반쯤 잠든 사이 무언가 떠올랐다는 희미한 기억만 남아 있을 때도 있습니다. 하지만 밤에 적어 둔 메모를 다시 들여다보면, 마치 마법처럼 그때의 몽상이 생생하게 되살아납니다. 만약 여러분이 이런 경험에 처음 도전한다면, 아침에 깨어나자마자 메모를 자세히 보완해 두기를 권합니다. 경험의 기억은 시간이 지날수록 희미해지지만, 일찍 다듬어 기록할수록 더욱 선명하게 되살아나기 때문입니다.

의식적으로 일구어 내는 창의성

앞에서 설명한 창의적 상태는 다소 수동적인 성격을 띱니다. 이 상태를 실천할 때 의식의 주요한 역할은 단순히 내면에서 떠오르는 정보와 아이디어, 창의성을 받아들이고, 그것이 떠올랐을 때 의식 속에 잘 담아 두는 일입니다.

하지만 창의적 상태에는 보다 능동적인 형태도 있습니다. 의식이 적극적으로 개입할수록 베타파의 비중은 커집니다. 만약 스스로 창의적 흐름을 의도적으로 이끌고 싶다면, 깨어 있는 마음Awakened mind 패턴에 베타파를 더해 주어야 합니다(그림 3 참조). 이는 창의적 패턴 속에 점점 더 많은 베타가 추가되는 모습을 보여 줍니다.

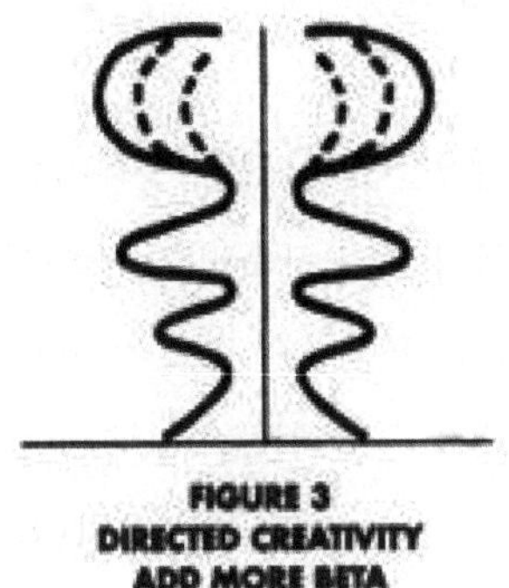

이후에 소개할 실천 명상들은 제5장에서 다룬 자기 치유 명상과 유사하지만, 초점이 창의성과 문제 해결에 맞추어져 있습니다. 이러한 명상은 맥스 케이드Max Cade가 '정신적 유창성Mental fluency'이라 부른 능력, 즉 마음의 내용을 자유자재로 다루는 힘을 길러 줍니다.

마음속의 내용은 여러 형태로 드러납니다. 언어적, 정서적, 음악적, 수학적 요소는 물론이고, 시각·청각·촉각·후각·미각 등 감각적 차원에서도 나타납니다. 정신적 유창성을 키우면 상상의 유연성이 확장되어 창의성을 자극할 뿐 아니라, 우리가 '정상 상태'라 믿도록 길들여진 경직된 한계를 벗어나 자기 성장을 방해하는 굴레에서 자유로워질 수 있습니다.

마음의 내용을 바꾸는 연습은 앞 장에서 살펴본 것처럼 최적의 뇌파 상태를 형성하는 데 도움을 줄 뿐만 아니라, 당신 안에 잠재된 창의적 능력이 활짝 펼쳐지고 꽃피우도록 이끌어 줍니다. 상태가 내용을 돕고, 또 내용이 상태를 돕는 것이지요. 두 가지는 동시에 맞물려 서로를 성장시킵니다.

이제 우리는 정신적 유창성Mental fluency과 문제 해결을 위한 명상을 실제로 연습해 보려 합니다. 처음에는 특별한 목표 없이, 단지 창의적인 흐름을 깨우는 것 자체에 집중합니다. 이후에는 점차 구체적인 문제 해결에 초점을 맞출 것입니다.

아래의 명상은 실제 인생의 문제를 바로 해결하기 위한 것이 아니라, 당신이 가능한 한 자유롭고 대담하게 창의성을 발휘하도록 돕는 데 목적이 있습니다. 현실의 제약에 아이디어나 해답을 가두지 마십시오. 상황마다 두세 가지 상상력 넘치는 해결책을 떠올려 보세요.
이 연습에 들어가기 전에, 잠시 시간을 내어 몸과 마음을 이완하고, 생각을 고요히 가라앉히며, 명상 상태에 들어가는 준비를 하는 것도 도움이 됩니다.

마음을 유연하게 풀어 주는 명상

다음 상황들에 대해 창의적인 해결책을 떠올려 보세요. 가능한 한 자유롭고 기발하게, 여러 가지 상상력을 발휘해 보시기 바랍니다.

- 당신은 양옆이 벽으로 막힌 길고 좁은 골목 한가운데 서 있습니다. 입구는 멀리 뒤에 있고, 출구는 저 멀리 앞에 있습니다. 그런데 갑자기 어디선가 나타난 사나운 사자가 당신 앞을 가로막습니다….
- 당신은 깊은 협곡의 가장자리에 서 있습니다. 아래로는 날카로운 바위들이 끝없이 펼쳐져 있고, 오른쪽과 왼쪽은 거대한 바윗덩이가 길을 막고 있습니다. 뒤쪽은 가파른 절벽이 곧게 솟아 있습니다….
- 당신은 낯선 나라에서 길을 잃었습니다. 현지 언어도 전혀 통하지 않고, 돈도 없습니다. 점점 어둠이 내려오고 있고, 배고픔이 밀려옵니다….

떠올릴 수 있는 여러 해답

상상을 활용하는 것은 허용될 뿐 아니라, 오히려 적극 권장됩니다!

① 골목 속 사자와 마주했을 때

- 옆 벽에 문을 만들어 재빨리 빠져나간다.

- 맹수를 길들이는 주인이 되어 먹이를 주며 길들인다.

- 손가락을 가리키자, 특별한 힘으로 사자를 고양이만 한 크기로 줄인다.

- 사자 안에서 신성을 보고, 영적으로 소통하여 그를 당신의 동맹자이자 수호자
로 만든다.

② 깊은 협곡에 갇혔을 때

- 협곡을 물로 가득 채우고 헤엄쳐 건너간다.

- 몸을 공중에 띄워 수직 절벽 위로 올라가 걸어간다.

- 뛰어내리되, 깃털처럼 가볍게 내려앉는다.

- 마음의 힘으로 다리를 만들어 그 위를 건넌다.

③ 낯선 나라에서 길을 잃었을 때

- 정확히 눈길 닿은 곳에서 잃어버린 100달러 지폐를 발견한다.

- 모퉁이를 돌자, 우연히도 그곳으로 이사 온 옛 친구를 만난다.

- 교회, 성당, 사원 등 자신이 선택한 신성한 공간을 찾아 들어가, 더 높은 힘에
문제를 맡기고 모든 일이 잘될 것을 안다.

- 거리의 예술가가 되어 노래하기로 결심한다. 누군가 즉시 큰돈을 건네준다.

여러분이 떠올리는 해답은 이 책의 예시들처럼 전적으로 환상적일 수도 있고, 조금 더 현실적인 모습일 수도 있습니다. 중요한 것은 가능한 한 많은 대안을 찾아내는 과정 속에서 창의성의 근육이 단련되고, 정신적 유창성이 점점 자라난다는 사실입니다.

새로운 문제 상황을 스스로 만들어 연습을 이어 가 보세요. 그러다 보면 상상의 문제 대신 실제 삶의 문제를 대입할 수 있게 되고, 전혀 불가능해 보이는 해결책 대신 실현 가능한 해답을 찾아내는 단계로 발전할 수 있습니다. 그 과정에서 자신도 놀랄 만큼 많은 가능성을 발견하게 될지도 모릅니다.

최고의 성과와 절정의 체험

"아하! 알겠다! 그런데… 내가 알아낸 게 뭐지?"

어떤 사람들은 '아하 경험Ah-ha experience'이라는 용어를 들어 본 적이 없을지 모르지만, 사실 우리 대부분은 인생의 어느 순간에든 이와 같은 번뜩임의 순간을 경험한 적이 있습니다. 이 상태에 들어가면 그것은 결코 헷갈릴 수 없는 강렬한 체험이지만, 안타깝게도 너무도 빠르게 사라져 마치 처음부터 없었던 것처럼 느껴지기도 합니다. 그러다 다시 찾아오면 "아, 맞아! 이거였지!" 하고 떠올리지만, 또다시 잊어버리곤 합니다.

흔히 말하는 절정 경험Peak experience의 한 측면으로 이해될 수 있지만, '아하 경험'은 조금 다릅니다. 그것은 더 짧고 순간적인 강렬한 깨달음의 섬광입니다. 예를 들어, 힘겨운 연구 과정 속에서 불현듯 찾아오는 즉각적인 이해의 순간, 혹은 눈 덮인 스키 슬로프 위에서 완벽한 하루를 만끽하며 느끼는 환희와 일체감의 찰나가 바로 그것입니다.

반면 절정 경험은 이 '아하'의 순간이 길게 이어지는 형태로, 몇 분, 어쩌면 몇 시간까지 지속되기도 합니다.

"아하!" 하는 순간이 찾아왔을 때, 그것을 그냥 흘려보내거나 무시하지 않는 것이 중요합니다. 이런 경험을 스스로 인식하고 인정할수록 다시 같은 경험을 맞이할 가능성이 커집니다. 때로는 한 번의 '아하 경험'을 알아차리는 것만으로 곧바로 또 다른 '아하 경험'이 이어지고, 그것이 또 다른 깨달음을 불러오는 연쇄 반응이 일어나기도 합니다. 나는 이것을 '아하의 고리Ah-ha loop'라고 부릅니다.

종종 바이오피드백을 활용해 이런 '아하 경험'을 찾아내고 지속시키는 데 성공하곤 했습니다. 깨어 있는 마음을 훈련하는 이 방법은 의식적으로, 그리고 눈을 뜬 상태에서 이루어집니다. 깊은 이완도 필요 없고, 뇌파 패턴의 각 요소를 세세히 나누어 살필 필요도 없습니다.

먼저 내담자를 마인드 미러Mind Mirror에 연결합니다. 그다음, 그가 흥미롭고 자극적이라고 느끼는 주제를 가지고 대화를 시작합니다. 이렇게 하면 '아하 경험'을 이끌어 낼 수 있는데, 그 방법은 두 가지가 있습니다.

첫 번째 방법은 경험이 내담자에게서 직접 흘러나오도록 하는 것입니다. 나는 가볍게 질문을 던지며 그가 삶의 목적이나 목표, 영성, 더 높은 힘에 대한 개념, 혹은 최근에 하고 있는 창의적인 프로젝트나 시도에 대해 이야기하도록 이끕니다. 이렇게 대화를 이어 가다 보면, 어느 순간 창의적 절정에 이르게 되는데, 나는 그 순간을 짚어 줄 수 있습니다.

이 과정에서 중요한 점은, 베타·알파·세타·델타가 짧게 폭발적으로 결합하여 '깨어 있는 마음'이 형성되는 순간이 자주 눈에 띄지 않고 그냥 지나가 버린다는 것입니다. 하지만 그 순간을 지적해 주면, 내담자는 비로소 그것이 무엇인지 알아차립니다. 바로 이 인식이 같은 패턴을 반복해서 불러오는 열쇠가 됩니다. 이 고리가 오래 이어질수록 내담자는 상태를 더 잘 알아보고 구별할 수 있게 되며, 나중에는 훨씬 쉽게 재현할 수 있습니다.

실제로 많은 내담자가 깨어 있는 마음 패턴을 순간적으로 경험하고도 그것이 얼마나 값진 체험인지 알아채지 못하는 경우가 많습니다. 세션 중 그 순간을 포착해 "지금 뭐였나요?" 하고 물으면, 돌아오는 대답은 종종 "아, 그냥 아이디어가 하나 떠올랐는데 별 건 아니에요." 정도입니다. 하지만 그것이 '별것 아닌' 것이 아니라, 창의적인 마음의 상태에서 흘러나온 소중한 발현임을 알기에, 그 아이디어를 더 깊이 탐색해 나갑니다.

다음은 실제 치료 세션에서 있었던 한 사례입니다. R.N.이라는 내담자는 오래도록 안고 살아온 감정적 문제의 근원을 어린 시절에서 찾고 싶어 했습니다. 그는 그 문제가 어머니로부터 비롯된 것이라 확신했고, 아버지와는 아무 문제가 없다고 말했습니다. 당시 그의 뇌파는 전형적인 '퍼져 있는 베타' 패턴을 보였고, 알파파는 거의 없었으며 세타파는 전혀 나타나지 않았습니다.

그런데 어머니 이야기를 나누던 중, 전혀 예상치 못하게도 R.N.은 단 1초도 채 되지 않는 순간 동안 완전하고 아름다운 깨어 있는 마음 패턴을 만들어 냈습니다. 나는 즉시 그 순간을 멈추고 "지금 무슨 일이 일어난 건가요?" 하고 물었습니다. 놀란 듯한 그의 표정에서 무언가 중요한 일이 있었음을 직감할 수 있었고, 그는 이렇게 대답했습니다.

"방금 아버지가 저를 때리던 장면이 떠올랐습니다."

그 즉시 탐색의 초점을 아버지 쪽으로 돌릴 수밖에 없었습니다. 이 기억은 단번에 번쩍 스치듯 떠올랐고, 곧 사라졌습니다. 만약 내가 그 순간을 짚어 주지 않았다면, 그는 그 장면을 무시한 채 무의식 더 깊은 곳으로 묻어 버렸을지도 모릅니다. 하지만 그 짧은 '아하 경험'을 확인해 준 것은, R.N.에게 전혀 새로운 성장의 길을 열어 주는 계기가 되었습니다.

마찬가지로 많은 사람이 자신에게 찾아온 번뜩임을 대수롭지 않게 넘겨 버리곤 합니다. 스스로는 창의적인 능력이 없다고 단정해 버려서, 방금 떠오른 통찰은 별로 중요하지 않거나, 뭔가 허점이 있을 거라 생각하거나, 자신이 그것을 실행할 만한 역량이 부족하다고 여기는 것이지요.

이처럼 통찰은 갑작스레 의식 속으로 터져 들어올 수 있습니다. 그러나 주변에서 "그런 영감을 믿어도 된다."라는 격려를 받아 본 적이 없는 사람은 그것을 제대로 알아차리지 못합니다. 혹은 알아차린다 해도 실제 행동으로 이어 가지 못하고 그냥 흘려보내 버리기도 합니다.

어느 날 내담자 G.D.는 교회의 부활절 연극을 준비하느라 큰 부담에 짓눌려 나를 찾아왔습니다. 너무 많은 일을 혼자 떠안고 다른 이들에게는 거의 위임하지 않은 탓에, 그녀는 극심한 불안과 압박감에 시달리며 병까지 얻은 상태였습니다. 무엇을 어떻게 해야 할지 전혀 알 수 없는 상황에서, 그녀는 모든 것이 불가능하다고 느끼고 있었습니다.

나는 그녀가 충분히 털어놓도록 들어주다가, 해결책을 한번 떠올려 보라고 했습니다. 그런데 불평과 "방법은 전혀 없다"는 단호한 말들 사이에서 갑자기 강한 '깨어 있는 마음' 뇌파가 번쩍 나타났습니다. 즉시 말을 끊고 물었습니다.
"방금 무슨 생각을 하셨어요?"
그녀는 잠시 주저하다가 "아, 그건 절대 할 수 없는 일이에요!" 하고 대답했습니다. 내가 다시 무엇이 그렇게 '할 수 없는 일'인지 묻자, 처음에는 강하게 저항하며 말조차 꺼내려 하지 않았습니다. 하지만 그녀의 뇌파 패턴을 보여 주자 조금씩 마음을 열었습니다.

결국 G.D.는 자신이 직접 손으로 만들어야 한다고 생각했던 무대 장치의 상당 부분이 사실은 꼭 필요하지 않을 수도 있다는 사실을 털어놓았습니다. 그 부분을 과감히 생략하면, 작업량을 절반으로 줄일 수 있었던 것입니다. 남은 상담 시간 동안 그녀는 할 일을 다시 정리하며, 노동은 줄이되 약속은 지키고 만족할 수 있는 새로운 해결책을 세워 나갔습니다.

그다음 주, G.D.는 편안하고 만족스러운 얼굴로 찾아와 성공적인 부활절 연극을 치렀다며 자랑스럽게 보고했습니다.

만약 내담자가 자신의 목표나 목적, 이상, 영감에 대해 이야기하도록 유도해도 잠시의 깨어 있는 마음 패턴을 만들어 내지 못한다면 어떻게 할까요? 이럴 때 내가 '아하 경험'을 이끌어 내는 두 번째 방법은, 그 사람의 의식 상태에 대해 짚어 주고 그것을 뇌파의 언어로 설명하는 것입니다. 이렇게 하면 종종 짧은 번뜩임의 순간이 일어나고, 그 경험을 이어 가면서 '아하의 고리Ah-ha loop'로 발전시킬 수 있습니다.

그렇다면 이런 방식은 어떻게 깨어 있는 마음을 자극하는 것일까요? 누구나 자기 의식에 대해서는 다른 누구보다도 잘 알고 있습니다. 하지만 정작 자신의 마음이 어떻게 작동하는지 말로 표현해 본 적은 거의 없습니다. 바로 그 지점을 돕기 위해 많은 이들이 나의 사무실을 찾아옵니다.

나는 그들에게 새로운 언어를 가르칩니다. 곧, 자신의 의식 상태를 묘사할 수 있는 어휘를 제공하는 것이지요. 그런 다음 EEG(뇌파 측정기)로 내담자의 현재 의식 상태를 살펴보고, 방금 가르쳐 준 단어들을 사용해 설명해 줍니다. 물론 그것을 일반적인 설명에 그치지 않고, 내담자 개인의 경험에 맞추어 구체적으로 풀어내는 것이 중요합니다.

자신의 의식 상태가 이렇게 되돌려 들려오는 경험은 때로는 충격적일 만큼 놀랍습니다. 바로 눈앞에서, 실시간으로 자신의 의식 상태에 대해 설명을 듣는 순간, 자연스럽게 '아하 경험'이 일어나는 것이지요. 나는 이 첫 번째 '아하'를 발판 삼아 또 다른 '아하'를 불러내고, 다시 그것이 또 다른 '아하'로 이어지도록 돕습니다. 이 방식으로 사람들은 종종 열두 번 가까이 깨어 있는 마음의 번쩍임을 이어 갈 수 있습니다. 그러다가 결국 마음이 피로해지면, 다시 정상적인 의식 상태가 자리 잡으면서 그동안의 체험을 소화하기 시작합니다.

그렇다면 방금 일어난 일은 무엇일까요? 뇌파가 잠시 깨어 있는 마음 패턴으로 번쩍할 때, 의식·잠재의식·무의식이 서로에게 막힘없이 열리게 됩니다. 그 순간 정보의 흐름은 모든 방향으로 자유롭게 오가게 됩니다.

베타파가 담고 있는 학습 경험은 즉시 잠재의식으로 옮겨져, 그 배움의 진실성을 더 깊은 차원에서 확인합니다. 이어서 이 깊은 내적 진실의 인식은 곧바로 의식으로 전해집니다. 그리고 바로 그 순간, 의식·잠재의식·무의식이 한자리에 모여 융합하면서, 포괄적 이해와 함께 "아하!"의 깨달음이 터져 나오는 것입니다.

한 영국 대기업 CEO의 사무실에서 그의 뇌파 프로파일을 함께 살펴보고 있었습니다. 우리는 그의 영적 과정이 어떻게 직업윤리와 연결되는지 이야기를 나누기 시작했는데, 그 순간 그는 강한 '깨어 있는 마음' 패턴을 만들어 냈습니다. 나는 즉시 화면을 멈추어 그 패턴을 보여 주었다가 다시 흐름을 이어 가게 했습니다.

그는 놀란 듯이 말했습니다.

"설마, 저게 바로 그건가요?!"

내가 그렇다고 대답하자, 그는 곧바로 또 하나의 패턴을 만들어 냈습니다. 이런 일이 무려 열두 번이나 반복된 뒤에야 그는 차분해졌습니다. 그리고 우리는 그가 어떻게 하면 이 패턴을 의도적으로 재현할 수 있을지 본격적으로 다루기 시작했습니다.

그러나 '아하 경험'의 뇌파와 일반적인 깨어 있는 마음의 뇌파 사이에는 약간의 차이가 있습니다. '아하 경험'은 짧은 폭발이나 섬광처럼 찾아오며, 진폭이 매우 크고 강렬한 깨어 있는 마음 패턴을 보여 줍니다. 만약 이 패턴이 끊어지지 않고 계속 유지된다면, 그것은 곧 끊임없는 절정 체험 속에서 사는 것과 같을 것입니다. 어떤 의미에서는 실제로 그렇다고도 할 수 있지요.

그림 4A는 '아하 경험'이 일어나기 직전의 패턴을 보여 주고, 그림 4B는 1초에서 1분가량 지속되다가 이전 패턴으로 되돌아가는 짧은 폭발을 나타냅니다. 이 깨어 있는 마음 패턴의 특징은 알파파, 특히 세타파의 진폭이 극도로 커진다는 점입니다. 그러나 이런 높은 진폭은 장기간 유지되기 어

렵습니다. 바로 이 짧은 폭발 속에서, 개인은 깨달음이 찾아오는 순간을 체험하게 되는 것입니다.

최고의 성과에 이르는 순간

앞서 언급했듯이, 최고의 성과Peak performance는 '아하 경험'과 여러 면에서 다릅니다. 가장 큰 차이는 지속 시간, 전개 방식, 그리고 특정 뇌파의 강도입니다. '아하 경험'이 즉각적인 섬광처럼 터져 나온다면, 최고의 성과는 서서히 형성되어 안정적으로 유지되는 패턴입니다.

이때 알파파와 세타파의 진폭은 더 낮고, 특히 세타파는 알파파에 비해 상대적으로 작습니다. 다시 말해, 무의식이 '아하 경험'만큼 활짝 열려 있지는 않으며, 정보가 흘러가는 통로도 그처럼 강렬하지 않습니다(그림 4C 참고).

또 하나의 변수가 있습니다. 베타파는 최고 성과 상태에서 수행하는 활동에 따라 주파수와 진폭이 변동한다는 점입니다.

깨어 있는 마음 패턴이 최고의 성과 상태의 바탕을 이루기 때문에, 이 상태역시 자기 치유를 배우듯이 누구나 훈련할 수 있습니다. 실제로 뇌파를 측정할 기회가 있었는데, 한 음악가가 작곡을 하는 순간, 한 안무가가 새 무용을 지휘하는 순간, 한 무용수가 춤추는 순간마다 베타·알파·세타·델타가서로 다른 비율로 어우러진 깨어 있는 마음 패턴이 나타났습니다.

그러나 창의성은 예술에만 국한되지 않습니다. 어려운 문제를 풀어내는 수학자, 복잡한 세금을 계산하는 회계사, 새로운 이론을 탐구하는 과학자, 자신의 최고 기록에 도전하는 운동선수, 휴가 중에 스키를 즐기는 사람, 집안을 청소하고 꾸미는 주부, 이사회에 참석하는 경영자, 꽃을 정성껏 다듬는 플로리스트까지—이 모두가 최고의 성과 상태의 뇌파 패턴을 만들어 낼 수 있습니다.

그렇다면, 어떻게 하면 우리가 이 '최고의 성과 상태'에 더 자주, 더 쉽게 들어갈 수 있을까요?

① 뇌파 훈련을 통해 깨어 있는 마음 상태를 발달시켜 보세요.
② 규칙적인 명상을 습관화하세요.
③ 어떤 활동을 할 때는 집중과 몰입을 연습하세요.
④ 활동을 시작하기 전, 분명한 의도를 세워 두세요.
⑤ 본격적인 활동에 들어가기 직전, 깨어 있는 마음 기법과 연습, 명상을 활용해 보세요.
⑥ 비록 짧거나 약하게 나타났더라도, 최고의 성과 상태를 경험할 때마다 스스로 긍정적인 피드백을 주세요.

최고의 성과 상태가 처음부터 꼭 당신이 가장 원하는 분야에서 나타나리라고 기대하지는 마십시오. 삶의 어느 영역에서든 열려 있는 마음으로 이 경험을 받아들이는 것이 중요합니다. 물론 궁극적으로는 당신이 선택한 분야에서 뛰어난 성과를 내고 싶을 것입니다. 그러나 그것은 자연스럽게 따라올 것입니다.

중요한 것은, 취미든 운동이든, 혹은 당신에게 별로 중요하지 않은 활동이든 상관없이 그 순간 최고의 성과 상태를 경험했다면, 마치 전문 분야에서의 성취처럼 존중하고 긍정적인 피드백을 주는 것입니다. 상태와 내용을 분리해 생각하십시오. 성과 상태 자체가 귀중한 경험입니다.

성과의 정점을 이끄는 내면의 힘

내용은 잠시 제쳐 두고, 그 상태 자체가 어떤 느낌인지 주의를 기울여 보십시오. 몸이 어떤 감각을 주는지, 감정이 어떻게 움직이고 있는지, 마음이 어떤 방식으로 작동하는지를 살펴보세요. 호흡이 어떻게 흘러가는지, 무엇에 집중하고 있는지, 그리고 그 집중이 어떤 느낌을 주는지 인식해 보십시오. 지금 당신이 앉아 있는지, 서 있는지, 혹은 움직이고 있는지도 함께 알아차리세요.

이 경험을 명상 후에 하듯, 현실 속에 단단히 뿌리내리게 하십시오. 떠오르는 상징이나 이미지, 단어로 당신 안에서 느껴지는 감각을 표현해 보세요. 이렇게 얻은 경험을 몇 가지 '열쇠'로 압축해 두었다가, 그 열쇠를 불러내며 그 상태를 다시 재현하는 연습을 해 보십시오. 마치 내면 어딘가에 있는 스위치를 찾아 켜는 것처럼 말입니다. 어떤 사람에게는 이 경험이 스위치보다는 조명 조절기(조광기)를 천천히 높였다 낮추는 것처럼 느껴지기도 합니다.
어떤 비유를 택하든 중요한 것은, 자신만의 내적 열쇠를 발견하고 그것을 사용해 더 높은 의식 상태로 들어가는 문을 여는 것입니다.

성과의 정점을 가능하게 하는 외부의 힘

최고의 성과를 경험할 때마다, 스스로 연구자가 된 마음으로 주변을 살펴보십시오. 오늘이 무슨 요일인지, 하루 중 어떤 시간인지, 어디에 있는지, 온도는 어떤지, 마지막으로 음식을 먹은 지 얼마나 지났는지, 전날 얼마나 잠을 잤는지, 또 어떤 특별한 사건이 성과의 불꽃을 일으키는 계기가 되었는지를 기록해 보세요.

이렇게 매번 변수를 관찰하다 보면, 몇 번의 경험 후에는 공통점과 차이점을 알아차릴 수 있게 됩니다. 이는 앞으로 당신이 최고의 성과 상태에 더 자주, 더 오래 머물고, 원하는 주제에 집중할 수 있도록 최적의 조건을 마련하는 데 매우 소중한 정보가 될 것입니다.

예를 들어, 당신의 최고 성과 상태가 늘 공복일 때 찾아온다면, 중요한 오후의 창의적 시간을 앞두고 과연 든든한 점심을 먹는 것이 맞을까요? 또 만약 성과의 순간이 늘 하루 중 특정 시간대에 찾아온다면, 바로 그 시간에 가장 중요한 일을 배치하는 것이 현명하다는 신호일지도 모릅니다.

이처럼 내적 열쇠와 외적 요인을 함께 활용하면, 원할 때마다 자신만의 최고의 성과 시간을 창조해 낼 수 있습니다.

특정 프로젝트나 활동에 대한 명상은 성과에 적합한 뇌파 상태를 자극할 뿐 아니라, 그에 알맞은 내용을 불러오는 데도 도움이 됩니다. 다음에 소개할 명상은 긴장을 풀고 마음을 정리한 뒤에 시도하면 더욱 좋습니다. 단, 이 명상은 '작업 명상Working meditation'이므로, 의식이 사라질 만큼 지나치게 이완해서는 안 됩니다. 이 명상은 몇 분 동안 짧게 할 수도 있고, 각 단계에 머무는 시간에 따라 한 시간 정도 길게 이어 갈 수도 있습니다.

아래에 제시할 명상 형식은 기본적인 틀일 뿐입니다. 필요에 따라 다지선다형으로 선택할 수 있는 부분도 포함되어 있습니다. 자신의 상황에 맞게 변형하고 구체화할수록—특히 이미지와 구체적 내용이 살아날수록—이 명상은 훨씬 더 강력한 효과를 발휘하게 될 것입니다.

나만의 창의성을 깨우는 명상

- 먼저 마음을 비워 모든 생각을 내려놓으십시오.
- 창의성, 진행 중인 프로젝트, 혹은 마주한 막힘에 관한 생각도 잠시 옆으로 밀어 두세요.
- 지금 이 순간에 온전히 머무르며, 호흡에만 집중합니다.
- 편안함이 어떤 느낌이었는지 떠올려 보세요… 내면 깊은 곳에서 평온에 잠기는 그 감각을 기억하며, 그곳으로 천천히 물러나 들어갑니다.
- 베타파를 놓아 버린다는 것이 어떤 느낌인지, 몸속의 긴장을 내려놓는 것이 어떤 감각인지 되새겨 보세요.
- 몸을 훑어보며 아직 힘이 들어간 부분이 없는지 살펴보세요.
- 머리와 얼굴 근육, 목과 어깨, 팔과 손, 가슴과 배, 등과 척추, 엉덩이와 골반, 다리와 발까지—모두 이완되어 있는지 확인하십시오.
- 특정 부위를 이완하는 데 어려움이 있다면, 그곳으로 숨을 들이마셨다가 내쉴 때 긴장을 함께 흘려보내세요.
- 이제 몸 전체가 이완되어 있음을 느껴 보세요….
- 마음은 고요하고 고요하게 머무르고…
- 감정은 맑고 차분하며…
- 영혼은 평화로움에 잠겨 있습니다….
- 이 내적 평온, 조화, 이완의 자리에서, 이제 마음속에 몇 가지 이미지를 떠올리도록 허락합니다.
- 당신이 창조하고자 하는 것에 알맞은 환경을 그려 보십시오. 그것은 사무실이나 서재일 수도 있고, 작업실이나 공방, 스튜디오나 전시실, 주방이나 살롱, 경기장이나 운동장, 교실이나 강당, 극장이나 홀, 수영장이나 스키 슬로프일 수도 있습니다.
- 당신의 창의성이 가장 잘 자라날 수 있는 최적의 공간을 설계해 보세요.
- 그 공간이 안전하고, 편안하며, 매력적이고, 이완되면서도 자극적인 곳이 되도록 하십시오.
- 이제 그 공간을 감각적으로 느껴 봅니다.

- 그 안을 걸어 다니며 색과 형태, 구조와 질감을 살펴보고, 소리와 냄새, 심지어 맛까지도 느껴 보세요.
- 실내라면 어떤 가구와 장비가 있나요? 어떤 조명이 비치고 있나요? 창문이 있다면, 그 너머에는 어떤 풍경이 펼쳐져 있나요? 필요할 때 커튼을 치거나 조절할 수 있나요?
- 실외라면 어떤 풍경인가요? 그곳의 공기는 어떤가요? 기온과 날씨는 어떤지, 지금은 하루 중 언제쯤인지 떠올려 보세요.
- 당신의 창작에 다른 사람이 함께한다면, 그들은 어떤 역할을 맡고 있나요? 어디에 자리 잡고 있으며, 당신과는 어떤 방식으로 연결되어 있나요?
- 당신이 선택한 공간이 무엇이든, 그것이 당신의 목적에 가장 잘 어울리는 최고의 창조적 공간이 되도록 허락하십시오.
- 이제 자신을 그 공간 속에 놓아 보십시오….
- 최고의 창의성을 발휘하기 위해, 당신은 어떻게 차려입고 있나요? 특별한 작업복이나 앞치마, 유니폼, 의상, 정장, 혹은 그냥 편안한 옷일 수도 있습니다. 지금 당신의 목적에 가장 알맞게 차려입은 모습을 떠올려 보세요.
- 그 공간을 거닐며 즐기십시오. 원한다면 얼마든지 바꾸어도 좋습니다.
- 오감을 모두 활용해, 이 창의적 공간에 더욱 가까이 다가가 보세요.

지금까지의 명상 단계에서, 당신은 감각적 몰입Sensualization을 활용해 알파파에 접근하고 그것을 키워 왔습니다. 알파파는 가장 창의적인 뇌파 패턴을 이루는 데 꼭 필요한 요소입니다. 동시에, 이 과정에서 자신의 작업 환경과 필요조건에 대해 중요한 통찰을 얻었을 수도 있습니다.

이제 명상을 한층 더 깊은 차원으로 들어가야 할 때입니다. 무의식 속 창의성의 저장고라 할 수 있는 세타파를 일깨우기 위해, 내면 깊숙한 곳으로 들어가도록 자신을 허락해 보십시오.

- 당신이 있는 공간이 아주 고요해지도록 두십시오. 혹시 다른 사람들이 움직이고 있다면, 그 장면을 마음속에서 서서히 멈추어 세밀한 한 장의 정지 화면으로 만들어 보세요.

- 그 공간 안에서 편안히 앉을 수 있는 자리를 찾아 앉고, 명상에 들어가도록 하세요.

- 이제 명상 속에서, 깊은 내면으로 내려간다고 느껴 보십시오. 마치 깊은 우물 속으로 내려가는 듯한 감각입니다.

- 아래로… 그리고 더 안쪽으로…

- 과거에 경험했던 절정의 순간을 떠올려 보세요. 창의성이 자유롭게 흐르고, 무엇을 해야 하는지, 또 어떻게 해야 하는지를 분명히 알았던 그때를 기억해 보십시오.

- 그때 마음이 어떻게 느꼈는지 떠올리세요.

- 그때 몸은 어떤 감각이었는지 기억해 보세요.

- 그때 감정은 어떤 흐름이었는지 되새겨 보세요.

- 그리고 그때 영혼 깊은 곳은 어떤 울림이었는지—창조의 설렘과 내적 기쁨, 성취의 즐거움, 깨달음의 감각을 다시 느껴 보십시오.

- 만약 이 체험이 기억 속에 저장되어 있다면, 지금 그것을 불러내십시오.

- 스스로 그 상태로 다시 들어가도록 허락하세요.

- 그리고 여전히, 더 깊은 내면으로 내려가고 있습니다….

- 점점 더 깊이… 더 깊이…

- 내면 깊숙이, 모든 것이 알려지고 이해되는 장소가 있습니다….

- 맑음의 자리…

- 빛의 자리…

- 이해의 자리…

- 지혜의 자리…

- 투명함의 자리…

- 편안함의 자리…

- 이제 그 자리에 자신을 내려놓으며, 내면에서 열림을 느낍니다….

- 당신은 창조하고자 하는 것에 마음을 열고, 가능성에 열리고, 단순함에 열리고, 우아함에 열리고, 깊이에 열립니다….

- 깊은 차원에서 깨닫기 시작합니다…. … 무엇을 해야 하는지, … 무엇을 말해야 하는지, … 무엇을 느껴야 하는지, … 무엇을 알아야 하는지, … 무엇을 경험해야 하는지, … 무엇을 표현해야 하는지를— 당신이 창조하고자 하는 것을 이루기 위해 필요한 모든 것을.

- 이제 스스로 허락하여 마음속에서 그 창조를 시각화하고, 감각화하며, 상상하고, 그려 나가십시오.

- 그것이 실제로 일어나고 있는 듯이 상상해 보세요.

- 아니, 상상 속에서가 아니라, 창의성이 당신을 이끌 때 그것은 이미 현실이 됩니다.

- 계획이 눈앞에서 차례차례 펼쳐집니다.

- 어떤 애씀도 필요 없습니다. 오직 편안함 속에서, 당신이 이루고자 하는 일이 눈앞에 완성됩니다.

- 모든 것이 분명해집니다….

- 어쩌면 빠져 있던 퍼즐 조각이 있었을지 모릅니다. 그 조각이 이제 제자리를 찾아옵니다.

- 어쩌면 창작의 길이 막혀 있던 부분이 있었을지도 모릅니다. 이제 그 막힘이 풀리고, 뜻밖의 순간처럼 해답이 떠오릅니다.

- 당신 안에서 무언가가 움직이고 있음을 느끼고, 그 흐름이 주는 기분 좋은 감각을 받아들입니다.

- 이제 잠시, 당신의 창작과 함께 머물러 보세요. 그것이 스스로 자라나고 펼쳐지도록 두세요. 당신에게 말을 걸고, 당신은 그것을 듣고, 필요한 만큼 다듬어 나가십시오. 스스로를 열어 두고, 마음껏 창조해 보십시오. (이곳에서 충분히 시간을 가지며 창의성이 흘러나오고 자라나도록 두십시오.)

- 이제 곧 명상을 마치고, 바깥세상으로 돌아가 이 경험을 실제로 적용할 시간이 다가옵니다.

- 아주 천천히, 명상을 마무리할 준비를 시작하세요.

- 이 명상에서 얻은 경험들을 반드시 기억하고, 함께 가지고 돌아오는 것이 중요합니다.

- 먼저 지금 하고 있던 과정 중 마무리되지 않은 부분이 있다면 잠시 시간을 내어 완성하세요.
- 그리고 새롭게 얻은 발견이나 아이디어를 마음속에 굳혀, 몸과 마음으로 체화해 두십시오.
- 방금 탐색했던 창조적 가능성을 상징할 수 있는 이미지를 찾아 떠올리고, 그 이미지를 마음속에 깊이 새겨 두세요.
- 지금 몸과 마음이 어떤 상태인지 인식해 두십시오. 그래야 다음에 이 상태로 다시 들어오고 싶을 때, 그 감각을 떠올리기만 하면 됩니다.
- 이제 준비가 되면, 당신이 만들어 두었던 창조적 환경을 다시 떠올리세요.
- 그리고 그곳에서의 경험과 기억을 모두 가지고 현실로 돌아오십시오.
- 잠시 시간을 내어, 방금 명상 속에서 경험한 창조의 과정을 곱씹어 보십시오.
- 이 내적 체험과 비전이 바깥세상에서 온전히 드러나도록 하기 위해, 자신에게 필요하거나 원하는 변화가 있습니까?
- 그렇다면 그 변화를 상상해 보세요. 쉽고, 선명하며, 의식적으로 만들어 가는 자신을 떠올리십시오.
- 당신의 삶 속에서 무엇이 바뀌어야 이 창의성이 완전히 실현될 수 있을까요?
- 그것이 실제로 이루어지고 있는 모습을 가능한 많은 감각을 동원해 그려 보세요.
- 준비가 되면, 이번 명상에서 경험한 창조의 순간들을 베타파 속에 확실히 새기십시오.
- 기억이 아직 생생할 때, 그것을 글로 적거나, 녹음기에 말하거나, 그림으로 표현하거나, 누군가에게 직접 이야기하세요.
- 그렇게 해서 당신의 창조성을 바깥 세계에서 실제로 살아나게 하십시오.
- 언제든 이 내면의 공간으로 돌아올 수 있다는 것을 기억하세요. 이곳에서 쉬고, 이완하고, 마음을 맑게 하고, 중심을 찾으며, 다시 창조할 수 있습니다.

가능한 한 빨리, 당신의 창조성을 실행에 옮기십시오. 이 명상에서 얻은 결과를 현실 속에서 펼쳐내는 데 필요한 시간과 노력을 기꺼이 들이세요.

창작이 막힐 때는 이렇게 해 보세요

우리 대부분은 가끔 아무리 애를 써도 막힌 길을 벗어나지 못하는 순간을 경험합니다. 아무 일도 진전되지 않는 듯 멈춰 서서, 당황스럽거나 지루하고, 때로는 화가 나거나, 단순히 집중이 흐트러지기도 하지요.

창작의 교착 상태도 치유하거나 변화시켜야 할 또 하나의 주제로 다룰 수 있습니다. 그것을 하나의 이미지로 떠올려 보고, 그 이미지와 대화를 나누어 보세요. 그 장애물이 지닌 긍정적인 목적을 발견하고, 막힘을 풀어내기 위해 필요한 단계를 찾아내는 것입니다.

또 다른 방법은 그 막힘 자체를 감각적으로 탐색하는 것입니다. 기대나 판단 없이 열린 태도로 여러 각도에서 다가가 보세요. 마음속에서 그 주위를 천천히 걸으며 유연하게 살펴보십시오. 그것을 따라 흐르고, 그 밑으로 지나가고, 위로 넘어가고, 그 속을 통과하며, 다양한 모습과 관점을 경험해 보세요. 그러다 보면 아주 작은 틈을 발견할 수 있고, 그곳에서부터 안으로 들어가 변화를 만들어 낼 수 있습니다.
이 과정 속에서 당신의 마음을 자유롭게 풀어 두세요. 그러면 자신도 몰랐던 에너지가 움직이기 시작할 수 있습니다. 새로운 관점이 열리고, 예상치 못한 결정을 통해 사건의 흐름이 극적으로 달라지기도 합니다. 이것이 바로 정신적 유창성, 즉 마음의 내용을 자유롭게 다룰 수 있는 능력을 기르는 길입니다.

다음에 소개할 사례들은, 어떻게 창의성에 접근할 때 이러한 방법이 효과적으로 작동하는지를 보여 줍니다.

부동산 자격 시험 이야기

나의 오랜 내담자 중 한 명은 부동산 자격시험에서 두 번 연속 낙방한 적이 있었습니다. 그는 네트워킹이나 영업에는 뛰어났지만, 매매를 마무리하는 데 필요한 수학적 계산 능력에서 늘 발목이 잡히곤 했습니다.

M.C.는 내용을 알고 있었고 실제 고객과 함께 있을 때는 필요한 수치를 충분히 계산할 수 있었지만, 시험만 치르면 얼어붙어 제한된 시간 안에 문제를 풀지 못했습니다. 세 번째, 그리고 마지막 기회를 앞두고 준비 세션을 하면서 알게 된 것은, 바로 실패에 대한 긴장과 두려움이 그를 옭아매어 제 실력을 발휘하지 못하게 한다는 사실이었습니다.

우리는 그가 긴장을 풀 수 있도록 도와줄 '열쇠'를 찾을 필요가 있었습니다. 깊은 명상 속에서 그는 자신의 무의식에게 그 열쇠를 요청했고, 떠오른 이미지는 전문가다운 서류 가방, 말아 쥔 신문, 그리고 우산이었습니다. 그는 시험 준비를 하며 이 이미지를 불러내는 연습을 반복했고, 그 과정에서 차분함을 유지할 수 있었습니다.

시험 당일, M.C.는 여전히 긴장되고 불안하며 자신감이 부족했습니다. 나중에 그는 "효과가 없을 것 같았다"고 털어놓았습니다. 하지만 계산 문제가 시작되자 긴장이 치솟았고, 그는 잠시 멈춰 눈을 감은 뒤, 이제 익숙해진 서류 가방, 신문, 우산의 이미지를 떠올렸습니다. 그리고 부동산 전문가로서 얻게 될 성공의 장면들을 함께 그리며 시험에 임했습니다.

결과는 놀라웠습니다. 그는 수학 문제를 무사히 풀었을 뿐 아니라 시험 전체를 훌륭히 통과했습니다. 단순한 이미지 하나가 그의 성공을 이끌어 낸 것입니다.

프레젠테이션 준비하기

T.H. 박사는 하와이에서 열리는 권위 있는 학술회의에 초대되어 자신의 연구를 발표하게 되었습니다. 처음으로 유명한 과학자 네트워크 앞에 서게 된 그는 당연히 긴장을 느낄 수밖에 없었습니다. 발표 내용 자체에는 자신이 있었지만, 어느 정도까지 자세히 다뤄야 할지, 어떤 시연 방식을 택해야 할지, 시각 자료는 어떻게 활용해야 할지 확신이 없었습니다. 완벽해야 한다는 압박감은 오히려 기본적인 문제 해결조차 방해하고 있었습니다. 학회가 점점 다가오자, 그는 결국 불안감을 안고 내게 도움을 요청했습니다.

나는 우선 학회를 잊고 깊은 명상에 들어가 마음을 완전히 비우고 평온한 상태에 머물라고 지도했습니다. 그런 다음 처음부터 끝까지 자신의 발표 장면을 감각적으로 떠올리라고 했습니다. 충분히 이완되어 있었기에 그는 어떤 압박감도, 발표 불안도 없이 자신이 전하고자 하는 핵심과 그것을 가장 효과적으로 설명할 수 있는 방식이 무엇인지 또렷하게 떠올릴 수 있었습니다. 명상이 끝난 직후에는 내가 조언한 대로 즉시 발표 개요를 적어 실제 준비에 활용했습니다.

학회를 마치고 돌아온 그는 발표가 매끄럽게 진행되었을 뿐 아니라, 무엇보다 두려워했던 과학자 사회로부터의 수용과 호응이 기대 이상으로 컸다며 자랑스럽게 이야기했습니다.

순간의 접근, 개인적인 경험

때로는 문제의 창의적 해답이 즉시 필요할 때가 있습니다. 하룻밤을 고민하며 보낼 시간도, 잠시 눈을 감고 명상할 여유조차도 없을 때, 곧바로 해결책에 닿아야 하는 순간이 찾아옵니다.

나는 특히 치료 현장에서 이런 경험을 자주 합니다. 내담자가 극도로 고통스럽고 충격적인 삶의 사건을 다루고 있을 때, 내가 그 순간 어떤 말을 하느냐, 심지어는 한마디의 표현이 그의 치유 과정의 성패를 좌우할 수 있기 때문입니다.

한 번은 독일에서 강의를 하던 중, 한 학생이 깊은 퇴행 상태에 빠져 홀로코스트의 기억을 다시 체험하고 있었습니다. 이런 상황에서 말의 타이밍은 무엇보다 중요합니다. 평소라면 언제 어떤 말을 해야 할지 분명히 알 수 있었을 겁니다. 그러나 문제는 언어였습니다. 그는 영어를 할 줄 몰랐고, 나는 독일어를 할 줄 몰랐습니다. 통역이 모든 말을 번역해 주었지만, 아무리 숙련된 통역이라 해도 시간 지연과 뉘앙스의 차이는 피할 수 없었습니다.

그날, 학생은 극심한 고통 속에서 깊은 최면 상태에서 깨어나는 중이었습니다. 나는 그가 다음에 들을 말이 반드시 정확해야 한다는 것을 알았습니다. 그러나 통역의 번역이 미세한 뉘앙스를 담아내지 못할까 불안했고, 나의 영어 자체가 그에게 불필요한 혼란을 주지 않을까 걱정되었습니다.

그 순간, 나는 아무런 계산도 없이 천천히 깊은숨을 들이마셨습니다. 내면 가장 깊은 잠재의식을 깨우자, 나의 입에서 독일어가 흘러나왔습니다. 학생은 눈을 뜨더니 환하게 웃으며, 기쁨의 눈물을 흘리고 나를 껴안았습니다. 지금까지도 내가 무슨 말을 했는지는 정확히 알지 못합니다. 다만, 그것이 정말로 필요한 말이었다는 것만은 확신합니다.

샤워할 때 떠오르는 영감

많은 사람이 아침 샤워 시간이 자신이 가장 좋아하는 명상 시간이라고 말하곤 합니다. 나 역시 깊이 공감합니다. 오랫동안 샤워라는 보장된 고요와 혼자의 시간을 창의적으로 활용해 왔기 때문입니다.

따뜻한 물줄기… 마치 치유의 빗줄기 같은 흐름 속에 서 있으면, 마음속의 모든 생각을 쉽게 비워낼 수 있습니다. 그 순간 나는 나의 영적인 근원과 연결되며, 하루를 더 높은 목적에 맞게 봉헌하는 마음을 가집니다. 그러고 나면, 하루가 가장 잘 펼쳐질 수 있는 그림이 자연스럽게 떠오르기 시작합니다. 어떤 날은 장면이 보이기도 하고, 어떤 날은 대화가 들리거나, 몸의 감각을 느끼거나, 다른 감각들을 통해 앞길의 가장 좋은 모습을 이미지로 그려냅니다.

특히 어려운 상황을 앞두고 있을 때는 이 시간을 활용해 그 상황에 빛과 평온을 불어넣고, 어떻게 대처하는 것이 최선인지에 대한 길잡이를 구하곤 합니다. 샤워는 이렇게 단순한 청결의 시간이 아니라, 치유와 재생의 시간, 동시에 창의성과 계획의 시간이 되어 줍니다.

깨어 있는 눈으로 만나는 창조 — 우리 속의 예술가

창작 과정에서 시각을 핵심적으로 사용하는 사람들은 눈을 뜬 채로도 알파파, 심지어 세타파까지 경험하는 경우가 많습니다. 내가 뇌파를 측정했던 여러 시각 예술가들이 바로 그랬습니다. 그림을 그리는 것처럼 예술 활동에 몰입할 때, 그들은 눈을 뜬 채로도 알파파를 훨씬 잘 만들어 내곤 했습니다.

이 창의성을 더욱 북돋우는 방법은 두 가지가 있습니다. 첫째, 앞에서 설명한 명상처럼 창작에 들어가기 전 미리 명상으로 마음을 준비하는 것. 둘째, 창작 행위 그 자체 속에서 눈을 뜬 채로 깨어 있는 마음의 뇌파 패턴을 활성화하는 것입니다.

눈을 뜨고 경험하는 알파파

눈을 뜬 채 창작을 하고 싶다면, 먼저 잠시 멈추어 눈을 감고 준비하는 시간을 가지십시오. 의식을 안쪽으로 모으고, 중심을 잡습니다. 4장(159쪽)의 집중 훈련에서 했던 것처럼 의식을 내면으로 보내세요. 마음을 비우고, 호흡에 집중하며, 고요해지도록 하십시오.

준비가 되면, 아주 천천히 눈을 살짝만 떠서 빛이 시야로 들어오게 하세요. 이때는 바깥세상으로 나가려 하기보다는, 바깥의 인식이 나에게 들어오는 듯한 감각을 느끼는 것이 중요합니다. 이어서 눈을 조금 더 열어, 형태와 윤곽, 색채가 들어오도록 하십시오. 단, 떠오르는 이미지를 의식적으로 구분하거나 이름 붙이지 않고 그저 있는 그대로 받아들이는 연습을 해 보세요. 이제 눈길을 당신의 창조적인 대상에 자연스럽게 머물게 하세요. 억지로 생각해 내려 하지 말고, 그 이미지가 스스로 떠오르도록 두세요. 밖으로 잡으러 가지 말고, 그 모습을 마음속으로 천천히 받아들이세요. 그러면서도 늘 '내 안에 있는 나'를 느끼며, 내면의 고요한 중심을 잊지 마세요.

이제 마음을 더 깊이 들여다보세요. 당신 안에 숨어 있는 창의력의 샘과 비밀스러운 공간으로 천천히 내려가 보세요. 이 과정을 통해 눈을 뜬 채로도 '세타 상태'에 닿을 수 있게 됩니다.

당신의 깊은 내면에서부터 창조의 대상을 끌어올리세요.
그리고 이제 손을 뻗어 실제로 '창조'를 시작하세요. 내면의 깊이와 바깥의 표현이 서로 연결되는 느낌을 충분히 느껴 보세요.
이때 머리로 판단하거나, 분석하거나, 기대하려 하지 마세요. 그저 그 순간의 창조와 함께 '존재'하기만 하면 됩니다.
내 안의 세계와 바깥에 드러나는 표현이 자연스럽게 오가는 그 흐름을 느껴 보세요. 그 움직임이 이어지도록 두세요.
무엇보다도, 지금 이 상태와 창조의 경험 자체를 즐기세요.

만약 흐름이 끊기는 것 같다면, 잠시 멈춰 다시 안으로 집중하세요.
필요하다면 눈을 감아도 좋습니다.
그리고 다시 창조의 대상과 하나가 되어, 그 흐름이 더욱 깊어지고 빨라지도록 느껴 보세요.

이 연습은 그림이나 조각, 디자인이나 기획, 컴퓨터 화면 작업, 글쓰기 등 당신의 시선이 머무는 모든 창조 활동에 적용할 수 있습니다.

사무실에서 하는 뇌파 훈련

사무실에서 명상을 하는 문화는 점점 자연스러워지고 있습니다.
그럼에도 불구하고 여전히 책상 앞이나 휴게 공간에서 명상하는 것을 어색하게 느끼는 사람들도 많습니다. 그래서 어떤 사람들은 점심시간에 산책을 하며 명상하거나, 잠시 자동차 안에 들어가 조용히 앉아 있곤 합니다. 내 제자 중 한 명은 매일 점심시간이 되면 차로 나가 좌석을 뒤로 젖힌 뒤, 30분 정도 편안히 누워 명상하는 습관을 들였다고 합니다. 이처럼 꼭 특별한 공간이 아니어도 좋습니다. 잠깐의 고요와 나만의 공간을 찾는 것, 그것만으로도 마음은 충분히 쉼을 얻고 다시 깨어날 수 있습니다.

이런 습관은 분명 건강하고 창의적인 좋은 실천입니다.
하지만 언젠가 기업들이 명상실을 마련해 주는 시대가 오기를 바랍니다.
물론 '명상실'이라는 이름이 부담스럽다면 다른 표현도 괜찮습니다.
'조용한 공간Quiet space', '스트레스 관리실Stress management room', '휴식 센터Resting center' 혹은 '창의 코너Creativity corner'라고 불러도 좋겠지요.

그 공간은 조명이 은은하고, 배경에는 잔잔한 음악이 흐르며, 서로 말을 하지 않아도 된다는 암묵적인 이해가 있는 곳이면 충분합니다. 그런 곳이 있다면, 사람들은 잠시 머무는 것만으로도 몸과 마음이 다시 균형을 되찾고 새로운 아이디어가 자연스레 피어날 것입니다.
편안하게 쉴 수 있는 다양한 형태의 가구가 함께 있다면 더욱 완벽하겠지요. 몸을 기대 쉴 수 있는 리클라이너 의자부터, 바닥이나 단 위에 놓인 명상용 방석까지—각자의 취향에 맞게 고를 수 있다면 좋을 것입니다. 그 옆에는 신선한 꽃과 잘 어울리는 그림이 걸려 있으면 더할 나위 없겠죠.

이제 사람들은 눈을 감고 명상할 때마다 '남들이 보면 어색하지 않을까' 하는 부끄러움 대신, 명상실에 들러 잠시 마음을 가라앉히거나, 특정 문제를 차분히 생각하거나, 어려운 회의 후 에너지를 회복하는 시간을 가질 수 있을 것입니다. 이상적인 환경이라면, 뇌파 훈련기나 바이오피드백 장비도 요청 시 사용할 수 있겠지요.

하지만 아직 그런 명상 공간이 마련되지 않은 직장이라면, 하루 종일 바쁘게 일하는 사무실 안에서도 균형을 유지하고, 긴장을 풀고, 가장 창의적이고 깨어 있는 상태를 지키기 위해 우리는 어떤 방법을 실천할 수 있을까요?

① 1분 명상 활용하기

4장에서 소개된 '1분 명상'을 적극적으로 활용해 보세요. 물론 독립된 사무 공간이라면 훨씬 쉽겠지만, 함께 일하는 환경에서도 충분히 가능합니다.

② 눈 뜬 명상 연습하기(오픈 아이 알파 상태)

앞서 설명한 '눈을 뜬 채로 알파파를 유지하는' 연습을 해 보세요.

화가나 디자이너가 아니더라도, 누구나 눈을 뜬 채로 창의적인 의식 상태를 경험할 수 있습니다. 업무 중에도 눈앞의 사물이나 화면을 바라보며, 내면의 고요함과 연결되어 있음을 느껴 보세요.

③ 호흡하기

스트레스 상황에서 가장 즉각적이고 강력한 안정 방법은 '호흡을 의식하는 것'입니다. 예를 들어, 상사에게서 불만이나 문제를 듣는 순간에도 자신의 호흡이 느리게 이어지고, 심장이 편안히 뛰고 있음을 인식하세요. 이렇게 의식적인 호흡을 유지하면 마음이 차분해질 뿐 아니라 상황에 휘말리지 않고 한 발 떨어져 바라보는 여유를 갖게 됩니다. 그 여유가 위기 속에서도 올바른 판단과 창의적 대응을 가능하게 해 줍니다.

④ 몸 안의 에너지 순환 만들기

스트레스를 느낄 때는 몸 안에 '에너지의 순환 회로'를 만들어 보세요. 두 손바닥을 서로 맞대거나, 엄지와 중지 끝을 가볍게 맞대면 됩니다. 이 간단한 동작만으로도 에너지가 몸 밖으로 흩어지지 않고, 몸 안에서 순환하면서 중심과 균형을 유지하도록 도와줍니다.

⑤ 바른 자세로 앉기

등은 곧고 편안하게 펴고, 다리는 꼬지 말고 앉으세요. 이 자세는 막혀 있던 에너지의 흐름을 열어 주어 필요할 때 집중력과 활력을 쉽게 끌어올릴 수 있게 해 줍니다.

⑥ 감각을 활용한 이미지 트레이닝

어려운 상황이나 대면을 앞두고 있다면, 시작 전 몇 분간 혼자만의 시간을 가지세요. 그리고 오감(시각, 청각, 촉각, 후각, 미각)을 모두 동원해 그 일이 가장 건강하고 성공적으로 진행되는 모습을 상상해 보세요. 그 안에서 당신이 차분하고, 강인하며, 창의적으로 대응하고 있는 모습을 그립니다. 이 짧은 '감각 명상'은 실제 상황에서의 자신감을 크게 높여 줍니다.

⑦ 일상 활동을 명상으로 삼기

물을 마시러 가는 길, 복도를 걷는 순간조차 명상이 될 수 있습니다.

한 걸음 한 걸음 움직임을 의식하고, 과거나 미래가 아닌 '지금 이 순간'에 온전히 머물러 보세요. 주변의 냄새, 소리, 빛, 감촉, 몸의 움직임을 느끼며 그 짧은 시간의 경험을 음미해 보세요. 일상이 곧 깨어 있는 명상이 됩니다.

⑧ 직장 내 '명상 동료' 찾기

생각보다 직장 안에도 명상을 실천하는 사람들이 많습니다.

함께 나눌 수 있는 동료를 찾아보세요. 명상에 대한 대화가 자연스러워질수록 당신의 실천은 더욱 지지받고, 더 자주, 더 편안하게 이어질 수 있습니다.

기업 환경에서의 뇌파 측정과 훈련

뇌파 분석Brainwave Assessment은 이미 임원 채용이나 헤드헌팅 분야에서도 효과적으로 활용되고 있습니다. 많은 경영 컨설턴트는 후보자의 적합성을 판단하기 위해 다양한 도구를 사용합니다. 예를 들어 심리 검사, 적성 검사, IQ 테스트, 주관적 인터뷰 등이 그 대표적인 예입니다.

여기에 EEG 프로파일을 더하면, 때로는 결정적인 '차이를 가려내는 마지막 요소'가 될 수 있습니다. 즉, 여러 후보가 비슷한 조건과 역량을 갖추었을 때 뇌파 분석이 누가 그 자리에 더 적합한지를 보여 주는 또 하나의 객관적 지표가 되는 것입니다.

이 방법은 특히 언어 장벽이 있어 필기시험 결과의 신뢰도가 떨어지는 경우에 매우 유용합니다. 언어 사용이 핵심 역량이 아닌 직무라면, 뇌파를 통해 집중력, 정서적 안정성, 직관적 사고, 스트레스 반응 등을 직접 측정하는 것이 오히려 더 실제적이고 신뢰할 만한 판단 근거가 될 수 있습니다.

결국 뇌파 평가는 '보이지 않는 역량'을 드러내는 새로운 방식의 인재 진단 도구로, 전통적인 테스트들이 놓치기 쉬운 인간의 내면적 잠재력을 읽어내는 역할을 하고 있습니다.

기업 내 뇌파 훈련 도입하기

기업은 여러 층위로 작동하는 복잡한 구조를 가지고 있습니다. 그렇기 때문에 시간과 자원이 제한된 상황이라면, 뇌파 훈련을 최고경영진부터 적용하는 것이 가장 효과적입니다.

핵심 의사결정자들이 '깨어 있는 마음Awakened mind' 상태를 갖추게 되면, 그 영향력은 자연스럽게 아래 조직으로 퍼져나가며, 비록 다른 구성원들이 직접 훈련을 받지 않더라도 긍정적인 변화를 유도하게 됩니다.

내가 실제 기업들과 함께 일할 때, 시간과 예산이 제한된 경우에는 다음과 같은 방식을 활용했습니다.

우선 최고경영진을 대상으로 개인별 뇌파 훈련과 리더십 개발 세션을 진행하고, 중간관리자들을 대상으로는 워크숍과 그룹 훈련을 병행했습니다. 이른바 '하향 확산Trickle-down' 방식입니다.

물론 전체 구성원이 함께 훈련을 받는 것이 이상적이지만, 이런 제한된 형태의 접근법이라도 기업 전체에 실질적인 변화를 가져왔습니다.

내가 측정해 본 많은 리더급 경영자들은 이미 '깨어 있는 마음'에 가까운 뇌파 패턴을 가지고 있었습니다. 이들은 알파파, 세타파, 델타파를 비교적 자유롭게 활성화할 수 있었지만, 과도하게 퍼진 베타파 활동을 조절하는 훈련이 필요했습니다. 즉, 깨어 있는 마음의 패턴을 개발한 이후에는 그 상태를 안정적으로 유지하도록 패턴을 고정하는 과정이 이어져야 합니다.

결국, 기업 내 뇌파 훈련의 핵심은 리더의 의식 수준이 곧 조직의 의식 수준을 결정한다는 점입니다. 한 사람의 '깨어 있는 마음'이 조직 전체의 사고방식과 에너지 흐름을 바꾸는 출발점이 되기 때문입니다.

여러 기업의 리더십 개발 프로젝트를 진행하면서 각기 다른 목표와 상황을 다루어 왔습니다. 예를 들어 한 회사는 경영진의 직관적 사고력과 지적 잠재력을 최대한 끌어올리기 위해 뇌파 개발 훈련을 나에게 의뢰했습니다. 그 핵심 목표는 더 깊이 있고 균형 잡힌 판단력, 즉 의사결정 능력의 질적 향상이었습니다.

이 프로그램은 부가적으로도 큰 변화를 가져왔습니다. 참가자들은 자연스럽게 깊은 이완, 스트레스 조절, 집중력 향상, 그리고 문제 해결력 강화의 효과를 경험했습니다.

그 회사의 CEO는 이렇게 말했습니다.

"이 프로그램에 참여한 모든 임원이 결과에 매우 만족했습니다. 특히 처음에는 회의적이던 사람들까지 프로그램의 효과를 인정했지요. 'Awakened Mind Program'은 개인의 성장뿐 아니라 팀 전체의 성과 향상에도 분명한 도움을 주는 가치 있는 과정입니다."

흥미로운 점은, 처음에는 오로지 업무 성과 향상을 위해 참여했던 사람들이 시간이 지나면서 자연스럽게 내면의 성장과 영적 자각에 관심을 갖게 된다는 것입니다. 한 부사장은 이렇게 표현했습니다.

"이 프로그램의 진짜 가치는, 예상치 못했던 영성의 확장이었습니다."

나는 종종 그런 변화를 직접 봅니다.
'집중력을 높이고 싶다', '스트레스를 관리하고 싶다' 같은 실용적 이유로 시작한 사람들이 곧 더 깊은 의식의 수준, 삶의 의미와 연결된 자각을 경험하게 되는 것입니다.

결국 뇌파 훈련은 단순히 일을 잘하기 위한 기술이 아니라, 내면의 힘을 일깨우고 의식의 차원을 확장시키는 여정이기도 합니다.

뇌파, 아이, 그리고 학습

"내 아이에게 무슨 일이 생긴 걸까요?"

아이들은 아주 자연스럽고 손쉽게 '깨어 있는 마음Awakened Mind'의 뇌파 패턴을 발달시킬 수 있는 능력을 가지고 있습니다. 실제로 이 상태는 학교에 들어가기 훨씬 전부터 이미 나타납니다.

나는 이 '깨어 있는 마음'의 상태가 원래 인간 안에 원초적으로 존재하는 능력이라고 확신합니다. 다만, 우리가 성장하는 과정에서 사회적 훈련과 교육 방식을 통해 서서히 잃어버리게 될 뿐입니다.

학교 교육의 획일적인 방식과 과밀한 학급 환경은 이러한 자연스러운 의식 상태를 점점 약화시키는 주요 원인 중 하나입니다.

나는 앞서 "깨어 있는 마음의 뇌파 상태는 일종의 진화적 표현"이라고 언급한 바 있습니다. 즉, 그것은 아이가 어릴 때 자연스럽게 발현되지만, 점차 사회의 기준과 규범에 맞추려 노력하면서 서서히 사라지는 것입니다. 내가 관찰한 바로는 대체로 초등학교 2~3학년 즈음부터 이 패턴이 눈에 띄게 약해집니다.

"공상하지 말아라!" (알파파를 끄라는 뜻이죠.)

"집중해!" (베타파를 더 내라는 신호입니다.)

"그런 상상은 하지 마!" (세타파를 멈추라는 지시이기도 합니다.)

이런 말들은 모두 세상을 이해하려 애쓰는 아이의 섬세한 의식에 '베타파를 늘리고, 알파·세타·델타파를 줄이라'는 명령으로 작용합니다. 그 결과, 아이는 점점 논리적·외향적인 사고에 익숙해지고 자신 안의 직관적이고 창의적인 세계를 스스로 억누르게 됩니다.

하지만 아이들이 그렇게 억눌렀던 바로 그 의식 상태를, 어른이 된 후에는 명상이나 자기 탐구를 통해 다시 회복하려 애쓰는 아이러니가 생깁니다.

만약 우리가 학교와 가정에서 이런 다양한 의식의 상태를 올바로 이해하고 존중할 수 있다면, 의식과 무의식의 연결이 끊어지는 일을 막고, 아이들이 본래 지닌 '깨어 있는 마음'을 잃지 않도록 도울 수 있을 것입니다.

아이의 의식 발달과 뇌파 변화를 관찰하는 일은 정말 놀랍고 흥미롭습니다. 나의 아들 존John의 뇌파를 그가 태어난 지 단 2주 되었을 때 처음 측정했습니다. 그 시기 그의 뇌파는 거의 델타와 세타로 이루어져 있었습니다. 즉, 깊은 무의식과 잠재의식이 주로 작동하는 상태였지요.

그 후 몇 달 동안, 나는 그의 뇌파에 알파가 더해지는 모습을 보았습니다. 그의 마음은 이미 강하게 자리 잡은 무의식적 활동 위에 의식적인 베타 상태를 점차 쌓아 가며 '깨어 있는 의식'을 형성하려 애쓰고 있었습니다. 장난감을 흔들거나 반짝이는 열쇠를 보여 주면 순간적으로 강한 베타파가 나타났지만, 그 상태를 오래 유지하기는 어려웠습니다.

결국 그의 뇌파는 안정화되었고, 5세쯤 되었을 때 아주 뚜렷한 '깨어 있는 마음Awakened Mind' 뇌파 패턴을 보이기 시작했습니다. 그 이후로도 그는 11살이 된 지금까지 그 패턴을 유지하고 있지만, 이제는 어른들과 마찬가지로 퍼져 있는 베타파가 자주 나타납니다.

그럼에도 불구하고 그는 필요할 때 언제든 그 과도한 베타파를 멈추고, 다시 '깨어 있는 마음' 상태로 돌아갈 수 있습니다.

나는 존이 아주 어릴 때부터 명상과 이미지 트레이닝을 가르쳤습니다.
때로는 잠자리 동화 대신, 명상을 이야기하듯 들려주었지요.
그가 가장 좋아했던 명상 중 하나는 '보라색 행성 명상'이었습니다.

보라색 행성 명상

아이들과 함께 명상할 때는 멈춤의 길이를 조금 더 짧게 두는 것이 좋습니다. 아이의 호흡과 집중 흐름에 맞춰 함께 실험하듯 자연스럽게 타이밍을 찾아보세요.

이제 조용히 앉거나 누워서, 눈을 감아요.
몸이 아주 편안해지도록 자세를 잡으세요.

그리고 크게 한숨을 쉬며, 몸 안의 공기를 모두 내보내세요.
"아아—" 하고 내쉬면서, 마음까지 가볍게 비워 봅니다.

이제 천천히, 깊게 숨을 쉬어요.
숨을 들이쉴 때마다 평화가 들어오고,
숨을 내쉴 때마다 긴장이 빠져나갑니다.

이제 몸의 각 부분으로 마음을 보내 보세요.
그곳이 얼마나 편안해질 수 있는지 느껴 봅니다.

머리,
목,
어깨,

팔과 손,

가슴,

배,

등 전체,

다리,

그리고 발끝까지…

온몸이 따뜻하고 편안해지는 걸 느껴 보세요.

지금은 다른 생각은 잠시 멈추고,

그저 몸이 느끼는 편안함만 느껴 보세요.

이제 다시 머리 꼭대기로 가서,

그 안으로 들어간다고 상상해 보세요.

그리고 그곳에서 천천히 위로 올라갑니다.

머리 위로… 곧게 위로…

계속, 더 높이, 더 멀리 올라가요.

지구 위로 훨씬 멀리 떠올라

달을 지나고,

다른 행성들도 지나서,

깜빡이는 별들 사이까지…

아주 높이, 아주 멀리 올라갑니다.

멀리 저쪽에 아주 작은 보라색 행성이 보여요.

그곳을 향해 천천히 다가갑니다.

점점 가까워지고… 또 조금 더 가까워지고…

이제 그 보라색 행성이 점점 커지기 시작하네요—

커지고, 또 커지고, 눈앞에 가득 차오릅니다.

이제 곧 그 행성에 착륙할 거예요.

그리고 그곳에서 멋지고 특별한 경험을 하게 될 거예요.

착륙하자마자, 당신은 보라색 하늘, 보라색 땅,

보라색 건물, 보라색 나무와 꽃—

모든 것이 보라색으로 물든 세상을 보게 됩니다.

그곳에는 당신을 반갑게 맞아 주는

보라색 행성의 친구들이 기다리고 있어요.

그들은 부드럽게 미소 지으며 당신을 환영합니다.

당신은 그들과 함께 시간을 보내며 웃고, 놀고,

그들의 세계를 천천히 느껴 봅니다.

그러다 보면 그들이 당신에게

아주 중요한 가르침을 전해 준다는 걸 알게 됩니다.

이제 잠시 그 지혜로운 존재들과 함께 머물러 보세요.

그들이 전해 주는 메시지,

당신에게 꼭 필요한 깨달음을 조용히 들어 보세요.

(1분 정도의 고요한 시간… 잠시 멈춰 주세요)

이제 준비가 되었다면, 보라색 행성을 떠나 집으로 돌아갈 시간이에요.

그곳의 사람들이 당신에게 전해 준 가르침과 메시지를 잘 기억해 두세요.

나중에 조용히 떠올리며 곱씹을 수 있을 거예요.

이제 그들에게 인사를 하고, 천천히 작별을 고합니다.

그리고 부드럽게 하늘로 떠올라

다른 행성들을 지나고,

달을 지나,

지구를 향해 돌아옵니다.

점점 가까워지는 지구,

이제 당신은 이 방 안으로,

그리고 당신 자신의 머리 위로—

조용히, 부드럽게 돌아옵니다.

이제 준비가 되면, 천천히 몸을 기지개 켜듯 늘이고,

깊게 한숨을 쉬며,

지금 이 순간으로 깨어나세요.

당신은 여전히 고요하고,

그 보라색 행성의 평화와 지혜를 마음속에 품은 채로—

이 명상을 함께 마친 뒤, 아들에게 이렇게 물었습니다.

"보라색 행성에서 무슨 일이 있었니? 거기서 어떤 걸 배웠어?"

존은 매번 조금씩 다른 경험을 이야기하곤 했지만,

항상 그 안에는 작은 깨달음이나 도덕적인 교훈이 담겨 있었습니다.

그는 이렇게 말하곤 했지요.

"그 사람들이 나에게 모든 사람에게 친절하라고 가르쳐 줬어요."

"다른 사람한테 나쁘게 하지 말래요."

"내 물건을 나누라고 했어요."

"거짓말하지 말래요."

가끔은 그저 '재미있는 것들'을 보여 주기도 했다고 합니다.
존이 본 보라색 행성의 사람들은 초록색 피부에 노란 점무늬가 있는 존재들이었고, 서로 모두 비슷한 모습이었어요.
존은 그곳을 정말 좋아했습니다.
그래서 잠자기 전마다 "오늘도 보라색 행성으로 가고 싶어요."라며 그 명상을 해 달라고 부탁하곤 했습니다.
이 경험은 단순한 상상이 아니라, 아이의 내면이 스스로 만들어 낸 배움과 성찰의 공간이었습니다. 그곳에서 존은 매번 다르게, 그러나 언제나 의미 있게 성장하고 있었던 것입니다.

아이에게 명상이 주는 힘

아이에게도, 어른에게도 명상에 들어가는 길은 여러 가지가 있습니다.
하지만 일단 그 상태에 이르면, 누구나 비슷하게 내면의 평화와 고요, 그리고 맑은 안정감을 경험하게 되죠. 다만 그 상태에 이르는 과정은 사람마다 다를 뿐입니다.
나의 아들 존은 명상을 이렇게 표현했습니다.
"깊고, 안쪽의, 아무 생각도 없는 상태."

그 말을 실감한 일화가 하나 있습니다.
존의 아홉 번째 생일, 우리는 디즈니랜드에 갔습니다. 오랜 시간 놀고 돌아오는 길, 사람들로 가득 찬 버스 안은 피곤과 흥분이 뒤섞여 꽤나 소란스러웠습니다.

존은 처음엔 짜증스럽게 "너무 시끄러워요!"라고 투덜댔지만, 곧 조용히 눈을 감고 가만히 있더군요. 나는 그가 잠든 줄 알았습니다. 그런데 30분쯤 지나자, 존이 미소를 지으며 이렇게 말했습니다.
"좋았어요!"

그는 상상 속에서 버스 안에 있던 모든 사람을 자신과 함께 넓은 들판으로 데려가 큰 소리로 외쳤다고 합니다.

"다들 조용히 해요!"

그러자 모두가 순식간에 고요해졌고, "핀 떨어지는 소리까지 들릴 만큼 조용했어요."라고 했습니다. 그는 그 완전한 고요 속에서 자신만의 내면의 평화를 즐기고 있었던 것이죠.
흥미로운 건, 실제 버스 안의 소음은 전혀 줄어들지 않았다는 사실입니다. 하지만 그의 마음속에서는 완벽한 정적과 평화가 이미 이루어졌던 것입니다. 이처럼 아이에게 명상은 '세상을 바꾸는 기술'이 아니라, '세상 속에서도 고요를 발견하는 힘'을 길러 주는 배움입니다.

주의력 결핍 장애와 학습 장애

요즘은 뇌파 훈련이 주의력 결핍 장애ADD를 비롯해 주의력 결핍 과잉 행동 장애ADHD, 학습 장애, 반항성 장애ODD, 품행 장애, 그리고 불안이나 우울 같은 정서적 어려움까지 다양한 분야에서 성공적으로 활용되고 있습니다.

이런 문제를 가진 아이들과 어른들의 뇌파를 보면, 대체로 세타파가 과도하게 높고, 반면 베타파—즉 집중과 사고를 담당하는 영역—가 부족한 경우가 많습니다. 그래서 보통은 세타파를 줄이고, 베타파를 강화하는 훈련을 통해 뇌의 균형을 되찾도록 돕습니다.

이 방법은 이미 여러 전문가들이 오랫동안 연구하고 적용해 온, 효과가 입증된 접근법입니다.

이러한 훈련을 통해 아이들은 집중력과 감정 조절력, 사고의 명료함을 회복하고, 성인들 역시 스트레스나 우울로 흐트러진 뇌의 리듬을 안정시킬 수 있습니다.

그런데 흥미롭게도, 우리의 뇌파와 창의성을 일깨우는 자극은 꼭 훈련실이나 명상 속에서만 오는 게 아닙니다. 때로는 전혀 예상치 못한 순간과 경험이 뇌의 리듬을 깨우고 마음을 확장시키기도 하지요.

다음에 이어질 이야기가 바로 그 예가 될 것입니다.

데드헤드Deadhead

'미국의 전설적인 록 밴드 그레이풀 데드의 열성 팬'

나에게 상담을 받던 한 십 대 소녀 내담자 A.D.가 있었습니다.

그녀는 학교에서 학습 장애 판정을 받은 학생이었지요. 그녀는 '데드헤드 Deadhead', 즉 밴드 그레이풀 데드를 열성적으로 따라다니는 팬이기도 했습니다.

그녀는 고등학생이었기 때문에 학기 중에는 학교에 다니고, 방학이 되면 그레이풀 데드의 콘서트를 보기 위해 전국을 여행하곤 했습니다.

그녀의 삶은 겉보기엔 평범한 학생 같지만, 그 내면에서는 음악과 몰입, 자유로움 속에서만 발휘되는 특별한 집중과 창의성이 자라고 있었습니다. 이후 그녀의 뇌파 패턴을 측정하면서, 나는 '학습 장애'라는 이름 뒤에 숨어 있던 또 다른 가능성을 발견하게 됩니다.

A.D.는 학교를 무척 싫어했고, 성적도 좋지 않았습니다. 특히 숙제가 큰 고민거리였지요. 그녀는 공부할 때 그레이풀 데드의 음악을 들으면 오히려 집중이 잘 된다고 굳게 믿고 있었습니다.

하지만 부모님은 그 주장을 받아들이지 않았습니다. "숙제 시간에는 음악 금지!"가 집안의 철칙이었죠.

처음에는 그녀의 이야기를 듣고, 솔직히 부모님의 편이었습니다.

그러나 실제로 그녀의 뇌파를 측정해 보니, A.D.는 평균보다 낮은 베타파와 평균보다 높은 세타파를 가진 '깨어 있는 마음Awakened Mind' 패턴을 보이고 있었습니다.

즉, 직관적이고 감성적인 면은 뛰어나지만, 집중을 담당하는 베타 활성은 부족했던 것이죠.

그래서 나는 그녀와 함께 베타파를 높이는 훈련, 즉 '집중 상태로 전환하는 법'을 배우는 작업을 시작했습니다. A.D.는 숙제를 세션에 가져와 공부하는 동안 의식적으로 베타 상태를 유지하는 방법을 연습했습니다.

그 결과는 놀라웠습니다. 시간이 지나면서 성적이 서서히 오르기 시작했고, D였던 과목들이 하나둘씩 B로 변해 갔습니다. 이 경험은 단순히 '음악이 도움이 된다'는 논쟁을 넘어, 아이의 뇌가 어떤 리듬으로 작동하는지 이해하는 것이 학습의 출발점임을 보여 주는 좋은 예였습니다.

어느 날, A.D.가 세션에 올 때 손에 그레이풀 데드의 자신이 특히 좋아하는 음반 한 장을 들고 왔습니다.

"선생님, 이거 같이 들어 보세요. 이 음악이 진짜 좋아요."

그녀는 그렇게 말하며 간절한 눈빛을 보였죠.

나는 "좋아요. 대신 오늘은 정식 세션으로 진행해 볼게요."라고 말하고 그녀에게 마인드 미러Mind Mirror 장비를 연결했습니다. 그녀의 뇌파가 음악에 어떻게 반응하는지를 직접 보고 싶었거든요.

음악을 틀기 전까지는 평소와 다름없는 A.D.의 기본 뇌파 패턴이 화면에 나타났습니다. 그런데 음악이 시작되는 순간 놀라운 변화가 일어났습니다. 그녀의 베타파가 급격하게 상승한 것입니다.

(아래의 그림 5를 보면 그 변화가 선명히 드러납니다.)

나는 실험을 계속하기 위해 그녀에게 학교 숙제를 꺼내도록 했습니다.

음악을 들으면서 문제를 푸는 동안에도 그녀의 베타파는 높은 수준으로 안정적으로 유지되었습니다.

몇 차례 더 실험을 반복한 끝에 나는 확신할 수 있었습니다.

A.D.가 사랑하는 그레이풀 데드의 음악은 그녀의 집중력과 인지적 각성을 돕는, 즉, 학습에 실제로 긍정적인 뇌파 변화를 유도하는 자극이었던 것입니다.

진짜 어려운 일은 따로 있었습니다. 이 사실을 그녀의 부모님에게 설득시키는 일이었지요.

FIGURE 5 ■ DEADHEAD

A.D.의 사례에서처럼, 나는 학습 장애가 있는 아이들 중 상당수가 사실상 '깨어 있는 마음Awakened Mind' 뇌파 패턴에 매우 가까운 상태를 지니고 있음을 자주 발견합니다.

다만 그들의 경우, 베타파의 수준이 다소 낮을 뿐이죠.

그래서 나는 이런 아이들과 일할 때 그들의 베타파를 강화하는 훈련을 중심으로 합니다. 하지만 동시에 그들의 세타파—즉, 창의성과 영성, 상상력의 근원—를 억제하지 않으려 합니다.

그 세타파를 억누르는 순간, 그 안에 잠들어 있는 타고난 천재성과 발달의 가능성까지 제한할 수 있기 때문입니다.

나는 이 아이들을 '정상화Normalize'시키려는 접근을 경계합니다. 왜냐하면, 우리가 사회적으로 정한 '정상'이라는 기준이 반드시 '최적'이라고는 확신할 수 없기 때문입니다.

어쩌면 이 아이들은 우리가 생각하는 것보다 훨씬 특별하고 재능 있는 존재일지도 모릅니다. 우리에게 필요한 일은, 그들의 '다름'을 교정하는 것이 아니라 그 안에 숨어 있는 고유한 재능과 새로운 형태의 지능을 훈련과 교육 속에서 지켜 주는 것입니다.

결국, '정상'을 목표로 삼는 사회에서는 진화가 일어나지 않습니다.

진화란 늘 기존의 틀을 넘어서는 데서 시작되니까요.

나는 아이들을 '고치기'보다는, 그들이 이미 가지고 있는 재능과 강점을 이
해하고 그것을 활용하도록 돕는 일이 더 중요하다고 생각합니다. 올바른
태도와 훈련이 함께한다면, 그들은 자신의 약점이라 여겼던 부분을 오히려
강점으로 바꿀 수 있습니다.

이를 위해 필요한 것은 각 개인의 뇌파적 특성을 이해하고, 그 안에서 가장
강한 영역을 찾아 잠재력을 극대화하는 방향으로 발전시키는 것입니다.

십 대 소녀 A.D.는 매우 창의적이고, 영리하며, 대화 능력이 뛰어나고, 사
회적 감수성과 직관, 공감 능력이 탁월했습니다. 그녀의 아버지는 종종 이
렇게 말하곤 했습니다.

"저 아이는 언제나 결국엔 잘 일어서는 아이예요."

나는 그 이유가 그녀의 발달된 세타파와 그 세타파에 접근할 수 있도록 돕
는 강한 알파파 덕분이라고 보았습니다. 하지만 그녀에게 세타파를 완전히
차단하고 약한 베타파만을 억지로 활성화시키도록 훈련했을 때, 그녀는 금
세 무기력하거나 초조한 상태가 되었습니다. 반대로, 알파와 세타의 흐름
을 유지한 채 거기에 베타파를 함께 더하도록 도왔을 때, 그녀는 눈빛이 살
아나고 에너지가 되살아났습니다.

나는 그때 확신했습니다. 그녀의 세타파를 없애 버리는 것은 그녀가 본래
타고난 균형 감각과 회복력, 즉 '언제나 잘 일어서는 능력'을 빼앗는 일과
같다는 것을요.

사실 우리 문화만이 이런 오류를 범하는 것은 아닙니다. 전 세계 대부분의
교육 제도는 아이들을 일정한 틀과 기준 안에 맞추려는 방향으로 작동하고

있습니다. 하지만 진정한 교육은 아이들을 '틀 안에 맞추는 일'이 아니라 그 안의 고유한 리듬과 가능성을 깨우는 일이어야 합니다.

야구 선수

대만에 머물던 시절, 한 의류 제조업자의 열두 살 아들을 지도해 달라는 요청을 받은 적이 있었습니다. 그 가족은 타이베이 외곽의 한 마을에 살고 있었고, 교육 수준이 높으며 아들을 위해 최선을 다하려는 분들이었습니다. 그 소년, L.은 여러 자매 사이에서 유일한 아들이자 막내였습니다. 그래서 그는 자연스럽게 집안의 기대와 압박감을 한 몸에 안고 자라야 했습니다. 가족들은 그가 학교에서 어려움을 겪고 있다고 느꼈고, 그 지역에서는 학업 문제가 매우 심각한 일로 여겨졌습니다.

그의 학교에는 교문 앞에 큰 게시판이 하나 있었는데, 거기에는 늘 상위 세 명의 학생 이름과 하위 세 명의 학생 이름이 공개적으로 게시되어 있었습니다.
그렇다 보니 L.에게는 실패에 대한 두려움, 그리고 아버지를 실망시킬까 봐 생기는 불안감이 공부의 가장 큰 원동력이자 동시에 가장 큰 부담이 되어 있었습니다.
그의 마음속에서는 '성공해야 한다'는 압박이 점점 긴장과 불안의 뇌파 패턴으로 바뀌고 있었고, 그것이야말로 그가 집중하지 못하고 자신감을 잃게 된 가장 큰 이유였습니다.

L.의 집에 도착했을 때, 거기에는 여덟, 아홉 명쯤 되는 가족들이 모두 나와서 나를 맞이했습니다. 심지어 연세 많으신 고모와 큰아버지도 일부러 찾

아와 계셨지요.

그런데 그 고모님이 매우 아프셨습니다. 가족들은 조심스럽게 나에게 부탁했습니다.

"먼 길 오셨지만, 혹시 이분을 먼저 봐주실 수 있을까요?"

그분의 상태와 그가 여기까지 오기 위해 들인 노력을 생각하니, 그 부탁을 거절할 수 없었습니다. 그래서 먼저 고모님을 돌보았습니다.

고모님과 함께 시간을 보내는 동안, 나머지 가족들은 부엌에서 분주히 움직이며 정성껏 차린 큰 만찬을 준비하고 있었습니다.

그 따뜻한 환대에 감사하면서도 마음 한편에서는 이런 생각이 들었습니다.

'이 분위기에서 과연 아이와의 세션은 어떻게 진행될 수 있을까?'

식사가 끝난 뒤, 우리는 모두 거실에 모였습니다. 나는 아이가 더 잘 집중할 수 있도록 1:1로 진행하고 싶다고 조심스럽게 요청했습니다.

하지만 그 말이 끝나자마자 집안이 술렁이기 시작했습니다.

모두들 세션에 함께 있고 싶어 했고, 그게 가족으로서의 '당연한 권리이자 도움'이라고 여겼던 것입니다. 결국, 그날은 나의 경력 중에서도 가장 특이하고 복잡한 개인 세션이 되었습니다.

게다가 아이가 사용하는 방언이 내 주요 통역사의 언어와 달라 보조 통역사의 도움을 받아야 했는데, 그 역시 완벽하게 능통하지는 않았습니다. 세션이 진행되는 동안, 가족들까지 각자 해석을 덧붙이며 나의 말의 의미를 두고 길게 논쟁하는 상황이 이어졌습니다.

그 모든 혼란 속에서도 나는 점차 이 아이의 근본적인 문제를 이해하게 되었습니다. 그것은 바로 자존감, 창의성, 그리고 운동에 대한 열망이었습니다.

L.은 학교생활도, 운동도 정말 잘하고 싶어 했지만 그럴 때마다 누군가—특히 누나나 어머니—가 이렇게 말하곤 했습니다.

"아유, 넌 그런 건 못 해."

그 말은 단순한 부정이 아니라, 아이의 마음속 깊은 곳에서 스스로의 가능성을 막아 버리는 주문이었습니다. 세션 내내 나는 이런 장면을 여러 번 반복해서 목격했습니다.

그의 뇌파는 매우 인상적이었습니다. 베타파는 둥글지만 안정적이고 강했고, 알파파는 일정하고 끊김 없이 유지되었으며, 무엇보다 세타파가 매우 강하고 지속적으로 나타났습니다.
또한 델타파는 높은 진폭의 파동으로 강하게 번쩍였습니다. (그림 6 참고)

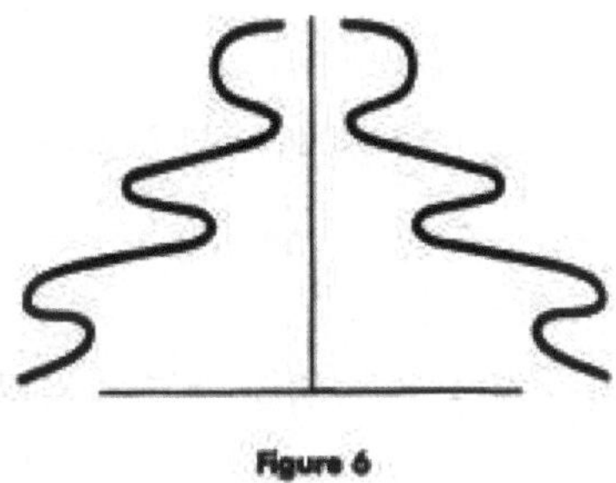

Figure 6

나는 그 세타파가 의미하는 바를 곧 알아차렸습니다.
그 안에는 표현되지 못한 창의성, 즉 억눌린 재능과 상상력의 거대한 에너지가 숨어 있었습니다. 하지만 그 창의성은 주변의 말과 기대, 그리고 두려움 속에서 계속해서 짓눌리고 있었던 것입니다.
나는 아이를 짧은 명상 상태로 이끈 뒤, 조용히 말했습니다.

"이제 네가 나에게 이야기를 하나 들려줄 거야. 마음속에서 떠오르는 장면을 이야기해 보렴."

그 말이 끝나자마자 가족들이 일제히 외쳤습니다.

"얘는 그런 거 못 해요!"
"이야기 같은 건 한 번도 해 본 적 없어요!"
모두가 한목소리로 그는 이야기할 줄 모른다고 단정 지었습니다.
나는 단호히 손을 들어 그들을 조용히 시켰습니다.
"지금은 그저 들어 주세요."

그리고 다시 L.에게 천천히 말했습니다.
"네가 편안하게 있고 싶은 장소를 마음속에 그려 봐. 그곳이 어디든 괜찮아. 거기서 무슨 일이 일어나는지 나에게 말해 줘."
잠시 눈을 감고 있던 아이가 조용히 입을 열었습니다.
"야구장에 있어요. 제가 타석에 섰어요."
그 말이 끝나기도 전에 또다시 가족들의 거센 항의가 터져 나왔습니다.

"얘가 야구를 한다고요? 말도 안 돼요!"
"쟤는 운동신경이 없어요!"
하지만 그 순간 분명히 느꼈습니다.
그가 마음속에서 그려낸 야구장은 단순한 상상이 아니라, 그가 억눌려 있던 자신감과 가능성의 세계로 향하는 첫걸음이라는 것을요.
그때 다시 한번 단호히 말했습니다.
"제발 조용히 해 주세요. 그가 직접 해 보게 둡시다."

그리고 L.에게 고개를 끄덕여 주었습니다.

그는 잠시 눈을 감았다가, 천천히 이야기를 시작했습니다.

그가 만들어 낸 이야기는 놀라웠습니다. 그는 자신이 타석에 서서 홈런을 쳐 팀을 승리로 이끄는 순간을 그리고 있었죠.

그의 말투는 섬세했고, 묘사는 놀라울 만큼 생생했습니다.

이야기의 흐름 속에서 긴장과 기대가 서서히 쌓였고, 듣고 있던 우리 모두는 정말로 그가 이길지 질지 알 수 없을 만큼 몰입하게 되었습니다.

그리고 마침내,

그가 공을 힘껏 쳐 올렸고,

그 공이 담장을 넘어가자,

L.은 두 팔을 번쩍 들며 소파에서 뛰어올라 외쳤습니다.

"이겼어요!"

그 순간, 거실은 환호로 가득 찼습니다.

가족들은 모두 자리에서 일어나 손뼉을 치며 L.을 끌어안았습니다.

그의 얼굴에는 기쁨과 자신감, 그리고 해방감이 빛나고 있었습니다.

그날의 짧은 이야기는 단순한 상상이 아니라, 그가 처음으로 '나는 할 수 있다'는 믿음을 직접 만들어 낸 순간이었습니다.

그날 세션이 끝난 뒤, 가족들은 내게 이렇게 말했습니다.

"오늘이 L.에게 태어나서 처음으로 '승리를 경험한 날'이에요."

그들은 진심으로 놀라워했습니다. 그동안 단 한 번도 이야기를 만들어본 적이 없던 아이라, 그가 이렇게 생생하게 이야기를 짓고 끝까지 완성하리라고는 누구도 상상하지 못했기 때문이었습니다.

L.은 세션에서 사용했던 ESR 측정기에 완전히 매료되었습니다.

그는 그것이 마치 마법 같은 힘을 가진 물건이라 믿으며, 그 기계를 가슴에 꼭 끌어안고 떨어지려 하지 않았습니다. 그 모습을 본 나는 아버지께 제안을 드렸습니다.

"혹시 L.에게 진짜 야구를 해 볼 기회를 주실 수 있을까요?"

아버지는 잠시 망설이며 "글쎄요, 저 아이가 그런 걸 해낼 수 있을지…" 하며 회의적인 반응을 보였습니다.

그래서 나는 이렇게 거래를 제안했습니다.

"그럼 이렇게 하죠. L.이 야구를 할 수 있게 허락하신다면, 제가 이 ESR 기계를 그에게 선물로 드리겠습니다."

아버지는 잠시 생각하더니 결국 미소를 지으며 동의했습니다. 그 후, 약속된 세션 비용을 지불한 아버지는 감사의 표시로 나를 자신의 의류점으로 데려갔습니다. 그곳에는 가족들이 모두 환하게 웃으며 서 있었습니다.

아버지는 내게 이렇게 말했습니다.

"이 옷들 중 마음에 드는 세 벌을 고르세요. 저희 가족을 도와주신 감사의 마음입니다."

그때 받은 그 세 벌의 코트를 지금도 소중히 간직하고 있습니다.

그 옷들은 내게 단순한 선물이 아니라, 한 아이가 자신 안의 가능성을 처음으로 믿게 된 날의 상징이기 때문입니다.

레이 증후군

학습 장애나 심지어 일부 뇌 손상 속에도 놀라운 선물이 숨어 있습니다. 그것들은 종종 겉으로 드러나는 어려움에 가려져 잘 보이지 않을 뿐입니다.

내가 만난 열네 살 소녀 T.J.가 바로 그런 경우였습니다.

그녀는 어린 시절 레이 증후군Reye's Syndrome이라는 드문 중추신경계 질환에 걸렸습니다. 병이 진행되던 당시, 그녀의 뇌는 심하게 부어올랐고, 몇 시간 동안 생사를 오가는 위독한 상태에 있었습니다.

그녀의 어머니는 그때의 일을 이렇게 이야기했습니다.

"그 아이가 살아남을 수 있었던 건 제가 밤새 붙들고 살려 달라고 빌었기 때문이에요. 제가 절대 보내지 않겠다고 다짐했거든요."

그날 이후, 두 사람은 마치 영적으로 하나로 연결된 듯한 관계가 되었습니다. 서로의 생각과 감정을 굳이 말로 하지 않아도 항상 동시에 느끼고, 동시에 알아차리는 상태가 되었던 것입니다.

이 경험은 단순한 생존 그 이상이었습니다. 그녀의 뇌는 치명적인 손상 이후에도 깊은 감각적·직관적 연결 능력, 즉 깨어 있는 마음의 한 형태로 진화하고 있었던 것입니다.

T.J.가 처음 내게 왔을 때, 그녀는 긴 '고민 목록'을 지니고 있었습니다.

학교생활의 어려움, 친구들과의 관계 문제, 두려움, 슬픔, 분노, 그리고 자신을 벽돌로 된 두꺼운 벽 뒤에 가두고 있는 듯한 감정이었습니다.

그녀는 또한 시간과 현실 감각이 뒤섞인 종종 이해할 수 없는 초감각적인 경험을 하곤 했습니다.

한 번은 처음 가 보는 집에서 벽을 가리키며 이렇게 말했습니다.

"저기, 원래 벽난로가 있었어야 하는데요."

놀랍게도, 그 벽 뒤에는 실제로 오래전에 막혀 버린 벽난로가 존재했습니다.

또 한 번은 길을 걷다가 보이지 않는 나무를 피하듯 옆으로 비켜섰습니다. 나중에 알고 보니, 그 자리에 오래전에 베어진 나무가 있었다고 합니다.

그녀는 때때로 최면 상태에 빠져 18세기나 19세기 복장을 한 사람들을 보는 체험을 했습니다. 그 시대에 지어진 집들에서는 그런 일이 더욱 자주 일어났죠.

T.J.는 사람의 마음을 읽고, 주변 사람들의 감정을 고스란히 느끼는 공감적 민감성을 지니고 있었습니다. 하지만 그로 인해 늘 타인의 생각과 감정에 휩쓸리는 고통을 겪었습니다.

그녀는 종종 '영혼들이 찾아온다'고 느꼈는데, 그중에는 다정한 존재도 있었지만, 그녀를 괴롭히는 존재도 있었다고 말했습니다.

그녀의 어머니는 당시 내가 강의하던 대학의 학생이었습니다. 어머니는 딸을 전통적 의학이나 약물 치료 대신 뇌파 측정과 의식 훈련을 통해 도와주고 싶어 했습니다. 그래서 T.J.를 내게 데려온 것입니다.

그녀를 처음 만났을 때, 그녀는 "벽을 거의 다 쌓았다"고 말했습니다. 단 한 장의 벽돌만 남아 있었다고요. 그 말은, 자신을 세상과 완전히 단절시키기 직전이었다는 뜻이었습니다. 그녀의 뇌파를 측정해 보니, 화면에는 세타파와 델타파가 지배적으로 나타났습니다. (그림 7 참고)

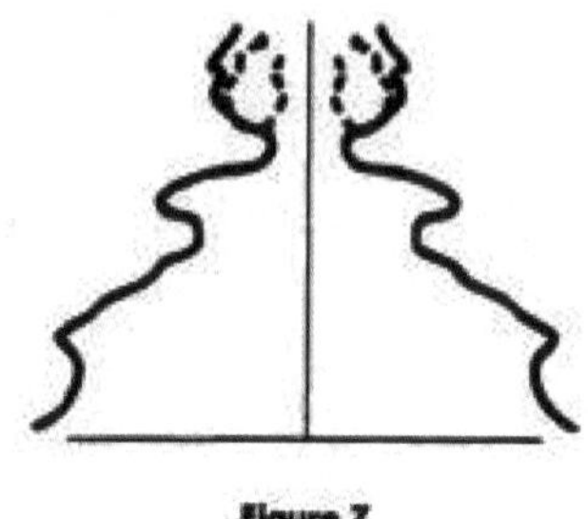

Figure 7

그녀는 거의 꿈과 현실 사이의 경계선 위, 즉 깊은 무의식의 파동 속에서 살아가고 있었습니다.

처음에 T.J.는 내게 오는 걸 원하지 않았습니다. 나는 그녀에게 "여기서 나가도 괜찮고, 남아도 괜찮다"고 말했습니다. 그리고 어떤 선택을 하든, 그 이유를 어머니께 대신 설명해 주겠다고 약속했지요. 그래서 그녀는 부담 없이 결정할 수 있었습니다.

그 후 몇 주가 지나자, T.J.는 이 세션을 진심으로 좋아하게 되었습니다. 그녀는 처음으로 누군가 자신을 지지해 주고, 들어주고, 이해해 주는 공간이라고 느꼈던 겁니다.

나는 그녀에게 자신의 세타파와 델타파가 얼마나 넓고 깊은지를 보여 주었습니다. 그리고 그것이 무의식의 세계가 작동하는 방식임을 설명해 주었습니다. 그녀는 그 이야기를 듣고 고개를 끄덕이며 말했습니다.

"이런 능력을 잃고 싶진 않아요. 다만 이걸 좀 다스릴 수 있었으면 좋겠어요."

T.J.는 자신의 특별한 감각과 직관을 없애고 싶지 않았습니다. 그녀가 바랐던 건 단지, 그 힘을 조절하는 법을 배우고 학교와 사회 속에서도 균형을 잃지 않고 살아가는 방법을 익히는 것이었습니다. 그녀의 여정은 '비정상'을 고치는 것이 아니라 자신의 내면세계와 조화를 이루는 법을 배우는 과정이었습니다.

T.J.와 나는 그녀가 마음속에 쌓아 올린 벽을 한 장씩 허물어 가는 작업을 함께했습니다.

그녀가 마침내 "마지막 벽돌과 작별했다"고 말하던 날을 지금도 기억합니다. 그녀의 세타파는 여전히 강했지만, 이제는 스스로 조절할 줄 아는 힘을 갖게 되었죠.

그녀는 자신을 혼란스럽게 만들던 무의식의 이미지와 통찰, 감정의 물결을 피하지 않고 다루는 법을 배웠습니다. 그 결과, 학교 성적이 오르고, 수업 참여도 활발해졌습니다.

한편 그녀의 어머니 역시 딸에 대한 불안과 지나친 의존적 관계에서 서서히 벗어나 마침내 건강한 거리감을 되찾을 수 있었습니다.

나는 T.J.에게 직관과 공감 능력을 없애지 않고, 그 힘에 끌려다니지 않으며 조화롭게 활용하는 방법을 가르쳤습니다.

그로부터 거의 10년이 지난 지금, T.J.는 스물다섯 살의 행복한 아내이자 한 살배기 아이의 엄마가 되어 있습니다. 그 시절의 일을 기억하지만, 더 이상 거기에 머물러 있지 않습니다.

그녀는 이제 한때는 상상도 못 했던 평범하고 평화로운 삶을 스스로 만들어 가고 있습니다.

손상된 몸에 깃든 천재성

남부 지역의 장애 아동 재활센터에서 강연과 시연을 진행하던 때였습니다. 그곳에는 약 여든 명의 치료사들이 모여 있었고, 센터 측에서는 나의 발표를 위해 미리 몇 명의 자원 아동들을 대기시켜 두었습니다. 나는 그들과 사전에 만난 적도, 뇌파를 측정해 본 적도 없었습니다.

강연은 평소처럼 진행되었습니다. 나는 먼저 뇌파의 기본 원리를 설명하고, 칠판에 다양한 뇌파 패턴을 그리며 여러 아이들의 실제 뇌파 사례를 보여 주었습니다.

그날 마지막으로 측정하게 된 아이는 조금 나이가 많았습니다.

열일곱 살의 소년, 그는 뇌성마비로 인해 몸이 심하게 뻣뻣하고 뒤틀려 있었습니다. 말을 명확히 할 수 없었고, 움직임도 매우 제한적이었습니다.

하지만 놀랍게도 그는 나의 강의를 처음부터 끝까지 눈을 반짝이며 집중해서 듣고 있었습니다. 몸은 자유롭지 못했지만, 그의 눈빛에는 분명히 이해하고자 하는 의식과 생생한 지적 에너지가 살아 있었습니다.

그 소년에게 마인드 미러Mind Mirror를 연결하자, 화면에는 놀랍게도 완벽한 '깨어 있는 마음Awakened Mind' 뇌파 패턴이 나타났습니다.

순간, 방 안은 숨을 죽인 듯 조용해졌고, 치료사들 사이에서 놀라움과 감탄의 탄성이 터져 나왔습니다.

나는 미소를 지으며 소년에게 말했습니다.

"이 뇌파 패턴은 많은 사람이 평생 원하지만 쉽게 도달하지 못하는 상태예요. 지금 당신은 바로 그 상태에 있어요."

그러자 소년은 온몸을 흔들며 고개를 세차게 끄덕였고, 입 모양과 눈빛으로 강하게 말했습니다.

"알아요, 알아요!"

그의 얼굴에는 말로 표현할 수 없는 벅찬 해방감과 기쁨이 떠올랐습니다. 그 순간, 그 자리에 있던 사람 중 눈시울이 붉어지지 않은 이는 없었습니다.

그 후에야 나는 그의 어머니로부터 놀라운 사실을 들었습니다. 그 아이는 특정 분야에서는 천재적인 두뇌를 가지고 있었다는 것입니다.

고장 난 텔레비전을 혼자 두면 곧잘 고쳐냈고, 전기 배선과 회로 구조를 이해하는 수준은 전문 기술자 이상, 거의 타고난 공학적 직관에 가까웠다고 했습니다.

하지만 그의 신체적 장애 때문에 그런 재능은 세상으로부터 완전히 간과되어 있었습니다.

어머니는 "그 아이가 세상의 틈새에서 미끄러져 사라진 것 같았다"고 말했습니다.

그날, 마인드 미러 화면 속에서 드러난 그의 깨어 있는 뇌파 패턴을 본 어머니는 벅찬 감정에 말을 잇지 못했습니다.

"드디어 세상이 우리 아이를 알아봐 준 것 같아요."

그녀는 이제 확신했습니다. 아들이 지니고 있던 그 빛나는 지능과 내면의 명석함이 결코 착각이 아니며, 충분히 인정받고 발전시킬 수 있는 진짜 재능이라는 것을요.

그날은 그 아이와 그의 어머니 모두에게 단순한 측정 이상의 의미, 존재의 증명과 가능성의 회복이 된 날이었습니다.

창조(創造)라는 행위는 참으로 다양한 형태로 드러납니다.

그리고 그때 나타나는 '창조의 뇌파'는 우리가 살아가는 거의 모든 영역에서 작용합니다.

무언가를 새롭게 만들어 내거나, 더 나아지게 하거나, 발전시키거나, 혹은 삶의 도전에 더 현명하게 대응하고 싶을 때, 그때 당신은 바로 그 뇌파들과 함께 일하게 되는 것입니다.

아침 일찍 떠오르는 생각 속에서, 샤워 중 문득 떠오르는 영감 속에서, 혹은 명상 중 깊은 집중의 순간에 당신은 이미 내면의 깊은 영역으로 통하는 통로를 열고 있는 것입니다.

그 '아하!' 하고 깨닫는 찰나들을 알아차리고, 그 감각을 유지하려 노력하세요.

일상 속에서도 마음의 유연성을 실험하고, 업무 중에도 생각의 리듬을 의식적으로 다뤄 보세요.

그렇게 연습을 거듭하다 보면, 창의성은 어느새 특별한 순간에만 찾아오는 손님이 아니라, 당신의 삶의 자연스러운 일부, 하루를 살아가는 하나의 방식이 되어 있을 것입니다.

7장

관계 속의 뇌파-
공감, 직관, 그리고 연결

우리의 뇌파 패턴은 외부 세계를 인식하고 관계 맺는 방식과 깊이 연결되어 있습니다.

사람은 각자의 뇌파를 통해 세상을 경험하고, 타인과 소통합니다. 따라서 우리가 만들어 내는 뇌파의 형태와 리듬은 그 자체로 대화의 질과 관계의 방향을 결정짓는 중요한 요소가 됩니다.

다른 사람과의 관계 속에서 우리의 뇌파가 어떻게 반응하는지를 이해하기 위해, 먼저 델타파에 대해 이야기해 보려 합니다.

델타파는 무의식Unconscious mind을 상징하는 뇌파입니다. 깊은 잠, 꿈이 없는 수면, 혹은 완전한 이완 상태에서 나타나며, 우리가 의식적으로 인식하지 못하는 감정과 기억, 그리고 본능적 교감과 연결의 근원을 담고 있습니다.

즉, 우리가 누군가를 만날 때 느끼는 '왠지 모르게 편안하다', '묘하게 불편하다'와 같은 감정의 밑바탕에는 이 델타의 무의식적 교류가 작용하고 있는 것입니다.

일반적으로 델타파는 깊은 잠의 뇌파로 알려져 있지만, 사실 깨어 있는 상태에서도 중요한 역할을 합니다. 이때 델타파는 흔히 '방향 반응Orienting response', 즉 시간과 공간 속에서 자신을 위치시키는 감각으로 작동합니다.

가장 깊은 수준에서 델타파는 우리의 '위험과 안전을 감지하는 등불'과도 같습니다.

델타는 본능적으로 주변을 스캔하고, 우리가 어디에 있는지, 무엇이 다가오고 있는지를 감지하게 해 주는 자동 추적 장치이자 감각 레이더의 역할을 합니다.

이 원초적이고 거의 동물적인 반응은 단지 생존 본능에만 머무르지 않습니다. 충분히 훈련되면, 델타파는 타인의 감정·욕구·태도를 아주 미세하게 감지할 수 있는 능력으로 확장됩니다. 누군가와 말로 설명하기 어려운 '직관적 연결감'이나 '묘한 친밀함'을 느낄 때, 그 순간에도 델타파가 활성화되어 있는 것입니다.

나는 델타파를 우리 마음의 '레이더'라고 부릅니다. 그만큼 델타는 직관Intuition과 공감Empathy의 핵심적인 요소입니다.

타인의 마음을 느끼거나, 도와주고자 하는 사람들이 자주 이 깨어 있는 델타파를 풍부하게 가지고 있습니다.

그래서 심리치료사, 상담가, 치유자와 같은 직업군에는 깨어 있는 델타파가 많은 사람들이 자연스럽게 모여듭니다. 또한 이러한 매우 느리고 낮은 주파수의 뇌파는 초감각적 지각이나 직관적 통찰, 혹은 심령적 경험이라 불리는 현상 속에서도 공통적으로 나타나는 파동이기도 합니다.

델타파의 개인적 체험

우리가 깨어 있는 상태에서 언제 델타파가 강하게 나타나는지 생각해 볼까요?

사실 일상 속에서도 누구나 이런 경험을 해 본 적이 있을 겁니다. 이유는 모르지만, 분명히 '느껴지는' 그 순간들 말이죠.

예를 들어 이런 때입니다.

- 전화벨이 울리기 직전에 '전화가 올 것 같다'고 느낄 때

- 친구 생각이 나서 고개를 들었더니 몇 분 뒤 바로 마주칠 때

- 아무 이유 없이 심장이 철렁했는데, 나중에 보니 그 순간 아이가 다쳤을 때

- 누군가가 무엇을 말할지 이미 알고 있을 때

- 그 사람이 아무렇지 않은 척하지만, 속으로는 불안하거나 슬프다는 걸 정확히 느낄 때

이런 순간들 속에서 우리의 뇌는 바로 깨어 있는 델타파를 만들어 내고 있습니다. 이 파동은 말로 설명할 수 없는 직관적 인식과 감정의 교류를 가능하게 합니다.

어떤 사람들은 아예 말 한마디 하지 않고도 서로 대화할 수 있을 만큼 이 델타의 공명 능력이 발달해 있습니다. 한 제자가 유명한 영적 스승과의 경험을 이렇게 적었습니다.

"우리는 한 시간 넘게 마주 앉아 있었어요. 그동안 저는 많은 질문을 했고, 스승님은 모두 대답해 주셨죠. 그런데 끝나고 나서 '감사합니다'라고 말하는 순간, 저는 깨달았어요. 그 한 시간 동안 우리 둘 다 한마디도 입 밖에 낸 적이 없었다는 걸요."

이것이 바로 델타의 언어, 말보다 깊은 수준에서 이루어지는 의식 간의 대화입니다.

난 마멀레이드를 좋아하지 않아요

한때 나는 런던에서 아주 가까운 친구와 함께 살았던 적이 있습니다. 그녀는 지금도 그렇지만, 그 당시에도 우리가 흔히 말하는 '영적인 감수성이 매우 높은 사람', 즉 직관적·초감각적 능력을 가진 사람이었습니다. 우리는 서로의 마음을 말하지 않아도 알아차리는, 일종의 '조용한 대화'를 자주 나누곤 했습니다. 하지만 나는 그중에서도 '마멀레이드 사건'을 결코 잊을 수 없습니다.

그날 나는 짧은 장을 보러 슈퍼마켓에 갔습니다. 간단한 장보기 목록만 들고 있었죠. 그런데 이상하게도, 가던 길을 멈추고 마멀레이드 진열대 앞에서 발이 멈췄습니다.

나는 그리 좋아하지도 않는, 아니 오히려 싫어하는 오렌지 잼을 무의식적으로 손에 들고 있었습니다. 그것도 평소라면 절대 고르지 않을 고급 브랜드 제품이었죠.

집에 돌아와 장을 풀던 중, 그녀가 방으로 들어오더니 환하게 웃으며 말했습니다.

"아, 고마워! 네가 내 신호를 들었구나. 마멀레이드 사 줘서 고마워!"

나는 그 말을 듣고 웃으며 대답했습니다.

"이걸 왜 샀는지 나도 궁금했어."

그 일이 벌써 18년 전의 일이지만, 그녀의 그 '감지 능력'은 이후 더욱 깊어졌습니다.

엘리자베스 세인트존Elizabeth St. John은 지금은 영국에서 가장 뛰어난 치유자 중 한 명으로 알려져 있습니다.

그녀는 다른 사람의 고통, 불안, 트라우마를 자신의 몸으로 직접 느낄 수 있다고 말합니다. 그리고 그 감각을 통해 환자의 문제의 본질과 원인에 대한 통찰을 얻고, 정확한 에너지적 진단을 내리며, 그들이 스스로의 에너지와 의식의 변화를 시작하도록 돕습니다.

그 치유의 과정은 단순히 마음의 위로를 넘어, 에너지 차원에서 물리적 회복으로 이어지는 진정한 의미의 내적 치유였습니다.

델타파를 기르는 방법

나는 오랜 시간의 연구와 경험을 통해, 델타파를 의식적으로 조절하거나 만들어 내려는 시도는 오히려 역효과를 낸다는 사실을 깨달았습니다. 델타파를 잘 내지 못하는 사람들에게 직접 피드백을 주면, 신기하게도 그 순간 델타파가 거의 사라집니다. 원래는 자연스럽게 강하게 나타나던 경우조차, '지금 델타파가 나오고 있다'는 사실을 의식하는 순간, 그 파동은 금세 잦아듭니다.

이것은 델타파가 '노력해서 만들어 내는 것'이 아니라, 존재 그 자체의 상태에서 흘러나오는 것임을 보여 줍니다. 다시 말해 델타를 개발한다는 것은 '무언가를 하는 법'을 배우는 것이 아니라, 그저 그렇게 존재하는 법을 배우는 일입니다.

이제 소개할 명상은 바로 그 존재의 감각을 키워 주는 연습입니다. 이는 자신의 내면 레이더와 직관적 인식력을 확장시키는 방법으로, 18년 전 맥스 케이드Max Cade와 함께 처음 시도했던 경험에서 비롯된 명상법입니다.

버블 명상

이 명상은 혼자서도 할 수 있지만, 여러 사람이 함께 원형으로 둘러앉아 수행할 때 가장 깊은 효과를 냅니다.

명상을 시작하기 전, 잠시 눈을 뜨고 주변을 살펴보세요.

당신을 둘러싼 사람들의 얼굴과 위치를 조용히 관찰하고, 마치 사진을 찍듯 마음속에 그 모습을 담아 둡니다.

이제 눈을 감고 천천히 호흡을 가다듬습니다.

생각의 파도가 잦아들고, 당신의 의식이 부드럽게 안쪽으로 가라앉는 것을 느껴 보세요.

충분히 고요해졌다면, 이제 상상의 장면 속으로 들어가 봅니다.

당신 자신이 커다란 비눗방울 같은 투명한 버블의 한가운데 앉아 있다고 상상해 보세요.

이 버블은 지금 이 순간, 당신이 인식하고 있는 모든 것을 담고 있습니다. 몸의 감각, 호흡의 리듬, 떠오르는 생각, 그리고 주변의 기운까지.

이 버블이 바로 당신의 '의식Consciousness', 즉 지금—여기에서 깨어 있는 마음의 공간입니다.

이제 그보다 훨씬 더 큰 버블을 떠올려 보세요.

이번에는 넓은 방만 한 크기의 버블입니다.

그 안의 중심에 여전히 당신이 앉아 있습니다.

이 버블은 당신의 전 의식Preconscious을 상징합니다.

지금은 떠올리지 않았지만, 마음먹으면 언제든 즉시 기억해 낼 수 있는 모든 생각과 감정이 이 안에 잠들어 있습니다.

이제 상상의 범위를 더 넓혀 보세요.

이번에는 축구 경기장만큼 거대한 버블 속에 자신이 자리하고 있다고 느껴 보세요.

그 안에는 당신이 살아오며 한순간이라도 인식했던 모든 경험과 기억이 담겨 있습니다.

그 모든 것은 사라진 것이 아니라, 단지 의식의 표면 아래에 조용히 머물러 있을 뿐입니다.

필요하다면 당신은 언제든지 그 깊은 곳에서 완전한 기억의 조각들을 불러올 수 있습니다.

이 세 겹의 버블을 상상하면서,

당신의 의식이 점점 더 넓어지고 깊어지는 느낌을 음미해 보세요.

당신은 더 이상 몸의 경계에 갇힌 존재가 아니라,

의식의 무한한 공간 속에서 자유롭게 떠 있는 빛나는 중심점입니다.

이제 다시 첫 번째 버블, 당신의 개인적인 공간으로 돌아옵니다.

이곳은 당신만의 의식의 영역, 당신이 존재하는 자리입니다.

그 버블이 몸을 감싸고 있음을 느껴 보세요.

머리끝에서 발끝까지, 부드럽게 둘러싸며 보호해 주는 투명한 막.

빛이 비치면 살짝 반짝이는 듯한, 당신만의 에너지의 막입니다.

이제 그 공간을 충분히 느끼며, 잠시 머무르세요.

숨을 들이쉴 때마다, 버블의 안쪽이 더욱 맑아지고 고요해집니다.

이제 아주 천천히, 버블을 조금씩 넓혀 봅니다.

당신의 개인 공간이 살짝 확장되어,

바로 옆에 앉아 있는 한 사람을 품을 만큼 커집니다.

그 사람이 당신의 공간 안으로 들어올 때,

당신은 어떤 느낌이 드나요?

판단하지 말고, 그저 느껴 보세요.

그들의 존재가 당신의 버블 속으로 들어왔을 때,

당신의 내면에서 어떤 미묘한 반응이 일어나는지 관찰해 보세요.

이제 버블을 다시 한번 부드럽게 확장합니다.

이번에는 방 안의 또 다른 사람을 포함시켜 보세요.

그들이 들어올 때, 당신의 의식은 어떻게 달라지나요?

어떤 감각이 스쳐 지나가나요?

계속해서 버블을 조금씩 넓혀 갑니다.

한 사람, 또 한 사람…

당신의 의식의 버블이 방 안의 모든 사람을 감싸 안습니다.

그들의 존재가 하나씩 당신의 공간 속으로 들어올 때,

당신은 무엇을 느끼나요?

몸의 감각이 바뀌나요?

감정의 결이 달라지나요?

그저 있는 그대로 느끼며,

의식이 넓어지는 과정을 지켜보세요.

당신의 버블은 이제 더 이상 '개인적인 공간'이 아니라,

함께 존재하는 의식의 장(場)이 됩니다.

분석하지 마세요.

해석하려 하지 말고, 평가하지도 마세요.

그저 지금 일어나는 경험 그대로를 느껴 보세요.

이제 당신의 버블을 점점 더 크게 확장합니다.

조용히, 그러나 꾸준히 넓혀 가며

마침내 이 방 전체를 감쌉니다.

이제 우리 모두가 하나의 거대한 버블 안에 있습니다.

하나의 집단의식의 버블,

모든 존재가 함께 숨 쉬는 투명한 공간입니다.

그 느낌을 그저 알아차리세요.

단어로 붙잡지 말고,

감각과 에너지의 흐름을 있는 그대로 느껴 봅니다.

이제 천천히, 버블을 다시 줄여 갑니다.

조금씩 작아지면서,

먼저 한 사람이 당신의 버블 밖으로 나갑니다.

그리고 또 한 사람, 또 한 사람…

그들이 하나씩 당신의 공간에서 빠져나갈 때,

당신의 마음은 어떤가요?

그들이 사라질 때,

당신의 버블은 어떤 감각으로 변하나요?

분석하지 마세요.

판단하지 마세요.

그저 느껴 보세요.

당신의 버블이 계속해서 작아지고,

다시 당신 한 사람을 감쌀 만큼의 크기로 돌아올 때까지.

이제 당신은 다시 자신만의 작은 버블,

당신의 의식의 공간 안으로 돌아왔습니다.

머리끝에서 발끝까지 부드럽게 감싸고 있는

당신만의 고요한 막을 느껴 보세요.

그 안의 에너지를, 그 안의 평화를,

당신 자신의 존재를 온전히 체험하세요.

이제 잠시 눈을 감은 채,

방금 경험한 이 모든 과정을 천천히 되새겨 봅니다.

어떤 순간이 가장 편안했나요?

모두를 품은 거대한 버블 속이었나요?

아니면 당신만의 작은 공간이었나요?

혹은 그 중간 어디쯤이었나요?

이 경험이 당신에게 무엇을 말해 주나요?

당신의 경계, 필요, 감정의 리듬에 대해

무엇을 깨달았나요?

이 명상에서 느낀 핵심을 두세 개의 단어 또는 짧은 문장으로 마음속에 새겨 두세요.

그것이 오늘의 당신을 위한 메시지입니다.

이제 천천히 현실로 돌아올 준비를 합니다.

깊고 빠른 숨을 몇 번 들이쉬고 내쉬며

몸의 감각을 되찾습니다.

준비가 되면, 천천히 눈을 뜨세요.

의식이 맑고 깨어난 상태로,

이제 다시 바깥세상으로 돌아옵니다.

버블 명상에 대한 반응들

이 명상에 대한 반응은 사람마다 정말 다양합니다.

어떤 사람은 명상 후에 깊은 황홀감과 평화를 느끼기도 하지만, 또 어떤 사람은 불편함이나 불안감을 경험하기도 합니다. 아래는 실제 참여자들이 들려준 몇 가지 반응의 예입니다.

"버블을 확장해 다른 사람들과 연결되는 느낌이 참 좋았어요. 즐거웠습니다. 하지만 동시에, 다시 나만의 안전하고 사적인 공간으로 돌아왔을 때의 안도감도 좋았어요."

"누군가 내 공간 안으로 들어오는 걸 도저히 견딜 수 없었어요. 답답하고, 침범당하는 기분이 들었습니다."

"내 버블로 돌아왔을 때, 왠지 모를 상실감과 외로움이 밀려왔어요. 혼자 있는 게 편해야 할 것 같은데, 오히려 버려진 느낌이 들었어요."

"처음엔 다른 사람에게 내 공간을 열어야 한다는 게 싫었어요. 마치 내가 드러나고, 상처받기 쉬운 상태가 되는 것 같았죠. 그런데 버블을 다시 줄이라고 하셨을 때는 오히려 줄이고 싶지 않았어요. 혼자만의 버블로 돌아오자 외로움이 느껴졌습니다."

"저는 동시에 세 사람까지만 내 버블 안에 있을 수 있었어요. 저와 두 사람, 총 세 명이요. 누가 들어오느냐는 상관없었지만, 새로운 사람이 들어오면 한 명은 반드시 나가야 했어요. 사실 제 집에서도 비슷합니다. 한 번에 두 사람 이상은 초대하지 않아요."

"너무 좋았어요. 돌아오고 싶지 않았습니다. 그 상태는 제게 아주 익숙하고, 편안한 공간이었어요."

"어떤 사람은 내 버블에 바로 들어왔지만, 어떤 사람은 끝까지 들이고 싶지 않았어요. 그 과정에서 내가 사람들을 평가하고 있다는 걸 알게 되었어요. 그 덕분에 내가 얼마나 무의식적으로 판단적인지, 또 동시에 누구를 내 공간에 들이는지를 구별하는 능력이 있다는 것도 배웠습니다."

이처럼 각자의 반응은 모두 다릅니다. 어느 것이 옳고, 어느 것이 그르다고 할 수 없습니다. 이 명상은 '자신의 경계'를 탐구하고 배우는 경험이기 때문입니다.

'적절한 경계'를 인식하고, '누구와, 어떤 방식으로, 얼마나 깊이 연결될 것인가'를 의식적으로 조절할 수 있는 능력이 바로 이 연습의 핵심입니다. 경계를 아는 것은 닫힘이 아니라 자기 보호와 자각의 기술입니다. 열림과 확장, 그리고 판단 없는 수용을 배워 갈수록 당신의 의식은 더 성숙해지고, 성장의 속도는 빨라집니다. 하지만 동시에, 누구를 자신의 '에너지 공간' 안에 들일 것인지, 얼마나 오래, 어떤 목적을 가지고 함께할 것인지에 대한 분별력 또한 필요합니다. 그리고 그것은 역으로, 언제, 어떤 상황에서, 어떻게 타인의 공간에 들어가는 것이 적절한가를 배우는 과정이기도 합니다.

나는 종종 학생들에게, 이 명상을 그룹 환경이 아닌 일상적인 상황 속에서 혼자 시도해 보라고 권합니다. 즉, 상대방은 당신이 이런 연습을 하고 있다는 사실을 전혀 모르는 상태에서 해 보는 것입니다.

특히 소통이 잘되지 않는 사람과 함께할 때, 이 방법은 놀라운 통찰을 가져다줍니다.

그 대상은 누구든 좋습니다. 배우자, 상사, 동료, 혹은 식당의 웨이터나 가게 계산원일 수도 있습니다.

그 사람을 떠올리고, 조용히 당신의 의식의 버블 속으로 그들을 포함시켜 보세요. 그 순간, 당신의 마음은 미묘하게 부드러워지고, 상대방을 향한 시선이 달라질 것입니다.

이제 주의 깊게 관찰해 보세요.

그들을 당신의 버블 속에 넣은 뒤, 당신과 그 사람의 소통 방식은 어떻게 달라지나요?

말의 온도, 표정, 에너지의 흐름이 어떻게 변하나요?

델타파가 너무 과도할 때의 문제

"나는 언제나 다른 사람의 감정을 느껴요. 그런데 그게 너무 괴로워요!"

은유적으로 말하자면, 델타파는 동시에 라디오의 송신기이자 수신기와 같습니다. 어떤 사람은 '보내는' 능력이 강하고, 어떤 사람은 '받는' 감수성이 더 뛰어나며, 어떤 사람은 그 두 가지를 균형 있게 해냅니다.

당신도 이 송신과 수신을 의식적으로 조절하는 법을 배울 수 있습니다. 때로는 볼륨을 높이고, 때로는 낮추는 것처럼요.

상상해 보세요. 당신 앞에 하나의 조절 다이얼이 놓여 있다고.

그 다이얼을 통해 당신이 무의식적·심리적(또는 영적) 수준에서 보내거나 받아들이는 정보의 양을 부드럽게 조절할 수 있다고 생각해 보세요.

어떤 순간에는 감각을 열어 타인의 마음과 더 깊이 공명할 수 있고, 또 어떤 순간에는 살짝 줄여 자신의 중심으로 돌아올 수도 있습니다.

그리고 중요한 것은 무언가를 '받아들였다'면, 그것으로부터 한 걸음 물러나기를 배우는 것입니다. 그 감정이나 에너지를 '당신의 것'으로 동일시하지 않고, 그저 알아차림의 거리에서 바라보는 연습.

이것이 바로 깨어 있는 델타의 상태, 즉 '감지는 하되, 흡수하지 않는' 진정한 공감의 기술입니다.

감수성이 매우 예민한 사람들에게 흔히 나타나는 현상 중 하나가 바로 델타파의 과잉 활성화입니다. 이런 사람들은 다른 사람의 생각, 감정, 욕구에 지나치게 민감하게 반응하는 경향이 있습니다.

그 이유는 무의식이 외부로부터 들어오는 너무 많은 자극을 포착하고, 그것을 걸러내지 못한 채 그대로 자신의 내면으로 흡수하기 때문입니다.

그렇다면 이렇게 받아들인 자극들을 우리는 어떻게 처리할까요?

대부분의 경우, 무의식은 타인의 감정을 자신의 감정으로 착각합니다. 즉, 무엇이 '내 것'이고, 무엇이 '타인의 것'인지 구분이 모호해지는 것입니다.

또는, 타인의 불편함이나 고통을 너무 잘 느끼기 때문에 그 감정을 '내가 해결해야 한다'는 책임감까지 떠안게 되기도 합니다.

"저 사람이 힘들어 보이니, 내가 어떻게든 도와야 해."

하지만 그 충동의 이면에는 종종 자신이 느끼는 불편함을 줄이려는 무의식적 시도가 숨어 있습니다. 타인의 고통을 덜어 주면, 그 감정이 내 안에서도 사라지기 때문이지요.

때로는 이 패턴이 좀 더 복잡한 심리적 형태로 나타나기도 합니다.

"내가 이렇게 강하게 느낀다는 건, 어쩌면 내가 그 원인을 제공한 건 아닐까?"

이런 생각이 들면서, 자신이 직접 잘못을 한 것도 아닌데 죄책감을 느끼게 되는 것입니다. 그래서 어떻게든 무언가 '조치'를 취해야 마음이 편해집니다.

이 영역은 바로 공존 의존Codependence이 고개를 드는 무대입니다.

기능이 제대로 작동하지 않는 가정에서 자란 아이들, 알코올 의존 부모 밑에서 성장한 성인 자녀들, 어린 시절 학대를 경험한 사람들에게는 한 가지 공통점이 있습니다. 그것은 바로 '지나친 경계심'입니다.

이 불안한 경계심은 어린 시절, 언제 폭발할지 모르는 불안정한 가정환경 속에서 늘 긴장하고, 늘 조심하며 살아야 했던 경험에서 비롯됩니다.

아이였던 당신은 자신을 보호하기 위해 항상 주변의 분위기 변화를 감지해야 했고, 그 결과 항상 깨어 있는 감시 상태를 유지하는 법을 배웠던 것입니다. 이러한 삶의 패턴은 성인이 된 이후에도 그대로 남아, 타인의 감정과 필요에 과도하게 민감하게 반응하도록 만듭니다.

델타파가 과도하게 활성화되어 있을 때, 이런 사람들은 다음과 같은 현상들을 경험할 수 있습니다.

- 타인의 감정과 욕구에 끊임없이 휘둘리는 느낌
- 주변 사람들의 신체적 고통마저 함께 느끼는 공감 통증
- 지속적인 피로감과 압도당하는 느낌
- 세상과의 관계 속에서 과도하게 예민하고 불안정한 감각
- 타인의 상태에 대해 지나친 책임감을 느끼는 경향
- 심지어 인류 전체의 고통에 대해서까지 죄책감과 부담감을 느끼는 경우

해답은 반드시 델타파의 '볼륨'을 줄이는 데 있지 않습니다.

진짜 필요한 것은 건강한 필터링 능력과 적절한 거리 두기Detachment를 익히는 것입니다.

델타파가 과도하게 활성화된 사람들 중에는 외부 자극으로부터 자신을 격리시키려는 경향이 있습니다. 세상의 감정이나 고통에 너무 민감하게 반응하기 때문에, 그런 자극에 노출되면 혼란스럽고 괴로워지기 때문입니다.

하지만 만약 당신이, 그 자극을 받아들이면서도 스스로를 확장할 수 있다면, 그때는 더 이상 세상을 거부하거나 자신을 방어할 필요가 없습니다. 또한, 그 감정들을 내 안으로 끌어안아 '내가 해결해야 할 일'로 삼을 필요도 없습니다.

그 대신 이렇게 해 보세요.

그 자극을 경험하고,

그 존재를 인정하고,

그 의미를 존중하되,

그것이 당신 안에 머물지 않고 그대로 흘러가게 두는 것입니다.

마치 맑은 바람이 당신을 스쳐 지나가듯, 감정과 에너지도 당신을 통해 통과하도록 두세요. 그것이 바로 감지는 하되 흡수하지 않는 의식, 델타가 성숙한 방식으로 작동하는 상태입니다.

물론 이것이 '모든 일에 무관심해지라'는 뜻은 아닙니다.

당신은 여전히 관계 속에서 자신의 몫에 대한 건강하고 적절한 책임을 질 수 있어야 하고, 이 지구의 행복과 생명에 대해 깨어 있는 마음을 유지할 수도 있습니다.

단지 그것을 수행하는 동안 고통을 짊어질 필요는 없다는 것입니다.

당신의 분별력과 깨어 있는 의식이 무엇이 옳은 행동이고, 어떻게 책임 있게 살아야 하는지를 스스로 알려 줄 것입니다.

공존의존

멜로디 비티Melody Beattie는 저서 『Codependent No More(이제 그만 공존의존에서 벗어나라)』에서 공존의존을 이렇게 정의합니다.

"공존의존자는 타인의 행동이 자신의 정서에 영향을 미치도록 내버려 두며, 동시에 그 사람의 행동을 통제하려는 집착을 가진 사람이다."

이 한 문장 안에는 공존의존의 핵심이 모두 담겨 있습니다. 즉, 타인의 감정과 행동에 휘둘리면서도, 그것을 바꾸려 애쓰는 상태입니다. 겉으로는 '도와주려는 마음'처럼 보이지만, 그 이면에는 불안, 두려움, 통제 욕구가 숨어 있습니다.

비티는 공존의존적 성향을 가진 사람들이 흔히 보이는 특징들을 다음과 같이 제시합니다.

- 타인의 욕구와 감정, 필요에 대해 과도한 책임감을 느낀다.
- 다른 사람의 필요를 미리 예측해 채워 주려는 습관이 있다.
- 타인의 문제를 해결해야 한다는 의무감을 느낀다.
- 싫다고 말하고 싶을 때조차 "그래요"라고 말한다.
- 그리고 동시에, 다른 사람도 자신에게 그렇게 해 주기를 기대한다.

거리 두기

멜로디 비티는 '거리 두기Detachment'를 자기 돌봄의 기본 원리 중 하나로 봅니다.

그녀에 따르면, 이상적인 거리 두기란 사랑의 마음으로 사람이나 문제를 놓아주는 것입니다. 그것은 냉정하거나 무관심한 단절이 아니라, 진정한 신뢰 위에 서 있는 해방의 행위입니다.
거리 두기의 바탕에는 이런 믿음이 있습니다.

- 모든 사람은 자신의 삶에 대한 책임이 있다.
- 우리는 타인의 문제를 대신 해결할 수 없다.
- 걱정만으로는 아무것도 바뀌지 않는다.

따라서 우리는 사람들에게 그들이 자기 삶의 책임을 질 수 있는 자유를 허락합니다. 그리고 동시에, 우리 자신에게도 그 동일한 자유를 선물합니다.
우리는 각자 자신의 삶을 최선을 다해 살아가는 일에 집중합니다.
무엇을 바꿀 수 있고, 무엇을 바꿀 수 없는지를 분별하려 애쓰며, 바꿀 수 없는 일에는 더 이상 에너지를 소모하지 않습니다.
그 대신, 지금 우리에게 주어진 것을 최대한 활용하고, 그 안에서 의미와 가능성을 발견하는 법을 배웁니다. 그때 놀라운 일이 일어납니다.
우리가 가진 것을 '충분히' 살리기 시작할 때, 그것은 점점 더 풍요로운 삶으로 확장되어 갑니다.

알코올중독자협회Alcoholics Anonymous, AA에서 사용하는 '평정의 기도The Serenity Prayer'는 '거리 두기'의 본질을 전 세계 수백만 명의 사람들에게 이해시키는 가장 간결한 언어로 표현합니다.

"하나님, 내가 바꿀 수 없는 것을 받아들이는 평정을 주시고, 바꿀 수 있는 것을 변화시킬 용기를 주시며, 그 둘의 차이를 분별할 지혜를 주소서."

이 짧은 기도문에는 비집착의 핵심이 모두 담겨 있습니다. 우리가 모든 것을 통제하려는 집착을 내려놓을 때, 비로소 마음의 평정이 깃듭니다.
특히 델타파가 높게 활성화된 사람들, 즉 타인의 감정과 에너지에 과도하게 공명하는 사람들에게 이 기도는 특별한 의미를 가집니다. 델타가 발달한 사람은 다른 이의 정서적 진동을 너무 세밀히 감지하기 때문에 쉽게 지치거나 혼란스러워질 수 있습니다.
이때 '거리 두기'는 건강한 대안이 됩니다. 그것은 차단이 아니라, 타인의 에너지를 의식적으로 느끼되 흡수하지 않는 기술입니다. 사랑을 유지한 채로 자신을 보호할 수 있는 방법이지요.

인도 요가의 스승 스와미 라마Swami Rama는 '비집착'을 통해 우리는 자기실현의 길을 가로막는 장애물들을 극복할 수 있다"고 말했습니다. 그는 그 장애를 없애는 네 가지 방법을 이렇게 밝힙니다.
첫째, 비집착의 가장 직접적인 길은 우리를 붙잡고 있는 '대상' 자체를 포기하거나 놓아주는 것입니다. 하지만 그는 인정합니다. 이것은 평범한 사람에게는 매우 어려운 일이라고.
사랑, 소유, 성공, 관계, 욕망…그 어떤 것이든 '놓아주는 것'은 두려움을 동반합니다. 그럼에도 불구하고, 놓아줌을 통해 비로소 자유의 문이 열린다고 그는 말합니다.
둘째, 집착의 대상을 '목적'이 아니라 '수단'으로 보는 것. 대상 자체에 매달리는 대신, 그것을 성장을 위한 도구로 바라보는 태도를 기르는 것입니다. 이렇게 관점을 바꾸면, 불리하게 보이던 상황도 배움과 성숙의 기회로 전환됩니다. 즉, 현실을 바꾸지 않아도 그에 대한 태도를 바꾸는 순간, 삶은 전혀 다른 의미로 열리게 됩니다.

셋째, '행동의 열매를 내려놓는 법'을 배우는 것입니다.
스와미 라마는 이를 "자신의 행위의 결실을 타인의 행복을 위해 내어놓는 것"이라 표현합니다. 즉, 보상이나 인정을 기대하지 않고, 그 행위 자체가 선(善)이 되도록 하는 연습입니다.

마지막 단계는 자기 자신을 내려놓는 것, 자기 항복입니다. 자신과 자신이 가진 모든 것을 신(神)에게, 혹은 더 높은 의식의 원천에 맡기는 것입니다. 그렇게 함으로써 우리는 모든 집착으로부터 자유로워진 삶을 살게 됩니다.

대인관계 속의 뇌파

뇌파와 대인관계의 관계는 인간의 소통과 연결의 본질을 더 깊이 이해하게 해 주는 매우 흥미로운 탐구 영역입니다.
이 '공명Entrainment'의 경험은 명상실이나 실험실 안에서만 일어나는 것이 아닙니다.
우리는 일상 속에서도—대화를 나눌 때, 함께 웃을 때, 혹은 갈등할 때—늘 서로의 뇌파와 미묘한 공진(共振)을 주고받고 있습니다.
두 사람 사이에서 일어나는 공명Entrainment이란, 서로의 뇌파가 조화롭게 맞물려 흐르는 상태를 뜻합니다. 이때 두 사람은 마치 하나의 리듬 안에서 움직이는 듯한 깊은 '조율의 순간'을 경험합니다. 서로가 완전히 '통하는 느낌', 말하지 않아도 알아차리는 그 감각이 바로 뇌파 수준의 연결에서 비롯된 것입니다. 반대로, 두 사람이 언성을 높이며 논쟁할 때는 전혀 다른 패턴이 나타납니다.

이때 두 사람의 뇌파는 서로 완전히 엇갈린 파형을 그리며, 각자의 의식은 상대와의 연결 대신 자기 방어와 분리의 방향으로 작동하게 됩니다. 즉, 공명 대신 충돌이 일어나는 순간, 뇌파마저도 서로 다른 주파수로 분리되어 버리는 것입니다.

내가 측정해 온 많은 커플들의 뇌파 패턴을 보면, 서로의 파형이 완전히 같지는 않지만 놀라울 만큼 닮아 있는 경우가 많았습니다. 특히 함께한 시간이 길수록 이런 경향이 두드러집니다.

예를 들어, 두 사람 모두 강한 알파파를 보이는 경우가 흔합니다.

다만 그 진폭은 한쪽이 조금 더 크고, 다른 한쪽은 약간 낮은 수준으로 나타나기도 합니다.

또는, 두 사람 모두 베타파가 우세한 경우도 있습니다. 이때는 두 사람 모두 사고와 활동성이 강한 유형이지요. 관계가 건강하다면, 이런 커플들도 함께 있을 때 높은 진폭의 델타파에 접근하기도 합니다. 서로의 신뢰와 안정감이 깊은 연결로 이어질 때입니다.

하지만 이런 유사성이 언제나 좋은 관계의 필수 조건은 아닙니다.

서로 다른 뇌파 성향을 가진 사람들—예를 들어 한쪽은 베타 중심형(이성적·분석적)이고, 다른 한쪽은 알파 중심형(직관적·감성적)인 커플도 놀랍도록 잘 어울리며 서로를 보완합니다.

즉, 공명Entrainment이 부족하다고 해서 그 관계가 부조화나 불일치를 의미하는 것은 아닙니다.

'잭 스프랫Jack Sprat'과 그의 아내가 완벽한 팀워크를 보여 주었듯, 서로 다른 뇌파 리듬을 가진 두 사람이 오히려 균형 잡힌 조화를 만들어 낼 수도 있습니다.

그러나 모든 '다름'이 조화를 이루는 것은 아닙니다. 때로는 극단적으로 다른 뇌파 패턴이 서로 이해되지 않는 의식의 간극으로 나타나기도 합니다. 끊임없이 언성을 높이며 다투는 커플들을 보면, 그 갈등의 일부는 단순한 성격 차이가 아니라 의식 상태의 본질적인 차이에서 비롯된 경우가 많습니다. 한 사람은 베타의 긴장된 사고 속에 있고, 다른 한 사람은 알파의 느긋한 흐름 속에 있을 때, 서로는 상대의 속도를 이해하지 못한 채 엇갈리게 됩니다.

나는 실제로 커플 상담에서 EEG(뇌파 측정기)를 활용해 왔습니다.
상담 중 두 사람의 뇌파를 동시에 모니터링하면, 대화의 흐름에 따라 각자의 뇌파가 어떻게 변하는지 눈으로 확인할 수 있습니다.
이런 바이오피드백은 각자가 서로의 상태를 객관적으로 이해하게 해 주는 매우 유용한 도구가 됩니다. 말로 설명하기 어려운 오해나 감정의 벽이 뇌파의 그래프 위에서는 명확히 드러납니다. 그 순간, 두 사람은 '서로 다른 주파수에서 이야기하고 있었다'는 사실을 깨닫게 되지요.

그림 1은 한 커플이 격렬한 언쟁 중에 보이는 뇌파 패턴을 보여 줍니다. 사람마다 다투는 방식은 다양하지만, 이 사례를 선택한 이유는 두 사람의 뇌파 상호작용이 매우 극적으로 드러나기 때문입니다.
평소 안정된 상태에서 이들의 뇌파를 보면, 서로 다르긴 해도 특별히 비정상적인 차이는 없습니다. 그러나 논쟁이 시작되면 상황이 완전히 달라집니다.

그가 베타파를 강하게 분출하며 말을 쏟아내면, 그녀는 반대로 자신의 베타파를 축소시키고 알파파를 강하게 내보냅니다.

그는 외칩니다. "나는 이렇게 생각해!"
그녀는 울먹이며 대답합니다. "나는 그렇게 느껴!"

이 장면을 마인드 미러Mind Mirror 화면으로 보면 정말 놀랍습니다.
두 사람의 뇌파가 실제로 서로에게 '공격하고 반응하는' 모습이 시각적으로 펼쳐집니다. 마치 파형이 서로를 향해 부딪히며 싸우는 듯한 모습이지요.
이런 상황에서 나는 종종 두 사람에게 피드백을 제공합니다.
그들의 뇌파가 지금 어떤 상태에 있는지를 직접 보여 주고, 그 에너지를 조절하는 '내면의 자가 통제Self-Mastery'를 연습하게 합니다.
이런 훈련은 단지 싸움을 줄이는 것에 그치지 않습니다. 그들은 자신이 언제 생각Thinking의 베타에 치우치는지, 언제 감정Feeling의 알파로 후퇴하는지를 인식하면서, 서로의 다름을 이해하고 균형을 찾아가는 법을 배웁니다.

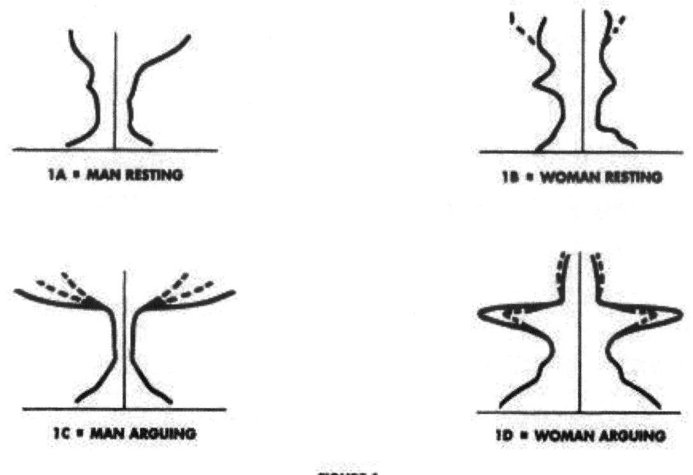

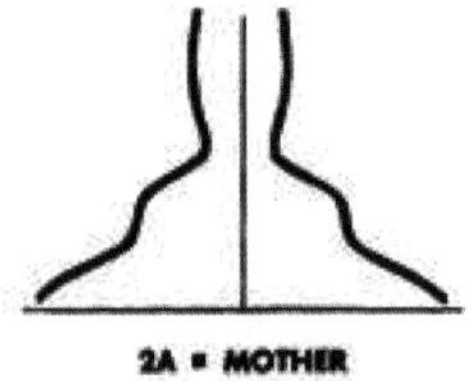

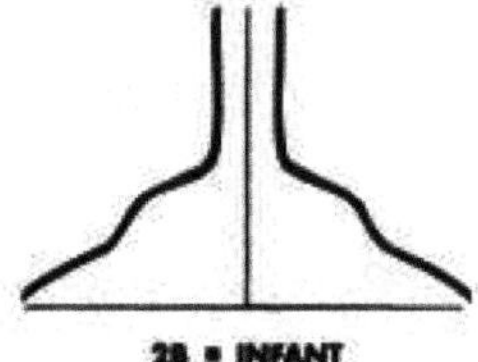

FIGURE 2 = NURSING

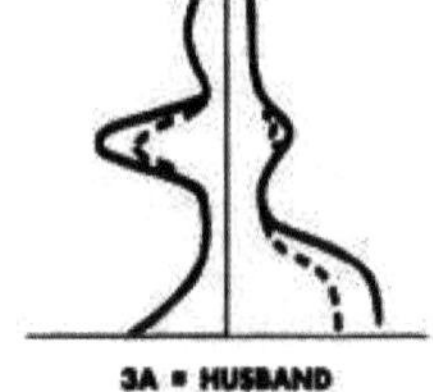

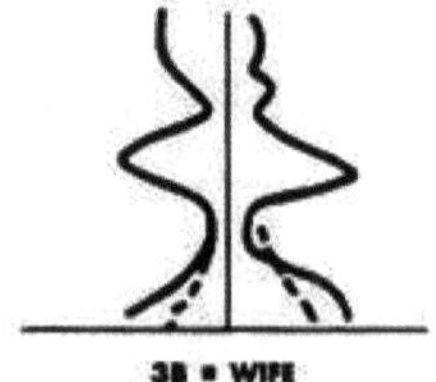

FIGURE 3 = LONG-TERM MARITAL PARTNERS, BOTH IN MEDITATION

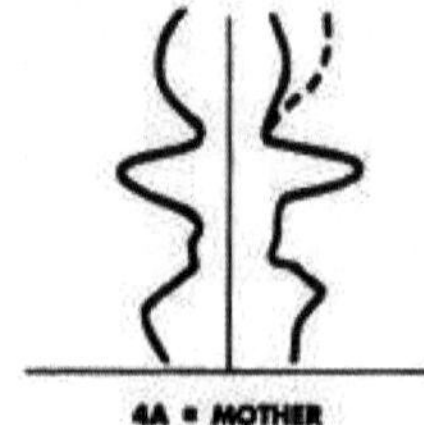

FIGURE 4 = MOTHER AND ADULT DAUGHTER IN MEDITATION TOGETHER

그림 2는 산모와 생후 2주 된 아기의 뇌파를 보여 줍니다.

어머니는 눈을 뜬 채 깨어 있고 완전히 의식이 명료한 상태였지만, 그녀의 뇌파는 놀랍게도 거의 전적으로 세타와 델타로 이루어져 있었습니다. 즉, 깊은 명상이나 꿈 의식과 비슷한 패턴이지요.

그녀의 뇌파는 품 안의 아기와 거의 거울처럼 일치하고 있었습니다.

그녀는 그 순간의 체험을 이렇게 표현했습니다.

"깊은 만족감, 고요함, 그리고 설명할 수 없는 사랑과 연결감이 느껴졌어요."

이것은 모성과 아기 사이의 완전한 공명, 의식이 서로를 감싸 안는 '하나의 리듬'의 장면이었습니다.

그림 3은 결혼한 지 40년이 넘은 부부의 뇌파를 보여 줍니다.
이들은 서로의 첫사랑이자 평생의 배우자로, 세 나라를 옮겨 다니며 두 아이를 키워낸 오랜 동반자입니다. 이들의 뇌파는 완전히 같은 것은 아니었지만, 매우 흡사한 패턴을 보여 주었습니다.
두 사람 모두 안정적이고 강한 알파파, 그리고 우뇌에서의 고진폭 델타파가 공통적으로 나타났습니다.
그들은 결혼 생활 상담을 위해 나를 찾아왔지만, 관계를 '함께' 고치기보다 각자가 자기 내면의 과제에 집중할 때 변화가 일어났습니다. 각자 자신을 정리해 나가자, 그들의 관계는 오히려 더 깊고 자유롭게 피어났습니다.

그림 4는 어머니와 성인 딸이 함께 명상 중일 때의 뇌파입니다.
두 사람은 일부러 파형을 맞추려 하지 않았지만, 놀랍게도 두 뇌파는 서로 닮은 리듬과 형태를 보여 주었습니다.

이것은 의도적인 동조가 아니라, 공유된 평온함과 사랑의 진동이 자연스럽게 만들어 낸 조화였습니다.

공명은 의식적으로 선택할 수 있을까?

지금까지 우리는 부부, 연인, 가족 간의 공명Entrainment을 살펴보았습니다. 이런 관계 속의 뇌파 동조는 대부분 의식적인 노력 없이 자연스럽게 일어납니다.

그러나 만약 당신이 의도적으로 공명을 실험해 보고 싶다면, 특히 친구나 소통이 어려운 사람과의 관계를 개선하고 싶을 때, 다음과 같은 방법을 시도해 볼 수 있습니다.

바이오피드백 장비가 없어도 괜찮습니다. 함께 명상하는 것이 가장 좋은 시작입니다.

- 함께 수행할 수 있는 명상 주제나 방식을 하나 고르세요. 예를 들어, 호흡 명상이나 마음 챙김, 혹은 짧은 주제 명상도 좋습니다.
- 호흡을 맞추어 보세요. 숨을 들이쉬고 내쉬는 리듬을 천천히 일치시켜 보세요. 서로의 호흡이 조용히 하나의 리듬으로 이어질 때, 두 사람의 뇌파도 서서히 조율되기 시작합니다.
- 명상 후에는 경험을 나누세요. 무엇을 느꼈는지, 어떤 이미지나 감정이 떠올랐는지 솔직히 이야기해 보세요. 이 과정에서 마음의 깊은 층위가 서로 연결됩니다.
- 버블 명상을 함께 해 보세요. 서로의 에너지를 느끼며 의식의 공간을 확장하고, 다시 자신으로 돌아오는 과정을 공유해 보세요.

이런 연습을 통해 두 사람은 점점 더 낮은 주파수대의 평온한 뇌파—세타나 델타—를 함께 경험하게 될 것입니다.

즉, 의식적으로 '함께 고요해지는 법'을 배워 갈수록 자연스럽게 서로의 뇌파가 닮아 가고, 깊은 수준에서 '공통된 의식의 장'을 나누게 됩니다.

반대로, 당신이 누군가와 공명하고 있음을 느끼지만 그것을 원하지 않을 때는 어떻게 해야 할까요?

어떤 사람은 당신과 뇌파 수준에서의 연결을 시도할 수도 있습니다. 하지만 그 연결이 당신에게 불편하거나 부적절하게 느껴진다면, 그것을 그대로 받아들일 필요는 없습니다.

비록 뇌파를 측정하는 장비가 없더라도 우리는 본능적으로 '침입당한 친밀감'을 느낄 수 있습니다. 마치 누군가가 허락 없이 당신의 에너지장 안으로 들어온 것 같은 느낌이지요.

이럴 때 가장 먼저 할 일은 당신의 의식의 버블로 돌아가는 것입니다.

그 버블의 막을 더 단단하게 두르세요. 빛의 껍질이 당신을 감싸며, 다른 어떤 의식도 들어올 수 없도록 '피부를 두껍게' 만드는 이미지를 떠올리세요. 그 안은 당신만의 공간이며, 안전하고 고요한 중심입니다.

또한, 당신의 '상위 자아' 혹은 '더 높은 힘'과의 연결을 의식적으로 강화해 보세요. 그것이 신이든, 우주든, 내면의 지혜든 상관없습니다. 그 연결은 당신에게 내면의 힘과 안정된 중심을 부여해, 원치 않는 접근이나 에너지적 간섭으로부터 당신을 자연스럽게 보호해 줄 것입니다.

마지막으로, 효과적인 방법 중 하나는 자신의 의식 상태를 빠르게 전환하는 것입니다. 예를 들어,

- 의도적으로 고(高) 베타 상태로 진입했다가,
- 그 에너지를 줄이고 강한 알파로 이동해 보세요.
- 다시 베타로 돌아왔다가,
- 잠시 세타나 델타의 고요함을 스쳐 가듯 느껴 보세요.

이렇게 의식의 주파수를 계속 바꾸다 보면, 당신의 에너지 패턴이 고정되지 않기 때문에 타인이 당신의 리듬에 '동조'하기가 어려워집니다.

의식적인 뇌파 조절이 타인과의 소통을 긍정적으로 변화시키는 방법

어떤 순간에는 당신의 뇌파 리듬이 상황과 어긋나 있는 듯한 느낌을 받을 때가 있습니다.

주변은 분주한데 당신은 멍하니 느껴지거나, 반대로 세상이 고요한데 당신의 내면만 소란스러울 때 말입니다. 그럴 때 의식의 상태를 바꾸는 것만으로도 당신의 경험 전체가 달라질 수 있습니다.

의식의 파동을 부드럽게 조율하면, 힘들고 불편했던 순간 속에서도 새로운 의미와 평온함이 드러납니다. 그 변화는 외부의 상황이 아니라, 당신이 어떤 의식으로 그 상황을 바라보느냐에서 시작됩니다.

분노

누군가와 말다툼을 하다 감정이 폭발할 것 같을 때, 잠시 멈추세요.

깊게 호흡하세요. 천천히 숨을 들이쉬고 내쉬며 긴장을 낮춥니다. 호흡이 고요해지면 마음도 가라앉습니다. 혀의 긴장을 풀어 보세요. 혀를 이완하면 베타파가 줄고, 생각이 잦아듭니다. 의식을 안쪽으로 모으세요. 당신의 중심, 조용한 내면의 공간으로 돌아가세요. 안전하다고 느껴진다면, 그 사람을 당신의 의식의 버블 안에 부드럽게 포함시켜 보세요. 그 순간, 방어심이 완화되고 이해가 열립니다. 이제 천천히 다시 말을 시작하세요. 당신의 말은 반응이 아니라 의식적인 선택이 됩니다. 당신이 평온해질 때, 대화도 평온해집니다.

두려움

불안감에 얼어붙거나, 가슴이 두근거리고, 무엇을 말해야 할지 생각나지 않을 때, 멈추세요. 그리고 이완하세요.

잠시 눈을 감으세요. 아주 짧은 순간이라도 괜찮습니다. 그 사이에 알파파가 생성되며 마음이 안정됩니다. 원하는 대화의 모습을 그려 보세요. 지금 이 상황이 어떻게 흘러가길 바라는지 감각적으로, 선명히 떠올려 보세요. 깊고 강한 숨을 몇 번 들이마시고 내쉬세요.
그다음 천천히 눈을 뜨고, 새로운 마음으로 다시 시작하세요.

지루함

열심히 들으려 하지만 눈이 감기고 의식이 멍해질 때가 있습니다.
그때 당신의 뇌는 거의 델타 상태에 머물러 있습니다.

이럴 때는 즉각적으로 자신을 깨워야 합니다.

깊고 빠르게 숨을 쉬세요. 짧은 시간 동안 빠르고 깊게 호흡해 보세요.
이렇게 과호흡을 하면 피부 저항이 낮아지고, 몸이 즉시 각성 상태로 전환됩니다.
대부분의 경우 이것만으로도 충분합니다. 그래도 집중이 안 된다면, 당분간 전혀 다른 생각을 해 보세요. 눈을 뜬 채, 당신에게 흥미롭고 자극적인 이미지를 떠올리세요. 그렇게 잠시 의식을 환기시킨 뒤, 바로 다시 지금 해야 할 일에 주의를 돌리세요.

깨어 있는 집중으로 돌아오세요. 호기심을 가지고, 세부적인 부분에 주의를 기울이며, 적극적인 관심과 생동감으로 다시 '듣기' 시작하세요.

다른 '종' 간의 소통

이제 사람들 사이의 뇌파 상호작용은 어쩌면 너무도 당연한 일처럼 느껴질지도 모릅니다.

하지만 덜 알려졌지만 흥미로운 사실이 있습니다. 인간과 동물 사이에도 뇌파의 '공명'이 존재할 수 있다는 것입니다.

이 분야에서 수행한 연구는 말과 그 조련사 혹은 기수 사이의 뇌파 상호작용을 중심으로 이루어졌습니다. 사실, 이 주제에 발을 들인 것은 완전히 우연이었습니다. 그 계기는 린다 텔링턴-존스와의 만남이었습니다. 그녀는 세계적으로 유명한 동물 전문가로, '텔링턴 터치'와 '티팀TTEAM, Tellington-Jones Equine Awareness Method'을 창시한 인물입니다. 또한 종 간 소통 Interspecies communication 연구에도 깊이 관여하고 있지요.

그녀가 처음 내게 뇌파 프로파일링을 받으러 왔을 때, 나는 그녀가 사람을 다루는 순간의 뇌파를 측정했습니다. 그 상태에서 린다는 세타파가 강하게 두드러지는 '깨어 있는 마음' 패턴을 보였습니다. 즉, 그녀가 다른 존재와 교감할 때, 그녀의 의식은 매우 깊고 직관적인 층위로 확장되고 있었던 것입니다.

나는 그녀의 제자들도 비슷한 뇌파 패턴을 보이는지 궁금했습니다. 그래서 콜로라도의 한 목장에서 열린 그녀의 워크숍 동안 간단한 실험을 진행했습

358

니다.

그 결과는 매우 흥미로웠습니다. 텔링턴 터치TTouch를 일정 기간 꾸준히 배워 온 학생들은 평상시 깨어 있는 상태에서도 세타와 델타파가 강하게 나타나는 경향을 보였습니다.

즉, 명상이나 최면 상태가 아닌 일상적 각성 상태에서도 깊은 내면의 파동을 유지하고 있었던 것입니다.

측정한 11명 중 6명은 좌뇌에서 '거의 깨어 있는 마음' 패턴에 가까운 뇌파를 보였고, 그중 한 사람은 린다 텔링턴-존스만큼이나 완전하고 조화로운 깨어 있는 마음의 패턴을 보여 주었습니다.

'텔링턴 터치Tellington TTouch'는 말, 다른 동물, 혹은 사람의 피부를 시계 방향으로 부드럽게 눌러 원을 그리며 움직이는 특별한 방식의 접촉법입니다. 린다 텔링턴-존스는 이 기술을 단순한 마사지나 훈련 기법으로 보지 않습니다. 그녀는 이렇게 말했습니다.

"나의 작업을 한마디로 정의하기는 어렵지만, 말하자면 텔링턴 터치 Tellington TTouch는 손가락과 손바닥의 섬세한 움직임으로 동물의 몸에서 긴장, 두려움, 통증 또는 불편함이 나타나는 부위를 찾아내는 특별한 접촉 체계입니다. 이러한 부위들은 종종 그 동물이 협력하거나 자신의 능력을 발휘하는 데 장애가 되는 부분입니다."

텔링턴 터치는 특정한 손동작과 원형의 움직임을 통해 그런 긴장을 완화하고, 통증이나 '통증에 대한 두려움' 자체를 부드럽게 풀어 줍니다.

이 방식은 부상이나 질병에서의 회복을 빠르게 돕고, 신체적 치유뿐만 아니라 정서적 안정에도 효과가 있습니다. 그 대상은 동물뿐 아니라 인간도 포함됩니다.

흥미로운 점은 이 단순한 접촉이 태도와 행동의 변화를 유도한다는 것입니다. 동물에게는 사고력과 수행 능력을 높이는 효과가 있고, 인간에게는 집중력과 인지적 명료성을 향상시키는 효과가 있습니다.

다음 단계는 분명했습니다. 직접 말의 뇌파를 측정해 보고, 텔링턴 터치 TTouch가 그 뇌파에 어떤 영향을 미치는지 관찰하는 것이었습니다.

우리가 측정한 결과, 말의 기본적인 안정 상태는 주로 세타와 델타로 구성되어 있었습니다. 이따금 알파파가 순간적으로 번쩍이며 나타나기도 했지요.

그런데 텔링턴 터치를 적용하자 놀라운 변화가 관찰되었습니다. 모든 주요 뇌파 영역—베타, 알파, 세타, 델타—이 동시에 활성화된 것입니다. 특히 알파파가 지속적이고 안정적으로 증가했고, 때때로 베타파도 함께 활성화되었습니다.

그 후 우리는 무선 원격 측정 장비를 사용해, 말이 움직이는 동안의 뇌파를 기록했습니다. 그 결과, 특정한 움직임 패턴에서는 고주파수 대역(베타, 알파 등)이 뚜렷하게 활성화되는 반면, 다른 움직임에서는 그렇지 않다는 사실을 관찰할 수 있었습니다. 즉, 움직임의 질이 뇌파 활성의 형태를 결정하고 있었던 것입니다.

그리고 결정적인 순간이 찾아왔습니다.

나는 린다 텔링턴-존스와 그녀가 다루고 있던 말의 뇌파를 동시에 측정했습니다.

그 결과는 놀라웠습니다. 두 존재의 뇌파가 마치 하나의 리듬처럼 함께 움직이고 있었던 것입니다. 조련사와 말이 서로를 느끼고 반응하면서, 의식의 파동이 조화롭게 동조되고 있었던 것이지요.

그 순간, 나는 깨달았습니다.

그들이 나누는 소통은 단순한 손짓이나 신호가 아니라, 뇌파 수준에서 이루어지는 깊은 교감이라는 것을. 말과 인간의 의식이 서로의 파동 안에서 만나고 있었다는 사실은 정말 경이로웠습니다.

초감각적인 말

가장 인상 깊었던 경험 중 하나는 두 살배기 순종 암컷 말을 다루던 때였습니다. 그 말의 주인은 "얘는 미쳤어요."라고 말하곤 했습니다.

처음 우리가 뇌파를 측정했을 때, 그 말의 패턴은 정말로 산만하고 통제 불가능한 형태를 보였습니다. 강렬한 세타와 델타파가 압도적으로 높았고, 반면 알파와 베타파는 다른 말들에 비해 현저히 부족했습니다.

뇌파는 마치 폭풍처럼 요동쳤고, 파형은 곳곳에서 불규칙한 고진폭 폭발을 일으켰습니다. 그야말로 내면의 혼란이 그대로 시각화된 모습이었습니다.

그때 린다 텔링턴-존스가 조용히 다가가 그 말에게 텔링턴 터치TTouch를 시작했습니다.

그녀는 서두르지 않았습니다. 부드럽게, 원을 그리며, 피부 위의 긴장을 하나씩 풀어 주었습니다. 그녀의 손끝이 닿을 때마다 그 말의 호흡이 서서히 느려지고, 눈빛이 부드러워지기 시작했습니다.

그날, 우리는 실험을 마친 뒤 몇몇 사람들과 함께 그 암말의 사례를 이야기하고 있었습니다.

나는 그 말의 문제점을 설명하며 이렇게 말했습니다.

"이 말은 세타와 델타만 만들고, 알파파는 전혀 만들어 내지 못합니다."

그런데 바로 그 순간 그 말이 강한 알파파를 뚜렷하게 만들어 낸 것입니다. 사람들이 웃음을 터뜨리자, 나는 장난스럽게 덧붙였습니다. "좋아요, 하지만 이 아이는 아직 베타파는 못 만들죠." 그러자 이번엔 그 말이 즉시 베타파를 생성했습니다. 그 순간, 웃음은 멎었습니다.

모두가 놀라 입을 다물지 못했습니다.

시간이 부족해 더 이상의 실험은 할 수 없었지만, 나는 지금도 종종 생각합니다.

"그때 내가 이렇게 말했다면 어땠을까? '좋아요, 하지만 이 아이는 깨어 있는 마음Awakened Mind은 만들지 못하겠죠.'"

연구를 마친 후, 린다 텔링턴-존스는 진심 어린 열망을 드러냈습니다. 그녀는 이렇게 말했습니다.

"이건 시작에 불과하다고 생각해요. 우리가 앞으로 밝혀내게 될 것은, 우리가 이런 방식으로 동물을 만질 때—그것이 말이든, 고양이든, 개이든—단지 그 동물의 건강만이 아니라 우리 자신의 건강에도 영향을 미치고 있다는 사실일 겁니다. 그 순간, 동물은 우리의 스승이 되고, 우리는 말이 필요 없는 종(種) 간의 소통 속에 들어갑니다. 나는 이런 방식으로 서로를 대하는 법을 배워 간다면, 그것이 결국 이 지구의 변화를 이끌 힘이 될 것이라고 믿어요."

치유적 승마

그 후 얼마 지나지 않아, 이번에는 아이들이 말을 타는 치료 승마 센터에서 다시 한번 말의 뇌파를 측정할 기회가 있었습니다. 이전과 마찬가지로 말의 뇌파에서 동일한 전형적인 패턴이 관찰되었죠. 하지만 좀 더 세심하게 관찰해 보니, 그 패턴의 조직화 정도에 차이가 있다는 사실을 알게 되었습니다.

활기차고 건강한 젊은 말의 뇌파는 매우 정돈되고 안정된 뇌파 패턴을 보였고, 나이 많고 기력이 떨어진 말의 뇌파는 산만하고 흐트러진 패턴을 보였습니다.

그 프로그램에 참여한 아이들은 뇌성마비, 자폐 등 다양한 장애를 가진 어린이들이었습니다. 그중 가장 장애가 심한 한 아이는 움직임이 느리고 나이가 많은 말과 짝지어졌습니다.

모두가 '이 말이 가장 안정적이고 안전할 것'이라고 생각했기 때문입니다. 하지만 측정 결과는 예상과 전혀 달랐습니다. 그 아이가 뇌파가 불안정한 늙은 말을 탈 때, 아이의 뇌파 역시 산만하고 흐트러진 형태로 변했습니다. 그런데 뇌파가 가장 정돈된 젊은 말을 탈 때는 아이의 뇌파가 놀라울 만큼 안정되고 조직화된 형태로 바뀌었습니다.

이 실험은 명확한 사실을 보여 주었습니다. 말의 뇌파가 아이의 뇌파에 직접적인 영향을 준다는 것입니다. 즉, 말의 의식 상태가 아이의 의식 상태와 공명하며 변화를 이끌어 낸다는 것이지요.

이후 우리는 아이의 상태에 가장 잘 맞는 말을 뇌파 측정을 통해 선택할 수 있게 되었습니다.

그 결과, 치유 효과는 더욱 커졌습니다.

이 경험은 내게 분명한 깨달음을 주었습니다. 동물은 단지 인간을 '도와주는 존재'가 아니라, 우리의 뇌파와 정서, 나아가 의식에 실질적인 영향을 미치는 생명체라는 것입니다. 분명, 인간과 동물이 서로 어떻게 소통하고 영향을 주고받는지에 대해 우리가 아직 배워야 할 흥미롭고 심오한 세계가 존재합니다.

우리는 본질적으로 사회적 존재입니다. 하루에도 수없이 많은 관계 속을 오가며 살아갑니다. 반려동물과의 교감, 배우자·자녀·동료·친구와의 관계, 마트 점원, 은행 직원과의 짧은 대화, 혹은 군중 속 낯선 이들과의 스침까지. 우리는 언제나 어떤 형태로든 타인과 연결되어 있습니다. 이 수많은 관계를 어떻게 맺고, 어떻게 경험하느냐는 단지 성격이나 상황의 문제가 아닙니다. 그것은 곧 우리의 뇌파 패턴에 의해 결정되고, 또 그 뇌파가 세상에 어떻게 반영되는가를 보여 줍니다.

우리가 타인과 관계 맺는 순간마다 자신의 의식 상태를 의도적으로 인식하고, 그 속에서 직관적 감지력(레이더)을 적절히 활용하며, 의식적인 연결을 연습한다면 관계의 깊이와 조화는 눈에 띄게 향상될 수 있습니다.
타인의 존재가 우리의 뇌파에 어떤 영향을 미치는지, 그리고 우리가 상대의 뇌파에 어떤 파장을 보낼 수 있는지를 이해할 때, 우리는 훨씬 더 깊은 공감력을 얻게 됩니다.
이런 이해는 단지 감정적 교감에 그치지 않습니다. 그것은 곧 소통 능력의 향상, 그리고 관계에서의 만족감과 연결감의 증대로 이어집니다.

8장

완전한 순환-
끝이자 시작

50년 후쯤이면, 이런 책이 그리 특별하게 느껴지지 않을지도 모릅니다. 하지만 지금 이 순간에도 우리는 미래로 손을 뻗어, 우리가 어디로 향하고 있는지를 미리 바라볼 필요가 있습니다. 의식이 진화하는 이 길은 흥미롭고, 깊이 충만하며, 무엇보다 인간으로서의 삶의 여정 자체를 확장시키는 길입니다. 올바른 태도로 접근한다면, 그 과정은 충분히 즐겁고, 안전하며, 현실적이고, 실질적으로 유용한 탐험이 될 수 있습니다.

'깨어 있는 마음Awakened Mind'을 열고 더 높은 의식 상태를 경험하는 일은 분명 인류의 진화적 다음 단계라 할 수 있습니다. 하지만 진화는 결코 부드럽고 단선적인 과정이 아닙니다. 그 길에는 오르막과 내리막, 폭발적인 도약과 정지의 시기, 그리고 예상한 일과 예상치 못한 일이 함께 존재합니다.

그 여정의 한가운데에는 '당신 자신'이 있습니다. 당신의 경험, 욕구, 태도, 그리고 삶을 대하는 방식이 결국 지금의 당신을 만들어 냅니다. 자신의 내면 상태를 의식적으로 다스릴 수 있을 때, 당신은 인생의 흐름 속에서 훨씬 더 강력한 '창조자'로 서게 됩니다. 의식을 진화시킨다는 것은, 결국 고통을 기쁨으로 변형시키는 개인적 여정입니다. 그 여정은 당신을 더 밝은 존재로, 더 의식적인 인간으로 이끌어 줄 것입니다.

당신만의 여정

개인적 성장의 길 위에서 첫발을 내딛는 순간, 그 길은 비로소 당신만의 여정이 됩니다.

잠시 동안은 다른 이들과 나란히 걷는 듯 느껴질 수도 있지만, 결국 그 누구도 당신과 똑같은 길을 걷지는 않습니다. 이 여정은 때로 설레고 벅찬 모험처럼 느껴집니다.

마치 작은 뗏목을 타고 끝이 보이지 않는 급류 위를 항해하는 듯한 기분이지요. 하지만 또 어떤 순간에는 '왜 나는 더 이상 나아가지 못하는 걸까?' 하고 속도가 멈춘 듯한 정체감을 느낄 수도 있습니다. 심지어 발이 묶인 듯, 제자리에서 떠밀리듯 흐르는 느낌이 들 때도 있을 것입니다.

변화

자신을 다스리는 법을 배우고, 오랫동안 잠들어 있던 내면의 부분들이 조금씩 깨어나기 시작하면, 자연스럽게 자기 인식과 이해의 방식에도 변화가 찾아옵니다. 그동안 당연하게 여겼던 욕구와 바람, 삶을 대하는 태도와 관심사, 하루를 살아내는 에너지와 건강 상태, 주변 세계와의 관계 맺음, 사람들과의 소통 방식과 관계의 질, 그리고 인생을 향한 긴 호흡의 목표와 꿈까지—이 모든 것이 예기치 않게, 그러나 흥미롭게 새로운 모습으로 바뀌어 갑니다.

하지만 그 과정이 언제나 편안한 것만은 아닙니다. 어느 순간에는 '뭔가 잘못된 게 아닐까?' 하는 불안이 밀려올 수도 있지요. '예전의 나로 돌아가야 하는 걸까?' 혹은 '다른 사람들처럼 살아야 하는 걸까?' 이런 생각들이 마음속에서 고개를 들기도 합니다. 더 높은 의식의 언어를 배우기 시작하면,

당신이 경험하는 그 세계를 정말로 이해하고 함께 이야기할 수 있는 사람이 점점 줄어드는 것처럼 느껴질 수도 있습니다.

이러한 변화들이 당신 안에서 일어나기 시작하면, 당신이 겪고 있는 내면의 변형은 반드시 바깥세상과의 관계에도 영향을 미치게 됩니다. 주변 사람들과의 관계, 일상 속의 반응, 그리고 당신이 세상을 느끼는 방식까지 모든 것이 조금씩 달라집니다.

때로는 그런 변화가 두렵기도 하지요. 그래서 "나는 변하지 않았어." 하고 부정하거나, 혹은 가까운 사람들에게 티 나지 않게 숨기려는 마음이 들 수도 있습니다. '혹시 오해받을까 봐', '이해받지 못할까 봐' 걱정되기 때문입니다.

하지만 만약 그런 마음이 들기 시작했다면, 그건 오히려 당신이 성장의 문턱에 서 있다는 신호입니다.

이럴 때일수록, 당신과 같은 길 위에 있는 사람들을 찾아야 합니다. 개인적이든 영적인 차원이든, 자신의 진화를 경험하고 있는 이들과의 만남이 당신에게 든든한 동반자와 지도가 되어 줄 것입니다.

그리고 아마도 바로 이 시기에, 당신의 여정에 영적 스승이라 부를 만한 존재가 조용히 모습을 드러낼 수도 있습니다.

내가 성장하는 동안, 함께하는 사람은 멈춰 있다면?

이런 상황은 누구나 한 번쯤 겪는 고민이지만, 정답은 없습니다. 사람마다 처한 상황과 관계의 맥락이 모두 다르기 때문입니다. 그럼에도 불구하고, 우리가 공통적으로 마주하는 경험이 있습니다. 가장 중요한 것은 변화를 숨기지 않는 것입니다. 가까운 사람들에게 '예전처럼 보여야 한다'거나 '이해 못 할 거야'라는 이유로 당신의 변화를 감추려 하지 마세요.

대신, 당신이 진심으로 성장하고 있음을 솔직히 나누어 보세요.

그들은 당신을 사랑하기 때문에, 혹은 스스로도 성장의 부름을 느끼고 있기 때문에, 당신의 변화에 관심과 응원을 보일 가능성이 높습니다. 그들의 마음속에는 당신이 더 좋은 방향으로 나아가길 바라는 진심이 있기 때문입니다.

하지만 당신의 변화 과정을 타인에게 강요해서는 안 됩니다. 아무리 당신을 사랑하는 사람이라도 당신이 겪고 있는 일을 듣고 싶어 하지 않거나, 혹은 그것을 받아들일 준비가 되어 있지 않을 수도 있습니다. 그들의 마음속에서 당신의 변화가 어떤 불편한 감정을 자극할 수도 있기 때문입니다. 그렇다고 해서 당신이 잘못된 것은 아닙니다. 그건 전적으로 그들 자신의 과제이며, 당신이 대신 해결해 줄 수 없는 부분입니다.

당신이 할 수 있는 일은 한 걸음 물러서서 그들이 자신만의 속도와 방식으로 변화할 수 있도록 공간을 내어 주는 것. 그들이 '당신의 방식'이나 '당신의 시간표'에 맞춰 변하기를 기대하지 않는 것입니다.

이때 중요한 태도는 비판하지 않는 수용과 조용한 거리 두기, 즉 판단 없는 허용과 온전한 내면의 여유입니다. 당신이 점점 더 긍정적이고, 창의적이며, 생동감 넘치는 의식의 상태를 경험하기 시작하면, 그 이야기를 잘못된 사람에게, 혹은 잘못된 방식으로 나누었을 때 질투나 오해에 부딪힐 수도 있습니다.

하지만 두려워하거나 숨길 필요는 없습니다. 당신의 변화는 부끄러워할 일이 아니며, 모든 사람이 그것을 이해하거나 받아들일 수 있는 것은 아니기 때문입니다. 개인의 성장과 진화는 때로 관계의 변화를 가져오기도 합니다. 함께 가던 길이 갈라지는 일은 결코 드문 일이 아닙니다. 그러나 관계가 건강하고 서로에게 진심이 있다면, 당신의 변화가 관계를 위협할 이유는 없습니다.

각자가 자신의 자율성과 존중, 그리고 자기 존중의 감각을 잃지 않는다면, 오히려 두 사람 모두에게 더 깊고 성숙한 연결이 가능해집니다. 필요하다면 상담이나 대화를 통해 서로의 생각과 기대를 나누는 것도 좋습니다. 그리고 무엇보다 중요한 것은 충분한 시간과 여유를 갖고 서로의 마음이 계속 이어질 수 있도록 하는 것. 그 꾸준한 소통이 변화 속에서도 관계를 단단히 지탱해 줄 것입니다.

모든 관계는 조금씩 다릅니다. 하지만 나는 의식의 성장과 영적 자각을 함께 추구하면서 오히려 더 가까워진 부부들을 많이 보았습니다. 한 부부는 이렇게 이야기했습니다. 25년 동안 서로의 습관과 성격, 감정의 욕구가 달라지면서 관계의 끈이 점점 느슨해졌다고 합니다.

그러나 두 사람이 함께 기도하고, 마음을 하나님께 집중하기 시작하자, 그 모든 갈등이 서서히 녹아내렸습니다. 그들은 다시 강하고 깊은 연결감을 느낄 수 있었다고 말했습니다.

어느 한쪽이 상대의 행동 때문에 거리감이나 불편함을 느낄 때면, 그는 다투거나 설득하려 하지 않았습니다. 대신 조용히 그녀를 위해 기도하며, 따뜻한 빛으로 그녀를 감싸는 마음을 보냈습니다.

하지만 반대로, 둘 중 한 사람이 상대의 행동이나 감정, 욕구를 통제하려 들면 관계는 금세 약해졌습니다. 그들은 그 경험을 통해 깨달았지요. 진정한 연결은 통제가 아니라, 사랑과 신뢰 속에서 자란다는 것을.

또 다른 부부는 5년째 관계를 이어 오고 있지만, 서로의 영적 생활 방식이 매우 다릅니다. 그녀는 새벽 4시나 5시쯤 일어나 두세 시간 동안 명상을 하고, 그 후 다시 한두 시간 운동을 합니다.

이런 일과는 두 사람이 만나기 훨씬 전부터 그녀의 삶에 오랫동안 자리 잡은 루틴이었습니다. 그녀는 해마다 여러 번 명상 수련회나 리트릿에 참여하고, 늘 의식의 성장과 영성에 관한 책을 읽습니다. 반면, 그의 세계는 전혀 달랐습니다. 그는 기업 환경에서 일해 온 사람이었고, 그녀를 만나기 전에는 명상과는 거리가 먼 삶을 살고 있었습니다. 그러나 곧 깨닫게 되었지요. 건강한 관계를 유지하고 싶다면, 그녀의 습관을 바꾸려는 생각부터 내려놓아야 한다는 것. 그가 그녀의 방식을 존중하고 받아들일수록, 그들의 관계는 오히려 더 깊고 평화롭게 피어났습니다.

반대로, 그녀 역시 깨달았습니다. 건강한 관계를 유지하려면, 자신의 시간과 에너지를 관계 그 자체에 투자해야 한다는 것을요. 그녀는 오랜 세월 익숙했던 혼자만의 생활과 깊은 명상의 세계에만 머물지 않고, 의식적으로 마음을 열어 함께하는 시간을 소중히 여기기 시작했습니다. 그것이야말로 두 사람 사이에 견고하고 따뜻한 연결을 만드는 길이라는 것을 알게 된 것입니다.

그들은 서로를 향한 이해와 대화의 마음으로 각자의 방식에서 조금씩 변화를 시도했습니다.

물론 그들의 관계가 언제나 순탄했던 것은 아닙니다. 하지만 두 사람은 서로 다른 영적 본성을 조화롭게 이어 가기 위한 도전을, 연민, 개인의 성장에 대한 존중, 그리고 관계를 향한 헌신이라는 세 가지 도구로 풀어냈습니다. 그 결과, 그들의 사랑은 단순한 '지속'이 아니라 서로의 다름을 품은 채 깊이 뿌리내린 관계로 자리 잡았습니다.

물론, 모든 관계가 이런 식으로 조화를 이루는 것은 아닙니다. 서로 다른 이유들로 멀어지는 부부나 연인들도 많습니다. 그 원인이 꼭 한쪽의 감정적 혹은 영적인 성장 때문만은 아닙니다. 만약 이별이 피할 수 없는 선택이라면, 그 안에서도 각자는 자신의 가장 높은 목적과 모두의 행복을 향한 선한 의도를 잃지 않으려 노력할 수 있습니다.

때로 그런 과정은 복잡하고 아프며, 쉽게 이해되지 않는 감정들로 가득할지도 모릅니다.

하지만 그런 순간일수록 명상은 깊은 위로가 되어 줍니다. 그 조용한 고요 속에서, 우리는 다시 마음을 정돈하고, 사랑의 다른 형태를 이해할 힘을 얻게 됩니다.

변화의 급류 위를 타며

당신의 성장 과정에는 특히 거세게 요동치는 시기가 찾아올 때가 있습니다. 그럴 때마다 꼭 기억하세요. 무엇보다 숨을 쉬는 것을 멈추지 말 것. 감정적으로나 에너지적으로, 혹은 영적인 차원에서 도움을 구하는 일을 두려워하지 마세요.

단, 도움을 청하는 사람은 당신보다 한발 앞서 자신의 길을 걸어가고 있는 사람이어야 합니다. 그런 사람만이 진정으로 당신의 여정을 이해하고 이끌어 줄 수 있기 때문입니다.

누구에게 마음을 열지, 어디에서 진짜 연결감을 느끼는지는 당신의 직관이 가장 잘 압니다.

만약 누군가와의 관계에서 작은 경고음 같은 불편함이 느껴진다면, 그 감각을 무시하지 마세요. 아무리 그 사람이 경험 많고 현명해 보일지라도, 당신의 내면이 보내는 신호가 언제나 가장 정확한 나침반입니다.

나는 나의 스승들을 여러 가지 방식으로 만나게 되었습니다. 그중 두 사람은 다음과 같은 과정을 통해 내게 다가왔습니다.

런던에 머물던 시절, 맥스 케이드Max Cade는 나를 위한 명상을 인도했습니다. 그 명상은 내 영적 여정에서 다음 단계로 나아갈 길을 찾는 것을 목표로 한 것이었습니다.

그가 어떤 말을 했는지는 이제 기억나지 않습니다. 하지만 그때의 감각만은 아주 선명하게 남아 있습니다. 나는 마치 고대 신전 깊숙한 곳의 돌판 위에 누워 있는 듯한 느낌이었고, 주변에는 두건을 쓴 열두 명가량의 인물들이 원을 이루고 서 있었습니다.

그 체험은 시각적인 것보다 몸으로 느끼는 경험에 가까웠습니다. 수십 개의 손에서 흘러나오는 에너지의 흐름이 내 몸 안으로 스며들며, 부드럽게 나를 흔들고, 감싸고, 흔들어 주는 듯했습니다.

그것은 참으로 강렬하고 흥분되는 명상이었습니다. 하지만 당시에는 그 의미를 잘 알 수 없었기에, 나는 그저 그 경험을 기억 속 깊은 서랍에 조용히 넣어 두고 잊어버렸습니다.

그다음 주, 나는 잉글랜드 북부에서 열린 '셀프 힐링' 콘퍼런스의 주요 발표자로 초청을 받았습니다. 그 행사를 마친 다음 주에는 매달 한 번씩 찾아가던 브루스 맥매너웨이의 힐링 클리닉을 방문했습니다.

그는 매달 주말 하루를 정해 6명에서 8명의 힐러가 각기 다른 방에서 치유 세션을 진행하는 대형 주택을 운영했는데, 그곳은 런던의 오래된 고급 주택가인 빅토리아 지역에 자리 잡고 있었습니다. 그는 손에 든 추펜둘럼, pendulum를 이용해 클리닉을 찾은 사람에게 가장 잘 맞는 힐러가 누구인지를 직감적으로 알아내곤 했습니다. 그 결과에 따라 당신이 도착하면 당신에게 가장 어울리는 치유자가 배정되는 방식이었지요.

그날 나는 특별히 해결하고 싶은 문제는 없었습니다. 그저 긍정적인 에너지를 받고 싶다는 마음뿐이었지요. 다만 며칠 전 춤을 추다 다친 허리가 조금 아팠습니다.

브루스는 나를 위층의 한 방으로 안내했습니다. 그곳에는 처음 보는 한 남자가 나를 기다리고 있었습니다. 나는 간단히 인사를 나눈 뒤, 그의 안내에 따라 치유용 테이블 위에 누웠습니다.

눈을 감자, 불과 몇 분도 지나지 않아 나는 다시 맥스와 함께했던 그 명상의 장면으로 돌아가 있었습니다. 그 남자가 내 몸 위에 손을 얹자, 곧 수많은 수도승의 손길이 내 전신을 감싸며 에너지를 흘려보내는 듯한 감각이 밀려왔습니다. 마치 그때의 그들이 다시 내 곁으로 돌아온 것처럼 느껴졌습니다.

치유가 끝난 뒤 나는 조용히 말했습니다.

"이 감각을 전에 느껴 본 적이 있어요. 분명, 내가 여기 와야 했던 이유가 있었던 것 같아요."

그가 미소를 지으며 대답했습니다. "나도 알고 있었어요. 지난주 셀프 힐링 콘퍼런스에서 당신의 강연을 들었거든요. 그때부터 당신이 이곳에 올 거라는 걸 느끼고 있었어요."

그날 이후 나는 1년 동안 매주 한 번씩 그를 만났습니다. 그는 내 안에서 일어나던 쿤달리니의 신체적·에너지적 변화를 차분히 이끌어 준 소중한 안내자가 되었습니다.

그와 함께 지낸 지 몇 달쯤 지났을 때, 그는 내가 뇌파와 명상에 관해 연구하고 있다는 사실을 알고 한 권의 책을 내게 건넸습니다. 그 책은 스와미 사트야난다 사라스와티Swami Satyananda Saraswati의 『Meditations from the Tantras』라는 책이었죠. 그는 "이 가르침이 당신에게 특별한 울림이 있을 것 같다"고 말했습니다.

나는 책을 대충 훑어보고는 '흥미롭다'는 생각만 했을 뿐, 그 후 6개월 동안 읽지 않은 채 가방에 넣고 다녔습니다. 이상하게도, 저자를 한 번도 들어 본 적이 없는데도 그가 강력한 에너지를 지닌 스승임을 느낄 수 있었고, 이 책이 내게 특별한 의미를 가지고 있다는 확신이 들었습니다.

책을 가지고 있을 때면 이상하게 마음이 편안하고 안정되었고, 그것이 손에 없을 때는 무언가 중요한 것을 잃어버린 듯한 허전함이 찾아왔습니다. 마침내 힐러 친구가 책을 돌려달라고 했을 때, 나는 서둘러 책을 훑어보았는데, 놀랍게도 이미 알고 있던 내용처럼 낯설지 않았습니다.

(그 후 나는 그의 책을 여러 권 더 구입했는데, 그로부터 18년이 지난 지금도 여전히 그 책들은 나에게 강한 울림과 힘을 전해 줍니다.)

몇 달 뒤, 나는 인도에서 런던을 방문한 스와미 사트야난다를 직접 만나 그의 지도를 개인적으로 받을 수 있는 기회를 얻었습니다. 그로부터 몇 년 후에는 그의 제자들인 비하르 요가 스쿨의 스와미들이 내가 운영하던 볼더 명상 센터를 찾아와 직접 명상 수련을 가르쳐 주기도 했습니다.

스승은 여러 형태로 다가올 수 있습니다. 다음에 당신의 길을 비춰 줄 사람이 치료사일 수도, 친구나 지인일 수도, 미용사나 전혀 모르는 낯선 사람일 수도 있습니다. 사실 나에게는 아들이 훌륭한 스승이 되어 준 적도 많았습니다.

한 번은 단 한 번, 이름조차 모르는 사람에게서 중요한 가르침을 받은 적이 있습니다. 그때 나는 독일에 있었고, 내가 속한 무용단의 참여형 공연을 준비하고 있었습니다.

대형 홀을 빌려 공연을 앞두고 있었는데, 시작까지 한 시간도 남지 않은 시점에 핵심 전기 장비가 갑자기 멈춰 버린 것이었습니다. 순간 당황한 나는 홀의 관리자에게 달려가 외쳤습니다.

"큰 문제가 생겼어요! 어떻게 해야 할지 모르겠어요!"

그는 내 어깨에 손을 얹고, 차분히 내 눈을 바라보며 무거운 독일식 억양으로 이렇게 말했습니다.

"우리는 여기서 '문제'를 다루지 않습니다. 우리는 단지 '상황'을 다룰 뿐이에요. 자, 그래서 지금 당신의 '상황'은 무엇인가요?"

그의 목소리는 지금도 내 머릿속에 남아 있습니다. 무언가 어려운 일이 생길 때마다 그 말이 늘 떠오르곤 합니다.

스승이 눈앞에 없을 때는 책 속에서도 길을 찾을 수 있습니다.

도서관이나 서점에서 오후 한때를 보내며 책장을 넘기는 시간은 생각보다 훨씬 큰 배움과 위안을 줄 때가 많습니다. 그리고 삶의 급류가 특히 거세게 몰아칠 때, 잊지 말아야 할 진리가 있습니다.

바로 모든 것은 변한다는 것. 그 변화 속에서 모든 것은 결국 앞으로 나아간다는 사실입니다. 그 순간이 왔다면, 이제야말로 당신이 믿는 더 높은 힘, 혹은 당신이 이해하는 방식의 신성(神性)에 의지하고 자신을 맡길 때입니다.

내어맡김

때로는 그저 놓아 버려야 할 때가 있습니다. 모든 것을 통제하려는 시도를 멈추고, 그 흐름을 신성한 힘에 맡겨야 할 때가 있지요. 삶의 급류가 거칠게 휘몰아칠 때, 우리에게 진정한 도움이 되는 유일한 길은 더 높은 힘에 온전히 자신을 내어 맡기는 것, 즉 완전한 '내어맡김Surrender'일지도 모릅니다.

'알코올중독자 모임Alcoholics Anonymous, AA'은 1935년에 설립된 단체로, 알코올 의존이라는 고통에서 벗어나고자 하는 사람들이 서로를 돕기 위해 만들어졌습니다.

이 모임은 단순한 치료 프로그램이 아니라, 영적인 회복을 위한 12단계 여정을 중심으로 운영됩니다.

그 후 이 모임은 음식, 도박, 불안, 관계, 집착 등 삶의 다양한 중독과 어려움을 다루는 수많은 프로그램으로 퍼져 나갔습니다. 지금도 이 과정은 많은 사람에게 '놓아버림'과 '내어맡김'의 의미를 가르쳐 주고 있습니다.

이 12단계 가운데 처음 세 단계는 우리가 이 장에서 이야기하고 있는 영적 성장의 핵심 과정과 아주 깊이 연결되어 있습니다. 그 세 단계는 다음과 같습니다.

① 우리는 알코올(또는 음식, 도박, 불안, 사람, 장소, 사물 등)에 대해 무력하며, 우리의 삶이 더 이상 우리가 통제할 수 없는 상태임을 인정했다.

② 우리보다 더 큰 힘이 우리를 다시 제자리에, 제정신으로 돌아오게 할 수 있다는 것을 믿게 되었다.

③ 우리가 이해하는 방식으로, 우리의 의지와 삶을 신(또는 더 높은 힘)의 손길에 맡기기로 결심했다.

이 세 가지 단순한 문장 안에는 '내어맡김'의 지혜가 응축되어 있습니다. 즉, 자신의 무력함을 인정하고, 더 높은 힘의 존재를 믿으며, 그 힘에 자신을 온전히 맡기는 것. 이 단순한 원칙들은 수많은 사람의 삶을 구했고, 그들에게 균형과 평온의 감각을 되찾아 주었습니다.

그러나 '자기 통제'와 '내어맡김' 사이의 균형은 많은 이들에게 이해하기 어려운 역설처럼 느껴집니다.

"성장하려면 스스로를 통제해야 한다고 배웠는데, 그렇다면 어떻게 '스스로에 대한 무력함'을 인정할 수 있을까?"

"자기결정력과 무력함이 어떻게 동시에 존재할 수 있을까?"

이 질문은 마치 선불교의 화두, "한 손으로 치는 박수 소리는 어떤 소리인가?"라는 물음과도 같습니다.

하지만 역설 속에 진리가 있습니다. 자신의 무력함을 받아들이고 더 높은 힘의 빛과 인도에 자신을 맡길 때, 비로소 우리는 진정한 지혜와 평정심의 선물을 받게 됩니다. 그 선물은 다시 자기 통제력과 내면의 주권으로 이어집니다.

즉, 영성에 자신을 내어 맡길 때 비로소 진정한 힘이 깨어나는 것입니다.

하늘의 도(道)는 애써 이루려 하지 않지만,

결국 모든 일을 성취한다.

말하지 않지만,

언제나 완전한 응답이 돌아온다.

구하지 않지만,

필요한 것은 자연스레 채워진다.

겉으로는 아무 일 없는 듯 고요하지만,

그 속에는 보이지 않는 질서와 계획이 흐르고 있다.

― 노자, 『도덕경』 73장

영적인 삶

개인적인 성장의 길을 걷다 보면, 자연스럽게 영적인 성장도 함께 일어나게 됩니다. 당신이 어떤 종교나 신념, 혹은 교리를 따르고 있든 상관없이, 뇌의 잠재력을 더 깊이 개발해 갈수록 영적 자각의 폭 또한 넓어집니다. 무의식과 잠재의식이 의식의 영역으로 점점 더 열릴수록 당신 안에서는 여러 가지 변화가 일어납니다.

사실 우리가 가장 깊이 있는 영적 연결을 경험하는 순간은 대부분 이 무의식과 잠재의식의 영역을 통해서입니다. 그 과정에서 우리는 한 걸음 더 나아간 믿음을 선택하게 됩니다. 그것은 우리를 초월한 어떤 질서—우주에 깃든 보이지 않는 신성한 조화, 그리고 우리보다 더 큰 힘의 존재를 진심으로 신뢰하게 되는 순간입니다.

이때 우리가 느끼는 '신'은 어릴 적에 배워 온 신의 모습과는 다를 수도 있습니다. 그 신은 벌을 내리는 존재가 아니라, 사랑으로 우리를 감싸는 힘, 치유의 에너지로 다가옵니다. 그리고 그 힘은 전적으로 믿고 의지할 수 있는 존재, 우리가 마음을 온전히 내어 맡겨도 괜찮은 완전한 신뢰의 근원입니다.

이 '더 높은 힘'이 어떤 형태로 다가오느냐는 중요하지 않습니다.
그 힘은 수많은 이름과 모습으로 존재합니다.
신God, 위대한 영Spirit, 부처Buddha, 예수Jesus, 위대한 어머니Great Mother, 브라흐마·비슈누·시바, 무함마드, 자연, 사랑Love, 빛Light, 신성한 본질Divine Essence—이 모든 이름은 결국 하나의 근원적 힘을 가리킵니다.

많은 이들은 신을 자신의 외부가 아닌 내부에서 느낍니다. 그 신은 내면의 빛, 혹은 더 높은 자아로 다가오지요. 또 신은 때로 '구루Guru', 즉 'gu=어둠', 'ru=어둠'을 없애는 자(빛의 전달자)라는 뜻처럼, 진리를 비추는 스승의 형태로 나타나기도 합니다. 그 스승은 우리가 더 높은 본질과 연결될 수 있도록 돕는 매개체가 됩니다. 인도 성자 스리 라마크리슈나Sri Ramakrishna는 이렇게 말했습니다.

"사실 절대적 신과 창조의 신은 서로 다른 존재가 아니라, 본래 하나이다. 존재·지성·환희의 절대적 본질은 모든 것을 알고, 모든 것을 품고, 모든 것을 기뻐하는 우주의 어머니 그 자체이다."

다음은 기독교 전통의 명상문으로, 앤서니 드 멜로Anthony de Mello가 각색한 것입니다.

이 명상은 '신의 무한한 가능성에 마음을 여는 연습'을 돕기 위해 만들어졌으며, 힌두교의 '천 개의 신의 이름을 외는 수행'에서 영감을 받았습니다.

"이제 당신만의 방식으로 예수를 수없이 다양하게 불러 보세요. 시편의 저자처럼 말이죠. 그는 '주님', '구원자', '왕' 같은 익숙한 호칭만으로는 하나님을 충분히 표현할 수 없었습니다. 사랑이 넘치는 마음에서 솟아오르는 창조성으로, 하나님을 부르는 새로운 이름들을 끊임없이 만들어냈지요. 마치 이렇게 고백하듯 말입니다. '당신은 나의 든든한 바위, 나를 지키는 방패, 어떤 어려움도 막아 주는 성벽, 나의 기쁨, 그리고 내 노래….'"

결국 신의 모든 형태와 이름은 모두 하나의 지점, 즉 절대적인 환희와 평화, 온전한 안식의 자리로 향하게 됩니다. 그곳은 말로는 결코 다 표현할 수 없는 차원입니다. 언어는 그저 그 아름다움을 제한할 뿐, 정의할 수는 없습니다.

나는 지금 소개하려는 명상의 출처를 정확히 알지 못합니다. 들리는 바로는, 호주에서 발견된 산스크리트어 문장 하나였다고 합니다. 그것은 '스와미 사트야난다 사라스와티'의 책 속에 붙어 있던 작은 쪽지에 적혀 있었다고 하지요. 하지만 그것을 누가 영어로 번역했는지는 아직까지 알 수 없었습니다.

순수한 영(靈)

나는 본래부터 순수한 영적인 존재이며, 예전에도 그랬고 앞으로도 영원히 그러할 것임을 압니다. 내 안에는 언제나 흔들림 없이 고요하고 안전한 공간이 있어, 모든 것이 이해되고 깨달아지는 곳이 있습니다. 그곳은 바로 우주의 마음, 곧 신성한 존재와 연결된 자리이며, 나는 그 일부입니다. 그리고 내가 마음으로 요청할 때 그 거대한 지혜는 언제나 나에게 응답해 줍니다.

이 거대한 우주의 마음, 곧 의식은 내가 가진 모든 문제의 해답을 이미 알고 있습니다. 그리고 지금 이 순간에도 그 답들은 내게로 빠르게 다가오고 있습니다.

나는 애써 붙잡으려 애쓸 필요도, 걱정하거나 조급해할 필요도 없습니다. 때가 되면, 그 해답들은 자연스럽게 내 앞에 모습을 드러낼 것입니다.

나는 내 문제들을 이 위대한 우주적 의식에 맡깁니다. 그리고 필요한 순간 올바른 답이 돌아올 것이라는 믿음으로, 집착을 내려놓습니다.

삶을 움직이는 강력한 끌림의 법칙에 따라, 내가 성장하고 내 역할을 다하기 위해 필요한 모든 것은 저절로 내게 찾아올 것입니다. 이 모든 과정에서 그것을 위해 애쓸 필요는 없습니다. 그저 믿으면 됩니다. 확고한 믿음이 있을 때, 그 신뢰가 곧 현실이 됩니다.

나는 내 육체가 순수한 영의 표현이며, 영은 본래 완전하다는 것을 알고 있습니다. 그러므로 내 몸 또한 완전합니다. 매일의 삶 속에서 나는 우주와 나라는 존재가 지닌 놀라운 힘을 끊임없이 체험하며 살아갑니다. 나는 확신에 차 있고… 마음은 고요하며… 언제나 내 안에 확고한 안정이 함께합니다.

어떤 장애물이나 불편한 상황이 내 앞을 스쳐 지나갈 수는 있어도, 나는 그
것을 받아들이지 않습니다.
지금 내 안에서 나를 살아 움직이게 하는 이 의식에게는 어떤 어려움도, 부
정적인 상황도 존재할 수 없기 때문입니다.

자기 통달

이 책 전체를 관통하는 핵심 주제는 바로 자기 통달Self-Mastery입니다. 즉,
내면의 상태를 인식하고 조절하는 능력, 그리고 지금 이 순간에 가장 적절
한 의식의 상태를 스스로 선택해 들어가는 힘을 말합니다.

명상과 뇌파 훈련이 우리의 삶과 영성에 미치는 영향은 실로 깊고 강력합
니다. 하지만 그 변화는 단번에 일어나지 않습니다. 그것은 진화의 과정입
니다. '깨어 있는 마음'으로 향하는 길은 여러 갈래로 나뉘어 있고, 각자 다
른 시간 속에서 다양한 모습으로 펼쳐집니다. 그러나 결국 도달하는 곳은
하나입니다. 무의식이 의식으로 깨어나는 것—아마도 이 과정 전체를 가장
간단히 설명한다면 이렇게 말할 수 있을 것입니다.

사상가 크리스토퍼 힐스Christopher Hills는 이렇게 말합니다.

"진화를 이끄는 힘은 어떤 특정한 철학이나 종교 전통, 혹은 과학적 방식
자체에는 관심이 없습니다. 그보다는 더 진실한 자기탐구와 자기 통제의
길에 관심이 있지요. 종교와 과학은 진화의 관점에서 보면 그 도구일 뿐이
며, 그 가치는 결국 그것을 사용하는 사람에게 달려 있습니다."

또한 스와미 라마Swami Rama는 진화란 곧 자기 통제의 길이라고 설명합니다. 요가 철학에서 말하는 진화의 관점에 따르면, 뇌파 상태를 스스로 다스리는 능력을 기르는 행위 자체가 바로 인간이 진화하는 과정이라는 것입니다.

"성장은 언제나 집착으로부터 일정한 거리를 두는 순간에 시작됩니다. 그 거리감이 생길 때, 우리는 이전에는 보지 못했던 자신과 세상의 모습을 새롭게 바라볼 수 있게 되지요. 이것이 바로 의식의 확장입니다.

의식이 확장되면 그 안에서 우리는 자신을 새롭게 정의하게 되고, 그와 함께 새로운 '조절 능력'이 생겨납니다. 과거에는 보지 못해 지배당하던 것이 이제는 자각 속에서 다스릴 수 있는 영역으로 바뀌는 것입니다.

관찰 능력이 깊어질수록 통제의 능력도 커집니다. 그리고 이전에는 의식 밖에서 작동하던 우리 내면의 여러 부분이 점차 의식적 조화와 조율 아래로 들어옵니다. 그 결과, 예전에는 내적 갈등을 일으키던 요소들이 이제는 하나의 조화로운 전체로 통합됩니다. 이 조화와 통합의 힘, 즉 '스스로를 다스릴 수 있는 능력'이 한 단계 더 깊은 의식적 합성으로 이어집니다.

이처럼 관찰의 확장은 통제의 확장으로, 통제의 확장은 통합으로 이어지는 과정—이것이 바로 인간이 진화의 여정에서 한 걸음씩 나아가는 모든 단계의 본질입니다."

미래를 향한 비전

나는 이런 미래를 그려 봅니다. 사람들의 마음이 깨어 있고, 무의식의 차원에서 이루어지는 깊은 교감이 자연스러운 세상. 서로의 생각이 우연처럼 맞아떨어지는 '시너지와 동시성Synchronicity'이 당연하게 여겨지는 세상.

치유자들이 병원에서 의사와 함께 일하고, 학교에서는 뇌파 훈련과 명상이 배움의 기본이 되며, 기업과 정부 기관들이 명상을 통해 집단의식과 통찰을 키워 가는 세상.

그리고 마침내 인간의 의식이 육체와 정신을 넘어, 영혼과 영성의 차원까지 확장된 미래. 나는 바로 그런 깨어난 의식의 시대를 봅니다.

언젠가, 신의 뜻 안에서 우리는 개인으로서뿐만 아니라 가족과 공동체, 인류 전체가 함께 더 높은 의식 상태에서 일어나는 진화적 변화를 존중하고, 지지하며, 기꺼이 받아들이게 될 것입니다. 그때 우리는 우리 뇌에서 일어나는 이러한 변화들을 '이상'이나 '비정상'으로 보지 않을 것입니다. 대신 그것을 의식이 깨어나는 여정으로 이해하고, 연구와 이론적 탐구, 그리고 체험적 학습을 통해 그 과정을 지원하고 확장하는 길을 택할 것입니다.

상담과 심리 치료는 이제 단순히 문제를 해결하는 데 그치지 않고, 의식의 성장과 자각의 발달을 돕는 방향으로 이루어질 것입니다. 의사들은 사람들의 변화 속에서 영적 위기Spiritual crisis 혹은 갑작스러운 의식의 각성의 징후를 정신질환으로 단정 짓지 않을 것입니다. 대신 그들은 그런 변화를 영혼이 깨어나는 자연스러운 과정으로 이해하고, 환자를 억압하거나 부정하기보다 지혜롭게 조언하고 따뜻하게 지지하는 법을 배울 것입니다.

종교 또한 더 이상 자신의 교리나 정체성에만 매달리지 않을 것입니다. 그 대신, 서로의 공통된 영성의 근원을 진심으로 탐구하며 하나의 인간 의식으로 이어지는 길을 함께 찾게 될 것입니다.

잠시 눈을 감고 이런 세상을 그려 보세요. 모든 존재가 더 높은 의식의 상태로 깨어나는 일에 집중하고, 서로의 깨어남을 진심으로 지지하고 돕는 세상.

그런 세상에서 가난은 어떻게 될까요? 굶주림과 거리의 고통은 어디로 갈까요? 그리고 정치적 혼란과 전쟁은 어떤 모습으로 남아 있을까요?

그런 세상에서는 스트레스와 불안은 어떻게 변할까요? 사람과 사람 사이의 관계, 가족과 공동체의 모습은 어떤 형태로 피어나게 될까요? 창의성은 또 얼마나 새로운 빛을 발하게 될까요? 그리고 과학과 예술의 영역에서는 어떤 새로운 진화와 발견이 이루어질까요?

마지막으로, 종교는 어떤 모습으로 존재하게 될까요? 그때의 종교는 두려움이나 분리를 가르치는 것이 아니라, 모든 생명 안에 깃든 신성을 일 깨우는 길이 되어 있지 않을까요?

물론 높은 의식의 상태가 세상의 모든 문제를 단번에 해결하거나, 즉시 완벽한 유토피아를 만들어 주는 것은 아닙니다. 인류는 여전히 현실적이고 실질적인 방식으로 지구의 문제들을 해결해야 합니다. 하지만 한번 상상해 보세요. 그 일을 맡은 사람들이 자신 안의 가장 창조적인 힘과 가장 깊은 영성의 자리에 깨어 있다면, 세상은 얼마나 다르게 변화할 수 있을까요? 그때의 세상은 지금과는 전혀 다른, 의식이 깨어난 인류의 새로운 지평일 것입니다.

나는 미래에 대한 희망을 품고 있습니다. 이미 내 주변의 사회가 느리지만 꾸준히 변화하고 있음을 봅니다. 굶주림과 노숙에 대한 인식이 깊어지고, 그들을 돕기 위한 실질적인 움직임이 일어나고 있습니다. 홀리스틱(통합적) 건강의 개념이 점점 확산되고, 한때 '대안'이라 불리던 의학이 이제는 '보완 의학Complementary Medicine'으로 자리 잡아가고 있습니다. 또한 환경을 지키려는 운동이 곳곳에서 성장하고 있습니다.

나는 성희롱과 차별을 용납하지 않으려는 사회적 흐름을 봅니다. 남성과 여성이 서로의 에너지를 이해하고 조화시키려는 시도, 즉 새로운 성(性)의 균형을 찾아가려는 노력도 보입니다.

인종차별에 맞서는 투쟁은 아직 고통스럽고 더디지만, 분명히 결실을 맺어가고 있습니다.

나는 또한 더 많은 사람이 영적 자각Spiritual Awareness으로 눈뜨고 있음을 느낍니다.

그들은 더 이상 하나의 길만을 절대시하지 않습니다. 다양한 길들이 결국 같은 근원으로 이어진다는 통합적 이해가 조용히, 그러나 확실히 퍼져가고 있습니다. 그와 함께 과거에 무시되었던 원주민의 전통과 같은 영성, 고대의 지혜 등 잊혀진 전통을 향한 새로운 존중과 탐구의 열망이 일어나고 있습니다. 또한 올바른 식습관, 맑은 사고, 바른 행동을 통해 더 건강하고 의식적인 삶을 살려는 사람들이 늘어나고 있습니다.

물론 이 변화들이 언젠가 완전한 성공에 도달할 것이라고 확신할 수는 없습니다. 하지만 나는 여전히 희망을 갖고 있습니다. 사회 전체를 바꾸는 데 모두가 변할 필요는 없습니다.

임계점—단지 일정한 지점에 이르면, 세상은 자연스럽게 방향을 바꿉니다. 우리가 미래를 낙관하든 비관하든, 우리의 가장 중요한 책임은 자기 자신을 변화시키는 일입니다. 그리고 그것은 충분히 가능한 일입니다.

우리가 자신을 치유하기 시작할 때, 그 치유는 가족으로, 사회로, 그리고 세상 전체로 번져 갑니다. 이 의식의 진화와 빛의 확장에 마음을 열 때, 우리는 비로소 자신과 타인, 그리고 이 세상에 진정한 변화를 만들어 낼 수 있는 존재가 됩니다.

명료함에 마음을 열다

이제 이 책의 끝을 맺으며, 마지막으로 하나의 명상을 함께 나누고자 합니다. 이 명상은 앞서 연습했던 여러 명상과 이미지 훈련처럼 그대로 실천할 수 있습니다. 편안한 자세로 앉거나 누워서, 천천히 눈을 감고, 몸과 마음이 자연스럽게 이완되고 가라앉도록 허용하세요.

이제, 조용히 호흡을 따라가며 당신 안의 고요와 맑음이 서서히 피어오르도록 그냥 그대로 머물러 보세요.

- 이제 천천히 명상 상태로 들어갑니다. 깊은 이완 속으로, 당신 자신 안으로 들어가세요. 고요함의 중심점, 이완의 지점을 찾아보세요.
- 당신의 몸과 에너지, 그리고 차크라의 흐름이 자연스럽게 열리고, 맑아지고, 흐르도록 허용하세요.
- 당신의 존재가 확장되는 느낌을 경험하세요. 그 확장 속에서, 당신 안의 더 높은 자아와 하나가 되어 갑니다.
- 그리고 이 넓어진 시야 속에서 느껴 보세요. 당신이 지금 자신의 도(道) 위에, 올바른 길 위에 서 있다는 느낌을.
- 이제 명료함으로 자신을 가득 채워 보세요. 그 맑음이 당신의 마음과 감정, 몸과 에너지, 그리고 영혼 전체에 퍼져 나갑니다.
- 열린 마음으로 투명한 명료함 속으로 들어가세요. 그 열림 속에서, 스스로를 더욱 깊이 열어 줍니다.
- 이제 이 고요하고 넓은 의식의 자리에서, 지금 당신에게 진정 필요한 것이 무엇인지 떠올려 보세요. 그것은 작을 수도, 클 수도 있습니다. 혹은 단지, 지금 이 길을 계속 걸어갈 힘과 믿음일 수도 있습니다.
- 그것이 당신에게 어떤 의미를 가지는지, 그것이 무엇을 상징하는지 천천히 느껴 보세요.

- 당신의 길을 가로막는 장애물은 무엇인가요? 그것을 넘어 필요한 것을 얻기 위해 무엇이 일어나야 할까요?
- 그리고 다시, 명료함의 상태로 돌아갑니다. 이제 더 깊은 차원으로 내려가 당신 안의 빛에 완전히 자신을 열어 보세요.
- 그 빛은 당신의 정수리를 통해, 제3의 눈(이마)을 통해, 목과 가슴, 명치, 배꼽, 두 번째 혈, 그리고 뿌리 혈Root chakra까지 천천히, 부드럽게 흘러들어옵니다. 그 빛은 당신의 전 존재를 감싸며, 깨달음과 일치의 순간으로 이끌어 갑니다.
- 이제 당신의 발바닥으로 빛이 들어오는 것을 느껴 보세요. 그 빛은 손바닥을 통과하고, 무릎 뒤와 팔꿈치, 어깨의 앞부분과 발목을 지나며 당신의 몸 구석구석을 부드럽게 밝혀 줍니다.
- 당신은 이제 몸의 모든 모공을 통해 빛을 들이마십니다. 마치 투명한 빛을 마시는 듯한 느낌으로, 그 빛이 당신의 전 존재를 채워 갈 때까지 천천히, 깊이 받아들입니다.
- 빛으로 가득 찬 지금, 그 빛은 여전히 당신의 주위를 감싸고 있습니다. 사방에서 흘러들어와, 당신을 완전히 감싸 안는 따뜻한 빛의 장(場) 속에 머물게 합니다.
- 그리고 이제 그 빛이 당신에게서 흘러나오기 시작합니다. 당신은 빛으로 가득 차 있으면서도, 동시에 빛을 내보내는 존재입니다. 그 빛은 배꼽과 명치, 가슴과 목, 이마, 그리고 정수리를 통해 은은하게 퍼져 나갑니다.
- 이제 빛은 당신의 몸의 모든 세포에서 흘러나옵니다. 작은 빛의 입자들이 당신의 피부와 숨결을 따라 세상으로 부드럽게 번져 갑니다.
- 그 빛은 당신의 삶의 모든 영역으로 뻗어 나갑니다. 당신의 소중한 사람들에게 닿고, 친구들에게 빛을 보내며, 삶 속의 어려운 부분까지도 부드럽게 비추어 줍니다.
- 그 빛은 당신의 존재 전체를 밝히며, 당신이 어떤 존재인지를 완전하게 드러냅니다.
- 이제 온전히 경험하세요. 빛의 체험의 순간을. 그 빛이 머리부터 발끝까지, 당신의 내면 깊숙이 스며들도록 허용하세요.
- 그리고 충분히 머무른 후, 당신의 속도대로 천천히 명상의 마무리 단계로 돌아옵니다. 그러나 마음속의 빛은 여전히, 당신 안에서 부드럽게 빛나고 있습니다.

에필로그

이 책의 마지막을 맺으며, 이제까지 배운 내용을 정리하고 특정 뇌파 훈련을 위해 실제로 따라 할 수 있는 실천법을 간단히 되짚어 보려 합니다. 이 명상들의 목적은 단순한 휴식이 아니라, 서로 다른 뇌파 상태에 대응하는 마음의 상태를 스스로 다스릴 수 있게 되는 것, 즉 '의식 상태의 주인 되기 Self-mastery'에 있습니다.

뇌파를 다스리는 첫걸음은 '이완Relaxation'입니다.

이완은 다른 모든 뇌파 상태를 다스리기 위한 기초가 됩니다. 이 책에서 말하는 '깨어 있는 마음The Awakened Mind'의 이상적인 뇌파 패턴은 베타Beta, 알파Alpha, 세타Theta, 델타Delta가 조화롭게 어우러진 상태입니다. 하지만 처음부터 그 완전한 조합을 만들어 내려 하기보다, 먼저 명상형 뇌파 패턴, 즉 알파+세타+(그리고 종종 델타)의 조합을 익히는 것이 더 쉽습니다. 이를 위해서는 베타파를 줄이는 연습이 도움이 됩니다. 그 방법에는 다음과 같은 간단한 훈련들이 포함됩니다.

- 혀의 긴장을 풀기,
- 호흡을 느리게 조절하기,
- 한 점에 집중하는 연습(집중 명상) 등이 그것입니다.

다음 단계는 알파파를 발전시키는 것입니다. 이를 위해서는 이미지 트레이닝이나 심상 훈련을 활용하면 좋습니다. 이미지가 생생할수록 효과는 더욱 커집니다. 이때 중요한 것은 시각뿐 아니라 모든 감각을 함께 사용하는 것입니다. 보고, 듣고, 냄새 맡고, 느끼고, 맛보는 오감 전체를 동원하여 장면을 '살아보는' 것이죠. 이러한 감각화 연습은 잠재의식과 의식을 연결하는 다리를 더욱 안정시켜 줍니다. 결국 이는 세타파 상태에서의 경험을 더 또렷이 기억하고 이해할 수 있는 힘으로 이어집니다.

세타파는 당신을 내면의 깊은 곳으로 혹은 의식의 높은 차원으로 이끄는 어떤 형태의 명상이든지 그것을 통해 발전시킬 수 있습니다. 명상 중에는 계단을 내려가는 장면, 문을 통과하거나, 아치 아래를 지나고, 긴 터널을 따라 걷거나, 조용한 방 안으로 들어가는 이미지를 그려 보세요. 또는 산을 오르거나, 다리를 건너거나, 모퉁이를 돌아 새로운 공간으로 들어가는 장면을 상상해도 좋습니다. 이러한 이미지의 변화와 이동감은 당신의 의식을 점점 더 세타 상태의 깊이로 이끌어 줍니다.
가능한 한 풍부하고 생생하게, 그러나 자연스럽고 무리 없는 범위 안에서 그 상상들을 자유롭게 펼쳐 보세요.

이제 당신은 명상 속에 의도나 목적을 더함으로써 다시 베타파를 당신의 뇌파 패턴 속으로 부드럽게 통합할 수 있습니다. 예를 들어, 이렇게 상상해 보세요.
당신은 작은 배를 타고 강을 따라 내려가다가, 한 섬에 이릅니다.
그 섬에서 언덕을 올라, 큰 바위 뒤를 돌아, 어두운 동굴 안으로 들어갑니다.
그곳에서 긴 터널을 지나, 아치형 문을 통과해, 마침내 팔각형의 방 안으로 들어갑니다.
그 방 안에는 당신이 찾고 있던 답이 기다리고 있거나, 혹은 당신이 필요로 하던 치유의 순간이 일어날 것입니다.

(물론 지금은 세타파 훈련 과정을 보여드리기 위해 조금 과장된 예시를 든 것입니다. 항상 이렇게 복잡한 이미지를 만들어 낼 필요는 없습니다. 당신이 이미 세타 상태의 감각을 익혔다면, 훨씬 더 단순한 이미지로도 충분히 그 상태에 도달할 수 있습니다.)

이런 '작동형 명상Working meditation'을 준비할 때는 먼저 당신이 베타파를 어떤 방식으로 활용할 것인지, 그리고 무엇을 다루고 싶은지를 미리 분명히 설정해 두는 것이 좋습니다. 혹은 좀 더 자연스럽게, 명상 중에 떠오르는 현재의 경험과 감각들을 그대로 인식하며 일반적인 베타 의식의 내용으로 삼을 수도 있습니다. 하지만 가능한 한, 당신의 마음이 명확한 틀 안에서 움직이도록 하는 것이 도움이 됩니다. 그렇지 않으면 의식이 산만하고, 무작위적인 고진폭 베타 상태로 흩어져, 집중의 흐름이 깨질 수 있기 때문입니다. 만약 베타파의 활동을 원하지 않는다면, 그저 생각하거나 분석하려는 과정을 잠시 내려놓으세요. 어떤 목적지에 도달했다면, 그곳에서 단순히 그 자리에 머물며 명상하세요. 그것만으로 충분합니다.

델타파의 감수성과 '레이더' 같은 직감을 기르는 방법은 조금 다릅니다. 그것은 의도적으로 마음을 밖으로 확장하는 연습을 통해 이루어집니다. 즉, 타인에게 공감하고, 그들의 삶과 마음에 관심과 통찰, 그리고 인식을 보내보세요. 그렇게 연결의식을 확장하는 과정 속에서 델타의 섬세한 감각이 점차 깨어납니다.

나만의 뇌파 명상 설계 공식

1. 명상의 목적을 분명히 하세요.

이번 명상을 통해 이루고자 하는 의도나 목표가 있다면 그것을 먼저 인식합니다.

(예: 휴식, 창의적 통찰, 감정 정화, 자기 이해 등)

2. 몸을 이완시키세요.

긴장을 풀고, 호흡을 깊게 하며, 몸 전체가 편안하고 안정된 상태로 들어가도록 합니다.

3. 마음을 비워 베타파를 줄이세요.

생각의 속도를 늦추고, 불필요한 사고의 소음을 조용히 가라앉힙니다.

4. 알파파를 키우세요.

이미지나 상상을 통해 편안하고 안정된 장면을 떠올립니다.

시각뿐 아니라 촉각, 청각, 후각, 미각 등 모든 감각을 동원해 생생하게 느껴 보세요.

5. 세타파로 더 깊이 들어가세요.

마음속 여행을 계속하며, 계단·터널·문·빛 같은 상징적 이미지로 자신 안의 더 깊은 차원으로 천천히 내려가거나 올라갑니다.

6. (작동형 명상일 경우) 베타파를 다시 더하세요.

명상 중 떠오른 내용이나 감정을 생각하거나 분석하며 베타의 인지 기능을 부드럽게 포함시킵니다.

7. 경험을 '결정화'하세요.

명상 속에서 얻은 느낌, 상징, 통찰의 핵심(키워드)을 포착해 그 기억이 자연스럽게 남도록 합니다.

이제 당신은 이 공식을 바탕으로, 무한히 다양한 명상을 스스로 만들어 갈 수 있습니다. 당신에게 잘 맞는 이미지와 체험을 활용하여, 어떤 목적을 위해서든 새로운 명상을 창조해 보세요.

이 책을 덮기 전에, 잠시 눈을 감고 당신이 발견한 것들을 되돌아보세요.

무엇이 가장 마음에 남았나요?
당신에게 가장 중요한 통찰은 무엇이었나요?
그리고 그 깨달음을 어떻게 당신의 일상 속에 녹여낼 수 있을까요?
이 책에서 배운 실천과 명상, 사유의 방법들을 당신의 삶 속에서 자연스러운 습관으로 실현하고 있는 모습을 그려 보세요. 그 장면을 생생하게 느껴보고, 상상하고, 몸으로 경험해 보세요.

이제 떠올려 보세요. 제1장 마지막 명상에서 당신이 처음 발견했던 그 상징, 당시의 당신의 삶을 대표했던 그 이미지를.
그리고 지금 이 순간, 당신의 현재를 상징하는 새로운 이미지를 다시 한번 떠올려 보세요.
그 둘 사이에는 어떤 닮은 점과 달라진 점이 있나요?
그 변화가 바로, 당신의 의식이 진화한 흔적입니다.

이제 잠시, 미래를 바라보세요. 당신이 이 책을 통해 익힌 '우수성과 마인드High-Performance Mind'를 계속 발전시켜 나간다면, 당신의 삶에는 어떤 변화가 일어날까요?

그 변화는 이미 시작되었습니다.
지금 이 순간, 당신 안에서.

부록

쿤달리니

'우수성과 마인드High-Performance Mind'를 키워 가는 길은 단순한 기술이 아니라, 깊은 헌신과 꾸준한 실천의 여정입니다. 이 길을 걷는 사람들은 뇌파를 다루는 도구들을 자신의 삶 속에서 자연스럽게 통합하며, 명상을 하나의 일상적 습관이자 즐거움으로 만들어 갑니다.

그들의 명상은 의무가 아니라 자신을 조율하고 확장하는 시간, 그리고 각자의 필요와 리듬에 맞게 세심하게 설계된 내면의 훈련입니다. 이런 과정을 통해 그들은 점차 의식의 미세한 흐름을 인식하고 다스리는 능력, 즉 진정한 의미의 마음의 통달Self-Mastery에 다가갑니다.

명상이 자신에게 맞는 리듬을 찾고, 꾸준히 실천하는 습관으로 자리 잡게 되면, 서서히 장기적인 변화가 일어나기 시작합니다. 이 변화는 사람마다 다르게 나타나며, 어떤 것은 금세 드러나지만, 어떤 것은 오랜 시간에 걸쳐 천천히 익어 갑니다.

그 결과로 당신은 예기치 못한 상황을 보다 능숙하게 다루는 힘, 더 큰 정신적 유연성과 창의성, 깊어진 직관과 통찰력, 그리고 건강 문제를 줄이거나 다루는 능력의 향상을 경험할 수 있습니다. 또한 정서적으로 더 안정되고 평온해지며, 삶 전반의 스트레스가 줄어들고, 영적 자각이 점점 더 깊어질 것입니다.

명상을 꾸준히 이어 간다면, 그 변화는 거의 확실히 느껴질 것입니다. 그 변화는 아주 미묘한 이완의 감각으로 다가올 수도 있고, 깊은 평온함과 고요한 행복감으로 나타날 수도 있습니다.

때로는 황홀감이나 환희의 순간처럼 강렬하게 체험되기도 하지요. 하지만 때로는 그 과정 속에서 기분의 변화나 혼란, 슬픔이 올라올 수도 있습니다. 이는 잠재의식의 정화Subconscious housecleaning 과정이며, 당신이 내면의 오래된 감정과 패턴을 정리하고 있다는 신호입니다. 연습을 거듭할수록, 당신은 그런 '내려가는 시기'조차도 성장의 일부로 활용하는 법을 배우게 될 것입니다.

대부분의 사람들은 명상을 통해 유익한 상태를 경험하지만, 때로는 오르막과 내리막이 함께 찾아오기도 합니다. 어떤 날은 에너지가 넘치다가도, 다른 날에는 몸이 피곤하거나 무기력함을 느낄 수도 있습니다. 또한 꿈의 내용이 달라지거나, 잠의 질이 변하는 것을 느낄 수도 있습니다. 이러한 변화가 일어나는 시점과 속도는 사람마다 다릅니다.

혹시 당신이 침체된 시기를 겪고 있다면, 그 또한 과정의 일부임을 기억하세요.

모든 변화는 결국 당신의 의식이 성장하고, 당신의 존재가 진화하는 방향으로 나아가고 있습니다. 가끔은 마음속 깊은 곳에 어둡고 닫혀 있던 방이 드러날 수도 있습니다. 또는 당신이 스스로 바꿔야 할 무언가를 발견하게 될 수도 있지요. 그럴 때는 두려워하지 말고, 그 발견을 당신 여정의 한 단계로 받아들이세요. 그 '청소의 시간'이야말로 당신이 더 깊고 투명한 자신으로 나아가고 있다는 신호입니다.

하지만 극히 소수의 사람들은 오랜 기간에 걸쳐 깊고 강도 높은 명상을 이어 가면서 보다 강렬한 변화를 경험하기도 합니다. 이러한 현상은 종종 그들이 겪는 내면의 탐색과 의식의 진화 과정 속에서 더욱 강하게 증폭되어 나타납니다. 비록 이 과정은 본질적으로 지극히 자연스러운 각성의 흐름이지만, 그 체험은 때때로 매우 강렬하거나 극적인 방식으로 다가올 수 있습니다.

명상은 의식을 변화시키는 매우 강력한 도구이기에, 나는 그만큼 도덕적·윤리적 책임감을 가지고 모든 가능성들을 함께 나누고자 합니다. 혹시 당신이 아래에 소개되는 특징적 증상이나 현상들을 직접 경험하게 될 수도 있기 때문입니다.

내가 직접 의식의 각성Awakening을 경험하던 시기에는 그 과정에서 일어날 수 있는 신체적·감정적·에너지적 변화에 대해 미리 알고 있지 못했습니다. 그로 인해 한동안 무엇이 일어나고 있는지 몰라 걱정과 혼란 속에서 많은 시간을 보냈지요. 만약 그때 누군가가 이 과정을 미리 설명해 주었다면, 그 불안의 시간은 훨씬 짧았을 것입니다. 그래서 이 부록을 남깁니다.
이 글은 쿤달리니(내면의 에너지 각성)에 관심이 있거나, 이미 그 변화의 현상들을 직접 경험하고 있는 사람들을 위해 쓰였습니다. 당신이 이 여정을 조금 더 이해하고, 조금 더 평온하게 받아들일 수 있기를 바랍니다.

쿤달리니(내면의 에너지 각성)

아주 드물게, 오랜 기간 명상을 지속하다 보면 몸이 에너지의 흐름을 새롭게 재조직하기 시작하면서 감정의 기복이나 강렬한 신체 감각이 나타나기도 합니다. 이는 명상만의 현상이라기보다, 당신이 어떤 방식으로든 자신을 변화시키는 내적 작업을 시작할 때 공통적으로 일어날 수 있는 자연스러운 과정입니다.

진정한 성장이 이루어지고 있다면, 그 변화는 반드시 내면에서부터 시작됩니다. 그중에서도 오랜 명상 수행을 통해 일어날 수 있는 가장 두드러진 변화 중 하나가 바로, 이른바 쿤달리니Kundalini, 내면의 에너지 각성의 활성화입니다.

모든 영적 깨달음에는 각기 다른 형태의 '재탄생Rebirth' 과정이 있습니다. 이것은 개인이 영적으로 깨어나는 순간, 즉 무의식이 의식으로 드러나는 변화를 상징합니다. 다만 이 과정을 심리적·영적 차원뿐 아니라 신체적Physiological 차원에서까지 구체적으로 설명하는 일은 많지 않습니다.
요가 철학에서는 이러한 영적 재탄생의 순간을 바로 쿤달리니의 각성Awakening of Kundalini이라고 부릅니다. 이때의 '각성'은 단순히 깨달음의 상징이 아니라, 의식과 에너지가 하나의 흐름으로 다시 태어나는 과정, 즉 존재 전체가 새로 정렬되는 경험을 뜻합니다.

쿤달리니Kundalini는 고대 전통에서 '뱀Serpent'의 상징으로 표현됩니다. '쿤다Kunda'라는 말은 본래 '그릇Bowl' 혹은 '용기Basin'를 뜻하며, 이 에너지는 각성되기 전까지 골반의 그릇, 즉 기저부Pelvic bowl에 감겨 잠들어 있는 상태로 묘사됩니다. 이 쿤달리니의 뱀은 우리 안에 잠재되어 있는 막대한 에너지와 능력, 의식의 확장 가능성을 품은 저장소이자 영적 연결 고리입니다. 이 에너지가 깨어나 방출될 때, 그것은 곧 깨달음으로 향하는 첫걸음으로 여겨집니다. 쿤달리니의 활성화란, 이 잠재된 에너지가 우리의 신체, 감정, 사고, 영적 영역 전반으로 흘러들기 시작하는 것을 의미합니다. 그때부터 다양한 내적·외적 현상들이 나타나기 시작하지요.

이 과정이 충분히 통합되고 성숙해지면, 인간은 심리적 성숙과 정서적 균형, 그리고 내면의 힘과 영적 각성에 이르게 됩니다. 하지만 이 여정은 일종의 재탄생이기에, 초기에는 누구나 혼란, 무력감, 두려움, 그리고 예측 불가능성을 경험하게 됩니다. 마치 막 세상에 태어난 아이처럼요. 따라서 이 과정은 억지로 조절해야 하는 것이 아니라, 그 에너지가 자연스럽게 자라나고 성숙하도록 허용하는 여정, 즉 의식의 성장 과정이라 할 수 있습니다.

쿤달리니 에너지는 당신이 만들어 내는 것이 아닙니다. 그것은 마치 우리가 태어날 때부터 지니고 있는 생명력처럼, 스스로 창조하는 것이 아니라 이미 내 안에 존재하는 에너지입니다. 다만 우리는 그 에너지에 접속할 수 있고, 그 흐름을 이해하고 다스리며, 그 여정이 자연스럽게 성장하도록 돕는 것은 가능합니다. 그러나 반대로, 그 에너지를 막거나, 왜곡시키거나, 혹은 잘못된 방식으로 사용할 수도 있습니다.

진화의 과정

나는 '깨어 있는 마음Awakened Mind'의 발전이 개인적 성장일 뿐 아니라 인류 전체의 진화 과정이라고 굳게 믿습니다. 어느 먼 미래, 더 진화한 인류는 아마도 인류가 아직 깨어나지 못했던 지금 이 시대, 즉 인류 역사 첫 스무 세기쯤 되는 '어둠의 시대'를 돌아보며 말하겠지요. 그들은 이렇게 회상할 것입니다.
"그때는 사람들의 마음이 서로 닫혀 있었지. 감정과 경험은 깊이 숨겨져 있어, 서로에게 닿을 수 없었어. 그 시절의 인류는 영혼과 창조의 신비를 아직 알지 못했던, 진정한 '의식의 새벽' 이전의 시대였지."

나는 또한 쿤달리니 에너지의 각성 역시 인류의 진화 과정의 일부이며, 시간이 지날수록 점점 더 많은 사람에게 일어나고 있는 현상이라고 믿습니다. 리 새넬라Lee Sannella 박사는 그의 저서 『Kundalini, Psychosis or Transcendence』—후에 『The Kundalini Experience』라는 제목으로 재출간된 책—에서, 우리 서구의 사고방식으로 쿤달리니 각성을 이해할 수 있는 생리적 관점의 틀을 제시했습니다. 이 책은 1970년대 후반 런던에서 내가 가장 강렬하고 격렬한 쿤달리니 체험을 겪고 있던 시기, 큰 도움이 되어 주었습니다. 새넬라 박사의 통찰은 그때 내가 경험하고 있던 신체적·정신적 현상들을 단순한 혼란이나 이상이 아닌 의식 진화의 한 단계로 이해하도록 도와주었지요.

쿤달리니의 각성이 반드시 격렬한 형태로 나타나는 것은 아닙니다.
어떤 사람에게는 그것이 매우 부드럽고 오랜 시간에 걸쳐 일어나기 때문에, 거의 알아차리지 못할 정도로 미묘하게 진행되기도 합니다. 이 '깨어남'은 여러 차원에서 일어납니다.

우수성과 마인드High-Performance Mind가 발달하는 과정에서 쿤달리니 각성이 반드시 함께 일어나는 것도, 흔한 일도 아닙니다. 그러나 그것이 전혀 불가능한 일은 아닙니다.
명상이나 영적 성장을 의식적으로 추구하지 않더라도, 쿤달리니의 에너지가 스스로 깨어날 수도 있기 때문입니다.

쿤달리니의 각성 과정은 축복이자 시련처럼 느껴질 수 있습니다. 그 축복의 면을 보자면, 의식이 확장되고 인식이 깊어지며, 창조성·치유·타인에 대한 봉사 등 여러 방향으로 활용할 수 있는 강력한 에너지에 접근할 수 있게 됩니다. 또한 개인의 활력과 건강, 정서적 안정감, 영적 통찰력의 확장, 감정과 정신의 명료함과 균형이 함께 찾아오기도 합니다.

하지만 그 과정은 때때로 무거운 짐처럼 느껴질 수도 있습니다. 갑작스러운 감정의 폭풍이 찾아와 '영혼의 어두운 밤'을 통과하게 하거나, 설명할 수 없는 신체 감각이나 통증이 생겨 의사로부터 '건강 염려증'이나 '정신 불안', 혹은 '치료 불가능한 병의 희생자'라는 진단을 받기도 합니다. 밤새 잠들지 못한 채 격렬한 몸의 떨림을 견디는 순간, 자신이 걸어온 영적 여정과 제정신의 경계를 의심하게 되는 일도 있습니다.

물론, 이런 극단적인 경험은 매우 드문 예외에 속합니다.

이런 형태의 각성은 스탠리슬라프 그로프와 크리스티나 그로프가 말한 '영적 출현' 혹은 '영적 위기'로 이어질 수 있습니다. 나 역시 그 과정에서 마치 진자처럼, 한쪽 끝에서는 환희와 황홀, 기쁨, 우주와의 합일감을 경험하고, 다른 한쪽 끝에서는 고통과 절망, 혼란, 두려움이 오갔습니다.

그 상태에 대해 몇 달 동안 걱정만 하다가 비로소 나의 스승인 맥스 케이드 Max Cade에게 이 모든 일을 털어놓게 되었습니다.

맥스는 매우 자비로우면서도, 이 과정을 좀 더 일찍 알려 주지 못해 내가 오랫동안 불안과 두려움, 혼란 속에 지내게 된 것을 안타까워했습니다. 그는 나에게 새넬라 박사의 책을 읽어 보라고 권하며, "시간이 지나면 모든 것이 괜찮아질 거야."라고 말했습니다. 놀랍게도, 그 말을 들은 직후부터 증상은 거의 즉시 완화되기 시작했습니다. 이 현상을 받아들이고, 또 그것에 대해 이론적으로 이해하게 되자, 억지로 통제하려는 마음을 내려놓을 수 있었습니다.

그리고 통제를 놓는 순간, 에너지는 몸 안에서 훨씬 자유롭게 흐르기 시작했습니다. 막혀 있던 부분의 통증이 줄어들고, 그동안 괴롭던 증상들도 점차 사라졌습니다. 나는 오늘날 모든 의료인, 특히 신경계나 에너지 시스템을 다루는 전문가들이 최소한 이런 현상의 가능성을 인식할 수 있도록 교육받아야 한다고 믿습니다. 그래야 쿤달리니 각성의 징후를 보이는 사람을 발견했을 때, 그를 이 분야에 숙련된 전문가에게 적절히 연결해 줄 수 있을 것입니다.

쿤달리니 각성의 증상들

이제 쿤달리니 각성 과정에서 나타날 수 있는 다양한 증상들을 살펴보겠습니다.

읽기 전에 꼭 기억해야 할 점은, 이 모든 증상이 모든 사람에게 다 나타나는 것은 아니라는 사실입니다. 각성은 개인마다 다르게 전개되며, 증상들이 서로 다른 시점에, 혹은 오랜 간격을 두고 나타날 수도 있습니다. 어떤 사람은 몇 가지 증상만 아주 약하게 경험하지만, 그럼에도 분명히 쿤달리니 각성 과정을 겪고 있는 것입니다. 또 다른 사람은 한 부류의 증상을 겪은 뒤 잠시 안정되었다가, 완전히 다른 형태의 증상이 나타나기도 합니다. 그리고 또 어떤 사람은 그 모든 과정을 빠르게 혹은 느리게, 자신만의 속도로 통과합니다.

신체적 감각 Physical Sensations

쿤달리니 에너지가 움직이기 시작하면, 피부 아래에서 무언가 기어가거나 간지러운 듯한 느낌이 들 수 있습니다. 또한 저림, 바늘로 콕콕 찌르는 듯한 감각, 혹은 감각이 둔해지는 느낌이 나타나기도 하며, 이와 함께 몸속이 미세하게 떨리거나, 부글부글 끓는 듯한 진동감이 느껴질 수도 있습니다. 이러한 감각은 신체의 어느 부위에서든 나타날 수 있지만, 특히 팔·다리에서 자주 경험되며, 대개 발이나 다리에서부터 시작하는 경우가 많습니다.

쿤달리니 각성의 증상은 대체로 뿌리 차크라 Root chakra, 즉 척추 기저부의 신경이 압축된 부위에서 시작되는 경우가 많습니다.

따라서 초기 감각은 흔히 하반신, 특히 발끝에서부터 나타나며, 때로는 항문 주변의 무감각이 동반되기도 합니다. 이는 요가 전통에서 첫 번째 차크라가 회음부 부근에 위치해 있다고 보기 때문에, 그곳이 '열림 Opening' 상태로 들어갈 때 발생하는 현상으로 이해됩니다.

한편 티베트의 일부 전통에서는 첫 번째 차크라가 발바닥에 있다고 보기도 하는데, 이 경우 발가락의 저림이나 미세한 진동감이 설명됩니다. 에너지가 통로를 따라 상승하면서 이러한 감각들은 몸 전체로 확산될 수 있습니다. 그 흐름이 전통적 쿤달리니 각성의 질서정연한 상승 경로를 따르기도 하고, 때로는 불규칙하고 예측할 수 없는 방식으로 나타나기도 합니다. 이 과정에서 통증 또한 흔한 증상입니다. 근육통이나 관절통처럼 가벼운 통증에서부터 심한 두통에 이르기까지 그 강도는 사람마다 다양합니다.

신체의 움직임 Body Movement

이 증상은 단순히 명상 중 자연스럽게 몸이 리듬을 타는 가벼운 움직임으로 나타나기도 하고, 매우 드물지만 의식적인 의도 없이 갑자기 물구나무를 서는 극단적인 형태로 나타나기도 합니다.

쿤달리니 에너지가 몸의 에너지 통로를 열기 위해 작용할 때, 신체는 스스로 특정한 요가 자세로 움직이는 경우가 흔합니다. 사실 요가는 어떤 현자가 '이 자세들이 유익할 것이다'라고 이론적으로 고안한 것이 아닙니다. 요가의 기원은 바로 에너지 그 자체의 자발적인 움직임, 즉 쿤달리니의 작용에서 비롯되었습니다.

스승이 깨어남의 과정 속에서 직관적으로, 무의식적으로 취했던 자세들을 제자들이 관찰하고 따라 하면서, 그 움직임들이 체계화되어 오늘날 우리가 아는 요가의 형태로 발전한 것입니다.

나는 여러 번 한밤중에 잠에서 깨어 보니, 나의 몸이 요가의 '브리지 자세'를 하고 있는 상태였습니다.

처음 몇 번은 너무 놀라서 당황했지만, 이후 그 현상을 이해하고 에너지의 움직임을 억지로 막지 않게 되자, 이런 경험은 점점 더 자주 찾아왔습니다. 그 자세가 주는 쾌감과 해방감을 느끼게 된 후에는 오히려 그 순간을 반기게 되었습니다.

때로는 몸 전체가 경련하거나, 근육이 수축하는 현상이 일어나기도 합니다. 그럴 때는 두려워하거나 멈추려 하기보다, 에너지가 파도처럼 몸을 통과하는 느낌에 집중해 보세요.

그 흐름을 억누르지 않고 그대로 '탄다'고 생각하면, 처음에는 경련처럼 느껴졌던 움직임이 부드럽고 리드미컬한 흐름으로 바뀌는 것을 느낄 수 있습니다. 이러한 에너지의 움직임은 수십 년 전부터 라이히식 신체치료Reichian bodywork에서도 다뤄져 왔습니다.

핵심은 하나입니다. 움직임을 억제하려 하지 말고, 그 주위를 부드럽게 이완시키는 것. 그러면 에너지의 흐름은 자연스럽게 조화롭고 매끄러운 리듬으로 정돈됩니다.

또한, 자발적인 스트레칭이 일어날 수도 있습니다. 이런 현상은 특히 휴식이나 이완 상태에서 자주 나타나며, 척추나 등 전체가 길어지는 듯한 신체의 확장감을 느끼게 합니다. 이때도 억지로 힘을 주거나 긴장하지 말고, 가능한 한 자연스럽게 몸이 스스로 뻗어 나가도록 허용해 주세요.

시각적 증상Visual Symptoms

이 증상은 머릿속에서 순간 번쩍이는 빛에서부터, 길고 생생한 영적 비전, 혹은 때로는 두려움을 유발하는 환영에 이르기까지 매우 다양하게 나타납니다. 나는 여러 차례 머릿속에서 전구가 켜지는 듯한 빛에 놀라 잠에서 깬 적이 있습니다. 또한 '빛의 씨앗'이라 불리는 작은 빛의 점을 경험하기도 하는데, 이는 보통 미간의 제3의 눈Third eye 부근에 나타나며, 어떤 이들은 이를 '푸른 진주'라고 부릅니다. 이 빛은 마치 내가 바라보는 모든 대상과 나 사이에 떠 있는 듯 보입니다.

처음에는 명상 중 눈을 감은 상태에서, 혹은 탄트라식 초 명상Trataka을 통해 나타나기도 하지만, 시간이 지나면 눈을 뜬 평상시의 의식 상태에서도 자연스럽게 나타날 수 있습니다.

이 과정 동안 일시적인 시각 장애가 나타날 수도 있습니다. 특히 원래 시력이나 눈 건강에 약한 부분이 있는 경우 그런 현상이 더 두드러질 수 있습니다. 드물긴 하지만, 갑작스러운 일시적 실명이 보고된 사례도 있으며, 대부분은 짧은 시간 안에 자연스럽게 회복됩니다. 나 역시 시각과 관련된 문제를 겪었는데, 그 이야기를 자세히 하자면 한 챕터가 필요할 정도로 복잡했습니다.

의학적으로는 결국 안구 히스토플라스마증Ocular histoplasmosis으로 진단되었지만, 나는 그 질병의 발현 과정이 나의 안에서 일어나고 있던 에너지 각성 과정과 깊이 연관되어 있었다는 것을 분명히 느꼈습니다.

빛의 발현Illumination

이 현상은 그 독특함 때문에 별도의 범주로 다룰 만합니다. 매우 드물게, 어떤 사람들은 쿤달리니 각성의 결과로 어둠 속에서도 눈에 보일 만큼 실제로 빛을 발하는 경우가 있습니다. 아마 이것이 종교 미술에서 흔히 볼 수 있는 '후광'의 기원일지도 모릅니다. 후광은 단순히 영성을 상징하기 위한 화가의 상상적 표현이 아니라, 정수리 차크라와 머리 주위의 에너지 중심들이 방출하는 빛이 실제로 드러난 현상일 수도 있습니다.

청각적 증상Auditory Symptoms

청각이 일시적으로 왜곡되어 들리는 현상이 나타날 수 있습니다.

내면에서 다양한 소리가 들리는데, 예를 들어 귀울림(이명)처럼 윙윙거림, 쉿쉿거림, 탁탁거림, 윙윙거리는 진동음, 휘파람 소리, 바람이 스치는 소리, 바다의 파도 소리, 혹은 음악적인 음조 등이 그것입니다.

가끔은 목소리가 들릴 수도 있습니다. 그것이 자신의 내면의 목소리처럼 느껴질 때도 있고, 때로는 청각적 환청과 비슷하게 들릴 때도 있습니다. 이러한 현상은 특히 명상 중이거나 밤의 고요한 시간에 더 뚜렷하게 느껴집니다. 그때는 이 소리들이 점점 커져, 마치 내면에서 울려 퍼지는 굉음처럼 들리기도 합니다.

체온의 변화 Temperature Changes

몸 안에서 극심한 열감이 느껴지는 경우가 있습니다. 이러한 열의 감각은 주로 두 가지 방식으로 나타납니다. 하나는 에너지가 몸을 통과하면서 생기는 갑작스러운 열의 파동, 즉 갱년기 홍조와 비슷한 느낌입니다. 또 다른 형태는 손이나 발 등 신체의 말단 부위가 비정상적으로 뜨거워지는 현상입니다. 특히 손이 너무 뜨거워 만졌을 때 열이 느껴질 정도가 되기도 합니다. 아주 드문 경우이긴 하지만, 어떤 사람들은 손이 닿았던 가구에 실제로 화상 자국이 남는 사례도 보고된 바 있습니다.

호흡 패턴의 변화 Changes in Breathing Patterns

이 현상은 주로 명상 중에 자주 일어납니다. 호흡의 리듬이 평소와 달라지며, 그 형태는 매우 다양합니다. 어떤 때는 짧고 날카롭고 얕은 호흡으로 바뀌기도 하고, 또 어떤 때는 마치 숨이 멈춘 듯 느껴질 만큼 길고 느리고 미세한 호흡으로 변하기도 합니다.

감정의 파동 Emotional Swings

에너지 각성의 과정에서는 경험할 수 없는 감정이란 없습니다. 모든 감정의 스펙트럼이 열리며, 그 폭은 놀라울 만큼 넓습니다. 한순간에는 환희, 조화, 평온, 그리고 우주적 기쁨이 길게 이어지다가도, 다음 순간에는 절망감, 자존감의 저하, 두려움, 혹은 미쳐 버릴 것 같은 혼란 속으로 급격히 떨어질 수도 있습니다. 이 과정에서 자기 의심은 매우 흔하게 나타납니다.

"이게 정말 나에게 일어나고 있는 일일까?"

"내가 스스로 만들어 낸 건 아닐까?"

"왜 하필 나에게, 왜 지금 이런 일이?"

이런 생각들이 마음속을 끊임없이 오갑니다.

또한 때때로 자기 과대감, 오만함, 허영심 같은 감정이 일시적으로 나타나기도 하는데, 이는 에너지 흐름이 어딘가 막혀 있다는 신호일 수 있습니다. 게다가 '나는 다른 사람들과 다르다'는 생각에서 비롯된 고립감도 자주 찾아옵니다. 이럴 때는 자신과 비슷한 경험을 한 사람이나 공감할 수 있는 지원 네트워크를 찾아 연결되는 것이 큰 도움이 됩니다. 그것만으로도 '나만 그런 게 아니구나'라는 안도감이 생기며, 균형을 회복하기 시작합니다.

지각의 변화 Perceptual Changes

명상 중 자주 나타나는 현상 가운데 하나는, 자신이 거대해지고 몸의 경계를 넘어 확장되는 느낌, 혹은 몸을 벗어나 떠 있는 듯한 경험입니다. 좀 더 완화된 형태로는 자신과 세상으로부터 한 발 떨어져 있는 듯한 감각, 즉 극도의 거리감이나 분리감으로 느껴지기도 합니다.

성적 에너지의 변화 Changes in Sexual Energy

인간의 에너지 시스템의 특성상, 쿤달리니 에너지와 성적 에너지는 매우 밀접하게 연결되어 있습니다.

그러나 이 둘은 같은 것이 아닙니다. 두 에너지는 모두 하나의 근원적인 생명력에서 비롯되지만, 쿤달리니는 그보다 훨씬 더 포괄적이고 높은 차원의 에너지입니다. 따라서 성적 에너지는 쿤달리니 에너지의 한 부분적 표현으로 이해하는 편이 더 정확합니다. 성행위나 오르가슴은 일시적으로 쿤달리니 에너지의 흐름을 자극하거나 활성화시킬 수 있습니다. 그 결과, 오르가슴 이후에는 앞서 언급한 여러 증상—특히 신체 감각의 변화나 자발적 몸의 움직임—이 한동안 더 강하게 느껴질 수도 있습니다.

쿤달리니가 깨어날 때, 성적 욕구가 평소보다 강해지는 현상이 나타날 수도 있습니다. 에너지가 각성될 때 느껴지는 자극 자체가 오르가슴과 유사한 감각으로 경험되기 때문입니다. 에너지가 하부의 성(性) 차크라를 지나 위로 상승하면, 그 감각은 전신에 퍼지는 오르가슴, 즉 단순한 성적 쾌감보다 훨씬 깊고 강렬한 황홀경으로 확장됩니다. 이때의 경험은 육체적 반응을 넘어, 의식 전체가 진동하는 듯한 완전한 감각의 해방으로 느껴지기도 합니다.

명상 중 쿤달리니의 각성을 의도적으로 수행하고 있는 사람이라면, 어떠한 움직임이나 자극, 심상 없이도 명상 도중 자발적인 오르가슴 상태에 도달할 수 있습니다. 실제로 한 여성 동료는 매주 참석하던 명상 수업 중 예상치 못한 절정을 경험해 당황스러웠다고 고백하기도 했습니다.

겨울의 호스

쿤달리니의 각성 과정은 곧 정화의 과정이며, 우리의 심신 전체를 긴장과 압박으로부터 해방시키는 과정이기도 합니다. 이 정화가 제대로 일어나려면, 몸과 마음을 연결하는 에너지 통로 속의 막힘이 제거되어야 합니다. 그래야만 에너지가 부드럽고, 고르게, 안정적으로, 그리고 완전하게 온몸을 흐를 수 있습니다.

이러한 에너지의 막힘은 다양한 원인에서 비롯됩니다. 예를 들어 신체적 부조화, 정서적 트라우마, 질병, 부적절한 식습관, 그리고 '기쁨을 느끼는 건 옳지 않다', '영적 각성 같은 건 존재하지 않는다'와 같은 내면 깊이 자리한 신념 체계가 그 원인이 될 수 있습니다.

이때 당신의 몸을 겨울 내내 밖에 방치된 정원용 호스라고 상상해 보세요. 그 안에는 작은 나뭇가지나 흙, 혹은 자갈이 들어 있어 물줄기의 흐름을 막고 있습니다. 게다가 호스는 군데군데 꼬이고, 밟히고, 눌려 찌그러져 있습니다.

겨울 동안에는 물을 줄 필요가 없었기 때문에 당신은 그 호스에 대해 아무런 신경을 쓰지 않았습니다. 그래서 혹시 물을 틀었다 해도, 간신히 흘러나오는 가느다란 물줄기만으로도 충분했을지 모릅니다. 그런데 이제 봄이 되어 수압을 세게 올리면 어떻게 될까요? 호스는 처음엔 이리저리 요동치며 통제되지 않은 채 흔들리다가, 점차 안정되고 완전히 열린 자세를 찾아, 그 강한 물줄기의 흐름을 받아들이게 됩니다. 물이 세차게 흐르기 시작하면, 호스 안을 막고 있던 이물질들은 물살에 의해 뚫려 나가고, 마침내 물줄기는 거세고 맑게, 호스는 완전한 기능을 되찾게 됩니다.

우리의 에너지 시스템도 비록 훨씬 더 복잡하긴 하지만, 그 작용 원리는 이와 비슷합니다. 강력한 쿤달리니 에너지의 파동이 막힌 통로를 통과할 때, 몸은 마치 그 호스처럼 이리저리 흔들리거나 뒤틀리는 반응을 보이게 됩니다. 이것이 바로 요가에서 말하는 크리야Kriya, 즉 자발적인 신체의 움직임이나 행동(요가적 작용)의 기원입니다.

전통적으로 쿤달리니 각성은 회음부에 위치한 뿌리 차크라Root chakra에서부터 에너지가 서서히 상승하는 것으로 시작됩니다. 앞서 언급했듯이, 초기에는 주로 발, 다리, 특히 엄지발가락에서 미세한 감각이나 진동이 느껴지는 경우가 많습니다.

에너지가 상승하면서 차크라를 하나씩 통과하게 되는데, 그 과정에서 각 차크라에 연결된 신체적·정신적 시스템 전체를 통과하며 막혀 있던 부분을 정화하고 균형을 되찾게 합니다.

에너지가 한 차크라에서 저항이나 막힘을 만나 그것을 뚫고 나가 정화할 때, 그 차크라는 '열렸다Opened'고 표현됩니다.

전통적으로 에너지는 뿌리 차크라→정수리의 크라운 차크라로 순차적으로 상승한 뒤, 얼굴과 가슴을 거쳐 배꼽 부근에서 안착한다고 합니다. 그러나 실제 체험에서는 이런 질서정연한 흐름이 거의 그대로 나타나지 않습니다. 에너지는 종종 위치에서 위치로 '점프하듯' 이동합니다.

처음엔 발과 다리에서 감지되다가, 곧바로 목(후두 차크라)으로 이동한 뒤, 다시 심장(가슴 차크라)으로 내려가기도 하지요.

에너지는 때때로 가장 큰 막힘이 있는 지점부터 집중적으로 작용하며, 이러한 정화는 층층이 겹을 벗겨내듯 진행됩니다. 각성이 반복적으로 일어나면서 저항의 층이 하나씩 제거되고, 에너지 시스템은 점점 더 정교하고 투명한 상태로 다듬어집니다.

이 과정에 걸리는 시간은 사람마다 매우 다릅니다. 몇 년 만에 주요 정화가 끝나는 사람도 있지만, 수십 년에 걸쳐 서서히 진행되는 경우도 있습니다. 또한 한 번 완성된 듯 보였던 과정이 새로운 에너지 막힘이나 더 미세한 조율 과정으로 인해 수년 뒤 다시 시작되는 경우도 드물지 않습니다.

따라서 이 경험의 '끝'을 찾으려 애쓰는 것은 아무런 도움이 되지 않습니다. 이것은 목표가 아니라, 하나의 과정입니다.

자발적 샥티팟Spontaneous Shakti-pat

샥티팟Shakti-pat이란, 이미 쿤달리니 에너지가 자유롭게 흐르고 있는 사람이 아직 각성하지 않은 사람에게 직접적으로 에너지를 전하는 행위를 말합니다. 이러한 샥티팟은 대체로 영적 스승이 제자에게 에너지를 전할 때 일어납니다.

전달 방식은 다양합니다. 손의 접촉을 통해서, 눈빛을 통해서, 혹은 단지 스승의 존재만으로, 심지어는 멀리 떨어진 곳에서의 생각의 전달을 통해서도 이루어질 수 있습니다. 시다 요가Siddha Yoga의 창시자인 묵타난다Muktananda는 샥티팟 전수로 가장 널리 알려진 인물 중 한 명입니다. 그의 제자들 가운데는 그의 단순한 존재나 부드러운 손길만으로 삶이 완전히 변했다고 고백한 이들도 많습니다.

사실 모든 진정한 영적 스승들은 어떤 형태로든 제자에게 에너지 혹은 의식의 전달을 행합니다. 그것이 바로 '가르침'의 본질이기 때문입니다. 특히 탄트라 요가Tantric Yoga의 스승들, 예를 들어 스와미 사티야난다 사라스와티와 같은 이들은 명상 수행자들이 쿤달리니 각성 과정에서 에너지를 조화롭게 일깨울 수 있도록 돕는 능력으로 잘 알려져 있습니다. 다만 이러한 영적 전수의 형태가 반드시 쿤달리니 에너지일 필요는 없습니다. 많은 영적 스승들은 헌신, 바른 행동, 혹은 지금 이 순간에 온전히 존재하는 것과 같은 원리를 통해 가르침을 전하며, 쿤달리니는 스스로 알아서 깨어나도록 내버려 둡니다.

샥티팟은 반드시 영적 스승이라는 매개를 통해서만 일어나는 것은 아닙니다. 이미 자신의 내면에서 쿤달리니 에너지가 깨어난 사람이라면, 특정한 상황에서 타인에게 그 에너지를 전달하거나 각성을 돕는 역할을 할 수 있습니다. 심지어 자신도 모르는 사이에 그런 일이 일어날 수도 있습니다.

쿤달리니 에너지는 쿤달리니 에너지를 '알아봅니다'. 즉, 각성의 과정에 있는 사람들 사이에서는 서로의 에너지 상태를 자연스럽게 인식하게 됩니다. 그래서 만약 당신이 쿤달리니 각성의 과정에 있고, 같은 상태를 겪고 있는 사람과 잠시 함께 시간을 보낸다면, 아마도 서로를 알아보게 될 가능성이 매우 높습니다.

자주 막히는 지점들

대부분의 경우, 쿤달리니 에너지는 그 자체의 의지와 리듬을 지니고 있습니다. 이 과정은 개인이 의식적으로 통제하기 어려운 차원에서 자연스럽게 전개됩니다. 그러나 동시에, 이 흐름은 개인의 태도와 행동에 따라 더 잘 흐르도록 돕거나, 혹은 반대로 방해받을 수도 있습니다. 많은 사람이 에너지가 자연스럽게 상승하지 못하고 특정 부위에 머무르거나, 혹은 막혀 버리게 만드는 습관적 패턴을 스스로 강화하면서 '정체 상태'에 빠지기도 합니다. 이러한 에너지의 정체가 자주 일어나는 지점들을 다음에서 하나씩 살펴보겠습니다.

쾌락의 함정

쿤달리니 상담을 위해 나를 찾아오는 사람들 가운데 가장 흔하게 나타나는 문제 중 하나는 종종 오해되는 현상과 관련이 있습니다. 이들은 대부분 이미 쿤달리니 각성의 한가운데에 서 있습니다. 자신이 그 과정을 어느 정도 이해하고 있고, 받아들이고 있다고 말합니다.

대부분은 꾸준히 명상을 실천하는 수행자들이며, 명상 중에는 비교적 안정적인 '깨어 있는 마음Awakened Mind'의 뇌파 패턴을 보이기도 합니다.

명상 중 이들은 종종 자신의 몸을 전혀 통제할 수 없는 움직임을 경험합니다. 몸이 뻗거나, 구부러지거나, 떨리거나, 전신이 파도치듯 흔들리며, 때로는 오르가슴과 비슷한 리듬감 있는 움직임이 일어나기도 합니다. 이 현상과 그들은 일종의 사랑과 미움이 뒤섞인 관계를 맺고 있습니다.

한편으로는, 이러한 체험—특히 겉으로 드러나는 에너지의 움직임—이 부끄럽고 당혹스럽습니다. 다른 사람들에게는 이해받지 못하고, 자신이 고립되어 있다는 외로움을 느낍니다. 단체 명상에 참여하기도 어렵습니다. 그들의 몸이 제멋대로 움직이는 바람에 다른 수행자들의 집중을 방해하기 때문입니다. 게다가 어떤 방법을 써도 이 현상을 멈추거나 통제할 수가 없습니다. 그럼에도 불구하고, 이러한 감각이 찾아올 때 육체적으로는 강렬한 쾌감을 느낍니다. 그들은 이것이 쿤달리니 각성과 관련된 현상임을 알고 있기에, 그 경험을 통해 자신이 영적으로 성장하고 있다는 안도감과 확신을 느끼기도 합니다.

이들은 일종의 딜레마 속에 갇혀 있습니다. 이 악순환을 끊기 위한 조치를 취하지 않는 한, 그들의 영적 성장 과정은 오랫동안 정체될 위험이 있습니다. 그들의 몸을 통과하는 에너지의 양이 통로가 감당할 수 있는 수준을 넘어서 있거나, 혹은 반대로, 에너지가 흐르는 통로 자체가 너무 좁아 그 흐름을 수용하지 못하고 있는 것입니다. 이것은 쿤달리니 각성 과정에서 매우 전형적으로 나타나는 현상입니다. 이 문제를 완화할 수 있는 방법은 단 두 가지뿐입니다.

하나는 에너지의 강도를 낮추는 것, 다른 하나는 에너지가 흐르는 통로(채널)의 크기를 넓히는 것입니다. 그런데 안타깝게도, 이 사람들은 둘 중 어느 것도 하지 않고 있습니다.

이들은 좁은 통로를 따라 과도한 에너지가 마찰하며 흐를 때의 쾌감을 느낍니다. 몸이 그 에너지의 움직임에 반응해 자연스럽게 움직이기 때문에, 그들은 그것이 진짜 쿤달리니 체험임을 확인하는 피드백 신호로 받아들입니다.

"이건 내가 상상하거나 바라는 게 아니라, 실제로 일어나고 있는 일이다."

그들은 이렇게 확신합니다. 하지만 여기서 큰 착각이 생깁니다.

그들은 이 신체적 움직임을 추구해야 할 목표, 즉 '유지해야 하고, 되풀이해야 할 소중한 현상'으로 오해합니다. 그래서 에너지의 흐름이 다시 올라오는 순간, 본능적으로 통로를 더욱 강하게 조이게 되며, 그 결과 마찰의 쾌감은 더 커지고, 몸의 움직임은 계속 반복되며, "내가 지금 진짜로 쿤달리니를 경험하고 있다"는 확신이 더욱 강화됩니다. 이렇게 그들의 피드백 고리는 완성됩니다. 결국 그 사람은 의도적으로 막힘을 만들어, 에너지가 본래의 자연스러운 여정으로 나아가는 것을 스스로 방해하게 됩니다. 그 이유는 단 두 가지—그것이 '진짜 체험'이라는 증거를 얻기 위해서, 그리고 순간적인 쾌감을 유지하기 위해서입니다.

이러한 쾌락의 순환은 여러 번 되풀이될 수 있습니다. 대부분의 경우, 시간이 지나 몸의 불편한 움직임에 피로감을 느끼거나 이 현상에서 얻던 쾌감과 매력이 점차 사라질 때, 비로소 이 순환은 자연스럽게 멈추게 됩니다. 하지만 어떤 사람에게는 이 상태가 매우 오랜 기간 지속되기도 합니다.

이 문제의 해결책은 이해와 수용입니다. 먼저, 그들은 알아야 합니다. 이러한 움직임과 쾌감은 쿤달리니 과정의 '목표'가 아니라, 그저 지나가는 하나의 단계일 뿐이라는 것을. 그리고 이 경험이 실제로 일어나고 있음을 믿고 받아들이며, 그것을 증명하려는 극적인 외적 증거에 대한 집착을 놓아야 합니다. 그럴 때만 비로소 에너지가 자연스러운 흐름을 되찾을 수 있습니다. 물론 신체적 반응이 즉시 멈추지는 않을 것입니다. 그러나 시간이 흐르면서 점차 그 강도는 줄어들고, 결국에는 조용히 사라지게 됩니다. 이 단계에서의 목표는 몸이 요동치지 않으면서도 점점 더 큰 양의 에너지를 안정적으로 다루는 능력을 기르는 것입니다. 그럴 때 비로소 에너지가 머물 수 있는 그릇(에너지 시스템의 용량)이 확장됩니다.

여기서 중요한 점은 이러한 무의식적 신체 움직임이 '좋은 것'도, '나쁜 것'도 아니라는 사실입니다. 그저 쿤달리니 각성의 한 과정에서 일어날 수 있는 자연스러운 현상일 뿐입니다. 따라서 그것을 억누르려 하지 말고, 그저 경험하고, 수용하고, 지나가게 하십시오. 원한다면 그것을 새롭고 흥미로운 체험, 혹은 즐거운 에너지의 흐름으로 바라봐도 괜찮습니다. 단, 그 감각에 머무르거나 집착하지 않는 한 말입니다.

자아Ego

또 다른 큰 걸림돌은, '이 일이 나에게 일어나고 있다'는 사실을 받아들이는 방식에서 비롯됩니다.

일부 사람들은 이 과정을 개인적인 성취나 특별한 자격으로 받아들여, 자신이 다른 사람보다 더 뛰어나거나 더 진화된 존재라고 여기기 시작합니다. 하지만 바로 그 순간, 위험이 시작됩니다.

쿤달리니 에너지는 소유하려는 마음, '내 것'이라는 집착 앞에서는 결코 자연스럽게 흐르지 않습니다. 이때 자아Ego 자체가 에너지의 흐름을 가로막는 장벽이 되어 버립니다. 에너지가 앞으로 나아가기 위해서는 이 자아의 벽을 뚫고 정화해야 합니다. 그러나 자아가 '내가 성장했다', '나는 깨달았다'는 생각에 집착할수록, 쿤달리니는 그 정화의 일을 훨씬 더 어렵게 수행해야 합니다. 그 결과, 때로는 이런 아이러니한 인물이 만들어집니다. 스스로 자랑스럽게 말하죠.

"내 자아는 당신보다 더 작아요!" 이것이야말로 전형적인 모순, 자아가 여전히 중심에 있음을 보여 주는 미묘한 함정입니다.

자아의 문제를 다룰 때는 그것이 쿤달리니 과정에서 비롯된 것이든 아니든 항상 자존감의 문제가 함께 작용합니다. 낮은 자존감 혹은 왜곡된 자존감은 쿤달리니 에너지가 각성의 여정을 통과하며 정화해야 하는 주요한 막힘 중 하나입니다.

나는 자존감의 문제를 하나의 진자Pendulum로 봅니다. 진자의 한쪽 끝에는 과도하게 팽창된 자아가 있고, 반대쪽 끝에는 지나치게 낮은 자존감이 있습니다. 대부분의 경우, 한쪽 극단에 문제가 있다면 그 반대쪽 또한 늘 가까이에 잠복해 있습니다. 단지 진자가 한 번 '흔들리기만' 하면, 그 반대의 극단이 바로 드러나게 되는 것이지요.

많은 사람은 자아의 두 극단 사이에서 흔들릴 때, 그 해결책이 중간의 안정된 균형점을 찾는 것이라고 생각합니다. 그러나 절대 그렇지 않습니다. 진정한 해답은 그 진자에서 완전히 벗어나는 것, 즉 그 진자 자체를 내려놓는 것입니다. 균형을 잡으려는 순간, 우리는 여전히 양극단의 대립 속에서 싸우고 있는 셈입니다. 설령 그 균형을 한동안 유지한다 해도, 저울추는 언제든 기울어질 가능성을 품고 있습니다. 진자는 언제든 한쪽으로—혹은 번갈아 양쪽으로—빠르게 흔들릴 준비가 되어 있는 존재이기 때문입니다.

그렇다면, 자아의 진자에서 벗어나는 방법은 무엇일까요?

그 해답은 바로 비집착과 내려놓음입니다. 입으로는 간단히 말할 수 있지만, 실제로는 가장 이해하기 어려운 개념이기도 하지요.

비집착을 실천하는 가장 쉽고 직접적인 방법은 '나보다 더 큰 힘'이 모든 것을 주관하고 있다는 사실을 인정하는 것입니다. 당신은 그 흐름을 통제하지 않습니다. 당신이 쿤달리니 각성을 일으킨 것도 아니고, 그 에너지를 소유하고 있는 것도 아닙니다. 그리고 그것이 당신 안에서 움직이고 있다고 해서, 당신이 특별한 존재가 되는 것도 아닙니다. 그것은 그저 지금 이 순간, 일어나고 있는 자연스러운 현상일 뿐입니다.

이 책은 특정 종교를 위한 것이 아니지만, '깨어남Awakening'이라는 주제를 이야기할 때 영성Spirituality을 완전히 배제할 수는 없습니다. 그 '신성한 힘'을 무엇이라 부르든 상관없습니다. 중요한 것은 자신을 세상의 궁극적 권위자로 여기지 않는 것입니다. 만약 당신이 모든 일의 최종 권위자이자 통제자라고 믿는다면, 그 순간 이미 넘어질 위험 속에 있는 것입니다.

그런 태도는 쿤달리니 각성 과정에서 깊고 오래 지속되는 막힘을 만들어 낼 수 있습니다. 반대로, 우주 안에 더 큰 질서와 지혜가 존재한다는 믿음을 가질수록, 비로소 자아의 문제를 내려놓기가 쉬워집니다. 그 '더 큰 힘'이 무엇이든—하느님, 자연, 근원, 부처, 예수, 사랑, 혹은 빛—그 존재에 대한 믿음과 신뢰가 깊어질수록, 당신은 점점 더 자신의 자아적 어려움으로부터 자유로워질 수 있습니다.

두려움

쿤달리니 각성 과정에서 나타나는 세 번째 주요 장애물은 바로 두려움입니다.

이것은 충분히 이해할 수 있는 일입니다. 왜냐하면 쿤달리니 각성의 많은 체험이, 우리 몸과 마음속에 깊이 자리 잡은 가장 어두운 막힘과 저항을 직면하고 해방시키는 과정이기 때문입니다.

쿤달리니의 여정은 스트레스의 해방, 그리고 오랜 세월 동안 쌓여 온 내면의 그림자를 정화하고 치유하는 길입니다. 따라서 그 '내면의 악마들'이 어둡다면—그리고 누구에게나 그렇듯—당연히 두려움이 수반될 수밖에 없습니다.

이때 도움이 되는 것은, 자신보다 더 큰 힘에 대한 믿음입니다. 만약 두려움에 압도되어 그 감정에 휩쓸린다면, 그 두려움은 오히려 지속되거나 더 커질 것입니다. 하지만 이것이 단지 과정의 한 단계, 잠시 스쳐 가는 현상임을 이해하고, 앞서 자아Ego를 내려놓았던 것처럼 두려움 또한 놓아줄 수 있다면, 그때 당신은 다시 앞으로 나아갈 수 있습니다. 그리고 그 과정은 당신에게 꼭 맞는 속도와 방식으로 자연스럽게 이어질 것입니다.

도움이 필요할 때!

지금 이 글을 읽으며 여러분이 아마 가장 궁금해할 질문은 이것일지도 모릅니다.

"이 과정이 내게서 시작된다면 어떻게 해야 하나요?"
"필요한 도움이나 안내는 어디서 받을 수 있을까요?"
요즘에는 쿤달리니 각성과 관련된 수업이나 안내자들이 여러 곳에서 홍보되고 있습니다. 그들을 찾아가 도움을 구해 보는 것은 좋은 출발이 될 수 있습니다.

하지만 이 과정에서 몇 가지 주의할 점이 있습니다. 아무리 그들이 공감 능력이 뛰어나고, 선의의 마음으로 돕고자 한다 해도, 만약 그들이 직접 에너지 변환의 과정을 경험해 보지 않았거나, 혹은 자신의 쿤달리니 각성 과정에 아직 깊이 참여해 본 적이 없다면, 그들의 도움은 당신이 진정으로 필요로 하는 방향과는 다를 수 있습니다.

가장 중요한 것은 이 현상을 '안다'고 말하는 사람이 아니라, '직접 경험한 사람'을 찾는 것입니다. 즉, 자신의 내면에서 그 과정을 통과한 이—그런 사람만이 당신을 진정으로 이해하고 인도할 수 있습니다.

쿤달리니는 쿤달리니를 알아봅니다. 쿤달리니는 개인적인 에너지가 아니라, 보편적이며 비개인적인 에너지입니다. 그래서 그것은 다른 사람 안에 존재하는 같은 에너지를 알아봅니다. 이미 각성 과정을 겪은 사람과 함께 있으면, 몇 시간—혹은 몇 분 안에라도—당신은 그 사람이 당신의 체험을 진정으로 이해하고 있다는 것을 느끼게 됩니다. 말로 설명하지 않아도 공통된 언어가 존재하기 때문입니다.

나는 아직 자기 자신의 쿤달리니를 깨우기 위해 배우고 있는 사람들에게 그 과정을 배우는 것을 권하지 않습니다. 당신을 이끌어 줄 지도자나 안내자는 반드시 당신보다 한 걸음 앞서 있는 사람이어야 합니다. 그럴 때만이 그들은 더 큰 명료함과 지혜로, 당신의 길을 안전하고 부드럽게 안내할 수 있습니다.

참고로, 크리스티나 그로프Christina Grof는 쿤달리니를 포함해 다양한 영적 위기를 겪고 있는 사람들을 위해 '영적 출현 네트워크Spiritual Emergence Network, SEN'를 설립했습니다.

이 단체는 관련 정보와 상담 전문가를 연결해 주는 서비스로, 미국 내에서는 (408) 426-0902번으로 연락해 가까운 상담자나 안내자를 소개받을 수 있습니다.

자기 돌봄

쿤달리니 각성의 여정에서 자신이 겪고 있는 일을 이해하려는 노력, 그리고 같은 길을 걷는 사람과의 연결은 어려운 시기를 통과하는 데 큰 힘이 됩니다.

쿤달리니에 관한 책을 읽고 과정을 익히며, 다른 사람들이 자신을 어떻게 도왔는지 배우는 것도 훌륭한 지식의 원천이 됩니다. 다만, 그 모든 정보 중에서 당신에게 도움이 되는 것만 취하고, 나머지는 놓아주는 것이 중요합니다. 왜냐하면 모든 사람의 경험은 서로 다르기 때문입니다.

결국, 핵심은 자신의 경험을 있는 그대로 받아들이고 이해하는 것입니다. 그러나 동시에, 타인의 경험을 배우는 일은 그 과정에 큰 도움이 될 수 있습니다. 또한, '신체를 어떻게 돌보는가' 역시 쿤달리니 체험의 질과 안정성에 직접적인 영향을 미칩니다.

식이Diet

우리가 먹는 음식은 신체의 에너지 시스템에 매우 강력한 영향을 미칩니다. 쿤달리니 각성 과정을 겪는 사람 중 상당수는 의식적으로 식습관을 바꾸려 하지 않아도 자연스럽게 식단이 변화하는 것을 경험합니다. 나 역시 그런 변화를 겪었는데, 그 시기의 식이 변화는 매우 극단적이었지만, 다행히도 몇 달 정도만 지속된 일시적인 현상이었습니다.

에너지 각성이 일어나기 전까지 나는 평범한 육식 위주의 식생활을 했습니다. 바쁜 생활 탓에 대부분의 식사를 식당에서 해결하곤 했지요. 그런데 에너지 변화의 가장 격렬한 초기 단계에 들어섰을 때, 나는 고기를 전혀 먹을 수 없게 되었습니다.

'먹지 않기로 한' 것이 아니라, 말 그대로 '먹을 수 없었던' 것입니다. 이것은 정신적이거나 감정적인 거부감이 아니라, 몸의 본능적인 반응이었습니다. 고기를 삼키려 하면 구역질이 나고 메스꺼움이 밀려왔습니다.

나는 어느 순간부터 정성스럽게 요리하는 채식주의자가 되었습니다. 견과류 로스트나 치즈를 활용한 정교한 요리를 만들어 먹었지요. 그러다 어느 날부터는 유제품조차 소화하기 어려워졌고, 결국에는 견과류와 곡물마저 몸에 너무 무겁게 느껴졌습니다. 그 이후로는 오직 야채만 먹을 수 있는 상태가 되었고, 식단은 점점 생식 중심으로 바뀌었습니다.

가장 극단적인 시기에는 거의 한 달 동안 상추만 먹으며 지냈습니다. 그 시기에는 간헐적으로 단식도 병행했는데, 오히려 단식 중일 때가 가장 편안하고, 에너지가 가장 맑고 자유롭게 흐르는 느낌이 들었습니다.

시간이 지나 쿤달리니 증상이 서서히 가라앉자, 다시 조금씩 무거운 음식들이 식단에 돌아왔습니다. 하지만 그 복귀에는 분명한 변화가 있었습니다. 지금은 대부분의 음식을 먹을 수 있지만, 몸이 편안하게 받아들이는 것은 '깨끗한 음식'뿐입니다. 예전처럼 외식이 즐겁지 않고, 몸은 정제된 음식이나 패스트푸드를 전혀 받아들이지 못합니다. 그래서 내 식사의 대부분은 신선한 샐러드, 씨앗류, 견과류, 곡물, 과일, 채소, 그리고 가벼운 파스타로 이루어집니다.

내가 개인적인 식이 경험을 이야기한 이유는, 쿤달리니 각성 과정에서 무엇을 먹는 것이 '좋은 음식'인가 하는 문제는 의식적인 선택의 결과가 아닐 수도 있다는 점을 보여 주기 위해서입니다. 이 시기에는 몸이 원하는 것을 따를 수 있는 유연함, 그리고 자신의 신체가 보내는 신호를 세심하게 듣는 태도가 필요합니다.

일반적으로 말하자면, 쿤달리니의 흐름을 완화하고 속도를 늦추고 싶다면, 조금 더 무겁고 포만감 있는 음식을 섭취하는 것이 도움이 됩니다. 반대로, 에너지의 흐름을 가볍게 하고 속도를 높이고 싶다면, 가벼운 음식, 즉 생식이나 채식 위주의 식단이 적합합니다. 단, 이 과정에서는 언제나 유해한 음식이나 패스트푸드는 피하는 것이 좋습니다. 몸의 에너지 흐름을 탁하게 하고, 진동을 불균형하게 만들 수 있기 때문입니다.

무엇보다 중요한 것은—당신의 몸이 바로 최고의 안내자라는 사실입니다. 어쩌면 어느 날, 기름진 햄버거 한 입이 당신을 현실적으로 자각시켜 줄 완벽한 음식일지도 모릅니다.

사례 연구 — T.K.

T.K.는 40대 초반의 남성으로, 오랜 세월 동안 꾸준히 명상 수행을 이어온 사람이었습니다.

그가 나를 찾아온 것은 1년 넘게 지속된 쿤달리니 각성 과정을 더 깊이 이해하고, 그 에너지를 자신의 삶 속에 자연스럽게 통합하기 위해서였습니다. 그는 미국 동부에서 나를 찾아와 뇌파 프로파일 측정과 에너지 조화를 위한 상담을 받았습니다. T.K.는 명상 중 강렬한 황홀감과 영적 깨달음을 자주 경험하곤 했습니다. 그는 이러한 상태에 거의 즉각적으로 들어갈 수 있었으며, 그 결과 명상 상태와 일상생활의 구분이 거의 느껴지지 않을 정도였습니다.

그림 1A와 1B는 그가 깨어 있는 상태에서 기록된 가장 전형적인 뇌파 패턴을 보여 줍니다. T.K.는 명료하고 안정적인 '깨어 있는 마음Awakened Mind' 패턴을 만들어 냈지만, 그 패턴은 약 1분 이내에 사라졌다가, 다시 1분 후 재현되는 주기적인 흐름을 보였습니다.

이러한 뇌파의 주기적 순환은 깨어 있는 동안 내내 꾸준히 지속되었습니다.

그림 2A, 2B, 2C는 명상 중에 나타난 세 가지 변동 패턴을 보여 줍니다. 그는 명상 중에

- 안정된 명상 뇌파 패턴(그림 2A),
- 깨어 있는 마음 패턴(그림 2B),

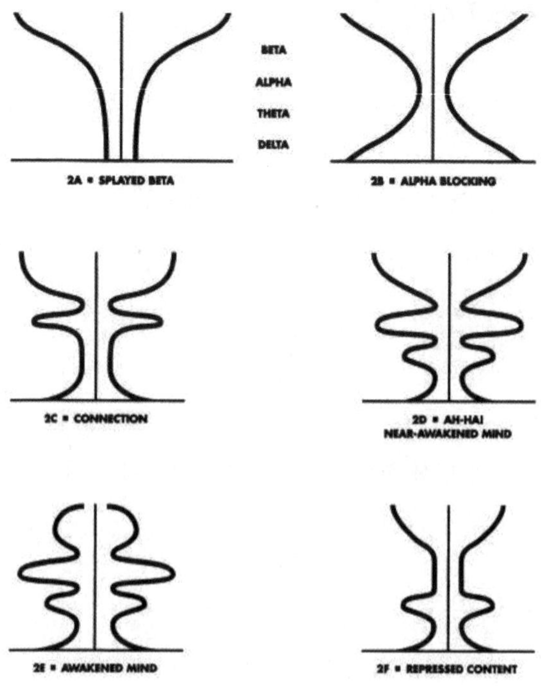

T.K.는 자신의 쿤달리니가 활발히 작동 중이며, 의식이 깨어나고 있다는
사실을 조금도 의심하지 않았습니다. 그럼에도 불구하고, 그는 마인드 미
러 EEG 검사 결과가 이 사실을 과학적으로 확인해 준 데 대해 깊이 감사했
습니다.

그가 겪고 있던 가장 큰 어려움은 명상할 때마다, 때로는 명상하지 않을 때
조차도 나타나는 크리야Kriya 현상이었습니다. 명상에 들어가면 그의 몸은
강하게 뒤틀리고, 앞뒤로 흔들리며, 통제할 수 없을 정도로 떨렸습니다. 머
리가 뒤로 젖혀지고, 목에서는 이상한 소리가 흘러나오곤 했습니다.

이런 체험들은 때로 강렬한 쾌감을 동반했기에 그에게 있어 전혀 불쾌한 것은 아니었습니다. 그러나 이러한 신체 반응 때문에 그는 자신이 속한 영적 단체의 사원에서 명상할 수 없게 되었습니다. 그의 움직임과 소리가 다른 수행자들의 집중을 방해했기 때문입니다.

결국 그는 점점 고립감과 소외감을 느끼게 되었고, 자신의 경험과 감정을 주변 사람들에게 설명할 길을 찾지 못한 채, 혼자만의 내적 세계 속으로 깊이 들어가게 되었습니다.

T.K.는 내가 그의 문제를 있는 그대로 받아들이고 이해해 주었다는 사실만으로도 즉각적인 안도감을 느꼈습니다. 또한 EEG(뇌파 검사) 결과를 통해 자신이 올바른 길을 걷고 있으며, 결코 '가짜'가 아니라는 확신을 얻었습니다. 그와 함께 해야 할 핵심 과제는 에너지의 통로를 이완시키고 넓혀서 격렬한 신체 움직임 없이 에너지가 자연스럽게 흐르도록 돕는 것이었습니다. 그는 그동안 에너지를 '느끼고 싶어서', 혹은 그것을 '붙잡고 유지하기 위해' 무의식적으로 몸을 긴장시키고 에너지를 움켜쥐고 있었다는 사실을 깨달았습니다. 하지만 그렇게 에너지를 움켜쥘수록 신체의 움직임은 점점 더 거세지고 통제 불가능해졌습니다. 이후 그는 크리야Kriya 현상이 에너지 각성 과정에서 필수적이거나 바람직한 요소가 아니라는 사실을 이해하게 되었습니다.

그 깨달음 이후, 그는 서서히 에너지를 억누르려는 '쥐고 있는 손아귀'를 풀어내고, 에너지가 몸을 통과해 흐르도록 허용하기 시작했습니다. 그 결과, 이전처럼 극단적인 신체 반응 없이도 에너지가 보다 부드럽고 자연스럽게 흐르는 상태로 나아갈 수 있었습니다.

EEG에서 자신의 '깨어 있는 마음Awakened Mind' 뇌파 패턴을 직접 눈으로 확인한 순간, 그는 더 이상 격렬한 신체 움직임을 통해서만 자신의 체험을 확인할 필요가 없게 되었습니다. 이후 그는 훨씬 더 편안하고 확신에 찬 상태로, 자신의 에너지 각성 과정을 자연스럽게 이어 갈 수 있게 되었습니다.

명상

명상은 쿤달리니 에너지를 조절하는 가장 효과적인 방법 중 하나입니다. 일반적으로 명상을 많이 할수록 쿤달리니의 각성 과정은 더 빠르게 진행됩니다.

즉, '깨어 있는 마음Awakened Mind' 뇌파 패턴이 자주 활성화될수록 그에 비례해 에너지의 흐름 또한 더욱 자극되고 활발해집니다. 하지만 만약 지금 겪고 있는 신체적·에너지적 증상이 지나치게 강하거나 불편하게 느껴진다면, 일시적으로 명상을 중단하고 좀 더 무겁고 안정적인 음식을 섭취하며 몸을 안정화시키는 것이 좋습니다. 그렇게 균형이 회복되고 안정이 자리 잡을 때까지 잠시 멈추는 것은 쿤달리니의 자연스러운 흐름을 돕는 지혜로운 조절의 과정입니다.

만약 쿤달리니의 흐름을 늦추고 싶지 않고, 오히려 그 과정을 유지하거나 더욱 활성화시키고 싶다면, 명상은 강력한 힘과 지지의 원천이 되어 줄 수 있습니다. 명상의 형태가 무엇이든, 그 자체가 뇌파 패턴을 변화시켜 각성을 자극하는 상태로 이끌기 때문입니다. 따라서 모든 형태의 명상은 쿤달리니의 여정을 지원합니다.

또한 쿤달리니를 의도적으로 자극하기 위한 특정한 명상법도 존재합니다. 예를 들어, 여러 탄트라Tantra 수행에서는 차크라Chakra에 작용하여 에너지의 흐름을 강화하고, 활성화하며, 쿤달리니 각성의 진전을 돕는 방법들을 가르칩니다.

나는 개인적으로 인도 비하르 요가 학교의 스와미 사티야난다 사라스와티의 가르침과 수행법에서 큰 도움을 받았습니다. 그의 저서인 『Meditations from the Tantras』(탄트라 명상)와 『Yoga Nidra』(요가 니드라)는 내가 에너지의 흐름이 깊고 강하게 움직이던 시기, 언제나 지침이자 길잡이가 되어 주었습니다. 또한 그를 직접 스승으로 만나 교류했던 경험은 나 자신의 쿤달리니 각성 과정에서 무척 귀중하고 대체할 수 없는 가르침의 원천이 되었습니다.

스와미 사티야난다는 당시 런던에 아쉬람Ashram, 명상 수행 공동체을 두고 있었기에 자주 그곳을 방문하곤 했습니다. 나는 어느 날 그가 진행한 공개 강연에서 처음 그를 만났습니다.
그의 지혜와 존재감에 깊이 매료되어, 곧바로 개인 다르샨Darshan, 영적 상담을 청했습니다. 그 만남에서 우리는 내가 겪고 있던 쿤달리니 각성 과정과 그 속에서 느끼던 어려움과 두려움에 대해 이야기를 나누었습니다. 그는 나에게 개인 맞춤형 명상법을 전해 주었고, 그 수행은 내 마음을 진정시키고 두려움을 잠재우는 큰 힘이 되어 주었습니다.

그로부터 여러 해가 지난 뒤, 내가 미국 콜로라도주 볼더에 살던 시절, 그의 주요 제자 중 한 명인 스와미 아므리타난다가 일주일 동안 나와 함께 머물렀습니다. 그녀는 내 센터에서 명상 수업을 지도하고, 내 학생들을 위해 다르샨을 열어 영적 상담과 축복을 전해 주었습니다.
그 주 동안 우리는 함께 많은 시간을 보냈고, 그녀는 내게 곧 태어날 아이에게 축복을 전해 주었으며, 내 영적 여정에 대해 깊은 격려와 따뜻한 조언을 남겼습니다.

런던에서 강의를 하던 시절, 스와미 사티야난다의 명상법 일부를 내 수업에 도입하기 시작했습니다. 또한 그의 저서를 맥스 케이드에게 소개했는데, 맥스는 그의 사상에 깊은 인상을 받아 그의 명상 원리를 자신의 연구와 작업에 통합했습니다.

스와미 사티야난다는 전통적인 탄트라 스승이었지만, 동시에 뇌와 요가의 관계, 즉 요가 수행이 뇌파에 미치는 영향에 대해서도 글을 썼습니다. 이 점이 바로 그가 맥스와 나의 연구 방향과 자연스럽게 맞닿았던 이유였습니다.

그의 EEG 연구는 당시로서는 기초적인 수준이었고, 아직 각 뇌파 리듬의 의미에 대한 가설적 단계에 머물러 있었지만, 그럼에도 그는 의식, 명상, 뇌파 사이의 관계를 그 시대 거의 누구보다 앞서 '결합'시킨 인물이었습니다.

그는 1974년에 이렇게 썼습니다.

"우리가 뇌파를 스스로 바꾼다는 것이 처음에는 불가능하게 느껴질 수도 있습니다. 뇌파라는 것은 결국 마음의 상태가 만들어 내는 것이니까요. 하지만 놀랍게도 필요한 것은 연습과 꾸준함뿐입니다. 사실 우리의 삶에서 어떤 능력이든 그렇게 익혀 나가잖아요. 바이오피드백은 명상을 도와주는 훌륭한 도구가 될 수 있습니다. 이 두 가지를 함께 활용하면, 누구나 더 의미 있는 명상 경험에 다가갈 수 있게 되지요. 명상과 바이오피드백이 결합된다면, 개인의 마음의 수준, 더 나아가 전 세계의 의식 수준까지도 한 단계 높이는 데 큰 역할을 할 것입니다."

그가 내게 가장 이른 시기에 만난 인도인 스승이었던 것은 결코 우연이 아니었습니다.

참고문헌

• Beattie, Melody. Beyond Codependency: and Getting Better All the Time. San Francisco: Harper and Row, 1989.

• --------. Codependent No More: How to Stop Controlling Others and Start Caring for Yourself. San Francisco: Harper and Row, 1987.

• Blundell, Geoffrey G. The Meaning of EEG: A Study in Depth of Brain Wave-patterns and Their Significance. London: The Publications Division of Audio Ltd.

• Blundell, Geoffrey G., and C. Maxwell Cade. Self-awareness and E.S.R.: An Extended Study into the Measurement of Skin Resistance as a Guide to Self-awareness and Well-being. London: The Publications Division of Audio Ltd.

• Cade, C. Maxwell, and Nona Coxhead. The Awakened Mind: Biofeedback and the Development of Higher States of Awareness. Shaftesbury, Dorset, Great Britain: Element Books, 1989.

• de Mello, Anthony S.J. Sadhana: A Way to God: Christian Exercises in Eastern Form. St. Louis: The Institute of Jesuit Sources, 1979.

•Funderburk, James. Science Studies Yoga: A Review of Physiological Data. Himalayan International Institute of Yoga Science and Philosophy of USA, 1977.

• Grof, Stanislav and Christina (eds.). Spiritual Emergency: When Personal Transformation Becomes a Crisis. Los Angeles: Jeremy P. Tarcher/Per-igree, 1989.

• Hills, Christopher. "Is Kundalini Real?" Kundalini: Evolution and Enlightenment. (John White, ed.) New York: Paragon House, 1990.

• Joy, W. Brugh. Joy's Way: A Map for the Transformational Journey: An Introduction to the Potentials for Healing with Body Energies. Los Angeles: Jeremy P. Tarcher, 1979.

• Motoyama, Hiroshi, with Rande Brown. Science and the Evolution of Consciousness: Chakras, Ki and Psi. Massachusetts: Autumn Press, 1978.

• Ornstein, Robert, and Richard F. Thompson. The Amazing Brain. Boston: Houghton Mifflin, 1984.

• Restak, Richard. The Brain. New York: Bantam Books, 1984.

• Riviere, J. Marques. Tantrik Yoga: Hindu and Tibetan. (H.E. Kennedy, trans.) New York: Samuel Weiser, 1971.

• Sannella, Lee. The Kundalini Experience: Psychosis or Transcendence? Lower Lake, California: Integral Publishing, 1987.

• Simonton, O. Carl, Stephanie Matthews-Simonton, and James L. Creighton. Getting Well Again: A Step-by-step Self-help Guide to Overcoming Cancer for Patients and Their Families. Toronto/New York/London: Bantam Books, 1978.

• Swami Abhedananda. Ramakrishna Kathamrita and Ramakrishna: Memoirs of Ramakrishna. Calcutta: Ramakrishna Vedanta Math, 1984.

• Swami Rama. Living with the Himalayan Masters: Spiritual Experiences of Swami Rama. (Swami Ajaya, ed.) Honesdale, Pennsylvania: The Himalayan International Institute of Yoga Science and Philosophy, 1980.

• Swami Rama, Rudolph Ballentine, and Swami Ajaya. Yoga and Psychotherapy: The Evolution of Consciousness. Honesdale, Pennsylvania: The Himalayan International Institute of Yoga Science and Philosophy, 1976.

• Swami Satyananda Saraswati. Meditations from the Tantras. Bihar, India: Bihar School of Yoga, 1983.

• Swami Satyananda Saraswati. Sure Ways to Self Realisation. Bihar School of Yoga, Bihar, India, and Satyananda Ashram, Australia, 1984.

• Tellington-Jones, Linda, and Sybil Taylor. The Tellington TTouch: A Breakthrough Technique to Train and Care for Your Favorite Animal. New York: Viking, 1992.

• Wise, Anna. "Biofeedback Meditation and the Awakened Mind". The Art of Survival: A Guide to Yoga Therapy. (M.L. Gharote and Maureen Lockhart, eds.) London: Unwin, 1987.

저자 소개

애나 와이즈Anna Wise는 신경치료학Neurotherapy 및 최고성과심리학Peak Performance 공인 전문가로, 미국 신경치료 및 바이오피드백 인증 위원회 CNBC에서 자격을 인정받은 인물입니다.

그녀는 실시간 동적 EEGRealtime Dynamic EEG를 활용하여 우수성과High-Performance 및 명상적 의식 상태Meditative States를 달성하는 분야의 세계적 권위자로 꼽힙니다.

와이즈는 영국 런던에서 C. 맥스웰 케이드C. Maxwell Cade 박사와 함께 8년 간 훈련과 연구를 병행했습니다. 그녀는 인본심리학Humanistic Psychology 석 사 학위를 보유하고 있으며, 스위스 제네바에 본부를 둔 유럽 인본심리학 회European Association for Humanistic Psychology의 창립 이사 중 한 명이기도 합니다.

그녀는 다음과 같은 저서를 집필했습니다.

- Awakening the Mind: A Guide to Mastering the Power of Your Brainwaves (Tarcher/Penguin, 2002)
- The High-Performance Mind: Mastering Brainwaves for Insight, Healing, and Creativity (Tarcher/Penguin, 1995)
- The Art of Survival: A Guide to Yoga Therapy (Unwin Hyman, 1987)—여기서는 「Biofeedback Meditation and the Awakened Mind」 라는 장을 집필했습니다.

애나 와이즈는 또한 '주파수 점수Frequency scores'를 음악과 결합하는 독 창적 방법을 개발하여, 깊은 명상과 고성능 뇌 상태를 유도하는 데 활용 했습니다. 그녀는 앤드루 와일Dr. Andrew Weil과 협업해 CD Sound Body,

Sound Mind: Music for Healing의 주파수 작곡으로 참여했으며, 그 외에도 여러 명상용 음악 CD를 직접 제작했습니다.

그녀는 저술가이자 강연자, 컨설턴트로 활동하며, 지난 30여 년간 바이오피드백 명상과 뇌파 훈련을 교육해 왔습니다. 그녀는 미국 전역(특히 캘리포니아 빅서의 에살렌 연구소Esalen Institute)뿐 아니라 유럽, 남미, 아시아에서도 워크숍과 세미나를 진행했습니다.

(이 책이 번역되어 나오는 현재 그녀는 고인이 되었습니다. 2010년 사망)

• 웹사이트: www.annawise.com

더 하이 퍼포먼스 마인드

1판 1쇄 발행 2026년 2월 18일

지은이 애나 와이즈
옮긴이 오현아

교정 신선미 **편집** 차민정
펴낸곳 (주)하움출판사 **펴낸이** 문현광

이메일 haum1000@naver.com **홈페이지** haum.kr
블로그 blog.naver.com/haum1000 **인스타** @haum1007

ISBN 979-11-7374-287-3(03190)

좋은 책을 만들겠습니다.
하움출판사는 독자 여러분의 의견에 항상 귀 기울이고 있습니다.
파본은 구입처에서 교환해 드립니다.